외상 후 스트레스장애
사례공식화 접근
인지행동치료

Claudia Zayfert · Carolyn Black Becker 공저 ●

김민경 · 현명호 공역 ●

학지사

역자 서문

최근 10년 사이 외상 후 스트레스장애는 사회적으로 더욱 관심이 높아졌다. 정신건강 관련 전문가들은 도움의 필요성을 주장하고 있으며 이에 따라 국가적 지원과 도움이 늘어나고 있어 '외상 후 스트레스장애'라는 전문용어는 일반인에게도 익숙해지기 시작했다.

한국현대사는 6·25 전쟁부터 최근까지 쉼 없이 이어진 외상의 역사라고 볼 수 있다. 이로 인해 고통을 겪고 있는 피해자들도 많은 만큼 외상 후 스트레스장애에 대한 관심과 도움의 증가는 다행스러운 일이지만, 여전히 대부분의 사람들은 외상을 일부 불운한 사람들이 당하는 일로 여기기도 한다. 하지만 예측 없이 일어나는 개인 간의 폭력과 공권력에 의한 폭력, 문명의 발달로 인해 감수해야 하는 각종 사고, 점점 더 횟수가 늘어나고 심각성이 높아지고 있는 자연재해 등으로 인해 현대인은 이제 그 누구도 예외일 수 없는 위험에 노출되어 있다. 이와 같이 우리 주변의 많은 것은 점점 더 예측이 불가능해지고 있기 때문에 외상 경험 후 유발될 수 있는 심리적 손상에 대해서 좀 더 알아야 하며, 정신건강 관련 전문가들은 그들을 도울 수 있도록 준비되어 있어야 한다.

이 책은 외상 경험이 외상 후 스트레스장애로 발전되는 원리를 잘 설명하고 있다. 저자들은 회피와 망각을 위한 시도가 외상 후 스트레스장애로 진행될 위험성을 높인다고 주장한다. 따라서 과거의 외상 경험으로부터 자유로워지기 위해서는 실제노출이나 심상노출을 통해 외상에 직면하고 인지적 재구조화를 통해 삶 속에 통합해야 한다. 국가 혹은 사회가 외상경험이 폭로되는 것을 억누를 때 또는 개인이 수치심, 죄책감, 두려움 등으로 외상의 기억을 억압하고 회피할 때 외상 후 스트레스장애는 만성화로 진행될 수 있고 다양한 부적응으로 표현될 수 있다. 따라서 외상경험을 자유롭게 말할 수 있는 지지적이며 안정적인 사회적 환경은 외상 후 스트레스장애의 진행을 막는 주요 예방 요인이라고 할 수 있다. 인지행동치료에 따르면 '심리교육, 실제노출과 심상노출, 인지적 재구조화' 이 세 가지가 외상 후 스트레스장애 치료를 위한 핵심이며, 이 중 가장 중요한 것은 '노출'이다.

저자들은 자신들의 오랜 임상경험을 토대로 실제노출과 심상노출이 빠른 효과를 볼 수 있는 유용한 치료법이라는 사실을 상기시키며 임상장면에서 폭넓게 활용할 것을 권고하고 있다. 심각한 외상 경험에 대한 노출은 치료사나 환자 모두에게 위협적으로 느껴지며 노출에 따른 일시적인 불안상승은 증상이 더욱 악화될 수도 있다는 두려움을 갖게 하여 치료사가 자신감과 용기를 갖더라도 치료를 진행하는 것이 어려울 수 있고, 외상 경험을 반복적으로 듣는 것이 치료사에게도 외상적일 수 있음을 말하고 있다. '나'의 경험에 비추어 보아도 외상 경험을 반복해서 질문하고, 직면을 시도하도록 격려하고, 분노, 두려움, 공포, 좌절, 무력감 등을 받아 내는 일은 매우 힘든 작업이다. 그렇다 하더라도 저자들이 확신 있게 권고하고 있는 것처럼 검증된 치료법 사용을 주저하지 말아야 할 것이다.

이 책은 인지행동치료의 다소 지루할 수 있는 부분을 사례 제시를 통해 보완하고 있다. 심리교육에서는 공포의 조건화에 대해 알기 쉽게 설명하고 있고, 실제노출과 심상노출, 인지적 재구조화에서도 이론적 설명과 사례 제시를 통해 독자의 이해를 도우려고 애썼다. 따라서 임상장면에서 치료에 골몰하고 있는 다양한 분야의 정신건강 전문가에게 유용한 참고자료가 될 것이다.

이 책이 나오기까지 번역과 관련하여 바쁘신 중에도 흔쾌히 공동역자로 작업해 주신 현명호 교수님께 감사드린다. 학자이자 임상가로 세월이 흘러도 변치 않는 올곧음과 폭넓은 수용과 배려, 성실함으로 제자들에게 모범이 되는 분이시다. 번역을 위해 함께 애써 준 중앙대학교 대학원 학생들에게 감사드리며 여러 번의 수정작업에도 싫은 내색 없이 도움을 준 학지사의 최윤희 과장에게도 감사를 전한다. 끝으로 나의 남편, 딸, 아들에게 사랑을 전한다.

2016년 11월
역자 대표 김민경

저자 서문

이 책은 외상 후 스트레스장애로 고통받는 사람들을 돕기 위해 치료 능력을 향상시키기를 원하고, 자신 또한 더욱 충만한 삶을 살고자 노력하는 치료사를 위해 쓴 것이다. 외상 후 스트레스장애를 위한 인지행동치료가 증상 개선에 효과적이라는 사실을 지지하는 연구결과는 많다. 하지만 이 치료가 다양한 장애나 문제가 서로 복잡하게 얽혀 있는 실제 임상 장면의 환자에게도 효과적인지에 대해서는 여전히 많은 치료사가 확신을 갖지 못하고 있다.

외상 후 스트레스장애를 위한 인지행동치료의 임상적 유용성에 대해서는 두 가지 다른 주장이 존재한다(Kilpatrick, 2005). 하나는 인지행동치료 같은 구조화된 증거-기반 개입을 사용하는 것이 최선이라는 주장이다. 다른 하나는 이러한 연구들은 방법론상에 오류가 있고, 실제 임상 장면의 환자는 연구에 참여한 외상 후 스트레스장애 환자와는 다르며, 인지행동치료 같은 구조화된 치료는 치료사의 창의성과 유연성을 제한한다는 주장이다. 후자에 따르면 인지행동치료는 복합 증상을 보이는 환자를 위한 최선의 개입이 아니다. 이러한 주장으로 인해 외상 후 스트레스장애를 위한 인지행동치료는 실제 임상 장면에서 충분히 활용되지 못하고 있다(Becker, Zayfert, & Anderson, 2004; Rosen et al., 2004).

이 책의 목표는 두 가지 다른 주장에서 공통 요소를 찾는 것이다. 연구결과와 우리의 치료 경험에 따르면 인지행동치료는 실제 고통 속에 있는 많은 환자의 삶을 의미 있게 호전시킬 수 있는 강력한 치료법이다. 물론 우리는 임상 장면에서 외상 후 스트레스장애를 위한 인지행동치료를 실시하는 것이 결코 쉽지 않다는 사실 또한 알고 있다. 실제 환자들은 외상 후 스트레스장애 외에도 심각한 공존장애와 다양한 문제를 자주 보이지만 인지행동치료 같은 구조화된 치료는 일반적으로 단일장애에만 치료의 초점이 맞추어져 있다. 따라서 공존장애나 다양한 복합 문제의 해결에는 제한된 도움만을 줄 수 있다. 마찬가지로 정신병리의 인지행동적 공식은 외상 후 스트레스장애나 공황장애처럼 단일장애를 이해하기 위한 모델에 기초한다. 따라서 치료사가 환자의 복합 문제를 개념화하기 위해 여러 모델을 통합하고자 한다면 인지행동치료 문헌의 지침만을 참고하는 것으로는 한계가 있을 것이다.

이 책의 목표는 임상 장면에서 만나게 되는 독특하고 복합적인 문제를 가진 외상 후 스트레스장애 환자의 다양한 요구를 충족시킬 수 있는 유연한 방식으로 인지행동치료를 실행할 수 있도록 돕는 것이다. 이를 위해 우리는 다양한 인지행동치료 모델을 기반으로 개별 환자의 문제를 개념화하는 창의적이고 가설검증적인 방식을 기술하였다. 또한 복합 증상을 보이는 환자의 인지행동치료 작업에 필요한 다양한 중재개입과 치료에 유용한 몇 가지 기술도 함께 제공하였다. 우리는 여러분이 과학적인 근간에 충실하면서 이들 정보를 외상 후 스트레스장애를 위한 인지행동치료의 예술을 익히는 데 유용하게 사용하길 바란다.

이 책은 지역 의료 센터의 불안장애 클리닉에서 인지행동치료를 진행한 우리의 경험에 따른 것이다. 우리는 아동기에 한 가지 이상 외상을 경험한 다양한 환자를 만났다. 많은 환자는 여러 생활상의 문제에 직면해 있었고, 클리닉을 방문하기 위해서는 장거리를 이동해야 하는 등 치료진행을 어렵게 하는 여러 장애물이 있었다. 환자의 삼분의 일은 실업상태였으며, 환자의 반은 두세 가지 이상의 진단기준에 부합하는 공존장애가 있었다. 많은 환자는 의료기관에서 의뢰되었고, 편두통이나 섬유근육통, 수면장애와 같은 신체질환도 함께 가지고 있었다. 환자들은 의뢰될 때 자신에게 외상 후 스트레스장애가 있다는 사실을 모르는 경우가 많았고, 많은 경우 외상에 대한 치료가 필요하다는 얘기를 들었을 때 놀라워하였다. 치료에 연구비가 지원되지는 않았지만 사보험을 포함해 여러 3자 지급이 이루어졌다. 우리는 클리닉에서 충분한 시간 동안 다양한 임상경험을 했다. 요약하면, 이 책은 임상 실제에서 도전적인 자세로 외상 후 스트레스장애 환자에게 인지행동치료를 시도한 우리의 경험에 기초한다. 우리는 이 책에서 '복합complicated 외상 후 스트레스장애'란 용어를 사용하였는데 실제 임상군에서 보이는 도전해야 할 문제를 나열하기 위해서다. 반면, '복잡한complex 외상 후 스트레스장애'란 용어의 사용은 피하였는데, 그것은 이 용어가 경계선 성격장애처럼 아동기 외상에서 비롯된 정서조절의 어려움이나 대인관계 역기능 같은 문제의 특수한 집합체를 의미한다고 보았기 때문이다. 우리는 이러한 용어의 사용이 '복잡한complex 외상 후 스트레스장애'로 개념화가 어려운 대상에게 치료를 제공해야 한다는 의미로 이해되지 않기를 바란다. 이 책에서 기술한 접근은 많은 외상 후 스트레스장애 환자에게 적용할 수 있다.

이 책은 궁극적으로 개별 환자의 사례에 기초해 인지행동치료를 맞춤으로 실시하는 Persons(2005)이 지지하는 사례공식화 접근을 교육하기 위한 실제적인 안내서다. 우리는 먼저, 인지-행동적 관점에서 외상 후 스트레스장애를 평가하고 치료에 필요한 배경지식을 기술하였다(1~2장). 다음에는 평가와 사례공식화 접근을 기술하였고(3장), 나머지 장(4~10장)에서는 사례공식화 접근을 사용해 개별 환자의 치료에 인지행동치료의 핵심 요소를 적용하는 것에 대해 기술하였다.

외상 후 스트레스장애를 치료하는 것은 신참 치료사나 숙련된 치료사 모두에게 필연적인 정서적 도전을 초래한다. 첫째, 치료사는 환자의 불안이 일시적으로 높아질 때를 대비해 필요한 치료적 개입을 준비하고 있어야 한다. 뼈가 부러진 사람에게는 비록 고통스럽더라도 뼈를 맞추기 위한 치료가 필요하다. 외상으로부터의 회복 또한 끔찍한 사건에 대처하기 위해 새로운 방법을 배우는 과정에서 불쾌한 정서를 받아들여야만 하는 불가피한 단계가 포함된다. 치료사로서 임상가는 위안을 제공함과 동시에 환자가 새로운 기술을 습득할 수 있도록 하는 코치이자 촉매자가 되어야 한다. 둘째, 다른 불안 장애가 공존하는 외상 후 스트레스장애의 인지행동치료를 위해서는 치료사도 환자의 외상 자극과 기억과 생각에 몰두해야만 한다. 외상 후 스트레스장애를 위한 다른 치료 형태와 비교할 때 인지행동치료의 치료사는 드물게 발생하는 심각한 외상의 세밀한 부분까지 탐색해야 한다.

이 책에서 우리는 실제 환자와 그들의 이야기에 기초한 실제 사례를 자료로 사용하였고, 결과적으로 불쾌하고 사실적인 내용들이 포함되었다. 이러한 접근을 사용한 이유는 제시된 개념을 이해할 수 있는 현실적인 임상적 맥락을 제공하기 위한 것과 치료사들이 외상과 관련된 자세한 내용을 들을 수 있는 준비를 하는 데 도움을 주기 위한 것이다. 이에 더해 우리는 외상 후 스트레스장애를 위한 인지행동치료를 사용해 성공적으로 치료할 수 있는 문제의 범위와 외상의 심각성 정도를 제공하고자 하였다.

추천사

    외상 후 스트레스장애가 있는 사람은 많은 어려움을 드러낸다. 흔히 신경성 폭식증이나 경계선 성격장애, 물질남용, 혼란스럽거나 학대적인 관계, 재정적인 어려움, 이외에 기타 여러 가지 장애가 공존하는 것이 일반적이다. 외상 후 스트레스장애의 원인으로 보기에는 외상사건이 너무 오래전에 발생한 과거의 일일 수 있지만—부분적으로는 너무 오래된 과거이고 치료를 하지 않았기 때문에—개인의 삶은 흔히 엉망으로 부서졌고 그들은 심각한 고통과 광범위한 영역에서 지속적인 무능력을 경험한다.

    좋은 뉴스는 외상 후 스트레스장애를 위한 몇 가지 효과적인 치료법이 개발되었다는 것이다. 하지만 효과적인 치료법의 개발에 따라 제기되는 많은 의문들로 인해 역설적으로 나쁜 뉴스가 되기도 하다(Strosahl, 1998). 유사성이 많은 인지행동치료가 존재한다는 사실은 이들 중에서 어떤 치료가 효과적인지 판단하고 분류해야만 하는 어려움을 야기해 치료사의 혼란을 가중시킨다. 여러 치료 중에 어떤 치료가 더욱 효과적인가? 치료들은 서로 얼마나 다른가? 지금 나의 치료실에 있는 환자를 치료하기 위해 사용해야 하는 치료법은 무엇인가? 치료사의 어려움은 환자가 여러 장애나 어려움을 함께 보일 때 더욱 가중된다. 이때는 다음과 같은 의문이 생길 수 있다. 여러 가지 장애와 어려움은 순차적으로 치료하는 것이 좋은가? 순차적으로 치료한다면 치료 순서는 어떻게 정하는 것이 좋은가? 동시적으로 치료하는 것이 좋은가? 이러한 질문에 대한 답은 환자마다 다른가? 이러한 의문에 답하기 위해 사용할 수 있는 전략은 무엇인가?

Zayfert와 Becker는 이 책에서 위의 모든 의문에 답하고 있다. 두 저자는 다양한 증거-기반 인지행동모델을 근거로 외상 후 스트레스장애 치료를 위한 필수 요소를 기술하고 있다. 또한 증상을 촉발하고 유지시키는 조건화와 인지적 관점 모두를 기술하고 있고 공포, 공황, 불안, 이외에 외상 후 스트레스장애와 함께 발생하는 많은 정서적인 문제(예: 분노, 수치심, 죄책감, 절망감 등)도 기술하였다. 저자들은 치료 프로토콜의 세부적인 절차를 제공하기보다는 외상 후 스트레스장애에 대한 인지행동적 개념의 일반 원칙을 기술함으로써 독자들의 학문적 이해를 돕고자 하였다.

Zayfert와 Becker가 지지하는 노출치료와 인지적 재구조화는 외상 후 스트레스장애를 위한 인지행동치료의 기초이자 핵심으로, 저자들은 많은 사례 제시를 통해 이들 개입을 이론적 수준과 지금-여기의 임상적 수준 모두에서 자세히 설명하고 있다.

이 책은 개별사례를 위한 증거-기반 치료 안내서다. Zayfert와 Becker는 외상 후 스트레스장애를 인지행동적으로 치료하는 방법과 사례공식화를 기초로 치료하는 방법, 공존문제나 공존장애에 따라 개별 환자의 증상을 특수한 것으로 이해하고 치료를 계획하는 방법 등을 기술하고 있다. 저자들은 사례공식화와 인지행동적 원리를 임상적 판단의 지침으로 이용하는 방법을 보여 주는데 임상적 판단에는 환자의 많은 공존문제를 함께 치료할지, 순차적으로 치료할지 등을 의사결정하기 위한 치료사의 창의성이 요구된다. 이 책의 전략은 치료사의 임상적 판단을 돕기 위한 체계적인 접근을 제공하는 것이지 상세한 치료 매뉴얼을 제공하여 치료사의 임상적 판단을 줄여 주고자 하는 것이 아니다(cf, Wilson, 1997).

이 책은 이론적인 기초와 치료 작업에 필수적인 세부사항을 기술하고 있다. 치료적 관계는 치료사와 환자가 노출을 주저하며 꺼내지 못하고 있는 주제처럼 세심하게 주의를 기울여야 하는 부분이다. 최근 증거-기반 치료에서 특히 중요시되고 있는 것은 모든 회기를 모니터링하면 치료 결과가 개선된다는 점이다(Lambert, Hansen, & Finch, 2001). 저자들은 매주 환자의 진전을 체크해 나갈 수 있는 구체적인 방법과 기대한 만큼 증상이 호전되지 않을 때 사례공식화와 치료 계획을 수정하는 방법 그리고 진전 데이터와 사례공식화를 치료의 가이드라인으로 사용하는 방법을 보여 준다.

　　외상 후 스트레스장애 환자와 함께 작업한 저자들의 폭넓은 치료 경험은 이 책의 곳곳에서 발견된다. 그들은 치료 작업이 결코 쉽지 않고 좋아하기도 결코 쉽지 않은 많은 환자를 위해 열정적으로 노력해 왔다. 이 책은 호전이 쉽지 않은 환자에게 최선의 치료를 제공하기를 원하는 숙련되고 사려가 깊은 치료사를 위한 이상적인 안내서라고 할 수 있다.

JACQUELINE B. PERSONS, PhD
샌프란시스코만 지역 인지치료센터

차 례

01 외상 후 스트레스장애를 위한 인지행동치료:
개관 및 경험적 기초

보니는 35세 주부로 주치의가 의뢰한 환자다. 그녀의 주호소는 일상생활에 대한 흥미감소와 상처받은 느낌을 자주 갖게 된다는 것이었고, 거의 하루 종일 집안에서 청소를 하며 지내다 인적이 드문 밤 시간에만 상점에 쇼핑을 간다고 하였다. 그녀는 늘 불안하긴 했지만 딸이 12세가 되던 몇 해 전부터 불안이 더욱 심해졌다고 하였다. 그녀는 12세에서 14세 사이에 삼촌에게 성폭행을 당한 경험이 있었다. 현재 그녀는 매일 밤 악몽에 시달리고 있고 플래시백flash back을 자주 경험하며 성폭행을 떠오르게 하는 가족그림이나 삼촌을 기억나게 하는 사람들, 삼촌이 사용하던 비누는 회피하고 있었다. 그녀는 가족에게 자신의 고통을 숨길 수는 있었지만 많은 시간을 불필요하게 낭비하고 있다는 사실까지 숨길 수는 없었다. 전에도 심리치료를 몇 번 시도한 적이 있지만 딸과 남편 외에는 아무도 믿을 수 없었고, 미쳤다는 소리를 들을 수도 있다는 두려움에 자신의 얘기를 꺼리게 되면서 매번 치료가 중단되었다. 그녀는 외상 후 스트레스장애와 일반화된 불안장애, 주요 우울장애의 진단기준에 부합하는 증상을 보였고, 최근 몇 년간은 거의 술을 마시지 않았고 폭식 증상도 없었지만 이와 관련된 과거력이 있었다. 그녀는 항상 너무 불안하고 우울했기 때문에 되도록 빨리 좋은 기분이 되기를 원하였다. 치료사는 보니가 원하는 목표에 도달할 수 있도록 도울 수 있을 것이라는 믿음을 주었고, 그녀 또한 이번만큼은 열심히 치료를 받아야겠다는 결심을 하였다.

보니의 사례처럼 여러 증상이 공존하고 있는 경우라면 가능한 경험적인 지지가 확보된 치료법을 사용해야 한다. 보니에게 인지행동치료cognitive-behavioral therapy를 적용하는 것은 외상 후 스트레스장애와 함께 공존하는 여러 증상들을 해결할 수 있는 최선의 선택이다. 이 장에서는 외상 후 스트레스장애에 인지행동치료를 적용하는 것이 필요한 이유를 설명할 것이다. 이를 위해 외상 후 스트레스장애의 일반적인 개념들을 살펴보고, 외상 후 스트레스장애의 치료에서 핵심적인 인지행동치료 기법들을 알아볼 것이다. 뒤이어 외상 후 스트레스장애의 치료 효과를 뒷받침하는 인지행동치료의 지지연구들을 소개할 것이다. 관련 연구들을 숙지한다. 이 치료법의 사용근거를 알고 싶어 하는 환자에게 적절한 답을 제공할 수 있을 것이고, 환자에게 치료적 개입의 신뢰성을 전달하기도 쉬울 것이다. 우리는 이러한 목적을 염두에 두고 관련 연구들을 제시하였다. 또한 외상 후 스트레스장애 치료법 중에 경험적 지지가 확보되어 있는 안구운동민감소실 및 재처리치료EMDR: eye movement desensitization and reprocessing therapy, 스트레스예방sress inoculation 같은 치료법에 대해서도 간략히 소개할 것이다.

인지행동치료란 무엇인가

인지행동치료는 행동과학에 기반한 행동수정전략(행동분석)과 정신병리의 인지 모델에 기반한 인지치료가 통합되어 발전한 구조화된 형태의 정신치료다. 인지행동치료의 주된 가정은 외상 후 스트레스장애와 같은 정서적 문제나 장애는 학습된 반응이므로 역시 새로운 학습에 의해 대체될 수 있다는 것이다. 보니 같은 환자를 교육함으로써 외현적인 행동문제와 감춰진 사고 그리고 정서를 변화시킬 수 있다. 물론 환자의 문제에 따라 적용되는 인지행동치료 기법의 특수성은 다양하지만, 지속적으로 공유되고 있는 몇 가지 특징들은 다음과 같다. (1) 가설 검증, 목표 설정, 자료 수집의 중요성에 대한 믿음, (2) 협조적인 치료적 동맹관계 형성의 필요성, (3) 삶의 상황에 대한 새로운 반응(예: 기술)의 학습 강조, (4) 구체적이고 관찰 가능한 목표에 초점, (5) 현재와 미래의 반응을 변화시키는 것에 초점을 두는 것 등이다.

이러한 특징들의 공통점은 인지행동치료의 기반이 된 경험주의의 역할과 '과학자-임상가scientist-practitioner 훈련 모델'에 대한 신뢰 모두를 반영한다는 것이다. 인지행동치료 전문가들은 특정한 장애의 원인과 장애를 유지시키는 이유에 대한 구체적인 가설을 세우고, 가설을 근거로 구체적인 모델을 만들고, 모델을 토대로 새로운 개입을 개발하며, 개입에 따른 효과를 검증한다. 인지행동치료의 개입 효과에 대한 연구들은 치료 효과를 과학적으로 검증하기 위해 원칙적으로 무선통제실험을 사용한다.

인지행동치료를 실시하는 치료사는 사례에 따라 가설을 세우고 가설을 검증하고, 개별 환자를 체계적으로 관찰하며, 연구결과를 통합할 수 있는 과학자로서의 역할도 해야 한다. 그러나 개별 환자에 대한 과학적인 접근은 치료를 개발하는 과정에서 거의 관심을 받지 못했다. 따라서 체계적으로 개발된 치료 관련 연구들을 참고하더라도 개별 환자를 위한 치료적 지침을 제공받기는 어렵다. 대신 개별 환자에 대한 치료적 지침은 슈퍼비전이나 전문가를 통해 제공받을 수 있는데, 사실상 모든 치료사가 이러한 방법을 이용하기는 어려울 것이다. 이 책의 목표 중 하나는 외상 후 스트레스장애를 위한 인지행동치료에 대해 개별 슈퍼비전을 받는 것과 같은 정보를 제공하는 것이다.

하나 더 추가해야 할 인지행동치료의 중요한 특징은 구조화다. 인지행동치료는 어떤 형태의 치료법보다 더욱 구조화되어 있다고 할 수 있다. 구조화는 새로운 행동의 학습에 강조점을 두며, 목표를 세우고 구체적인 활동을 실행함으로써 최적의 성과를 얻도록 한다. 구조화는 인지행동치료의 치료 효과를 얻기 위해 중요하며, 치료 목표를 논리적이고 일관성 있게 진전시키고자 하는 치료사와 환자 모두에게 도움이 된다. 그러나 Linehan(1993a)은 치료에서 구조화와 유연성 간의 균형을 유지하는 것이 중요하다고 보았다. 너무 엄격한 치료는 환자의 관심을 유지시키지 못해 중도탈락과 같은 문제로 이어질 수 있으며(Hembree, Foa et al., 2003), 너무 느슨한 접근은 불쾌하지만 해야만 하는 치료 과제에 대한 도전을 회피시킬 수 있다. 예를 들어, 만약 보니가 딸과 다투고 흥분한 채로 치료 회기에 왔다면, 치료사는 보니가 치료 목표 달성에 도움이 되는 필요한 것을 할 수 있도록 이끌어야 한다. 치료사는 보니가 고통스러운 증상을 줄이는 데 결정적일 수 있는 치료적 요소를 다루는 것을 두려워할 수 있다는 인식과 함께 딸과의 다툼을 얘기하고 싶어 하는 보니의 욕구에도 무게를 두어 어떤 반응을 할지를 결정해야 한다. 요약하면, 인지행동치료적 개입에서는 적당한 유연성을 가지고 구조화와 균형을 맞추는 것이 필요하다.

외상 후 스트레스장애를 위한 인지행동치료란 무엇인가

외상 후 스트레스장애를 위한 인지행동치료의 목표는 외상 반응을 유발하고 증상을 유지시킨다고 생각되는 행동과 인지를 수정하는 것이다. 이를 위해서는 우선적으로 협조적인 치료적 동맹관계가 강조된다. 치료는 일반적으로 인지행동모델과 치료 이론에 대한 교육으로 시작된다. 인지행동치료 모델의 관점에서 보면 회피행동과 비현실적이며 쓸모없는 사고는 외상 후 스트레스장애를 지속시키는 핵심요소다. 외상 후 스트레스장애 치료를 위한 다양한 인지행동치료 기법들이 개발되었으며, 이들은 치료의 핵심 구성요소에 따라 명명되거나(예: 인지적 재구조화 또는 노출), 인지처리치료(Resick & Schnicke, 1993)나 지속노출치료(Foa & Rothbaum,

1998)처럼 구체적으로 기술되기도 한다. 이처럼, 강조점에 차이가 있기는 하나 '심리교육, 노출, 인지적 재구조화'가 외상 후 스트레스장애를 치료하기 위한 인지행동치료의 세 가지 핵심 구성요소다. 따라서 이 책에서는 치료의 핵심 구성요소들을 각각 어떻게 사용해야 하는지 안내하고 가르치는 것에 중점을 둘 것이다.

간단히 말해, 심리교육은 환자에게 외상 후 스트레스장애의 인지행동적 공식화에 대한 정보를 제공하는 것이다. 이를 통해 치료의 이론적 근거에 대한 환자의 이해를 높일 수 있다. 외상 후 스트레스장애에 대한 이해를 환자와 공유하는 것은 협조적인 치료적 동맹관계 형성에도 도움이 된다. 치료사는 설득력 있는 이론에 의지해야 할 것이며(5장에서 논의), 환자와 협조적인 동맹관계를 형성하는 것은 외상에 초점을 둔 치료에서 힘든 순간들을 견딜 수 있게 해 줄 것이다.

노출은 공포를 주는 자극에 환자가 접근할 수 있도록 격려하는 것이다. 이 과정을 통해 환자는 안전하지만 공포를 주는 자극을 더 이상 피할 필요가 없다는 것을 학습하게 된다. 노출 동안 환자는 대체로 다음의 순서에 따라 공포자극에 접근하게 될 것이다. (1) 즉각적인 공포 감소를 위한 지속시도 접근(예: 회기 내 습관화), (2) 지속적인 공포 감소를 위한 반복시도 접근(예: 회기 간 습관화)이다. 노출의 형식에는 몇 가지가 있다. 심상노출 동안 환자는 외상에 대한 기억을 반복적으로 얘기한다. 반면, 실제노출 동안 환자는 특별한 상황이나 실제 자극에 직면한다. 끝으로, 감각수용노출은 회피해 왔던 신체감각에 대한 경험을 포함한다. 노출은 점진적이거나 집중적인 방식으로 제시된 자극에 직면하는 것이다.

인지적 재구조화는 불필요한 생각을 깨닫고 수정할 수 있게 교육하는 것이다. 환자는 자신의 생각을 관찰하고 확인하는 것을 배우고, 부적절한 생각들에 체계적으로 도전하며, 적절한 반응들을 형성하는 것을 배우게 된다. 외상 후 스트레스장애에서의 인지적 재구조화는 인지처리치료처럼 외상과 관련된 특별한 주제들을 조직화하는 것이다(Resick & Schnicke, 1993). 인지적 재구조화는 외상 경험으로부터 생성된 모든 고통스러운 생각들에 적용할 수 있다.

외상 후 스트레스장애 관련 인지행동치료 연구 요약

외상 생존자들을 돕기 위한 많은 치료법들이 있지만, 인지행동치료는 특히 외상 후 스트레스장애에 대한 치료뿐만 아니라 공존장애에도 효과적임이 지지되고 있다. 인지행동치료는 도전적인 치료로 대부분의 환자들이 피하고 싶어 하는 외상 자극과 기억들에 직면을 시도한다. 이처럼 피하고 싶어 하는 것에 직면하는 것이 치료적임을 지지하는 많은 연구 결과가 있다. 이러한 연구 결과들을 근거로 하여 환자에게 두렵지만 치료를 시도하는 것이 좋겠다는 믿음을 갖게 하고 혐오적인 과제를 시도할 수 있도록 도울 수 있다.

인지행동치료 효과에 대한 지지 연구

연구 결과들에 대한 신중한 검토를 통해 도출된 몇 가지 주요 결론은 다음과 같다.

1. 노출과 인지적 재구조화 병행치료, 노출 단독치료, 인지적 재구조화 단독치료가 무처치나 지지치료보다 효과적인 것으로 나타났다. 여기에 포함된 치료 대상은 강간 생존자(Foa et al., 1999; Foa, Rothbaum, Riggs, & Murdock, 1991; Resick, Nishith, Weaver, Astin, & Feuer, 2002), 아동학대 생존자(Cloitre, Koenen, Cohen, & Han, 2002; McDonagh et al., 2005), 교통사고 생존자(Blanchard et al., 2003; Ehlers et al., 2003), 퇴역군인(Boudewyns & Hyer, 1990; Cooper & Clum, 1989; Keane, Fairbank, Caddell, & Zimering, 1989), 그리고 다양한 외상 사건의 생존자들이었다(Bryant, Moulds, Guthrie, Dang, & Nixon, 2003). Resick 등(2002)은 강간 생존자들을 대상으로 인지적 재구조화를 엄격하게 적용한 인지행동치료(예: 인지처리치료), 노출을 엄격하게 적용한 인지행동치료(예: 지연 노출), 그리고 통제집단에 속한 대기자를 비교한 결과

대기자 집단에 속한 경우보다 인지적 재구조화와 노출치료를 실시한 집단에서 치료 효과가 우수하였다. 인지적 재구조화와 노출치료 중 하나라도 끝낸 외상 생존자의 약 80%는 외상 후 스트레스장애 진단기준을 벗어날 수 있었고 우울 증상에도 뚜렷한 개선이 있었다. 물론 임상현장에서 일하는 치료사라면 치료 과정을 모두 끝낸 생존자만이 포함된 연구보다는 치료의 실제 상황과 유사한 모든 생존자가 무선할당된 연구에 관심이 많을 것이다. Resick 등의 연구 결과를 보면, 둘 중 하나의 치료법이라도 시작한 여성의 50%가 치료 직후와 추적 조사에서 외상 후 스트레스장애 진단기준을 벗어난 반면, 대기자 집단은 단지 2%만이 진단기준을 벗어날 수 있었다. Bryant 등(2003)의 다양한 외상 사건 생존자를 대상으로 실시한 노출치료, 노출과 인지적 재구조화 병행치료, 지지상담을 비교한 연구에서도 유사한 결과가 나왔고, 뒤이은 추적 연구에서도 인지행동치료의 구성요소 중 어느 하나라도 마친 집단은 65~80%가 외상 후 스트레스장애 진단기준을 벗어난 반면 지지상담을 마친 집단은 40%만이 진단기준에서 벗어났다. 마찬가지로, 지지상담 참가자는 약 20%만이 진단기준에서 벗어난 반면, 인지행동치료 참가자는 50~60%가 진단기준에서 벗어날 수 있었다.

2. 인지행동치료의 구성요소 중 어떤 것이 더 우수한 치료 효과를 보이는지에 대한 명확한 증거는 없다. Foa 등(1999)의 강간 생존자 연구에서는 노출 단독치료가 노출치료와 스트레스예방기술훈련을 함께 사용한 경우보다 효과적이었으며, Bryant 등(2003)에서는 심상노출과 인지적 재구조화를 함께 실시한 경우가 심상노출만을 사용한 경우보다 효과적이었다. 외상 혼합 집단을 대상으로 한 Marks 등(1998)의 연구에서는 노출치료(노출만을 사용하거나 노출과 인지적 재구조화를 함께 사용한 경우)가 인지적 재구조화만을 사용한 경우보다 효과적이었고, 다른 몇몇 연구에서는 노출과 인지적 재구조화의 치료 효과에 차이가 없었다(Tarrier et al., 1999; Resick et al., 2002; Paunovic & Ost, 2001).

3. 여러 외상 집단의 치료에서 경험적인 지지를 가장 많이 받고 있는 치료법은 노

출을 포함한 인지행동치료다(Foa, Rothbaum, & Furr, 2003). 따라서 노출법
은 우리 연구소에서 주로 사용하는 치료의 기초이자 이 책에서 기술하는 치
료의 기초다.

요약하면, 노출이나 인지적 재구조화 혹은 두 치료법 모두를 사용한 인지행동치
료가 외상 후 스트레스장애의 치료에 효과적임을 지지하는 많은 연구들이 있다. 따
라서 무처치나 지지상담을 제공하는 경우에 비해 인지행동치료를 제공할 경우 외
상 후 스트레스장애가 치료될 가능성은 훨씬 높아질 것이다.

임상 실제에서의 연구 응용: 노출 단독치료, 병행치료, 어떤 것이 효과 적인가

전문가는 일반적으로 노출, 인지적 재구조화, 혹은 병행치료의 상대적인 장점을
구분하려는 경향이 있다. 우리는 치료사가 노출과 인지적 재구조화 모두를 습득하
여 외상 후 스트레스장애에 대한 치료 계획을 세울 때 두 치료 전략 모두를 적극적
으로 고려하기를 바란다.

노출과 인지적 재구조화를 병행한 치료가 고려되어야 하는 이유는 무엇인가

노출은 역기능적 사고를 수정할 수 있는 강력한 수단으로, 노출을 실시하는 것만
으로도 많은 환자가 성공적으로 치료된다. 하지만 노출 실시만으로는 증상 제거가
어려운 경우가 있다. 외상 후 스트레스장애 환자에게는 강렬한 분노나 지나친 수줍
음 같은 노출을 방해하는 많은 문제들이 있을 수 있고, 노출은 이러한 문제해결에
는 최선의 개입이 아닐 수 있다. 이러한 사례에는 경험적 지지가 확보된 인지적 재
구조화를 사용하는 것이 대안일 수 있다.

노출이나 인지적 재구조화는 다양한 정서를 다루는 것에 차이가 있다. 노출은 불
안이나 위험에 대한 신념의 수정에 효과적인 반면, 인지적 재구조화는 죄책감이나

책임감의 수정에 더욱 효과적이다(Resick et al., 2002; Smucker, Grunert, & Weis, 2003). 마찬가지로, 인지적 재구조화는 공포보다는 수치심이나 분노가 외상 후 스트레스장애의 일차적이며 주요한 특징일 때 효과적이다(Smucker et al., 2003). 따라서 인지적 재구조화는 강한 죄책감이나 수치심, 분노가 표현되는 경우이거나 노출 사용이 차선책이라고 판단될 때 실시를 고려할 수 있다.

앞서 언급한 것처럼, 인지행동치료의 어떤 기법을 사용하는 것이 외상 후 스트레스장애의 치료에 더욱 효과적인지에 대한 분명한 증거는 없다. 그러므로 임상적으로 중요한 것은 노출을 사용할지, 인지적 재구조화를 사용할지에 대한 판단이 아니라 환자를 얼마나 치료에 개입시킬지, 언제 치료적 개입을 시작할지 결정하는 것이다.

끝으로, 환자에 따라 치료적 기법을 숙지하는 능력이 다양할 수 있고, 어떤 치료적 개입에 반응적일지 예측하기는 어렵다. 인지적 재구조화를 너무 복잡하고 혼란스럽게 느끼는 사람이 있는가 하면, 노출 동안 내면의 정서에 직면하는 것을 더욱 어려워하는 사람도 있다. 따라서 치료사가 두 기법 모두를 사용할 수 있다면 더욱 효과적으로 치료에 개입할 수 있을 것이다. 요약하면, 인지행동치료의 '예술'은 구조화된 지침에 따라 외상 후 스트레스장애의 인지행동치료 모델을 사용하면서도 개별 환자에게 적합한 노출과 인지적 재구조화를 유연하게 시도하는 것이라고 할 수 있다.

실제노출이 필요한가

외상 환자와 작업할 때 심상노출만을 사용하는 치료사들이 있는데, 심상노출과 실제노출을 함께 사용하는 것이 효과적임을 지지하는 유용한 증거들이 많다 (Devilly & Foa, 2001; Bryant et al., 2003; Tarrier et al., 1999).

심상노출과 실제노출의 병행치료가 효과적인 이유는 외상 후 스트레스장애가 기억에 대한 공포와 실제 상황에 대한 공포 모두를 포함하기 때문이다. 실제노출은 상황적 단서에 노출될 수 있는 기회를 준다. 예를 들어, 교통사고 생존자가 심상노출을 통해 당시를 기억함으로써 정서적 고통이 감소되었더라도 차 타는 것을 지속적으로 회피한다면 기능적인 손상은 남아 있는 것이다. 또한 실제노출을 포함하는 것은 공포 감소가 일어날 수 있는 맥락 단서를 확장함으로써 공포 감소에 대한 내구력을 높일 수 있다(Bouton & Nelson, 1998). 보니의 경우, 자신이 강간당한 것과 비슷한 침실에서 심상노출을 실시하면 외상 후 스트레스장애의 현저한 증상 감소와 더불어 일반화 및 공포 감소에 대한 내구력을 높일 수 있을 것이다(Foa et al., 2003).

연구를 통해 지지되고 있는 또다른 인지행동치료들

경험적 지지를 얻고 있는 두 가지 형태의 치료가 있다. 첫 번째는 스트레스예방훈련stress inoculation training으로 이완, 사고중지, 주장적인 의사소통, 안내된 자기대화guided self-dialogue 같은 스트레스관리 기술을 가르치는 것이다. 이 치료의 이론적 근거는 스트레스가 낮은 상황에서 대처기술을 훈련하고 나면 더 높은 불안과 스트레스 상황을 관리할 수 있을 것이라고 보는 것이다. 두 번째는 EMDR로 환자가 외상 사건을 기억하는 동안 움직이는 외적 자극(예: 손가락을 앞뒤로 움직임)에 시선을 집중함으로써 외상 기억의 처리과정을 돕는 것을 목표로 하며, 여기에는 인지적 재구조화도 포함된다. 우리는 이 치료법들을 외상 후 스트레스장애에 대한 최선의 치료로 보지 않으므로 개별적으로 논의할 것이다.

스트레스 예방훈련이 최우선의 치료 전략이 되지 못하는 이유
불안관리를 위한 접근(예: 스트레스 예방훈련; Meichenbaum, 1985)은 치료 효과가 있다는 경험적 지지가 있지만(Foa et al., 2003) 우리는 몇 가지 이유 때문에 스트레스 예방훈련을 최선의 치료법으로 권하지 않는다. 첫 번째 이유는 스트레스 예방훈련에서 얻을 수 있는 치료 범위가 노출치료만큼 폭넓지 않고(예: Foa et al., 1999) 효과를 지지하는 연구 범위가 상대적으로 좁기 때문이다.
두 번째 이유는 스트레스 예방훈련의 이론적 근거가 회피를 외상 후 스트레스장애 유지의 중요한 원인으로 보는(Foa, Steketee, & Rothbaum, 1989; Keane & Barlow, 2002) 인지행동치료의 다른 기법(예: 노출)이나 외상 후 스트레스장애의 인지행동 모델(2장 참조)과 맞지 않기 때문이다. 예를 들어, 스트레스 예방훈련 기법인 사고중지는 환자가 불쾌한 사고에 대해 "그만"이라고 외침으로써 기분을 전환하는 것이다. 사고중지나 이완 같은 스트레스 예방훈련 기법은 외상 기억을 직접 다루고자 하는 노출법과 상충된다. 스트레스 예방훈련 기법은 일상생활의 스트레스 관리에는 효과적이라는 것이 증명되었지만 외상 관련 스트레스 해결을 위해서는 노출이나 인지적 재구조화가 더욱 적합하며 개념적으로도 우수하다.

세 번째 이유는 스트레스 예방훈련이 노출이나 인지적 재구조화에 비해 번거롭다는 것이다. 스트레스 예방훈련 프로토콜(Foa et al., 1991, 1999)은 통상 9회기로 구성되며, 환자는 폭넓고 다양한 여러 기술들을 배워야 한다. 반면, 노출을 수행하기 위해서는 한 가지 기술만 배우면 되고, 노출과 인지적 재구조화를 병행한 경우라도 두 가지 기술만 습득하면 된다. 이처럼 효과를 충족하는 간단한 기법이 있는데 복잡한 기법을 사용할 이유는 없을 것이다.

하지만 몇 가지 스트레스 예방훈련 전략은 외상 후 스트레스장애에 동반되어 나타나는 문제의 해결에 유용할 수 있어 우리도 자주 사용하는 편이다. 예를 들어, 자신의 욕구를 표현하기 힘들어하는 환자에게는 자기주장훈련을 규칙적으로 사용하며, 매우 흥분되어 있는 환자에게는 이완기법 같은 호흡훈련을 사용한다.

EMDR이란 무엇인가

우리는 EMDR(Shapiro, 1995)을 외상 후 스트레스장애의 치료에서 제외하고 있는데, 이는 경험적 지지가 적고 인지행동치료와 비교해 치료 효과가 적기 때문이다(Devilly & Spence, 1999). 인지행동치료와 EMDR의 비교 연구를 보면, 진단기준을 벗어날 정도의 호전을 보인 비율이 인지행동치료 집단에서는 60% 이상이었던 반면, EMDR 치료 집단에서는 25%로 적었다(Devilly & Spence, 1999). 이와 대조되는 결과를 보여 준 연구들(Ironson, Freud, Strauss, & Williams, 2002; Lee, Gavriel,

Drummond, Richards, & Greenwald, 2002)은 방법론적인 문제가 있었다. 방법론이 개선된 Taylor 등(2003)의 연구에서는 인지행동치료를 마친 환자들이 EMDR을 마친 환자들보다 재경험과 회피 증상의 감소가 더욱 컸다. 요약하면, EMDR 지지연구들은 인지행동치료 지지연구들보다 검증력이 약하다.

EMDR이 노출과 기억 처리 과정을 돕는다는 주장도 있지만, 이러한 주장을 뒷받침할 만한 연구결과를 찾기는 어렵다(Devilly & Spence, 1999). 더구나 눈 움직임이 불안감소를 위한 결정적인 치료 구성요소라는 주장을 지지할 만한 근거 자료가 부족하다(Chemtob, Tolin, van der Kolk, & Pitman, 2000; Hembree, Cahill, & Foa, 2003; Hembree & Foa, 2003).

EMDR의 유용성을 발견하는 치료사가 있기는 하지만, EMDR이 인지행동치료보다 우수하다는 증거는 부족하기 때문에 우리는 표준화된 인지행동치료가 실패로 끝난 경우나 환자를 위해 EMDR을 사용하는 것이 훨씬 유용하다는 타당한 이유가 있을 때에만 EMDR을 사용해야 한다고 본다. 환자가 EMDR을 요구할 때, 우리는 관련 연구들을 함께 검토함으로써 환자가 어떤 치료를 받을지 합리적으로 결정할 수 있도록 안내해 주며, 검토를 거친 후에도 환자가 EMDR로 치료받기를 원한다면 관련 전문가에게 의뢰해 준다.

결론

지난 20년 동안 외상 후 스트레스장애 치료에 중요한 진전이 있었다. 그중 인지행동치료는 새롭게 개발된 치료법들 중에서도 가장 효과적인 것이다. 오랜 기간 심리사회적인 적응에 어려움을 보였던 만성 환자들도 인지행동치료를 통해 몇 달 안에 의미 있는 변화를 볼 수 있다. 인지행동치료의 효과를 지지하는 강력한 증거들이 있지만 개별사례에 적용할 때에는 개인에 맞게 유연하게 적용하는 것이 더욱 효과적일 것이다.

02 외상 후 스트레스장애에 대한 인지행동적 개념

이 장에서는 외상 후 스트레스장애에 대한 인지행동적 개념을 개관할 것이다. 먼저 인지행동적 원리를 이해하는 것이 중요한 이유를 설명한 다음, 주요 구성요소를 살펴볼 것이다. 이어서 외상 후 스트레스장애 치료의 핵심기법으로 노출과 인지적 재구조화에 중점을 두는 이유를 간단히 설명할 것이다.

인지행동적으로 '생각하기'를 배워야 하는 이론적 근거

인지행동치료를 배우기 시작할 때에는 요리책을 보고 요리를 하는 것처럼 순서에 따라 하기만 하면 될 것이라는 기대를 가질 수 있다. 당신 또한 다른 많은 치료사와 같은 기대를 가지고 있다면 인지행동치료를 배우는 것에 대한 흥미를 잃을지도 모른다. 유능한 인지행동치료 전문가가 되기 위해서는 단지 '요리책'에 쓰인 대로 따라 하는 것 이상이 요구된다. 원칙에 따라 인지행동치료를 실시하는 것은 치즈케이크를 만드는 일과 유사할 수 있다. 단순한 디저트라도 레시피 내용 이상의 지식이 필요하다. 만약 '적당히 알맞게'가 의미하는 바를 알지 못한다면 케이크를 얼마나 구워야 할지 모를 것이다. 요리를 하는 것이 어렵고, 잘 못하겠다고 말하는 사람이 있는 것처럼 요리를 한다는 것은 잘 만들어진 레시피가 있을 때조차도 창조적인 예술에 가깝다.

인지행동치료를 실시한다는 것은 어떤 손님은 채식주의자이고, 어떤 손님은 코셔이며, 어떤 손님은 유제품을 먹지 않는다는 정보를 가지고 저녁파티의 요리를 준비하는 것과 더욱 유사하다. 요리사는 갑작스럽게 레시피를 수정해야 하고, 모든 사람의 입맛에 맞게 음식을 만들어야 한다. 하나의 요리가 이처럼 다양한 요구들을 만족시키려면 기본원칙에 따라 요리되어야 한다. 즉, 기본적인 레시피에서 특별한 구성 성분만을 바꾸어야 하는 것이다. 만약 요리의 중요한 원칙을 이해하지 못하고 있다면 성공적으로 요리를 하는 것은 불가능할 것이다. 마찬가지로, 대부분의 환자가 원칙에 기초한 표준적인 인지행동치료의 절차에 적응적으로 반응할지라도(일정한 레시피에 따라 익숙하게 요리한 것과 같이) 어떤 환자에게는 수정된 치료 절차가 필요할 수 있다. 인지행동주의자처럼 생각하는 치료사의 능력은 환자의 다양한 필요에 따라 융통성 있게 반응할 수 있는 능력을 결정한다. 따라서 우리는 이 책을 읽는 치료사들이 인지행동적인 기법을 단순히 빌려 쓰기보다는 이론적인 모델을 포괄하는 수정된 기법들을 만들어서 완벽한 인지행동적 접근을 치료에 활용하기를 바란다. 이 장에서는 치료사의 이해를 돕기 위해 인지행동치료의 기초가 되는 인지행동적 원칙을 다룰 것이다.

외상 후 스트레스장애의 개념

공통되는 기본 가정들

외상 후 스트레스장애에 대한 인지행동적 모델들에는 몇 가지 공통된 가정이 존재한다. 첫 번째 가정은 외상 후 스트레스장애를 비불안 증상[1]과 연합되어 있는 불안장애로 보는 것이다. 인지모델에 따르면, 불안과 공포는 인지적(예: 공포사고), 행동적(예: 회피행동), 생리적(예: 자율신경계 각성; [그림 2-1] 참조) 요인으로 구성되며 각 요인은 다른 요인에 영향을 준다. 예를 들어, 높은 곳을 두려워하는 수잔이 높은 천장에 매달린 전등의 전구를 갈아 끼우기 위해 사다리를 오르기 시작할 때는 두려운 생각(예: '사다리에 오르는 것은 위험하다.' '떨어져서 목을 다칠 것이다.'), 생리적 각성(예: 빠른 심장박동, 빠른 호흡, 떨림), 회피행동(예: 두 발 정도 사다리에 오른 후 사다리에서 내려와 다른 사람에게 도움을 청함)을 경험한다. 따라서 상황에 대한 두려운 생각을 바꾸는 것(예: '카렌이 별 문제없이 전구를 갈아 끼우는 것을 보았다.' '사다리는 튼튼하고 안전하다.' '불안하기는 하지만 나도 이것을 할 수 있을 것이다.')은 회피행동

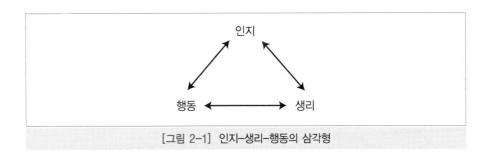

[그림 2-1] 인지-생리-행동의 삼각형

---

1 불안과 공포라는 용어는 때론 상호 교환적으로 쓸 수 있지만, '불안'은 미래의 부정적인 사건에 대한 염려나 예견을 말하며, '공포'는 특정한 자극에 대한 '투쟁-도피' 반응을 말한다.

과 생리적 각성을 줄일 수 있다. 마찬가지로, 두려운 상황이나 사물을 회피하는 대신 접근하는 것은 위험에 대한 지각을 줄여 줄 수 있다(예: 사다리 오르기에 성공한 후에는 원래 생각했던 것보다 사다리에 오르는 것이 안전하다는 것을 알게 된다).

두 번째 가정은 적응적 공포를 발달시키는 메커니즘이 부적응적 공포의 발달에도 적용된다는 것이다. 인간은 몇 가지 상황(예: 큰 소리, 높은 곳; O'Leary & Wilson, 1987)에 대한 공포를 가지고 태어난다. 인지행동치료 전문가들은 적응적이거나 부적응적인 공포 모두 학습된다고 가정한다. 불안의 적응적 기능은 객관적으로 위험한 상황을 피하도록(도망가도록) 촉구한다. 불안은 악어와 함께 수영하지 않도록 우리를 보호할 수 있고, 악어를 목격하면 물 밖으로 피할 수 있게 경고를 준다. 객관적인 위험이 없는 상황(예: 수영장에서 수영하는 것을 피함)에 대한 불안은 학습될 수 있고, 유사한 과정에 의해 학습되지 않을 수도 있다.

행동적 요인과 조건적 요인

Mowrer(1947)의 불안에 대한 행동 2요인 개념은 이 책에서 제시하는 외상 후 스트레스장애에 대한 인지행동치료 개념의 기초다. Mowrer는 두 가지 학습 형태인 고전적 조건화와 조작적 조건화가 공포의 조건화와 관련된다고 보았다. 그의 이론에 따르면, 중립 자극이 공포를 야기하는 자극과 짝지어질 때 고전적 조건화의 원리에 따라 일차적으로 불안이 형성된다. 이것은 음식과 종소리가 반복적으로 짝지어진 후에는 종소리에도 침을 흘리게 되는 파블로프 개의 경험과 유사하다. 마찬가지로, 야구배트 같은 중립 자극이 강도를 당할 때 야구배트에 세게 맞았던 두려운 경험과 짝지어지면 공포를 야기하는 자극이 될 수 있다.

고전적 조건화의 규칙에 따르면, 두려워했던 대상이 더 이상 위험하지 않게 되면 시간이 지나면서 조건화된 공포반응은 소거된다. 이것은 음식이 주어지지 않고 종소리만 반복적으로 제시되었을 때 개가 더 이상 침을 흘리지 않는 원리와 같다. 그러나 Mowrer는 위험이 지속되지 않는 사물이나 상황에 대해서도 많은 비합리적인 공포가 지속되는 이유에 대해서는 다른 설명이 필요하다고 보았다. Mowrer는 공포가 지속되는 이유에 대해 '조작적 조건화'로 설명하였다. 조작적 조건화는 행동의 결과에 기초해 학습된다. 호의적인 결과를 야기한 행동들은 강화되어 반복되고 자주 발생되는 반면, 처벌처럼 바람직하지 않은 결과를 야기한 행동은 반복되지 않는 경향이 있다. Mowrer에 따르면, 두려운 사물이나 상황으로부터 벗어나도록 하는 도피행동은 공포를 빨리 감소시키기 때문에 강화된다. 따라서 도피행동은 재발되고 증가되며, 도피나 회피행동으로 인해 공포는 유지되고 소거는 일어나지 않게 된다. 요약하면, 공포반응은 고전적 조건화에 의해 일차적으로 학습되고 조작적 조건화에 의해 지속적으로 유지된다.

예를 들어, 제임스는 사냥개에게 물린 후 큰 개에 대한 공포가 생겨났다. 공격당한 후 제임스는 개 주인이 개를 데리고 멀리 가거나 그가 그곳을 벗어나면 불안이 급격히 줄어드는 경험을 하였다. 그 결과 제임스의 도피행동은 증가되었다. 그는 거리에서 개를 만나면 그 자리를 피했고, 개와 마주치게 될까 봐 외부 활동을 제한하였다. Mowrer에 따르면, 제임스의 도피행동이나 회피행동은 해를 주지 않는 개와 함께 있는 것도 회피하게 하여 개에 대한 공포 감소는 더욱 어려워지게 된다. 따라서 제임스는 개와 함께 있는 것이 공격당한다는 사실을 의미하지는 않는다는 것과 대부분의 개와 함께 있을 때는 불안해할 필요가 없다는 사실을 학습하지 못하게 될 것이다.

Mowrer의 이론은 외상 사건과 연합되는 사물이나 상황을 회피하거나 외상적 사물이나 상황에 접촉이 강요될 때 극심한 불안을 나타내는 외상 후 스트레스장애 환자에게 직접적으로 적용할 수 있다. 덧붙이자면, 많은 외상 생존자는 외상 기억을 차단하려고 하는데 이것은 외상 자극을 행동적으로 회피하는 것과 유사한 효과를 실제적으로 얻게 한다(Keane, Fairbank, Caddell, Zimering, & Bender, 1985). 다시 말해, 외상 생존자는 행동적 방식과 인지적 방식 모두를 통해 외상을 상기시키는 것을 피하기 때문에 조건화된 공포의 소거에 실패하는 것이다. 예를 들어, 강도에게 야구배트로 맞은 산드라는 강도에 대한 생각을 회피하였고, 소프트볼(예: 배트에 대한 회피)을 즐기는 것을 포기함으로써 강도에 대한 기억과 배트에 의해 야기되는 공포 모두에 대처하고자 하였다. 따라서 그녀는 배트나 외상 기억이 정말로 자신에게 해를 끼치지는 않는다는 사실을 학습하지 못하게 된다.

특수 공포증 같은 다른 불안장애와 달리 외상 후 스트레스장애에서 주목해야 할 특징 중 하나는 외상 생존자들이 보여 주는 공포가 광범위하다는 것이다. 조건화의 두 가지 기본적인 원칙인 고차 조건화와 자극 일반화는 공포자극이 폭넓게 조건화되는 이유에 대한 설명을 제공한다(Keane et al., 1985). 고차 조건화는 중립적이었던 자극이 조건화된 자극과 짝지어짐으로써 조건화 반응을 유발할 때 생겨난다. 예를 들어, 제임스는 큰 개와 마주친 길거리를 두려워하게 되었고, 산드라는 배트를 생각나게 하는 소프트볼 게임을 두려워하게 되었다. 길거리나 소프트볼 게임 모두 공격(무조건 자극)과 짝지어진 것은 아니지만, 둘 다 조건자극(개나 야구배트)과 연합되었다. 자극 일반화는 조건화된 자극과 유사한 자극에 대한 반응이다. 예를 들어, 제임스는 작은 개도 두려워하게 되었고 산드라는 하키스틱도 두려워하게 되었다. 고차 조건화와 자극 일반화를 통해 공포를 느끼는 자극이 급속히 확대되어 의미 없는 자극에 공포를 느끼게 되는 일은 아주 흔하다.

추후 연구들은 Mowrer의 초기 이론에 몇 가지 문제점이 있음을 발견하였다. 특히, 병리적 불안은 고전적인 조건화 없이도 생겨날 수 있다. 예를 들어, 공포는 정보 습득을 통해서도 생겨날 수 있고(예: 카리브 해로 휴가를 떠나기 전 식인 물고기에 대한 글을 읽는다면 바다에서 수영하는 것이 두려울 것이다), 타인의 경험(예: 친구가 위험한 해파리에 쏘인 것을 본다면 바다에서 수영하는 것이 무서울 것이다; Rachman, 1977)을 통해 생겨날 수도 있다. 더구나 Mowrer의 초기 이론은 외상 후 스트레스장애와 연합되어 나타나는 수치심 같은 비불안 증상을 쉽게 설명하지 못한다.

그럼에도, Mowrer의 조건화 모델은 외상 기억을 촉발하는 자극의 범위가 확대되는 것과 자극에 의해 생겨나는 생리적·정서적 각성(Brewin & Holmes, 2003) 같은 외상 후 스트레스장애의 핵심적인 특징을 잘 설명하며, 환자가 증상을 쉽게 이해할 수 있도록 설명하기에 유용한 이론이다. 예를 들어, 어머니의 남자친구에게 반복적으로 강간을 당한 엘리자베스는 벽시계를 볼 때마다 공황발작을 경험하였다. 벽시계는 그녀가 강간을 당한 방의 침대 위에 걸려 있었고, 엘리자베스는 강간이 끝나기만을 기다리며 벽시계를 항상 응시했었다고 하였다. 우리는 Mowrer의 2요인 이론을 적용하여 이제는 강간이 일어나지 않음에도 그녀가 벽시계가 걸린 방을 회피하고 있고 벽시계를 볼 때마다 시선을 피하기 때문에 벽시계에 대한 공포가 소거되지 않고 지속된다는 가설을 세울 수 있다. 엘리자베스는 왜 무해한 자극이 강간과 연합되어 공포를 야기하는지 이해할 수 없었기 때문에 자신이 '미친 것 같다'는 느낌을 갖고 있었다. 우리는 2요인 모델을 근거로 벽시계에 대한 공포가 왜, 그리고 어떻게 나타난 것인지 그녀가 이해할 수 있도록 도울 수 있었다. 이러한 이해를 통해 엘리자베스는 자신이 미친 것 같다는 느낌을 더 이상 갖지 않게 되었는데, 이것은 우리가 2요인 모델을 근거로 증상을 이해시킬 수 있었고 구체적인 해결 방법도 제시할 수 있었기 때문이다.

2요인 모델의 한 가지 단점은 외상 경험에 선행하며, 외상 경험이 외상 후 스트레스장애로 발전하는 데 영향을 주었을 수 있는 아동기 경험 같은 개인적 요인을 설명할 수 없다는 것이다. 이러한 약점을 보완하고자, Keane과 Barlow(2002)는 외상 후 스트레스장애의 원인에 대한 더 세부적인 학습모델을 개발하였다([그림 2-2] 참조).

Keane과 Barlow(2002)는 [그림 2-2] 모델 상단에 위치한 생물학적 취약성과 심리적 취약성 모두 외상 경험 후에 외상 후 스트레스장애로 발전될 수 있는 개인적 요인이라고 보았다. '일반화된 생물학적 취약성'은 유전에 기반한 기질로 그러한 기질을 가진 사람이 생애 초기에 예측 불가능하고 강화와 처벌의 조절이 어려운 환경에 처해진다면 외상 경험 후에 정신병리가 발생할 수 있다(Barlow, 2002). 초기 인생 경험은 '일반화된 심리적 취약성'을 대표한다. 외상의 성격이나 반복적인 외상 경험 같은 요인들도 일반화된 심리적 취약성을 증가시켜 외상 후 스트레스장애로 발전될 위험성을 높일 수 있다(Keane & Barlow, 2002).

모델의 다음 단계는, 외상 사건을 실제로 경험하는 동안 생존자들이 경험하는

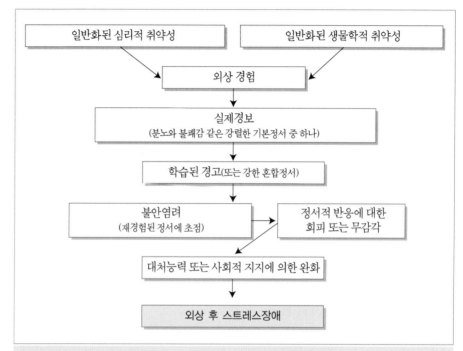

[그림 2-2] Keane and Barlow's (2002) model of the etiology of PTSD. From Keane and Barlow(2002, p. 429). Copyright 2002 by The Guilford Press. R eprinted by permission.

'실제 경보true alarm'로 이는 진화에 기반한다(Barlow, 2001). 우리의 선조는 위험한 동물(예: 사자, 늑대, 뱀)이나 사람의 위협, 자연재해 등과 마주치면 예외 없이 실제 경보를 경험하였다. 실제 경보는 실제 위험 상황에 대한 공포반응이다. 실제 경보의 적응적 기능은 신체적 위협에 즉각적으로 반응함으로써 생존 가능성을 높인다는 것이다. 소방관이 화재에 민첩하게 대응하는 것처럼, 실제 경보는 위협적인 상황에 대응할 수 있도록 신체적 · 인지적 자원을 총동원시킨다. 오늘날에는 사자와 같은 위험한 동물과 마주칠 일이 거의 없지만, 실제 경보는 폭발이나 자동차 사고, 자연재해, 위험한 사람들에 의해 생겨나는 현대적 위험에 반응할 수 있도록 해 준다.

실제 경보 동안에 나타나는 반응은 일반적으로 '투쟁-도피fight-flight' 반응으로 불리지만, 더 정확한 이름은 '투쟁-도피-동결fight-flight-freeze' 반응일 것이다(Beck,

Emery, & Greenberg, 1985). 위험 상황에 대한 우리의 자연스러운 반응은 도망치는 것이지만, 만약 도망칠 수 없다면 싸울 것이고, 둘 다 불가능하다면(성폭력 사건이나 이외에 많은 외상 사건처럼) 얼어버린 것처럼 움직이지 않는 것이다-사슴이 약탈자에게 들키지 않기 위해 나무 뒤에 숨어서 움직이지 않고 있는 것과 같다.

투쟁-도피 시스템과 연합된 생리적 반응은 무수히 많으며, 잘 연구되어 있고 불안장애가 있는 사람들에게서 흔히 볼 수 있다. 심박이 증가하고 손과 발에 있던 혈액은 도피와 싸움에 용이하도록 주요 근육으로 이동한다. 이러한 혈액의 이동은 다치기 쉬운 말초신경이 상처를 입었을 때 출혈을 적게 한다. 두 번째 결과로 신체 부위는 창백하고 차가워진다. 산소 투과량을 증가시키기 위해 호흡은 깊어지고 더 빨라지는데 이것은 갑작스러운 활동 폭발에 필요하기 때문이다. 으르렁대는 사자를 갑자기 만났을 때 대비할 수 있는 준비 시간을 5분이나 가질 수는 없다. 게다가 투쟁-도피 반응을 주로 관할하는 자율신경계의 교감신경은 집중적인 신체적 노력을 즉각적으로 준비할 수 있는 회로다. 뇌가 위험을 탐지하면 교감신경은 즉각적으로 신체기능의 불수의적인 기능을 일으켜서 단기간 생존해 나갈 수 있도록 아드레날린을 방출시킨다. 투쟁-도피 반응을 경험하는 사람은 입마름이나 메스꺼움 같은 많은 감각기관의 변화를 경험하는데 이는 음식의 소화를 늦춤으로써 장기간의 생존에 대비하기 위한 것이다. 어지럼증 같은 증상은 활발한 신체 활동의 결핍에 의해 부차적으로 발생하는 것으로 생각된다. 다시 말해, 오늘날의 사람들은 더 이상 사자를 만날 일이 없기 때문에 싸우거나 도망칠 일이 없으며, 이에 따른 영향으로(예: 혈액에 과도하게 투과된 산소는 뇌혈관을 압박함) 부수 증상(예: 현기증)이 나타나는 것이다.

Keane과 Barlow(2002)에 따르면, 외상 사건 동안에는 '실제 경보'의 경험과 다양한 자극(예: 엘리자베스 사례에서의 벽시계)이 연합되며, 이는 고전적 조건화에 따라 학습된 경보 반응을 유발한다. 학습된 경보는 외상 경험이나 이와 유사한 상황에 의해 유발된다. 학습된 경보는 기념일 반응처럼 사건을 상징하는 것으로도 유발될 수 있다. 학습된 경보는 실제 경보와 같은 반응을 유발하지만 객관적 위험은 존재하지 않는다는 측면에서 실제 경보와는 다르다. 학습된 경보는 거짓 화재 경보와 같다. 소방관은 실제 화재를 진압할 때와 같은 준비된 반응을 하지만 실제 화재는 존재하지 않는다. 외상 사건을 경험한 처음 몇 주 동안은 기억이나 꿈, 플래시백 등을 통한 사건의 재경험과 고통스러운 반응이 재현되는 경험이 흔하다(North, Smith, McCool, & Lightcap, 1989; Riggs, Rothbaum, & Foa, 1995; Rothbaum, Foa, Riggs, Murdock, & Walsh, 1992). 하지만 시간이 지나면서 초기에 경험하게 되는 학습된 경보 반응은 점차 경감된다.

외상 사건은 공포감에 더해 수치심이나 죄책감 같은 강렬한 정서도 유발시킬 수 있는데, 이들 정서는 학습된 경보를 유발하는 것과 같은 자극으로 유발될 수 있다(Keane & Barlow, 2002). 엘리자베스는 벽시계를 보았을 때 공포감과 함께 수치심도 느꼈는데, 이는 외상을 경험한 사람이 외상 사건을 기억나게 하는 자극[2]에 직면했을 때 느낄 수 있는 학습된 경험이다. 어쨌든 이들 정서 상태(예: 공포, 분노, 죄책감, 슬픔, 수치심)는 모두 불쾌하기 때문에 생존자들은 연합된 자극에 직면하면 불안과 불쾌한 정서적 반응이 유발되는 것에 대한 불안 염려가 생겨난다. 이로서 생존자들은 외상 관련 자극을 피하고자 동기화되며, 정서적 마비 같은 방법을 통해 고통스러운 정서를 회피하고자 한다.

흥미롭게도, Keane과 Barlow(2002)는 외상 후 스트레스장애의 발달이 기정사실은 아니라고 보고 있다. 초기 학습된 경보가 지속적인 문제가 될지, 외상 후 스트레스장애 증상이 눈덩이처럼 점점 커질지는 생존자의 대처 스타일과 자원, 그리고 가용한 사회적 지지에 의해 결정된다는 것이다. 한 예로, 아프가니스탄에서 돌아온 폴은 자신이 전투 중에 경험한 끔찍한 기억들에 대해 아무도 듣고 싶어 하지 않으며, 사람들은 그가 경험한 기억들 모두를 잊기 바라고 있다는 것을 알게 되었다. 따라서 폴은 아프가니스탄에 대한 생각과 전투를 기억나게 하는 상황을 피하는 대처 전략을 선택하였는데, 이러한 전략은 외상 후 스트레스장애로 발전될 위험성을 증가시키는 것이다. 학습된 경보로 시작된 것은 자극 일반화와 고차 조건화에 의해

---

2 이는 흔히 외상(trauma) '유인 자극'이나 '유인 단서'로 불린다.

눈덩이처럼 커질 것이고 불쾌한 정서를 회피하기 위한 노력은 증가될 것이다. 이와는 대조적인 예로, 퇴역군인인 스티브는 무슨 일이 있었는지 말할 수 있는(물론 회피하라고 권하는 사람도 있었지만) 지지적인 사회적 자원이 있었고, 전투 경험을 기억나게 하는 상황에 자신을 노출시킬 수 있었는데, 이러한 대처는 외상 후 스트레스장애로 발전될 위험성을 상대적으로 감소시킨다.

Keane과 Barlow의 모델을 포함한 모든 외상 후 스트레스장애 모델은 회피가 장애를 발전시키고 유지시키는 데 결정적인 역할을 한다고 본다. 따라서 외상 경험 후 바로 학습된 공포를 유발하는 유인 자극$_{triggers}$에 노출된 생존자는 고통을 더 적게 경험하게 될 것이고(Wirtz & Harrell, 1987), 이것은 생존자 대부분에서 고통이 감소하는 이유에 대한 설명이 될 것이다. 마찬가지로, 시간이 지나도 외상 후 증상을 지속적으로 보이는 사람들은 외상을 유인하는 자극에 대한 체계적인 노출인 조건화를 통해 증상을 제거할 수 있다. 두 가정 모두에 대해 상당한 지지 연구들이 있고(Keane & Barlow, 2002), 조건화 모델은 불안과 관련이 높은 외상 후 스트레스장애의 많은 측면을 이해하기에 유용하다. 그러나 비불안 증상에 대한 설명은 여전히 불충분한 상태로 남아 있다.

인지적 요소

다양한 인지모델이 개발되었다(Chemtob, Roitblat, Hamada, Carlson, & Twentyman, 1988; Ehlers & Clark, 2000; Foa et al., 1989; Resick & Schnicke, 1992). 인지모델들은 '과정'을 중요시하는 것이나 적응적 대처의 부분으로서 외상 사건을 이해하도록 하는 것, 그리고 외상 후 스트레스장애는 외상 경험을 성공적으로 조직화하는 데 실패한 결과라고 보는 많은 가정들을 공유한다. 모델들 간에 차이가 있기는 하지만 모든 모델은 체계적인 방법으로 회피 행동을 감소시키는 것이 필요하다는 것과 외상 사건을 정확하고 현실적인 방법으로 이해할 수 있도록 돕는 것에 중점을 둔다.

외상 사건의 인지적 처리 과정

우리의 두뇌는 논리적인 일관성을 가지고 상황을 이치에 맞게 이해하려고 한다. 따라서 외상 경험 후에 무슨 일이 일어난 것인지 통합하고 이해하기 위해 생각하는 것은 당연한 일이다. 결말이 모호하게 끝난 복잡한 영화를 보고 난 후 우리의 마음을 떠올려 보자. 극장을 나온 후, 우리는 영화를 처음부터 끝까지 다시 생각해 보고, 새로운 정보에 비추어 세부적인 부분에 의미를 부여하는 작업을 할 것이다. 만약 모순되거나 놓친 정보가 있었다면, 시간이 날 때마다 줄거리의 퍼즐을 맞추기 위해 생각에 빠져들 수도 있다. 어쩌면 그날 밤 영화와 관련된 꿈을 꾸게 될지도 모른다.

개인적인 관여가 적었던 경험에 비해 정서적인 부담이 컸던 경험을 처리하고자 하는 경향이 더욱 강할 수 있다. 예를 들어, 당신이 심각한 교통사고를 당했다고 상상해 보라. 죽은 사람은 없었지만 많은 차량이 파손되었다. 집에 도착해서 가족을 만나면, 당신은 어떻게 행동하겠는가? 대부분의 사람은 '무슨 일이 있었는지 가족들에게 말할 것이다.'고 답한다. 당신은 한 사람에게 말한 것인가? 아니면 여러 사람들에게 말한 것인가? 단지 '차 사고를 당했다.'고 간단히만 말할 것인가? 아니면 사건의 세밀한 부분까지 얘기할 것인가? 이에 대해 대부분의 사람은 무슨 일이 있었는지 가능한 구체적으로 여러 사람에게 말할 것이라고 답한다. 임상적으로 이것은 종종 '경험한 사건 말하기telling the story' 또는 '경험한 사건의 의미 이해하기making sense of the story'로 불린다. 임상적인 관찰들은 연구에서 검증된 사실들을 지지한다. 즉, 사람들은 어려운 사건에 대해 논의하려는 경향이 있고, 외상 사건을 사람들이 이해하도록 도우려고 하거나 '처리'하기 위해 논의하고 싶어 한다는 것이다. 외상 사건을 경험한 직후 사람들의 대처 방법에 관한 연구는 사건으로부터 정신적으로 단절되어 있고 정서적 반응을 막으려는 사람들이 외상 후 스트레스장애로 발전될 위험성이 더 높다는 사실을 지지한다(Ozer, Best, Lipsey, & Weiss, 2003).

많은 요인이 외상 경험의 적응적인 처리를 어렵게 할 수 있다. 예를 들어, 몇몇 외상 사건의 극단적인 특성은 기억과 주의를 분리시킬 수 있고, 그에 따라 사건에 대한 처리는 방해될 수 있다(Foa & Rothbaum, 1998; Foa et al., 1989). 예를 들어, 총구가 자신에게 겨누어지고 있는 동안 수잔은 남자친구가 무슨 일을 당하고 있는 지 알 수 없었는데, 이는 자신에게 향하고 있는 총구로부터 주의를 돌리는 것이 어려웠기 때문이다. 그러므로 그녀는 남자친구가 심하게 구타당한 강도 사건의 전말에 대해 제대로 기억하여 이야기할 수 없었다. 우리의 임상 경험에 따르면, 아동은 인지적 능력이 충분히 발달되지 않았기 때문에 아동기 학대 생존자들의 경험이 사실인지 여부를 아는 것은 특히 어려웠다.

더구나 외상 사건은 대체로 예측이나 통제가 불가능하기 때문에, 평소 생활 사건을 예측하거나 통제하는 것이 중요하다는 신념을 가진 사람들은 외상 사건을 경험한 후 기존 신념과 상충되는 인지적 과제에 직면하게 된다. 예를 들어, 엘빈은 '모든 사람은 선택을 하며, 자신에게 무슨 일이 일어날지 통제한다.'는 믿음과 '만약 나쁜 일이 일어난다면, 그것은 자신이 나쁜 선택을 했기 때문이다.'라는 신념을 가지고 있었다. 따라서 엘빈은 괴한에게 강간을 당한 후, 자신이 그 일을 막을 수 있었다는 증거가 없었음에도 심한 수치심을 느끼면서 자신을 비난하였다. 엘빈은 기존에 가지고 있던 신념과 강간을 당한 것은 자신의 잘못이 아니라는 사실을 쉽게 통합시키지 못하였다.

사건의 초기 처리가 불완전하고 부정확하며, 조직화되지 못하였을 때 사건의 '재처리'를 촉진하기 위해서는 노출과 인지적 재구조화 같은 전략이 유용하다. '재처리'란 간단히 말해 외상 사건을 더 성공적이고 정확하고 현실적으로 이해할 수 있도록 재경험하고 재조직화하는 것이다. 외상에 초점을 두고 있는 대부분의 치료는 환자가 치료사나 집단치료 구성원에게 외상 경험에 대해 이야기하는 것을 포함한다. 외상 사건을 재처리하는 것의 중요성은 다양한 치료 학파에서 인식하고 있고, 외상 처리에 초점을 둔 치료가 인지행동치료에서만 예외적으로 우세한 것도 아니다. 그럼에도 어떤 치료사는 강간이나 고문, 죽음의 목격 같은 끔찍한 사건들을 환자가 재경험하도록 하는 것, 특히 너무나 연약하고 대처기술이 부족한 심한 고통 속에 있는 환자에게 독려하는 것은 상식적이지 못하다고 주장한다. 이것이 외상 후 스트레스장애 치료를 단계적으로 실시해야 하는 이유다. 노출을 실시하기에 앞서 기초적인 기술을 개발시킬 필요가 있는 환자들도 있지만(9장 참조), 연약해 보이는 많은 환자들도 대부분 노출에 따른 고통을 참아 낼 수 있으며, 외상 경험의 재처리를 통해 실질적인 이득을 얻을 수 있다는 사실을 아는 것이 중요하다.

불완전한 처리와 병리적인 공포의 발달

인지모델은 외상 사건 후에 (1) 잘못된 연합과 해석으로 위험하지 않은 자극을 위험한 것으로 잘못 낙인하였거나, (2) 이를 교정해 주는 정보를 학습하는 데 실패하였기 때문에 병리적인 공포가 발생한다고 본다. 엘리자베스는 시계를 위험한 것으로 낙인찍고, 그것이 위험하지 않다는 것을 학습하는 데 실패하였다(시계를 보면 회피하였기 때문임). 인지모델에 따르면, 외상 관련 정보는 '공포 네트워크'를 통해 생존자의 마음에서 조직화된다(Foa & Kozak, 1986; Foa et al., 1989; Lang, Levin, Miller, & Kozak, 1983). 공포 네트워크는 사건에 관한 구체적인 세부사항(자극이나 기억 포함), 사건에 대한 반응(예: 행동, 생각, 감각), 사건에 대한 의미와 해석을 서로 연결한다. 공포 네트워크는 삶을 위협하는 위험에 직면하였을 때 생존을 위해 사용하는 프로그램으로 생각할 수 있다.

공포 네트워크가 자극과 잘못 연합되거나 가정에 결함이 있을 때, 사람들은 안전한 상황과 대상에 대해서도 공포를 느끼게 된다. 강간당한 경험이 부호화$_{encoding}$되고 저장$_{storing}$될 때, 엘리자베스는 위험을 벽시계와 연합시켰다. 이에 따라 벽시계는 공포에 대한 정서적 경험(과각성 포함)과 강간에 대한 기억, 세상에 대한 해석(예: "모든 남자는 위험하다.")을 그녀의 공포 네트워크에 포함시켜 활성화시켰다. 엘리자베스는 또한 기억과 실제 자극(벽시계) 모두를 회피하고 싶은 충동을 경험하였다. 특히 위험한 상황에서 형성된 연합은 더욱 강하기 때문에 벽시계에 대해 가지고 있던 이전의 긍정적인 경험에 비해 외상 후 형성된 벽시계에 대한 공포 네트워크가 더욱 쉽게 활성화된다. 벽시계 자체는 여전히 위험하지 않지만, 엘리자베스는 벽시계를 명백한 위험 신호로 받아들이고 있는 것이다.

부적절한 결론들(예: 벽시계는 위험을 예측한다)은 외상 생존자가 올바른 정보를 통합하여 도움이 되는 결론을 이끌어 내기 이전의 처리과정이 방해받아 생겨난 것이다. 완벽하게 처리하여 불필요한 공포를 감소시키기 위해서는 다음의 두 가지 조건이 필요하다(Foa et al., 1989). 첫째, 공포 네트워크가 활성화되어야 한다. 즉, 외상 단서와 기억에 의해 유발되는 공포를 경험해야 한다. 둘째, 새로운 학습이 촉진되는 것과 동시에 올바른 정보가 통합되어야 한다. 예를 들어, 엘리자베스는 강간과 연합된 벽시계와 위험 단서들을 회피함으로써 공포를 느끼지 않으려 하였고, 그리고 그것은 벽시계에 대해 정확한 결론을 내리는 것을 방해하였다. 따라서 벽시계에 대한 공포를 감소시키기 위해서는 벽시계를 보는 것만으로도 공포가 촉발되는 경험을 해야 하며, 그런 다음 자신이 안전하다는 것을 깨달아야 한다. 회피행동은 공포 네트워크의 활성화와 안전에 관한 올바른 정보의 통합 모두를 방해한다. 요약하면, 엘리자베스의 벽시계에 대한 공포와 회피는 벽시계가 항상 위험 신호는 아니라는 사실을 배울 수 있는 기회를 줄어들게 한다.

죄책감, 수치심, 분노

분노, 죄책감, 수치심 같은 비불안 관련 정서는 많은 외상 후 스트레스장애 사례에서 두드러지게 관찰된다. 신념에 따른 수치심이나 분노와 같은 비불안 정서는 외상 생존자의 사건 처리에 대한 의지나 능력에 영향을 준다. 예를 들어, 우리 사회의 많은 사람은 강간에 대해 불편해하는데 이는 강간 피해자가 자신의 강간 경험을 말하기 어렵게 만든다. 생존자는 강간 경험의 세부 내용을 가족이나 친구에게 말하지 않는다. 아델은 강간당한 사실을 가족에게 말하지 않았는데, 자신이 '상처 입었다'는 것을 가족에게 알리고 싶지 않았기 때문이다. 아델은 가장 친한 친구에게도 강간 사건의 세부 내용은 대부분 빼고 말하였다.

사람들의 부정적인 반응도 외상에 대한 수치심을 높일 수 있다. 예를 들어, 베트남 참전용사들은 자신들이 고국으로 돌아가서 환영받지 못할 것이라는 생각을 하였고, 이러한 수치심은 전투 중 외상 후 스트레스장애의 위험을 더욱 높였다

(Johnson et al., 1997). 유사한 맥락에서, 성폭력이나 성폭행 폭로에 따른 불신, 비난, 부정적인 반응은 외상 후 더 많은 다양한 증상과 연관되었다(Everill & Waller, 1995; Ullman, 1996). 사회적 환경이 외상에 대한 폭로를 지지해 주지 못할 때 수치심을 경험한 생존자는 사건과 관련된 생각을 더욱 회피하게 될 것이며, 그에 따라 사건처리는 방해받게 될 것이다. 외부의 부정적인 반응은 외상 후 스트레스장애를 지속시키는 중요한 요인으로, 많은 고통을 겪게 하는 원인이 되므로 치료에서 각별히 주의해야 한다. 노출치료로 고통이 줄어들지 않는 환자는 비불안 정서를 감소시킬 수 있는 구체적인 지도가 도움이 될 것이다(Resick et al., 2002; Smucker et al., 2003).

기존 신념의 작용

인지모델은 외상 사건을 경험한 많은 사람은 이를 계기로 기존에 가지고 있던 신념이 위협받게 된다고 가정한다(Brewin, Dalgleish, & Joseph, 1996). 따라서 외상 사건을 경험한 후에는 이전에 세상과 자신에 대해 믿었던 것과 외상 경험이 자신에게 말해 주는 것 간의 불일치를 해결해야만 한다. 예를 들어, 엘리자베스는 자신이 통제할 수 있는 만큼 조심하는 한 세상은 안전하다고 믿었다. 하지만 그녀가 안전하다고 믿었던 집에서 성폭행을 당한 것은 '조심하는 한 세상은 안전할 것이다.'는 믿음을 와해시키는 경험적 증거를 제공하였다. Resick과 Schnicke(1992)는 이러한 갈등이 발생할 때에는 세 가지 주된 인지적 해결책이 사용된다고 하였다. 첫째, 엘리자베스는 자신의 믿음 체계에 적합하도록 외상 경험에 대한 해석을 바꿀 수 있다(예: '나는 그가 멋있다고 생각했기 때문에, 야한 옷을 입어 나를 강간하도록 만들었다. 여자들은 집에서 친구한테 무작정 강간을 당하지는 않는다.' 또는 '내가 좋아서 그가 하는 대로 내버려 두었기 때문에 사실 나는 강간당한 것이 아니다.'). 둘째, 엘리자베스는 부적절한 방식으로 기존의 근본 신념 체계를 변경할 수 있다(예: '안전한 장소는 없다. 나는 결코 더 이상 안전해질 수 없다.'). 셋째, 적합하고 생산적인 방법으로 신념 체계를 변화시키거나 수정할 수 있다(예: '그를 좋아하지만 나를 강간하라고 요구한 적은 없다. 어떤 남자는 위험할 수 있지만 대부분의 남자들은 아니다. 나는 여전히 내가 조심하는 만큼 안전할 수 있다.'). 외상 후 스트레스장애는 첫 번째와 두 번째의 인지적 해결책과 관련된다.

엘리자베스는 강간 사건을 경험한 후 '안전한 곳은 없다.'는 결론을 갖게 되었다. 위험을 피하는 것은 생존에 매우 중요하기 때문에, 엘리자베스처럼 우리는 안전의 측면을 잘못 해석하고, 어디에도 존재하지 않는 위험을 가정하기 쉽다. Resick과 Schnicke(1992)는 '안전한 곳은 없다.'는 것에 '사고의 고정stuck point'이 일어났다고 말한다. 사고의 고정은 부정적인 반응을 이끄는 외상과 관련된 사고들이다. 위험에 중점을 두는 것에 더해 사고의 고정은 신뢰의 부족, 죄책감 그리고 이외의 여러 부정적인 정서 반응에도 초점화되어 있다. 엘리자베스는 지지를 기대했던 사람들로부터 비난의 말(예: "왜 그렇게 야한 옷을 입어서 유혹당하게 했니?")을 들을 수도 있고, 불쾌한 생각이 떠오르는 것을 회피하기 때문에 자신에게 일어난 일을 이해하지 못할 수도 있다. 끝으로, 엘리자베스에게 강간을 이해할 수 있는 관련 신념이 없다면(예: 강간을 너무 어려서 당했다면) 사건을 이해할 수 있는 수단은 더욱 부족하게 된다.

이차반응, 회피, 불완전한 처리

회피는 재경험을 할 때 느끼는 정서반응(예: 공포, 수치심)으로 인해 생겨날 수 있고(Ehlers & Steil, 1995), 이러한 수반 정서는 외상 증상을 유지시키는 회피를 이끌어 내는 중심 역할을 하게 된다. 예를 들어, 베티는 회사 주차장에서 칼로 위협을 당한 이후 주차장에 갈 것을 생각하면 위협 당시의 기억이 걷잡을 수 없이 떠올랐다. 이러한 기억은 너무나 생생하여 근무 중에도 주차장에 아무도 없다는 사실을 강박적으로 확인하려 하였다. 이는 업무를 방해하였고, 그녀는 직장을 잃고 싶지 않았기 때문에 기억이 떠오르는 것이 점차 공포스러워지기 시작했다. 그녀는 기억들을 억제하려고 애썼지만 억제하려고 노력하면 할수록 기억을 통제하는 것은 더욱 어려워졌고, 동료들도 그녀의 행동이 이상하다는 사실을 눈치채기 시작했다. 베티는 기억을 지울 수 없었기 때문에 자신이 '미쳐 가고 있다.'고 걱정하였고, '편집 증적' 사고를 가지게 되었다. 요약하면, 침투적 기억에 대한 정서적 반응(공포)이 그녀를 더욱 괴롭게 하였고, 이는 기억을 회피하고자 하는 노력을 증가시켰다.

수반되는 정서 반응은 수치심(예: '그것을 극복할 수 없다는 것은 내가 나약하다는 것을 의미한다.'), 절망(예: '내가 지금까지 이러한 침투적 사고를 가지고 있다는 것은 실패했음을 의미한다.'), 분노(예: '나는 그 일로 여전히 고통받고 있는데, 그는 아무 일도 없었다는 듯이 잘 살고 있으니 불공평하다.')를 포함하고 있다. 외상의 처리를 회피하려고 더욱 동기화될수록, 수반되는 정서 반응 그 자체는 외상 후 스트레스장애 유지에 중요한 역할을 하며 현저한 고통을 유발하는 원인이 된다.

노출과 인지적 재구조화

조건화와 인지모델 모두 회피행동에 직면해야 함을 강조하고 있고, 노출과 인지적 재구조화의 실시에 따른 효과로 회피행동이 감소한다고 본다. 우리는 6장에서 노출의 치료 기전에 대해 더욱 상세하게 다룰 것이지만, 간단히 말하면 노출 동안 환자는 외상과 관련된 자극과 기억이 현재는 객관적으로 위험하지 않다는 것을 학습하게 된다. 또한 위험을 예측해 주는 단서와 안전을 예측해 주는 단서를 구별하는 것을 학습하게 된다. 인지모델에 따르면, 노출은 사건의 의미에 관하여 더 정확한 결론을 내릴 수 있도록 하는 재처리하기를 촉진하며, 나아가 외상 후 스트레스장애와 연합된 넓은 범위의 부정적인 정서를 감소시킨다.

인지적 재구조화는 환자에게 외상과 관련된 생각을 주의 깊게 평가하고 사건에 대한 증거들을 모아서 사건을 다시 검토해 보도록 도움으로써 회피를 감소시킨다. 또한 인지적 재구조화는 환자가 외상 사건을 더 잘 이해할 수 있도록(예: '처리') 외상 관련 생각에 체계적으로 노출하도록 교육한다. 끝으로, 인지적 재구조화는 환자가 사고의 고정을 깨닫고 도전할 수 있도록 돕는다.

결론

이 장에서 우리는 외상 후 스트레스장애의 인지행동적 개념과 치료의 주요 구성 요소에 대해 살펴보았다. 이 개념은 다양한 인지행동적 모델에서 임상적으로 적합한 특징들만을 추출한 것이다(예: Brewin et al., 1996; Keane & Barlow, 2002; Mowrer, 1947; Foa et al., 1989; Resick & Schnicke, 1992). 다른 인지행동적 모델은 장애의 다른 측면에 초점을 맞추고 있기 때문에, 우리는 우리의 치료적 접근을 개념화하기 위해 몇 가지 모델만을 참고하였다. 외상 후 스트레스장애를 위한 인지행동적 개념화는 외상 후 스트레스장애를 위한 특별한 치료 전략에 직접적인 초점을 맞춘 것이므로 치료사가 임상실제에서 이 모델을 사용한다면 개별 환자에게 적합한 인지행동치료를 진행하는 데 필요한 도움을 얻을 수 있을 것이다.

03 평가, 사례개념화, 치료 계획

소피는 세 번째 남편과 살고 있는 50세 여성으로 치료사가 이사를 떠나면서 의뢰한 환자다. 치료사는 떠날 무렵에서야 소피를 위해 외상 후 스트레스장애에 초점을 둔 치료를 시작하였고, '새로운 사람을 믿는 것'이 어려웠던 소피는 치료사가 바뀌는 것을 꺼려하였다. 그녀의 주호소는 집을 떠나 멀리 여행하는 것의 어려움과 편집증, 지나친 초조감, 잦은 기분의 변화, 외로움 등이었다. 첫 남편에게 당한 폭행과 아동기의 구체화되지 않은 외상 사건에 대한 경험은 외상 후 스트레스장애 진단을 충족시키는 것이었지만, 소피는 새로운 치료사를 믿지 못했기 때문에 사건에 대해 말하기를 주저하였다. 대신 그녀는 '누구에게도 말할 수 없는 어떤 일이 자신에게 일어났었다.'는 막연한 암시를 주었다. 소피는 사회 공포증과 경계선 성격장애 진단기준도 충족하였다. 그녀는 경미한 정도의 자살사고는 인정하였지만 자살시도를 한 적은 없다고 하였다. 소피는 첫 번째 회기에서 '외상 후 스트레스장애가 무엇인지에 대해 생각해 본 적이 없음'을 인정하였다. 그녀는 또한 자신에게 적용될 수 있는 진단이나 외상 후 스트레스장애 치료가 도움이 될지에 대해 생각해 본 적이 없었다. 그녀는 단지 몇 달이 지나서야 믿을 수 있게 된 이전 치료사가 새로운 치료사와의 만남을 권했기에 치료에 응한 것이었다. 그녀는 막연하게나마 자신에게 도움이 필요하다는 사실은 알고 있었다.

모건은 여자 룸메이트와 살고 있는 29세 미혼 여성으로, 처음에는 섭식장애로 치료실을 찾았다. 그녀는 하루 평균 4~8번 음식을 먹었다가 토하였고, 일주일에 2~3번은 폭식하였다. 그녀의 불안장애는 친구나 가족으로부터 "살이 찐 것 같다."는 말을 들은 14세에 시작되었다. 모건은 16세에 강간을 당하였고, 세계무역센터 건물이 폭파될 때 동료가 사망한 외상 경험도 있었다. 그녀는 신경성 폭식증, 범불안장애, 우울증의 진단을 받았으며, 외상 사건을 회피하는 외상 후 스트레스장애 증상의 일부도 가지고 있었다.

외상 후 스트레스장애 치료에서 가장 어려운 부분 중 하나는 이 장애에 흔히 수반되는 임상 양상이 매우 복잡하다는 것이다. 결국 치료사는 개별 환자의 필요에 따라 외상 후 스트레스장애를 위해 구조화된 인지행동치료를 수정해야 하는 특별한 도전에 직면한다. 이를 위해서는 환자의 문제를 포괄적으로 평가하고, 외상 후 스트레스장애 인지행동치료 모델과 공존장애를 환자의 개별 정보와 통합하기 위한 체계가 필요하다.

2장에서 우리는 인지행동치료 접근에 기반한 '법칙정립적(예: 보편적인)' 공식을 대표하는 인지행동적 공식을 살펴보았다. 이 장에서는 환자의 개별적 필요에 맞는 선택적이며 맞춤식의 개입인 개별 사례공식화 접근(Persons, 2005)의 사용법을 보여 줄 것이다. 먼저, 외상 후 스트레스장애 환자를 포괄적으로 평가하는 방법에 대해 알아보고, 증거-기반 법칙정립적 공식에 환자 문제를 개별 사례적(예: 개별적인)으로 분석하여 통합하는 방법을 설명할 것이다. 소피와 모건의 사례를 이용해 사례공식화 접근을 설명할 것인데, 두 사례 모두 다양한 문제를 가지고 있어 여러 면에서 치료사에게 도전적이라고 볼 수 있다. 소피의 사례에서 치료사는 외상 후 스트레스장애에 초점을 두어 사례개념화를 하고 불안장애와 축II 증상을 통합하였다. 모건의 사례에서는 외상 후 스트레스장애가 외현적 증상의 기저에 있다고 의심될지라도, 다른 장애를 주로 호소하는 환자를 치료할 때의 접근 방법에 대해 설명할 것이다.

외상 후 스트레스장애의 평가

외상 후 스트레스장애의 포괄적인 치료는 철저하고 지속적인 평가를 요구한다. 평가는 환자의 이야기를 조직하고, 문제를 명명하며, 경험을 정당화하는 것이다. 드물긴 하나 평가 도중에 외상 기억이 처리되면서 치료되는 경우도 있다.

평가의 목표는 다음과 같다. (1) 라포 형성, (2) 외상 후 스트레스장애와 기타 연합된 문제에 대한 포괄적인 평가를 통해 문제 목록 구성하기, (3) 문제에 대한 환자의 지각을 결정하고 정당화하기, (4) 도움이 되지 않는 정보에 치료사 스스로 압도당하지 않도록 하기 등이다. 평가는 매우 중요한 부분이므로, 우리는 평가의 주요 영역에 대해 간략히 개관하고 권고되고 있는 평가 절차, 치료 동안 평가를 진행하는 것에 대한 논의 등을 기술할 것이다.

평가의 주요 영역: 외상 병력, 외상 후 스트레스장애, 공존장애, 신체 상태, 복합 요인들

외상과 관련된 기본적인 정보 수집은 외상 후 스트레스장애 평가의 핵심적인 부분이다. 외상 관련 경험을 단지 한 번 말했을 뿐인데도 증상이 심해지는 예외적인 환자만 아니라면 관련 병력을 평가하는 것은 좋은 방법이다. 치료 시작 전에 너무 깊게 들어가 환자의 기억이 부적절하게 노출되지 않도록 주의하면서 외상에 대해 이해할 수 있을 만큼 충분한 양의 정보를 모으는 것이 필요하다. 평가에 의해 압도 당한 환자는 회복되지 못할 수도 있다. 그러나 외상 병력을 평가하지 못하면 사례 공식화나 치료 계획의 명료화에 필요한 자료를 충분히 얻지 못하게 된다. 또한 어떤 환자들은 DSM-IV 진단기준인 (1) "실제 죽음이나 죽음에 이를 정도의 위협이나 심각한 상해 또는 자기 자신이나 타인에 대한 신체적 위협을 포함한 사건을 경험하거나 목격하거나 직면했던 사람", (2) "극도의 공포, 무력감, 공포를 포함한 재경험 반응"(American Psychiatric Association, 1994, p. 428)을 충족하지 못하는 외상 사건을 갖기도 한다. 진단기준의 충족 여부를 판단하는 것은 전형적인 외상 사건을 경험한 환자와 외상 사건의 기준을 충족하지 못하는 사건을 경험한 환자가 겪는 고통에 차이가 있기 때문에 중요하다. 그러나 외상 사건 자체만을 평가하는 것으로는 충분하지 못하며, 환자의 증상이 외상 후 스트레스장애 진단기준을 충족하는지 판단하는 것이 필요하다. 외상 후 스트레스장애 진단기준을 충족하는 환자의 사례공식화는 진단기준을 충족하지 않는 환자와는 다르기 때문이다.

외상 후 스트레스장애 평가를 위해 잘 만들어진 구조화된 임상면접 도구는 CAPS(Clinician-Administered PTSD Scale; Weathers & Litz, 1994)로, 죄책감이나 해리 증상 등을 파악할 수 있다. CAPS는 환자가 DSM에서 정의한 외상 사건으로 고통을 겪고 있는지, 그리고 외상 후 스트레스장애 진단기준을 충족하는지 판단하기 위해 필요한 정보를 얻을 수 있도록 질문들을 신중히 구성하였다. 원한다면 CAPS 실시에 대한 안내서가 포함되어 있는 CD-ROM을 구입할 수 있다(www.ntis.gov/products/pages/caps.asp). 또한 외상 후 스트레스장애 국립센터의 웹사이트에서 CAPS의 복사본을 구할 수도 있다(www.ncPTSD.va.gov/publications/assessment).

공존장애와 연합된 문제, 특히 기타 불안장애, 기분장애, 건강염려증, 불안장애, 물질남용, 축II 성격장애를 평가하는 것도 중요하다. 이러한 상태의 평가는 사례공식화 작성에 도움을 줄 것이며, 외상에 초점을 둔 치료에 대한 환자의 순응도 파악에도 유용할 것이다. 예를 들어, 경계선 성격장애(BPD)처럼 축II 장애가 공존하는 환자는 인지행동치료로 효과를 볼 수 있다. 그러나 아주 심한 축II 장애를 가진 환자들(예: 고위험의 자살시도자로 극심한 자기 손상을 보이는 사람, 또는 극도의 해리 증상을 가진 사람)은 외상에 초점을 둔 치료를 시작하기 전에 변증법적 행동치료dialectical behavior therapy(Linehan, 1993a)를 하거나 변증법적 행동치료에 기반한 기술훈련을 하는 것이 효과적이다. 인지행동치료의 변형인 변증법적 행동치료는 경계선 성격 장애와 연합된 파괴적인 행동과 정서조절을 겨냥해 고안된 것으로(Linehan, 1993a) 정당화validation, 마음챙김mindfuless, 수용과 변화의 변증법을 강조한다는 측면에서 뿐만 아니라 다양한 치료방법에서 표준화된 인지행동치료와 차이가 있다(DBT에 관한 더 많은 정보는 4장과 9장 참조).

공존장애의 평가를 위해서는 ADIS-IV(Anxiety Disorders Interview Schedule for DSM-IV; Brown, DiNardo, & Barlow, 1994) 같은 구조화된 면접도구가 주로 사용된다. ADIS-IV는 시간 소요가 많은 도구로, 시간을 줄이기 위해서는 사례와 상관이 높다고 판단되는 질문만을 선택하여 사용할 수 있다. 이를 테면, CAPS를 사용하여 외상 후 스트레스장애를 평가했다면 ADIS-IV의 외상 후 스트레스장애 부분은 생략해도 된다. ADIS-IV는 여러 곳에서 규칙적으로 복용하는 약이 있는지, 평가 시점 이전에 생겨난 신체적인 문제가 있는지 질문한다. 복용 중인 약이 없거나 신체적인 문제가 없다면 관련 질문은 생략하면 된다. 옥스퍼드 대학교 출판사에서 ADIS-IV 도구세트를 구입할 수 있고, 온라인으로 주문하고 싶다면 www.oup.com/us에서 불안장애를 검색하면 된다.

ADIS-IV를 이용하면 기분장애나 물질남용장애를 포함해 외상 후 스트레스장애에 흔한 공존장애를 평가할 수 있다. 하지만 ADIS-IV에는 섭식장애의 평가가 포함되어 있지 않기 때문에 우리는 여성 환자를 평가할 때는 섭식장애를 평가할 수 있는 추가 도구를 이용한다(예: 섭식태도검사, Eating Attitudes Test; 다음 참조). 우리는 연구를 통해 많은 여성 외상 후 스트레스장애 환자들이 섭식장애를 공존장애로 가지고 있으며, ADIS-IV만으로 평가할 때는 섭식장애의 유무를 잘 밝혀낼 수 없다는 것을 알아냈다(Becker, DeViva, & Zayfert, 2004).

환자의 신체 상태에 대한 평가는 필수적이다. 흔한 건강문제는 두통, 과민성 장 증후군과 만성통증 등이다. 이러한 문제는 불안과 상호작용하거나 기저에 불안이 강하게 내재되어 있을 수 있다. 한 예로, 산업재해로 한쪽 손을 잃은 스튜어트는 외 상 후 스트레스장애의 발병과 함께 만성통증을 호소하였다. 그의 통증은 노출 회기 동안 현저히 악화되었으나 치료 회기가 진행됨에 따라 점차 줄어들었다. 치료사는 스튜어트의 신념에 도전하기 위해 다음과 같은 인지적 재구조화를 사용하였다. "나의 외상 후 스트레스장애를 다루는 것으로 내 고통이 없어진다면, 그것은 나의 고통이 '모두 머릿속에서 생겨난다'는 것을 의미한다." 치료사는 스튜어트의 만성 통증을 이해하고 외상 후 스트레스장애와 그의 만성통증 사이의 관계를 가설화하 는 사례공식화를 개발할 수 있었기 때문에, 증상에 대한 스튜어트의 신념을 재구성 하고자 시도하였다.

끝으로, 치료에 방해가 되거나 도움을 주는 요인을 평가하는 것이 중요하다. 여 기에는 지속되고 있는 학대적 관계, 삶의 문제(예: 결혼문제, 법적 문제, 주거문제, 재 정문제, 직장문제), 삶의 요구(일, 자녀, 노부모 등) 같은 지지 체계와 자원의 평가가 포함된다. 환자의 스트레스 요인과 강점 모두를 충분히 아는 것은 치료를 구조화하 고 장애물에 직면했을 때 문제를 조정하는 데 도움이 된다.

구조화된 임상 면접이 임상 실제에서 유용한 이유

ADIS-IV나 CAPS 같은 구조화된 면접 도구는 임상 장면에서 흔히 사용되지는 않는다. 따라서 구조화된 면접에 익숙하지 않은 치료사라면 처음 사용할 때는 어색 하게 느껴질 수 있다. 그럼에도 불구하고, 정확한 평가는 사례공식화를 만드는 데 필요한 단계이고, 이러한 도구의 사용은 평가의 정확성을 높일 수 있다. 더욱이 환 자의 이야기가 너무 산만해서 평가에 필요한 모든 정보를 얻는 것이 어려울 경우를 대비하게 해 준다.

만약 ADIS-IV와 CAPS에 익숙하지 않다면, 기술 습득을 위해 동료나 다른 비

임상 집단에 실시해 보는 것이 도움이 된다. 질문을 위해 구사하는 어투가 편안하면 할수록 라포를 형성하고 감정을 공유하는 것이 더욱 쉬울 것이다. 어떤 치료사들은 구조화된 평가가 라포 형성에 방해가 된다고 생각한다. 우리는 환자에게 증상을 충분히 파악하기 위해서는 확실한 근거를 얻어야 하기 때문에 면접 시 필요한 평가도구를 사용할 것이라는 사실을 미리 설명해 준다. 이 경우 대부분의 환자는 평가를 절대적으로 신뢰하며, 우리의 경험상 이것은 오히려 라포 형성에 도움이 되었다.

추가적인 측정과 평가

다른 외상 후 스트레스장애 평가 도구에 관심이 있다면 외상 후 스트레스장애 국립센터에 있는 도구 목록과 사용 방법을 참고하면 좋다(www.ncptesd.va.gov/publications/assessment). 공존장애를 평가하기 위해서는 ADIS-IV 뿐만 아니라, 벡 우울척도(BDI; Beck, Steer, & Garbin, 1988; www.harcourtassessment.com에서 이용 가능)를 사용하여 치료가 진행되는 동안의 우울증을 반복적으로 평가할 수 있다. 섭식태도검사(Garner, Olmsted, Bohr, & Garfinkel, 1982)는 쉽고 짧은 선별 도구로 섭식장애 평가에 유용하다(Eating Attitudes Test에 대한 정보는 www.river-centre.org에서 얻을 수 있음). 섭식태도검사에서 점수가 높으면 더 세밀한 섭식장애 평가가 필요하다. Anderson, Lundgren, Shapiro와 Paulosky(2004)는 섭식장애의 임상적 평가에 대하여 추가적인 정보를 수집하였다. DSM-IV 축II 성격장애 평가를 위한 구조화된 임상면담(SCID-II: Structured Clinical Interview for DSM-IV Axis II Personality Disorders; www.appi.org에서 이용 가능) 같은 평가도구는 축II 장애를 쉽게 찾아내는 데 효과적이다. 요약하면, 외상 후 스트레스장애의 초기 평가를 위해서는 CAPS를, 공존장애의 평가를 위해서는 ADIS-IV의 사용을 권장하며, 추가적인 질문지는 타당화된 것이라면 무엇이든 치료사가 선호하는 것을 사용할 것을 추천한다.

치료 진행 중에 평가 진행하기

치료가 기대만큼 잘 진전되고 있는지 확인하기 위해 치료 회기 중의 평가가 필요하다. 진행 중의 평가는 초기 평가에서 확인된 두세 가지 주요 문제 영역에 맞춰져야 한다. 우리는 증상이 개선되고 있다는 치료사의 판단을 지지할 만한 근거를 얻기 위해(치료 중 평가를 통해 정보를 얻을 수 있음), 그리고 추가적인 개입이 필요한 잔여 증상(예: 불면증, 분노, 무쾌감증, 마비/고립)이 있는지 확인하고 구체화하기 위해, 치료 종결이 고려되는 시점에 CAPS를 이용해 다시 한번 평가할 것을 권한다.

치료 진행 중에 평가를 하는 일은 까다로울 수 있다. 인지행동치료는 환자의 회피 증상을 감소시키려고 하는데, 회피는 외상 반응에 대처하는 나쁜 장기 전략이기 때문이다. 하지만 회피가 모두 비효율적인 것만은 아니다. 더구나 일부 환자는 치료 초기에 회피를 덜 하게 되면서 증상이 증가하는 경험을 한다. 그러나 이러한 환자들도 대체로 치료에 반응적이며, 증상의 일시적인 증가가 치료 효과가 없음을 뜻하는 지표도 아니다. 호전과 악화 반응의 매개지표를 평가하는 것은 치료가 기대만큼 진전되고 있는지 알아보는 데 도움을 준다. 노출 회기 중에 회피 행동과 불안의 감소가 기대한 것만큼 진전되고 있는지 지속적으로 평가하는 것은 치료 진전에 대한 중요한 기준이 된다. 치료 진전에 대한 근거는 노출 동안의 불안 수준, 집에서 연습하는 동안의 불안 수준, 구체적인 회피 행동(예: 회피 감소의 지표는 가해자가 사용한 것과 같은 비누의 사용 양으로 알 수 있음) 등을 회기 내에서 추적함으로써 얻을 수 있다. 평가 유형에 대한 예는 6장과 7장에서 제공할 것이다.

외상 관련 자극이나 기억에 의해 유발되는 죄책감, 분노, 수치심의 정도를 평가하는 것 또한 유용하다. 변화가 있고 없음은 행동관찰이나 노출 회기 후 비불안정서를 평가하여 인지적 재구조화 표를 작성하는 것으로 알아볼 수 있다. 또한 심각한 우울 환자에게는 매일의 기분 상태를 평가하도록 하거나 우울 수준을 추적하기 위해 규칙적으로 벡 우울검사를 실시하는 것이 도움이 된다. 치료 중에 이루어지는 평가에서 가장 중요한 것은 구체적이어야 한다는 것이다. 분명한 행동 목표를 갖는 것이 치료 진전의 평가에 유용하다(예: 개에 물린 경험이 있는 환자가 작은 강아지가 있는 친구 집을 방문할 때 점차적으로 불안이 감소되는 경험을 함).

법칙정립적 모델을 근거로 증거-기반 사례공식화 만들기

법칙정립적 모델은 무엇이며, 왜 그것의 사용이 유용한가

법칙정립적 모델(또는 공식)은 개인들이 갖는 문제의 공통 원인을 가정하여 문제를 개념화하는 것이다. 외상 후 스트레스장애에 대한 법칙정립적 공식(2장에서 구체적으로 살펴봄)은 외상 후 스트레스장애 증상을 외상 경험에 따른 이해할 만한 반응으로 보는데, 이는 정상적인 공포감의 발생 기전과 같은 맥락이다. 증상들은 회피에 의해 많은 부분이 유지되며, 이로 인해 외상 경험의 충분한 처리가 어려워진다.

2장에서 살펴본 법칙정립적인 외상 후 스트레스장애 모델은 지지 연구가 많다. 이러한 모델을 믿는 것이 경험적인 지지가 없는 모델을 믿는 것보다 환자를 정확하게 이해할 수 있게 한다. 그러나 법칙정립적 외상 후 스트레스장애 모델은 나침반처럼 전체적인 방향은 가리켜 주지만, 구체적인 길을 안내해 주지는 못한다는 한계가 있다. 즉, 법칙정립적 모델만으로는 개별 환자의 외상 후 스트레스장애 증상을 유지시키는 특정 자극이나 생각, 행동을 확인하기는 어렵다. 더구나 법칙정립적 모델은 개별 환자에게 적용될 수도 있고 적용되지 못할 수도 있는 가능한 원인 요소를 다양하게 제시한다(Haynes & O'Brien, 1990). 따라서 법칙정립적 모델이 확실한 경험적 지지가 있고 특별한 치료 전략을 제시하긴 하지만, 개별 사례를 치료하기 위해서는 개인의 독특한 외상 후 반응에 맞춘 치료 전략을 개발하고 치료 과정을 관찰할 수 있는 계획을 개발하는 것이 필요하다. 또한 치료가 계획대로 진전되지 않을 때를 대비하여 치료 전략을 수정하기 위한 개별화된(예: 개별사례적인) 공식이 필요하다.

증거-기반 사례공식화의 개발

사례공식화의 구성에 있어 최우선의 목표는 증거-기반 치료 계획에 중점을 두어 환자의 다양한 문제를 설명하는 것이다(Persons, 1991). 복합적인 문제를 가지고 있는 외상 후 스트레스장애 환자의 경우 다양하게 열거되어 있는 정보들을 통합하는 것은 도전적인 일이다. 환자의 고통의 원인을 설명하기 위한 많은 가설이 존재하지만 개별 사례의 모든 측면을 포괄할 수 있는 단일한 설명은 존재하지 않는다. 하지만 사례공식화를 위한 단계를 따라서 진행하면 이 과정을 보다 간편하게 할 수 있다(Persons, Davidson, & Tompkins, 2001). 우리는 이 단계에 대해 개관하고 나서 단계의 세부사항을 살펴볼 것이다.

첫 번째 단계는 유용한 형식으로 평가 정보를 조직화하는 것이다. 두 번째 단계는 사례공식화를 견고하게 하기 위한 작업가설의 공식화다. 작업가설은 치료사의 관찰과 적절한 법칙정립적 모델에 근거하여 환자에 관해 만들어 낸 임시적인 설명이다. 세 번째 단계는 치료사가 개발한 공식화에 근거해 치료 계획을 세우는 것이다. 마지막 단계는 과정 중의 평가를 통해 치료가 성공적으로 진전되고 있는지, 혹은 공식화와 치료 계획에 수정이 필요한지 여부를 결정해 가면서 치료를 진행한다.

이들 구성요소에 대해 더욱 자세히 논의한 후에 이 장을 시작하며 언급한 소피와 모건의 사례를 이용해 사례공식화 단계에 대한 예시를 보여 줄 것이다.

평가 정보의 조직화

평가 정보의 조직화에는 다음의 구성요소를 포함시키는 것이 좋다(Persons et al., 2001).

1. 개인적 정보(identifying information). 이름, 나이, 성별, 인종, 결혼 유무, 생활 환경, 직업, 고용 상태 등
2. 문제 목록(problem list). 환자의 문제를 포괄하는 세부적 문제 목록은 '심리

적 증상, 대인 간 기능, 직업 기능, 건강 상태와 재정 및 법적 상태' 등이다. 평가 과정 중에 문제 목록 작성에 필요한 세부적인 정보를 얻어야 한다. 때로는 환자가 자신의 외상 후 스트레스장애 증상을 처음에는 '문제'로 보지 않았다는 것을 깨닫게 하는 것이 중요하다. 이에 따라 치료사의 문제 목록에는 환자가 처음에는 인정하지 않았던 문제가 포함될 수 있다.

3. **진단(diagnoses).** 기준이 충족되는 모든 진단을 열거한다. 어떤 환자는 외상 후 스트레스장애 진단기준의 일부 증상만을 보일 수 있다. 이런 경우는 가설을 도출해 낼 때 주의를 기울여야 하므로 외상 후 스트레스장애 증상을 모두 열거한다. 회피는 외상 후 스트레스장애와 기타 불안장애에서 나타나는 증상을 억제할 수 있다. 예를 들어, 외상 자극을 회피하는 데 능숙한 매우 인지적이고 행동적인 환자는 외상 후 스트레스장애의 진단기준을 벗어날 수도 있다. 외상 후 스트레스장애 증상을 열거하는 것은 몇 가지 실행 가능한 가설로 환자의 증상을 설명할 수 있는 단서를 제공한다. 모건의 사례는 이러한 관점에서 설명될 수 있다.

4. **강점과 장점(strengths and assets).** 외상 후 스트레스장애를 위한 인지행동치료는 본질적으로 도전적이다. 따라서 환자가 치료하는 동안 의지할 수 있는 강점을 알아 두는 것이 유용하다.

작업가설의 개발

사례공식화 가설을 세울 때에는 몇 가지 요인을 반드시 지켜야 한다. 첫째, 경험적으로 지지된 법칙정립적 모델에 기초해 작업가설을 세우는 것은 임상적인 판단 오류를 최소화하는 데 도움이 된다(Wilson, 1996; Persons, 2005). 2장에서 살펴본 외상 후 스트레스장애의 법칙정립적 모델에 근거해 만들어진 작업가설은 강력한 경험적 지지에 기반한 것이다. 외상 후 스트레스장애와 공존하는 장애가 있을 때에는 공존장애를 위한 법칙정립적 모델(예: 공황장애를 위한 법칙정립적 공식; Barlow, 2002), 경계선 성격장애(BPD; Linehan, 1993a), 신경성 과식증(Fairburn, Marcus, &

Wilson, 1993), 그리고 이외의 것들을 통합적으로 사용할 것을 권한다. 소피의 사례는 이러한 과정에 대한 예시다.

작업가설을 만들기 전에 관련된 법칙정립적 모델 모두를 참고하는 것이 도움이 된다. 앞서 말했듯이, 관련된 법칙정립적 모델을 구체화하기 위한 첫 번째 원천은 진단 목록이다. 그러나 진단기준에 맞는 장애가 있는 경우에만 관련된 법칙정립적 모델이 필요한 것은 아니다. 경계선 성격장애의 생물사회적 모델(Linehan, 1993a)은 경세선 성격장에의 진단기준을 충족하지 않는 복합적인 외상 후 스트레스장애 환자를 다루는 데도 유용하다. 따라서 진단 목록은 개별 사례공식화를 개발하기 위해 이용할 수 있는 단순한 범주다.

사례공식화를 개발할 때에는 외상의 결과에 중점을 두어 초기 가설을 세우는 것이 유용하다. 다시 말해, 외상 사건 후에 증상이 시작되었든지, 다수의 외상 사건이 어우러지면서 시간이 지나 발생되었든지 간에 다양한 문제를 보이는 환자가 있을 때, 우리는 외상 후 스트레스장애와 외상을 중점에 놓고 사례공식화를 한다. 같은 맥락에서 개념화는 외상 후 스트레스장애에 근거하며, 외상 사건에 대한 반응은 다양한 문제를 이해하는 데 있어 중심 역할을 한다. 이 전략은 사례공식화를 조직화하는 데 유용하다. 우리는 둘, 셋, 넷 또는 다섯 가지의 장애나 문제가 있는 것으로 환자를 보는 관점보다는 외상과 관련된 자극, 생각, 정서를 피하려는 시도, 그리고/또는 외상에 따른 인지적·행동적·정서적 후유증에 대처하기 위한 노력에서 많은 문제가 발생한 것으로 개념화한다. 예를 들어, 외상 후 환자들은 외상 후 스트레스장애뿐만 아니라 우울한 감정도 자주 보인다. 이때 우울한 감정은 환자가 불안을 억제하려고 사회적 상호작용을 제한한 데 따른 회피 행동의 결과로 개념화할 수 있다. 또는 외상 후 스트레스장애에서 회복되지 못할 것이라는 절망감이나 자신이 손상당했다고 보기 때문에 관계 형성이 어려울 것이라고 보는 환자의 신념에 따른 결과로 개념화할 수도 있다.

유사하게, 외상 사건을 경험한 후 곧이어 나타나는 섭식장애는 자기 가치가 손상당했다고 느끼는 여성이 몸무게를 줄임으로써 자아존중감을 높이려는 것으로, 여성의 자아감 증진을 위한 문화적 대처로 개념화할 수 있다(Fairburn et al., 1993). 또는 섭식장애 행동이 외상 사건에 대한 기억 같은 단서의 회피를 가능하게 한다면 회피 전략으로도 개념화할 수 있을 것이다.

어떤 외상 사건은 다른 장애의 발생 후에 일어나기도 한다. 이때 분명한 것은 외상으로 인해 다른 장애가 유발되지 않았다는 것이다. 그러나 이전에 발생한 장애는 외상 경험이 외상 후 스트레스장애로 발전될 가능성을 높일 수 있다. 특히 다른 장애의 한 부분으로 나타난 회피 대처는 외상 후 스트레스장애를 유발할 수 있다. 클라라의 예를 보면, 그녀는 30세에 경험한 심각한 교통사고 후 외상 후 스트레스장애가 발생했는데, 사고 전 클라라는 오염에 대해 강박적으로 회피하는 강박장애를 10년 동안 앓고 있었다. 클라라가 불안을 관리하기 위해 학습한 주된 전략은 회피 대처였다. 따라서 그녀는 사고 후 차 타는 것을 회피하였고, 마음속에 떠오르는 외상 기억을 밀어내려는 인지 전략을 사용하였다. 비슷한 예로, 어려서부터 사회공포증이 있었던 사라는 불안에 대한 대처로 회피 전략을 습득하고 있었다. 그녀는 강도에게 습격당한 후 폭력을 다루기 위한 대처로 회피 전략을 사용하였으며, 따라서 자신이 공격당했던 거리와 공격했던 남자가 입고 있던 옷을 회피하였고 가족에게 강도당한 사실을 말하는 것도 회피하였다.

외상 후 스트레스장애는 이전부터 존재하던 장애의 지속적인 유지에도 기여한다. 로저는 열차 충돌사고를 당하기 전부터 우울증이 있어 왔는데, 사고 후에는 그와 관련한 질문을 피하기 위해 사회 활동을 더욱 심하게 회피하였고 이로 인해 더욱 고립되고 더욱 우울해졌다. 조지아는 어려서부터 '수줍어'하는 소녀였고, 어른이 되어서는 공적인 자리에서 말하는 것을 피하였다. 이러한 공포가 승진을 어렵게 했지만 강간을 당하게 된 36세까지는 큰 불편감 없이 생활할 수 있었다. 하지만 강간을 당한 후에는 대화를 시작하고 유지하는 것과 공중 화장실을 사용하는 것처럼 강간을 당하기 전에는 불안해하지 않았던 상황에 대해서도 불안이 증폭되고 일반화되었으며, 사람들이 자신에게 집중하면 수치심을 느낀다고 하였다. ─강간을 당하기 전에 느꼈던 사회적 불안과는 양적인 차이가 있다.

우리는 외상 후 스트레스장애가 주요 진단(예: 극심한 고통과 기능적 손상을 유발하는 장애)이고, 다른 장애에도 영향을 준다고 생각되면 외상 후 스트레스장애에 일차적으로 초점을 맞춘다. 그것은 외상 후 스트레스장애를 성공적으로 치료하면 삶의 다른 영역도 실질적으로 향상되기 때문이다. 더구나 외상 후 스트레스장애를 다루지 않고 다른 장애를 호전시키는 것은 어려울 수 있다. 그러나 다른 장애가 주요 진단이라면, 치료 초기부터 그것에 초점을 맞춰야 한다. 모건의 사례를 보면(이 장의 초반에 기술함), 외상 사건은 주요 진단이었던 섭식장애보다 늦게 발생하였다. 이 경우(다음에서 더 자세히 기술함) 치료사는 섭식장애를 일차적인 치료 목표로 삼아야 한다.

작업가설 공식은 임시적인 것이며 초기의 법칙정립적 공식에 기초한다는 것을 명심해야 한다. 가설의 정확성을 검증하기 위해 그리고 자료에 근거해 수정하기 위해 치료를 하면서 평가를 계속 진행해야 한다.

치료 계획의 개발과 치료 중의 평가를 통한 작업가설의 검증

개별 사례적 치료 계획은 이상적으로는 무선 통제가 이루어진, 경험적으로 지지된 법칙정립적 프로토콜에 기초해야 한다. 개별 사례에 적용된 법칙정립적 치료의 효과성을 검증한 연구는 매우 드물다(Persons, 1991). 이러한 이유로, 우리는 법칙정립적 공식과 치료를 가능한 일치시킬 것을 권한다. 다시 말해, 증상이 확실한 환자는 법칙정립적 공식을 바로 적용하면 된다. 그러한 사례에서 가장 효율적인 전략은 법칙정립적 공식과 최대한 비슷한 가설을 만들고, 임상적으로 시도하였던 것과 최대한 비슷한 방법으로 치료하는 것이다(예: 직접 노출에 이어 바로 심리교육을 진행함). 그러나 어떤 사례에서는 훨씬 많은 개별 사례공식화가 치료 시작부터 요구될 수 있다.

치료 계획을 위한 지침으로 법칙정립적 공식에 의지하는 것과 더불어, 개별 환자의 치료를 위해 과학적 접근을 적용할 것도 추천한다(Hayes, Barlow, & Nelson-Gray, 1999; Persons, 2005). 과학적 접근을 통해 규칙적으로 구조화된 자료를 모을 수 있고(예: 치료 진행 중의 평가), 이러한 자료를 참고로 하여 치료가 잘 진전되고 있는지 검토할 수 있다. 만약 치료에 진전이 없다면 최초의 공식을 비판적으로 검토해 보아야 한다.

치료 계획은 다음과 같이 구분하는 것이 도움이 된다. 환자가 분명하게 말한 목표, 환자가 초기 단계에 다루는 것에 동의한 초기 치료 목표, 그리고 환자가 치료의 시작에 대해 동의할 수도 있고 안 할 수도 있는 장기 치료 목표다. 초기 치료 목표와 장기 치료 목표의 구분은 다른 장애를 다룰 때에는 필요하지 않을 수 있다. 그러나 많은 외상 후 스트레스장애 환자는 자신이 외상 후 스트레스장애를 가지고 있다는 것을 깨닫지 못한다. 그들은 단지 관련된 문제만을 설명할 준비가 되어 있을 수 있다. 하지만 대부분의 환자는 결국 외상 증상의 개선을 위해 필요한 노출을 포함한 초기 치료 계획이나 심리교육을 수용한다. 따라서 초기 치료 목표는 기본적인 정서조절 기술의 발달을 포함한 외상 중심 치료의 진전을 막는 장애물의 제거에 초점을 맞추는 것이 좋다. 예를 들어, 안드리아는 결혼 문제로 치료를 받고 싶어 하였는데 그녀의 심각한 외상 후 스트레스장애 증상이 결혼 문제에 영향을 주었음에도 그것에 대해 말하기를 주저하였다. 그녀의 초기 치료 목표에는 부정적인 감정(분노 포함)에 대한 정서조절 기술의 학습과 외상 후 스트레스장애에 대한 심리교육이 포함되었다. 치료사는 장기 치료 목표로 안드리아의 외상 사건의 처리를 목록화하였다. 장기 치료 목표는 치료 중의 평가에 따라 진행되는 것이 일반적이다.

다음으로는 이 장의 서두에서 소개한 소피와 모건의 사례를 통해 사례공식화의 개발과 치료 계획의 개발을 위한 전략을 살펴볼 것이다. 진도를 나가기 전에 두 사례를 다시 한번 읽어 보는 것이 도움이 될 수 있다. '작업가설' 부분에서 우리는 개별 사례적 가설을 지지하는 법칙정립적 공식(괄호 안에)을 함께 제시하였다.

사례공식화: 소피

배경 정보

- 이름: 소피
- 나이: 50세
- 성별: 여자
- 인종: 아프라카계 미국인
- 결혼 상태: 기혼, 세 번째 결혼
- 교육 수준: 고등학교 졸업
- 자녀: 딸 1명(20세)
- 거주: 남편과 함께 거주
- 재정 수준: 보통
- 법적 상태: 진행 중인 소송 없음
- 고용 상태: 풀타임과 파트타임 직업
- 여가활동: 자수, 걷기, 대부분의 여가활동을 그만둠. 자유시간은 대부분 혼자 서 보냄

문제 목록

- 침투사고와 기억을 포함한 증상 재경험
- 남편을 포함하여 사람을 믿는 것이 어려움
- 불안전하다는 느낌 때문에 집에서 멀리 떨어진 곳에 가기를 꺼림
- 편집증적 느낌. 타인에게 감시당하는 느낌에 대해 불평함. 타인을 믿을 것인 지, 또는 자신의 컴퓨터 파일, 의학적인 기록, 통화 내역 등이 타인으로부터 안

전한지에 대해 걱정하면서 많은 시간을 보냄

- 잦은 기분의 변화
- 외로움. 친구가 없고, 남편으로부터 고립되어 있다고 느낌. 배신할 것이라고 믿기 때문에 다른 여자들과 친구가 되는 것은 위험하다고 믿고 있음
- 과민하며, 분노를 폭발함

진단

- 축 I: 외상 후 스트레스장애, 사회공포증
- 축 II: 경계선 성격장애(BPD)
- 축 III: 없음
- 축 IV: 없음
- 축 V: 60

관련된 법칙정립적 공식

- 변증법적 행동치료에 따른 경계선 성격장애의 생물사회적 모델(BPD for DBT; Linehan, 1993a)
- 외상 후 스트레스장애를 위한 인지행동적 모델(CBT for PTSD; Resick & Schnicke, 1992; Foa et al., 1989)
- 사회공포증을 위한 인지행동적 모델(CBT for social phobia; Beidel & Turner, 1998)[1]

---

1 작업가설 개발을 위해 어떤 법칙정립적 공식을 사용하였는지에 대한 정보 제공을 위해 이 공식 이후부터는 법칙정립적 공식을 약어로 제시하였다(예: DBT for BPD).

작업가설

　치료사의 작업가설은 다음과 같다. 소피가 말하기를 꺼리는 아동기의 외상은 수치심이나 죄책감(DBT for BPD)과 상당히 관련되어 있고, 이것이 그녀가 외상 경험을 말하지 않는 이유(DBT for BPD)일 것이다. 소피는 이전에 외상 사건을 말한 후 부당한 반응을 경험했을 수 있고, 이것이 노출을 망설이는 데 영향을 주었을 수 있다. 외상 사건과 관련된 사고, 기억, 자극에 대한 회피는 증상의 재경험과 과각성(DBT for BPD)이 일어나는 원인이 되었을 수 있다. 또한 외상 사건과 관련된 자기 가치에 대한 부정적인 평가 및 자기비난 등의 부정적인 사고가 사회불안의 원인이 되었을 수 있고(CBT for PTSD, CBT for social phobia), 외상 기억(CBT for PTSD)에 대한 회피(외상 처리를 방해)에 영향을 주었을 수 있다. 자신의 감정이 통제 밖에 있는 것 같다는 소피의 설명에 기초하면 소피의 감정조절 곤란은 아동기의 부적절한 집안 환경(DBT for BPD)에서 비롯된 것일 수 있고, 부적절한 가족 환경은 외상과 관련된 수치심과 자기비난에 영향을 주었을 수 있다. 또한 편집증은 외상 관련 과각성과 이전에 지각된 배신의 상호작용에 의해 발전되었을 수 있다. 집에서 멀리 떨어진 곳을 여행하는 것에 대한 회피는 전반적으로 불안전하다는 느낌이 원인일 것이다(CBT for PTSD).

　치료사는 소피와 함께 치료에 대한 작업가설을 확인하였고, 타인의 부적절한 반응이 고통의 원인일 수 있다는 점을 강조하였다(DBT for BPD). 또한 소피가 말하기를 꺼리는 어린 시절의 경험을 포함해 '나쁜 일'을 경험했기 때문에 세상을 불안전하다고 느끼고 사람을 믿을 수 없다고 느끼는 것은 이해할 수 있으며, 어린 시절 경험한 나쁜 일이 강한 정서적인 반응을 일으킬 수 있다고 설명하였다. 만일 자신의 감정 반응이 안전하지 않다고 느끼거나 자신이 어떻게 대처해야 하는지 사람들이 가르쳐 주지 않는다면, 감정 반응은 지속될 수 있을 것이라는 점도 설명하였다. 지금처럼 그대로 있게 된다면 감정은 극단적으로 올라갔다 내려오는 패턴으로 이어질 수 있고, 소피는 자신이 마치 감정 기복이 심한 사람인 것처럼 느끼게 될 것이다. 소피는 감정기복을 완화하기 위한 치료와 외상 후 스트레스장애를 위한 치료가 자신에게 적합한지 알아보기 위해 외상 후 스트레스장애를 배우는 것에 동의하였다. 치료사는 소피의 사회공포증은 외상 후 스트레스장애와 관련된 죄책감과 수치심이 매개한다(DBT for BPD)고 보았고, 이러한 이유로 그녀의 사회공포증이 외상 후 스트레스장애의 치료적 개입에 반응적일 것이라고 기대하였다. 따라서 사회공포증을 위한 인지행동치료는 외상 후 스트레스장애 치료 이후 재평가가 이루어질 때까지 연기하였다.

강점과 자산

불안 수준이 높고 사람을 믿는 것이 어려웠음에도, 그녀는 풀타임과 파트타임 근무를 지속해 왔고 8년 동안 결혼생활을 지속해 오고 있다. 과거 학대적인 결혼생활도 성공적으로 벗어났으며, 근무 경력이 없음에도 직장을 구할 수 있었다. 또한 재혼 전까지 몇 년 동안 혼자 힘으로 딸을 돌보았으며, 사회적·정서적 기능 향상에 대한 강한 동기도 가지고 있다. 이전 치료사에 대한 신뢰감을 유지하고 있으며, 몇 달 동안 만남을 지속하고 있다. 또한 변화를 위해 위험을 감수할 의지도 가지고 있다.

치료 계획

앞서 기술한 것처럼, 외상 후 스트레스장애를 치료할 때에는 세 가지 단계로 목표를 세우는 것이 유용하다. 첫 번째 목표는, "치료에서 얻고자 하는 것이 무엇입니까?"라는 평가 중의 질문에 소피가 대답한 것이다. 두 번째 목표는 평가와 작업가설에 기초해 소피와 치료사가 함께 결정한 초기 치료 목표다. 여기에는 장기 치료 목표로의 진전에 도움이 되는 기술이 포함된다. 목표와 관련된 치료 전략을 참고할 수 있도록 목표와 함께 관련 치료 전략을 적어 놓았다. 만일 공존장애와 관련한 치료 전략에 익숙하지 않다면 9장이 도움이 될 것이다.

세 번째 장기 치료 목표는 치료사가 작업가설에 기초해 치료에 수반될 필요가 있다고 믿는 것으로 구성된다. 장기 치료 목표에 대한 동의는 초기 치료 목표를 설명하는 동안 이루어지는 경우가 일반적이다. 우리는 관련된 치료 전략에 따라 치료의 진전을 평가하는 방법도 제시하였다.

평가 중에 소피가 말한 목표

- 편집증적 느낌의 감소
- 혼자 운전하여 쇼핑을 가거나 남편과 함께 긴 여행하기
- 외로움 감소
- 정서통제(특히 분노)

초기 치료 목표와 관련된 치료 전략

치료 목표	관련된 치료 전략
1. 정서가 어떻게 '통제를 벗어나는지' 이해하고, 정서를 더 잘 통제하는 방법 배우기	1. 심리교육: 생물사회적인 모델, 정서와 이성의 균형, 정서의 목적(DBT; Linehan, 1993a); 정서조절을 위한 기본적 기술 배우기(DBT); 자기-정당화, 마음챙김, 수용, 주의전환, 자기-이완, 즐거운 활동 계획하기 등(DBT).
2. 외상 후 스트레스장애란 무엇이며, 무엇이 외상 후 스트레스장애를 지속시키는지 이해하여 소피가 외상 후 스트레스장애 치료를 계속할 것인지를 결정할 수 있도록 하기	2. 외상 후 스트레스장애 심리교육(CBT for PTSD; Foa & Rothbaum, 1998).
3. 외상 경험에 더 많이 노출시키고 치료사를 신뢰할 수 있도록 하기	3. 교육, 정당화, 현재의 고통을 다룰 수 있는 구체적 기술에 중점을 둔 개인 회기와 집단 회기 진행(DBT, CBT for PTSD).

장기 치료 목표(치료 중의 평가)와 관련된 치료 전략

치료 목표	관련된 치료 전략
1. 사회적 기능의 향상(평가: 여가활동, 관계의 수, 관계에 대한 만족감 추적)	1. 믿음과 관련된 신념의 인지적 재구조화(CBT for PTSD)
2. 여가활동 증가를 통한 사회적인 접촉 기회의 확대(평가: 여가활동에 대한 추적)	2. 활동 계획하기(우울증을 위한 행동치료; Hoberman & Lewinsohn, 1985; Persons et al., 2001).
3. 외상에 따른 고통 줄이기(평가: 확인, 실제 자극과 기억에 대한 습관화 그래프)	3. 심상노출(CBT for PTSD), 실제노출(CBT for PTSD), 죄책감이나 수치심과 관련된 사고의 인지적 재구조화(CBT for PTSD).
4. 활동성 증가(평가: 일주일 동안 운전하며 보낸 시간과 관련된 불안 추적)	4. 운전 중의 실제노출(불안장애를 위한 인지행동치료; Barlow & Craske, 2000).

사례공식화: 모건

배경 정보

- 이름: 모건
- 나이: 29세
- 성별: 여자
- 인종: 백인
- 결혼 상태: 미혼, 33세 남성과 새로운 관계 형성 중
- 교육 수준: 대졸(경제학 전공)
- 자녀: 없음
- 거주: 여자 룸메이트와 함께 거주
- 재정 상태: 보통

- 법적 상태: 진행 중인 소송 없음
- 고용 상태: 풀타임 근무
- 여가활동: 강아지 돌보기, 독서, 자전거 타기

문제 목록

- 지체중임에도 몸매와 몸무게에 대해 지나치게 걱정함
- 구토 없이 정량의 음식을 먹는 것이 불가능함
- 대인관계의 어려움: (1) 룸메이트는 모건이 함께 쓰는 욕실에서 구토하고 과식한 후 금식하는 것으로 인해 스트레스를 받음, (2) 새로운 남자친구는 모건이 산악자전거를 타다 쓰러지자 건강상의 이유로 몸무게를 늘릴 것을 강요하기 시작함
- '스트레스'를 받는다는 느낌과 불안. 몸무게, 직업, 룸메이트와의 관계 문제, 해고당하는 것, 미래의 재정, 가족 등에 대해 걱정함
- 우울한 기분
- 내과 전문의의 지시로 산악자전거를 타는 것이 불가능해짐. 몸무게를 늘릴 필요가 있고, 전해질 불균형을 바로잡기 위해 칼륨보충제를 복용해야 하기 때문임
- 신체접촉 동안에 몸이 마비되기 때문에 성관계를 즐기는 것이 어려움. 남자친구와 성관계를 가지지 못하는 것이 관계를 방해함
- 뉴욕에 살고 있는 친구가 보고 싶지만 뉴욕을 방문하는 것이 어려움
- 뉴욕 아파트에 있던 모든 가구와 소지품을 회피함

진단

- 축 I: 신경성 폭식증

일반화된 불안장애(GAD)

주요 우울장애, 경미

R/O 외상 후 스트레스장애

- 축 II: 진단 없음
- 축 III: 최근의 전해질 불균형
- 축 IV: 룸메이트 및 남자친구와 있었던 다툼
- 축 V: 55

관련된 법칙정립적 공식

- 신경성 폭식증을 위한 인지행동적 모델(CBT for bulimia; Fairburn et al., 1993)
- 일반화된 불안장애를 위한 인지행동적 모델(CBT for GAD; Roemer, Orsillo, & Barlow, 2002)
- 외상 후 스트레스장애를 위한 인지행동적 모델(CBT for PTSD; Foa et al., 1989)
- 우울증을 위한 인지행동적 모델(CBT for depression; Beck, Rush, Shaw, & Emery, 1979)

작업가설

치료사는 두 개의 가설을 세웠고, 이 가설을 모건과 지속적으로 공유하였다. 첫 번째 가설은 다음의 두 가지 사실에 초점을 맞추었다. (1) 섭식장애는 첫 번째 외상 사건 이전부터 있어 왔다. (2) 강간과 관련해 유의미한 재경험 증상이 없다. 이러한 사실은 모건의 신경성 폭식증이 외상 후 스트레스장애와는 독립적으로 이전에 발 생했음을 보여 준다. 또한 모건의 섭식장애에 대한 설명 대부분이 신경성 폭식증의 법칙정립적 모델과 잘 맞았고(신경성 폭식증에 대한 더 많은 내용은 9장 참조), 모건은 자신의 몸무게와 몸매를 변화시키는 것이 자존감을 향상시켜 줄 것이라는 믿음을 갖고 있었다(CBT for bulimia). 과학적인 모델에 따르면, 몸무게와 몸매에 대한 과도한 걱정은 음식 제한을 가속화하고, 이러한 제한은 결국 폭식증을 가져올 수 있다. 모건의 구토는 폭식 보상을 위해 초기에 시작된 대처 전략이며, 지금은 부정적인 감정을 조절하기 위해 사용되는 것으로 보인다. 연구에 따르면, 우울하고 불안한 환자는 신경성 폭식증에 대한 인지행동치료 이후 우울과 불안이 감소되는 경험을 한다. 따라서 치료사는 섭식장애에 초점을 맞춘 치료를 통해 모건의 불안과 우울이 감소될 것이라고 보았다. 만일 불안과 우울이 섭식장애를 치료한 후에도 감소하지 않는다면 그때는 초기 공식에 대한 재검토가 필요할 것이다(CBT for PTSD, CBT for depression). 모건의 현재 스트레스에서 강간의 역할을 설정하지 않는다면, 가설은 매우 간단하고 치료 계획은 단순할 수 있다.

두 번째 가설은, 섭식장애가 첫 번째 외상 이전에 발생했을지라도 섭식장애를 외상 사건 및 불안과 관련이 있다고 보는 것이다. 이 가설은 모건이 외상 사건과 관련해 매우 높은 회피를 보이는 것에 기초한 것으로(CBT for PTSD), 성관계 동안의 신체마비와 성관계의 회피, 뉴욕에 대한 이야기와 뉴욕 여행, 뉴욕 아파트에 있던 물건 모두를 회피하는 것과 관련된다. 따라서 치료사는 높은 수준의 회피가 외상 후 스트레스장애 증상과 진단에 영향을 미치는 재경험 증상을 제한하고 있을 가능성을 고려하였다. 치료사는 몸무게와 몸매에 대한 과도한 걱정, 음식 제한, 폭식증, 구토는 자존감을 위협하는 것과 강간의 부정적인 감정에 대한 대처전략으로 형성되었다는 가설을 세웠고(CBT for bulimia, CBT for GAD), 외상과 연합된 정서(불안, 죄책감, 수치심)를 조절하기 위해 같은 전략에 의존하고 있다는 가설을 세웠다(CBT for bulimia, CBT for PTSD). 더 구체적으로 보면, 모건이 몸무게와 몸매에 집중하는 것은 외상 자극(예: 기억과 사고)에 대한 인지적 회피를 용이하게 하며, 강간과 관련된 낮은 자존감에 맞서고자 하는 것이다(CBT for PTSD). 마찬가지로 모건의 음식 제한과 폭식, 구토 또한 외상 관련 자극에 의해 유발되는 불안을 줄이기 위한 대처일 수 있다.

치료사는 두 번째 가설처럼, 만일 모건의 폭식과 구토 행동이 대처전략으로 사용되는 것이라면 섭식행동을 멈추었을 때 외상과 연합된 불안이 증가할 것이라고 예측하였다. 더불어 강간 자극에 대한 회피감소(몸무게나 몸매에 대한 집착이 감소되면서 외상 치료의 부분으로 강간을 논의함)는 강간과 관련된 재경험 증상의 증가를 가져올 것이라고 예측되었다(CBT for PTSD). 더 복잡한 가설은 더 복잡한 치료 계획을 필요로 한다. 이 가설의 중심에는 외상이 위치하고 있다. 하지만 모건의 증상이 외상 후 스트레스장애 진단기준을 모두 충족하지는 않았기 때문에 두 번째 가설에서 예상한 시나리오와는 잘 맞지 않을 수도 있다.

치료사는 모건에게 첫 번째 가설을 제시하고, 두 번째 가설도 간략히 제시하였다(강간에 대해 말하는 것을 힘들어했기 때문에 불안과 수치심에 초점을 두어 말함). 모건은 첫 번째 가설에 근거한 치료 계획의 시작에 동의하였으며, 치료가 기대한 만큼 진전을 보이지 않으면 두 번째 가설에 기초하여 재치료하는 것에도 동의하였다.

강점과 자산

모건은 풀타임 직업이 있고 재정적으로도 안정되어 있다. 새로운 남자친구는 그녀의 섭식장애 치료에 대해 적극적으로 지지해 주고 격려해 준다. 변화에 대한 그녀의 욕구도 강하다.

치료 계획 1

평가 중에 모건이 말한 목표
- 몸매와 몸무게에 대한 걱정 줄이기
- 구토 금지
- 먹는 것에 대한 통제감을 늘리고 다양한 음식 섭취하기
- 스트레스 덜 받기

- 남자친구와 함께 다시 산악자전거 타기
- 룸메이트와의 관계 개선

초기 치료 목표와 관련된 치료 전략

치료 목표	관련된 치료 전략
1. 어떻게 섭식장애가 발전되었고, 왜 지속되는지를 이해하기	1. 신경성 폭식증에 대한 인지행동적 모델 심리교육(CBT for bulimia; Fairburn et al., 1993)
2. 섭식장애를 '포기하기' 위한 의지를 언어화하기	2. 결정 분석(Ahijevych & Parsley, 1999; Clark et al., 1998; Janis & Mann, 1977).
3. 자기관찰 기능을 이해하기, 현재의 섭식행동에 대해 자각하기	3. 자기관찰(CBT for bulimia)

장기 치료 목표와 관련된 치료 전략

치료 목표	관련된 치료 전략
1. 음식 제한하기와 폭식행동 줄이기(평가: 자기관찰, 구체적인 식이요법 목표가 달성되었는지 그래프 그리기)	1. 매일 계획된 간식과 함께 할당된 세끼 식사를 규칙적으로 하도록 함(CBT for bulimia); 자극 통제 전략(CBT for bulimia); 금지 음식의 위계를 만들고, 구체적인 행동 할당과 더불어 다이어트 음식 소개(CBT for bulimia); 하루에 섭취하는 칼로리양 증가시킴(CBT for bulimia); 인지적 재구조화(CBT for bulimia)
2. 구토행동 감소(평가: 자기관찰, 그래프 그리기)	2. 구토 참기와 대안 행동하기(CBT for bulimia); 인지적 재구조화(CBT for bulimia)
3. 몸무게와 몸매에 대한 과도한 걱정 줄이기(평가: 자기관찰 내용을 통한 추적)	3. 인지적 재구조화(CBT for bulimia)

74

의미 있는 호전이 이루어진 후(예: 매주 3회에서 1회로 구토행동 감소, 폭식 감소, 규칙적인 식사 패턴 완성), 더 이상의 진전이 없었고 폭식행동의 감소와 규칙적인 식사로 칼로리를 증가시키는 것이 어려워지면서 부차적으로 몸무게가 감소하였다. 모건은 치료에서 무언가 빠진 것 같다는 느낌을 보고하였다. 치료사와 그녀는 공식을 재검토하였고, 현재의 문제가 두 번째 가설을 지지한다는 데 합의하였다. 외상 증상을 치료 과정에 포함시키기로 결정한 후, 모건은 남자친구와 성관계를 시작하고 지속하는 것에 어려움이 있음을 고백하였다. 그녀는 성관계 동안 몸이 마비되는 것을 멈추고자 노력하며, 이제는 재경험 증상도 있다고 하였다. 이러한 새로운 정보는 두 번째 가설을 지지해 주었고, 모건이 평가 중에 말한 목표는 수정되었다.

치료 계획 2

모건이 말한 목표
- 몸매와 몸무게에 대한 걱정 줄이기
- 구토 금지
- 음식 제한을 줄이고 몸무게 늘리기
- 불안, 걱정 줄이기
- 남자친구와 함께 다시 산악자전거 타기
- 성관계 즐기기
- 외상 기억을 회피하고자 노력하는 것 그만두기
- 두려워하지 않고 뉴욕 다녀오기

초기 치료 목표와 관련된 치료 전략

치료 목표	관련된 치료 전략
1. 외상 후에 생기는 반응이 자연스러움을 이해하고, 그것이 왜 지속되는지, 그것이 어떻게 섭식장애와 관련되는지를 이해함으로써 외상 후 스트레스장애 치료가 자신에게 적합한지 결정할 수 있도록 함	1. 외상 후 스트레스장애 심리교육(CBT for PTSD); 섭식장애와 외상 후 스트레스장애와의 관계를 명확히 하기 위한 외상 후 스트레스장애 심리교육 사용(예: 몸무게 감소는 성적 매력의 감소로 이어질 수 있어 성폭행 발생에 대한 불안을 줄일 수 있음; 가상 도움이 될 만한 섭식장애 전략 목록을 만듦, 외상 후 스트레스장애 전략을 가지고 회기를 시작하기 전과 후를 섭식장애 전략 회기와 비교해 봄)

장기 치료 목표와 관련된 치료 전략

치료 목표	관련된 치료 전략
1. 외상과 관련된 고통 감소(평가: 외상 관련 자극과 기억에 대한 습관화 그래프 그리기)	1. 심상노출과 실제노출(CBT for PTSD); 죄책감과 관련된 사고뿐만 아니라 안전과 관련된 사고의 재구조화(CBT for PTSD)
2. 칼로리 섭취 및 몸무게 증가(평가: 매주 구체적인 식이요법 목표가 달성된 일 수를 그래프로 그리기)	2. 매주 할당된 음식 섭취하기, 자기관찰 검토하기, 칼로리 섭취 증가에 대한 언어적 강화(CBT for bulimia); 자극통제 전략(CBT for bulimia); 인지적 재구조화(CBT for bulimia)
3. 구토행동 멈추기(평가: 자기관찰 및 그래프 그리기)	3. 구토 참기와 대안 행동하기(CBT for bulimia); 음식 섭취, 구토, 몸매/몸무게와 관련한 사고의 인지적 재구조화(CBT for bulimia)
4. 몸무게와 몸매에 대한 과도한 걱정 감소(평가: 자기관찰 내용을 통한 추적)	4. 인지적 재구조화(신경성폭식증을 위한 CBT)

사례공식화를 이용해 치료의 초점 정하기:
어디서부터 시작해야 할 것인가

만일 환자가 다양한 문제를 보인다면 치료가 비조직화되거나 환자가 압도당하지 않도록 하기 위해 치료를 어디서부터 시작해야 할지, 그리고 회기 내 또는 회기 간에 치료 전략 순서를 어떻게 해야 할지 결정해야 한다. 추가하기 접근laying approach 이 치료 작업에 유용할 수 있다. 치료 초기에는 개입 전략을 소개하고, 몇 회기 동안은 그 전략을 연습한다. 그런 다음, 초기 전략에 새로운 전략을 추가하면서 이전의 전략에 투자했던 시간의 양을 줄여 나간다. 예를 들어, 치료사는 합리적 근거를 제시하고, 환자가 걱정하는 것을 끌어내어 설명하고, 관찰방법을 가르치고, 관찰한 것으로 결과를 검토하고, 장애물을 평가하고, 장애물을 설명하기 위해 초반의 한두 회기나 세 번째 회기까지 자기관찰에 시간을 할애할 수 있다. 하지만 자기관찰이 한번 이루어지고 나면, 자기관찰을 검토하는 데 필요한 시간은 유의하게 감소함으로 새로운 과제를 추가할 수 있게 된다. 유사하게, 회기 초반에는 실제노출을 위한 시간 할애가 많겠지만, 환자가 자신이 무엇을 해야 하는지 한번 알고 나면 치료사는 단지 행동에 대해 강화하고, 성공에 초점을 맞추고, 문제해결에 있어 장애물이 되는 것을 요약해 주면 된다.

몇 가지 요인이 치료 초반에 다루어야 할 문제를 결정하는 데 영향을 줄 수 있다. 첫째, 호소하는 문제를 고려하라. 종종, 환자가 호소하는 주된 불편감이 외상 후 스트레스 관련 증상이 아닌 다른 것(예: 두통, 어지러움, 위장 문제와 같은 신체적인 불평; 성관계에 대한 흥미 상실; 심장마비; 우울)이거나 외상과는 밀접한 관련이 없어 보이는 외상 후 스트레스장애의 측면일 수 있다(예: 집중의 어려움, 과민함, 무쾌감중, 불면증). 치료 초반에 환자는 외상 후 스트레스장애에 대한 이해가 거의 없을 수 있고, 그의 주된 걱정이 외상 후 스트레스장애와 관련이 있다는 설명을 듣는 것을 불편해할 수도 있기 때문에 환자의 주된 걱정에 대해 설명하는 것이 때론 결정적으로 중요할 수 있다. 그러한 메시지는 환자의 주된 걱정이 '머리에서 생겨나는 것'이라거나 문제에 대한 환자의 해석이 타당하지 않다는 설명으로 대체될 수 있다. 치료사는 환자가 호소하는 불평 혹은 걱정의 어떤 측면을 직접 설명해 줌으로써, 고통의 근원에 대한 환자의 지각을 정당화해 준다. 이는 치료사에 대한 신뢰를 높이고, 치료적인 동맹을 강화하며, 치료 계획에 대한 수용을 높일 것이다.

둘째, 치료 계획 실행의 용이성을 고려하라. 일반적으로, 환자는 실행이 보다 간난한 치료를 선호한다. 어떤 치료는 다른 것보다 본질적으로 더 복잡하며 더 많은 지적인 도전을 필요로 한다. 따라서 치료를 계획할 때 환자의 지적 능력을 고려하는 것이 중요하다. 많은 외상 후 스트레스장애 환자는 집중력과 주의력의 손상을 경험하며, 인지적인 치료를 힘들어할 수 있다.

셋째, 개입 효과의 기능성을 고려하라. 다시 말해, '투자 가치'가 있는 효과가 가장 클 것 같은 치료를 선택하라.

모건의 경우, 첫 번째 공식화는 외상 후 스트레스장애와 섭식장애를 동시에 치료해야 하는 부담과 복잡함을 피하면서 환자가 말한 목표를 직접 설명할 수 있다는 장점이 있다. 더구나 불안과 우울은 섭식장애가 치료되면 감소한다는 경험적으로 검증된 연구가 있기 때문에, 모건의 치료사는 이러한 접근이 기능적인 면에서 폭넓은 효과가 있을 것이라는 사실을 예측할 수 있다.

소피의 경우 치료사는 사회공포증의 치료를 우선 고려하였는데, 이는 소피의 주된 호소가 사회적인 고립이었기 때문이다. 그러나 사회공포증의 치료가 상대적으로 간단함에도, 경계선 성격장애 혹은 외상 후 스트레스장애가 이러한 치료에 반응할 것이라고 기대할 만한 근거는 거의 없으며, 사회공포증 치료가 사회공포증에는 효과적이지만 경계선 성격장애와 외상 후 스트레스장애는 여전히 남게 될 것이라는 경험적 지지증거가 있다(Zayfert, DeViva, & Hofmann, 2005). 따라서 기능적인 효과는 제한적이라고 볼 수 있다. 이에 따라 치료사는 좀 더 복잡한 치료 계획을 선택하였다.

반면 32세 남자 스튜어트는 외상 후 스트레스장애, 사회공포증, 알코올 남용으로 힘들어하였는데 치료사는 가장 먼저 사회공포증 치료를 선택하였다. 스튜어트는 사회공포증 때문에 대학을 자퇴하였으며 불안에 대처하기 위해 알코올에 의지하였고, 이 기간 동안에는 관계가 끝날 무렵이면 상대에게 폭력을 가하는 정서적인 학대를 하였다. 그는 금주를 시작한 지 10년이 지난 시점에 사회불안과 우울을 치료하기 위해 치료사를 찾았다. 평가 결과, 스튜어트는 학대적인 관계와 관련된 외상 후 스트레스장애의 진단기준을 충족하였다. 스튜어트의 외상 후 스트레스장애 관련 스트레스와 기능적인 손상은 극심한 사회불안과 우울에 비하면 경미한 수준이었다. 치료사는 외상 후 스트레스장애가 사회적인 상황에서의 불안 대처를 위해 사용한 회피 전략의 결과라고 가정하였다. 따라서, 초반의 치료 계획은 우울을 수반하는 사회불안에 초점을 맞추었다. 치료사는 또한 외상 후 스트레스장애에 대한 관찰을 계획하였고, 초기 치료 요소에 대한 결과를 재평가하였다.

초기 치료 목표로 외상 후 스트레스장애가 아닌 다른 장애를 선택하는 또 다른 이유는 치료에 더 반응적인 장애가 있기 때문이다. 예를 들어, 40세 대학 교수인 티모시는 아동기에 시작된 강박장애를 치료하기 위해 의뢰되었지만 일반화된 불안장애, 공황장애, 사회공포증, 우울, 9 · 11에 따른 외상 후 스트레스장애 진단기준 모두를 충족하였다. 그의 치료사는 공황장애 치료를 가장 먼저 시작할 것을 제안하였는데, 이유는 공황장애 치료가 성공 가능성이 가장 높았기 때문이다. 티모시는 강박장애를 자신의 주된 문제라고 생각했기 때문에 이러한 치료순서를 당황스러워했지만 치료사는 초기 성공 경험이 인지행동치료에 대한 티모시의 신뢰감을 증가시켜 다른 문제에 대한 작업을 보다 자신감 있게 진행할 수 있도록 도울 것이라고 보았다.

순차적 치료 대 동시적 치료

환자의 문제가 다양하고 복잡할 때, 치료의 진행을 어떻게 할지에 대해서는 여러 대안이 있을 수 있다. (1) 한 가지 문제에 초점을 맞추고 다음 문제로 넘어간다. (2) 다른 문제를 치료하는 동안 한 가지 문제를 자세히 관찰한다. (3) 치료 회기의 길이를 길게 하거나 회기를 변경하면서 두 가지 문제에 대한 치료를 동시에 진행한다. 모건이 선택한 첫 번째 치료 계획은 (1)에 해당한다. 모건의 치료사는 섭식장애 치료를 가장 먼저 계획하였고, 치료 후에도 섭식장애가 개선되지 않으면 일반화된 불안장애나 주요 우울장애에 대한 치료를 실시할 계획을 세웠다.

반면, 소피의 치료 계획은 동시적 접근과 순차적 접근이 혼합된 것으로 볼 수 있다. 치료사는 초반에 경계선 성격장애 증상과 외상 후 스트레스장애 교육에 초점을 둔 동시적인 접근을 사용하였다. 그러나 결국 경계선 성격장애가 여전히 존재하는 상황에서 외상 후 스트레스장애에 좀 더 초점을 맞춘 치료로 변경하였다. 만일 사회공포증이 외상 후 스트레스장애를 해결한 후에도 여전히 지속된다면 외상 후 스트레스장애 치료 이후에 사회공포증 치료가 순차적으로 제공되었을 것이다.

각각의 접근은 장단점이 있다. 순차적 접근은 상대적으로 간단하지만, 모건의 경우처럼 간단한 접근이 항상 좋은 것은 아니며 동시적 접근이 필요할 수도 있다. 대안으로, 치료사는 순차적 치료의 순서를 변경할 수도 있다. 예를 들어, 모건과 치료사가 선택한 두 번째 가정을 실행하기 위해서는 다음과 같은 여러 선택권이 있다. 모든 불안장애 치료를 중단할 수 있다. 그들은 모건이 얻고자 하는 것을 놓치지 않았는지 검토하기 위해 섭식장애를 관찰할 수 있다. 혹은 (그들이 실제로 한 것처럼) 회기의 단위를 변경해 가면서 섭식장애와 외상 후 스트레스장애를 동시에 치료할 수 있다. 모건과 치료사는 동시적 접근을 선택했는데, 치료에 진전이 없다면 모건이 더욱 악화될 수도 있다고 생각했기 때문이다. 모건은 치료사가 자신의 섭식장애 개선에 도움을 줄 것이라 믿었다. 두번째 문제를 먼저 다룰 수는 없지만 두번째 문제가 안전(위험한 섭식행동, 물질남용)과 관련되어 있어 무시할 수 없을 때에는 동시적 접근을 하는 것이 타당하다.

문제들이 상호작용하여 나타나거나 환자가 두 개의 문제를 함께 다룰 능력이 있다고 판단되면 동시적 접근의 사용이 더 적합하다. 예를 들어, 클라라는 피를 두려워하였는데, 피는 오토바이 사고와 잠재적인 오염(강박장애 공포)을 상기시켰기 때문이었다. 따라서 피에 대한 노출은 클라라가 두 가지 공포에 모두 노출되는 것을 의미한다. 이에 따라 클라라의 치료사는 동시적 접근을 선택하였다. 소피의 사례에서 치료사는 그녀가 외상 후 스트레스장애와 감정조절 전략을 동시에 배울 능력이 있다고 판단하였다. 이에 따라 치료사는 서로 다른 문제의 치료를 위해 만들어진 심리교육 자료를 통합한 좀 더 포괄적이고 합리적인 치료적 근거를 개발하여 사용하였다.

회기 계획: 치료 틀 계획하기

치료를 시작할 때에는 초반의 몇 회기(대략 5회기)를 어떻게 진행할지에 관한 치료의 기본 틀을 계획하는 것이 중요하며, 이것은 다음의 몇 가지 이유에서 도움이 된다. 첫째, 기본 틀을 계획하는 것은 치료를 용이하게 하고 전략의 순서에 대해 생각할 수 있는 기회를 준다. 둘째, 치료사가 환자와 치료의 기본 틀의 일부를 공유함으로써 환자는 치료가 어떻게 진행되는지 예상할 수 있고, 서로 간에 폭넓은 정보의 일치를 얻을 수 있다. 환자와 치료의 기본 틀을 공유하는 것은 치료에 대한 환자의 예기불안을 줄여 치료에 대한 조직화 수준과 능력 수준, 심사숙고할 수 있는 수준을 증가시킨다. 끝으로, 치료사는 기본 틀을 통해 치료의 실제적인 진전을 비교해 볼 수 있다. 완만히 진전되는 치료는 사례공식화와 치료 계획이 잘 확립되었다는 증거가 될 수 있다. 그러나 만약 치료를 어렵게 하는 장애물에 부딪치게 된다면 이것은 공식화에서 무언가를 빠뜨렸다는 초기 경고 신호일 가능성이 있다.

환자와 함께 사례를 공식화하고
사실적 정보에 근거해 동의얻기

치료사와 환자가 사례공식화에 합의하면 치료는 보다 부드럽게 진전된다. 연구에 따르면, 공식화를 공유하는 것은 중도탈락의 위험을 줄여 준다(Epperson, Bushway, & Warman, 1983; Pekarik & Stephenson, 1988). 또한 환자가 치료에 대한 정보를 사실적이고 개방적으로 듣고 치료에 합의함으로써 치료사는 다른 가능한 치료 접근도 적용할 수 있다. 몇 가지 요인이 공식화 개발과 치료 과정에 대한 동의에 중요하다. 첫째, 환자가 공식화할 수 있고, 환자의 지각을 정당화할 수 있는 문제를 고려하라. 둘째, 치료사가 여러 개의 가정을 세웠다면 가능한 환자에게 모든 가정에 대해 알려 주고, 공식화의 내용은 환자와 협력하여 결정하라. 공식화에 협력하고 가정을 검증한 환자는 치료 결정에 대한 통제감을 더 많이 느끼게 될 것이며, 초기 가정이 지지되지 않아 치료의 방향을 바꿔야 할 때에도 당황하지 않을 것이다. 셋째, 환자의 동의가 사실적 정보에 근거해 이루어질 수 있도록 환자에게 대안적인 치료 접근에 관한 정보와 관련 연구를 제공하라.

외상 후 스트레스장애의 거의 모든 증상을 가지고 있었고 평가에서 CAPS 점수도 높았지만, 소피는 자신이 외상 후 스트레스장애로 진단되는 것을 쉽게 수긍하지 못하였다. 외상 후 스트레스장애 진단기준을 이해하는 것과 진단 용어가 어떤 환자에게는 어려울 수 있고, 이것은 환자와 개념을 공유하는 데 있어 잠재적인 도전이 될 수 있다. 증상을 설명하기 위해 외상 후 스트레스장애에 대한 개념을 반복적으로 설명하는 것은 환자에게 도움이 되지 않는다. 오히려, 환자의 문제를 환자의 관점에서 진실되게 듣고, 그들의 혼란과 외상 후 스트레스장애 모델에 대한 불편함을 정당화해 주며, 환자의 걱정을 통합할 수 있는 접근을 제공해 주는 것이 좋다. 예를 들어, 소피의 치료사는 그녀에게 다음과 같이 말하였다. "외상 후 스트레스장애에 대한 제 얘기에 당신이 얼마나 혼란스러워하는지 이해할 수 있을 것 같습니다. 당신은 자신의 분노 폭발이 얼마나 자신을 괴롭히는지 그리고 다른 사람을 믿는 것이 얼마나 어려운지 저에게 말했습니다. 그리고 이러한 어려움이 오래 전에 있었던 나쁜 일과 어떻게 관련되는지 이해하기 어렵다고 하였습니다."

소피는 '감정적인 롤러코스터 위에 있는 것만 같은 느낌'을 덜 느낄 수 있도록 하는 치료 계획에 동의하였다. 회기 초반에는 '통합된 변증법적 행동치료'(Becker & Zayfert, 2001)를 사용하여 그녀가 표현했던 주요 불편(즉, 편집증, 민감성, 감정 기복)에 초점을 맞추었다. 5회기는 소피가 의미를 둔 목표에 진전이 이루어질 수 있도록 계획하였다. 이러한 회기 진행은 치료사에 대한 신뢰를 갖게 하였고, 치료 과정에 대한 소피의 통제감을 증가시켜 주었다. 치료사는 소피에게 다음과 같은 말로 설명하였다.

> "당신은 자신이 치료받기를 원하고 있는지, 특히 제가 믿을만 한지에 대해 확신이 서지 않을 수 있습니다. 따라서 처음 몇 회기는 제가 당신에게 도움이 될 수 있는지 알아볼 수 있는 기회를 갖는 것이 좋을 것 같습니다. 그리고 우리가 함께 작업한 것에 대해 당신이 어떻게 느꼈는지 각 회기가 끝날 무렵 함께 확인해 보도록 합시다. 저는 당신이 원하는 목표를 얻을 수 있을 것이라 확신합니다."

치료사는 소피에게 감정조절과 인지행동치료에 몰입하는 것의 중요성에 대해 교육하였고, 보다 직접적인 외상 후 스트레스장애 치료 전략에 그녀가 열의를 가질 수 있도록 외상 후 스트레스장애에 대해서도 점진적으로 교육하였다.

환자가 믿지 못하는 무언가를 설득하기 위해 의도를 가지고 말하는 것은 신뢰적인 치료적 관계를 맺으려는 목표와는 서로 잘 맞지 않는다. 즉, 소피가 외상 후 스트레스장애의 개념을 보다 잘 이해하고 치료에 대한 열의를 가질 수 있도록 하려는 잠정적인 목표는 소피와 개방적으로 협력하고 신뢰로운 관계를 형성하기를 원하는 치료사에게 딜레마가 될 수 있다. 이에 대해서는 되도록 솔직하고 직접적으로 말하는 것이 최선이다. 치료사는 소피에게 다음과 같이 말하였다.

"외상 후 스트레스장애 진단이 당신을 혼란스럽게 했다는 것을 알고 있습니다. 당신은 많은 의문점을 가지고 있을 것이고, 많은 부분들에 대해 옳지 않다는 느낌을 가졌을 수 있으며, 여전히 이해할 수 없는 부분도 많을 것입니다. 만일 외상 후 스트레스장애가 무엇인지 또는 어떻게 외상 후 스트레스장애가 발생하는지 이해할 수 없다면 외상 후 스트레스장애 치료가 당신에게 적합한 것인지 판단하기는 어려울 것입니다. 따라서 치료 회기 중에 외상 후 스트레스장애에 대해 당신이 가지고 있는 의문점에 대한 답을 찾아보고 구체적으로 알아볼 수 있는 기회를 갖는 것이 도움이 될 것 같습니다. 이런 과정을 통해 외상 후 스트레스장애 치료가 어떤 측면에서 당신에게 적합할지 혹은 아닐지 판단할 수 있을 것입니다. 어떻게 생각하십니까? 당신도 이렇게 해 보고 싶은 생각이 있습니까?"

이것은 치료 참여에 대한 소피의 의지를 높이는 것과 함께 치료사가 외상 후 스트레스장애의 법칙정립적 모델을 제시하는 것으로 회기를 계획하기 위한 포문을 열고자 하는 것이다.

모건의 사례는 다양한 문제를 가정해 볼 수 있는 좋은 사례다. 모건의 치료사는 조급하게 사례공식화를 하지 않았고 다양한 가정을 개방적으로 논의하였다. 예를 들어, 치료사는 다음과 같이 말하였다.

"당신이 이야기한 모든 것을 종합해 본 결과, 저는 두 가지 서로 다른 가정을 생각해 볼 수 있었습니다. 저는 두 가지 가정 모두를 당신에게 말하고자 합니다. 그리고 제가 생각하기에 더 적합하다고 판단되는 가정에 대해서도 말할 것이며, 각각의 치료가 어떻게 다른지에 대해서도 설명할 것입니다. 그런 다음 당신의 선택을 받아들일 것입니다. 어떻게 생각하십니까?"

다양한 가정을 솔직하게 공유하는 것은 여러 가지 이점이 있지만, 무엇보다 하나의 가정에 지나치게 치중하는 것을 막을 수 있다. 솔직한 것은 과학적인 방법 안에서 치료사와 환자가 앞으로 진전할 수 있게 격려하며, 치료 과정에서 수집된 자료는 가정에 기초하여 치료가 진전되고 있는지 아닌지 판단할 수 있게 해 준다. 만일 진전이 없다면 치료가 잘못 시행되고 있는 것은 아닌지, 혹은 초기 공식화가 잘못된 것은 아닌지 치료사와 환자는 함께 검토해야 한다.

우리는 연구 결과들에서 지지되고 있는 치료 계획과 대안적인 방법에 대해 치료사가 격려하고 이끌어 나가기를 권한다. 법칙정립적인 모델과 경험적으로 지지되고 있는 치료를 따르는 것은 치료사가 연구에 기초해 희망을 제시할 수 있다는 이점이 있다. 그러나 환자에 따라 치료 효과는 다르게 나타날 수 있다는 사실 그리고 개별화된 치료의 형태는 아직 연구 중에 있다는 사실도 환자에게 솔직히 얘기해 주어야 한다. 이에 대해 설명하기 위한 한 가지 방법은 나침반 은유를 사용하는 것이다. 다시 말해, 현재까지의 지지 연구는 우리가 나아가야 할 방향을 알려주는 훌륭한 나침반이지만, 우리가 앞으로 만나게 될 길과 주변에 있는 모든 나무 줄기와 물줄기에 대한 도안은 아직 그려져 있지 않다.

결론

외상 후 스트레스장애의 법칙정립적 공식은 외상 생존자를 위한 인지행동치료의 기초다. 그러나 외상 생존자는 외상 후 스트레스장애뿐만 아니라 다른 장애의 법칙정립적 공식을 통합하여 개별 사례공식을 만들 필요가 있는 다양한 문제의 군집을 보이는 경우가 많다. 이 장의 목표는 법칙정립적인 공식에 기초해 개별 사례공식을 만드는 방법, 그리고 치료를 실제로 계획하는 방법에 대한 몇 가지 아이디어와 예시를 제공하는 것이었다. 이 책의 나머지 장에서는 외상 후 스트레스장애 치료의 세부적인 구성요소에 대해 다룰 것이다.

04 치료를 향한 출발: 성공을 위한 길 닦기

임상 장면에서 외상 후 스트레스장애를 위한 인지행동치료를 실시할 때에는 수많은 도전에 직면하게 된다. 그중 하나는 개별 환자를 위한 맞춤형 인지행동치료를 개발해야 하는 것으로 이 책의 핵심 주제이기도 하다. 직면하게 되는 또 다른 도전들도 많다. 예를 들어, 외상 후 스트레스장애 환자와의 신뢰로운 관계 형성은 성공적인 치료의 핵심 요소이지만 어려운 일이다. 또한 일시적일지라도 고통이 상승하는 것에 대해 환자가 느끼는 혼란을 경감시켜 줄 필요가 있다. 더구나 복잡한 어려움을 가진 외상 후 스트레스장애 환자를 치료할 때에는 노출부터 시작하는 것이 나을지, 노출과 인지적 재구조화를 함께 시작하는 것이 나을지를 포함해 여러 가지 결정을 내려야 하는 어려움에 직면한다. 끝으로, 생활상의 문제나 실제적인 걱정 (예: 한도가 정해져 있는 보험금)도 치료의 잠재적인 장애물이 될 수 있다. 이 장에서는 외상 후 스트레스장애 환자에게 인지행동치료를 실시할 때 직면하게 되는 여러 가지 어려움을 살펴볼 것이다.

한 팀이 되기: 치료적 관계

외상 후 스트레스장애를 위한 인지행동치료에서는 견고한 치료적 관계가 필수적이다. 어떤 수련생은 초반에 인지행동치료 기법에 너무 집중하느라 치료적 관계의 중요성을 잊기도 한다. 인지행동치료를 시행할 때, 치료사는 환자가 빠른 호전을 보이기를 원해 외상에 대한 직면을 강제하려는 경우가 많다. 만약 이때 환자가 치료사를 믿지 못한다면 인지행동치료에서 요구하는 과제의 시도를 꺼리거나 주저할 것이다.

예를 들어, 치료사가 노출을 제안하자 스티브는 치료사의 눈을 똑바로 쳐다보며 "다른 사람이 하라고 했으면 안 했을 겁니다. 선생님이 함께 있어 주시는 거죠? 낭떠러지에서 뛰어내리는 것 같아요. 선생님도 저와 같이 뛰어내릴 거라고 말씀해 주세요."라고 하였고, 치료사는 스티브의 손을 잡고 함께 뛰어내리겠다고 답하였다. 스티브는 첫 노출치료를 마친 후, 자신이 노출을 시도할 수 있었던 유일한 이유는 치료사에 대한 강한 믿음 때문이었다고 하였는데, 이는 환자에게서 흔히 듣게 되는 말이다.

마찬가지로, 견고한 치료적 관계는 노출 동안 안전하게 배울 수 있는 환경을 만드는 데도 유용하다. 예를 들어, 노출을 꺼리고 있는 줄리아에게 치료사는 "정확히 무슨 일이 있었는지 말해 주세요."라고 부드럽게 말하며 격려하였다. 줄리아는 노출을 마친 후, "선생님이 나에게 못되게 군다는 생각을 하면서도, 나에게 도움이 되지 않는 일을 요구하지는 않으실 거라고 생각했어요. 내가 노출을 정말 멈춰야 하는 상황이 되면 멈출 수 있을 것이고, 선생님이 옆에 있어 줄 것이라고 믿었어요."라고 말하였다. 만약 줄리아가 치료사를 믿지 못했더라면 그녀의 경험은 확연히 달랐을 것이고, 과제를 강요당하고 있다고 느꼈을 수 있다.

많은 경우, 견고한 치료적 관계는 치료사가 훌륭한 임상적 기술을 적용하는 한 심리교육(5장 참조) 중에 자연스럽게 생겨나며, 인지적 재구조화와 노출 과정 동안 강화된다. 그러나 때로는 환자가 신뢰감을 형성하는 것에 심각한 어려움을 갖는 경우도 있다.

비판단적인 자세의 유지

어떤 외상 후 스트레스장애 환자는 좋아하기가 쉽지 않다. 우리는 다른 임상가들 (예: 정신과 의사, 1차 진료의사, 심리치료전문가)과 일을 하면서 우리가 치료하고자 하는 환자를 싫어하는 임상가도 있다는 것을 알게 되었다. 환자의 행동에 대해 판단적인 사고를 최소화하면서 감싸고자 노력하는 것은 치료적 관계 형성과 환자의 긍정적인 관점 개발을 위한 중요한 전략이다(Linehan, 1993a). 비판단적인 자세를 유지하기 위해서는 정서조절 문제에 대해 생물사회적 모델(Linehan, 1993a)을 참고하는 것이 유용한데, 이 모델에서는 정서조절의 어려움을 정서적 민감성에 대한 선천적인 생물학적 취약성과 예측이 어려운 환경과의 조합에 따른 결과라고 개념화한다. 또한 환자의 증상과 역기능적인 행동에 대해서는 정서적인 반응을 관리할 수 있는 기술 부족에 따른 결과로 개념화한다.

외상 후 스트레스장애 환자의 행동을 판단적인 방식으로 개념화하는 것은 매우 쉬운 일이다. 예들 들어, 에이미는 치료사가 예약 시간보다 60초 늦게 나타나자 울고 화를 내며 대기실을 뛰쳐나갔다. 이 행동을 본 다른 치료사들은 에이미가 고의적으로 치료사를 조종하는 행동을 한다고 판단하고 그런 환자는 보고 싶지 않다고 하였다. 하지만 에이미의 치료사는 생물사회적 모델에 근거해 비판단적인 자세를 유지하였다. 치료사는 자신이 늦은 것에 대해 에이미가 무력감과 거부감을 느꼈는데 이러한 느낌을 올바르게 표현할 수 있는 기술이 부족하여 충동적으로 행동했을 것이라고 해석했다. 또한 에이미의 행동은 오히려 조종력이 떨어진다고 생각했는데, 조종적인 사람들은 일반적으로 티를 내지 않으면서 다른 사람을 조종하고 목표를 달성하는 데 비해 에이미는 그렇지 못했기 때문이다. 이러한 해석은 치료사의 좌절감을 줄여 주었는데, 환자의 행동을 까다롭거나 '조종적'이라고 개념화하기보다는 정당한 욕구충족을 위한 미숙한 시도라고 개념화하면 덜 짜증스럽고 답답할 것이기 때문이다. 그렇게 되면, 환자가 부정적인 행동을 보여도 계속해서 그들을 좋아하는 것이 더 쉬워지게 된다.

치료사가 비판단적인 자세를 유지하는 것은 여러가지로 치료적 관계에 도움이 된다. 첫째, 환자의 회피행동으로 인해 치료사가 느끼는 좌절감이 줄어들 것이다. 둘째, 환자가 과거에 행한 부도덕한 일, 특히 환자가 원인제공자였던 일을 치료사가 감당하는 것이 더 쉬워질 것이다. 셋째, 연구에 의하면 비판단적인 자세는 유사자살parasuicidal 시도를 감소시킨다(Shearin & Linehan, 1994).

끝으로, 비판단적인 자세의 유지는 환자의 수치심을 높일 수 있는 치료사의 판단이 은연중에 나타날 위험성을 줄여 준다. 이러한 치료사의 자세는 환자가 행동의 기능을 탐색할 수 있는 안전한 환경을 제공한다. 예를 들어, 린다는 남자친구가 파티에 늦자 화가 나서 다른 남자들과 늦게까지 파티에 남아 있다가 강간을 당하였다. 치료사는 비판단적인 자세를 유지하며 린다가 강간 사건을 처리할 수 있도록 도왔고, 그녀를 비난하는 듯한 모습을 보이지 않았다. 치료사는 린다의 행동을 남자친구의 행동에 따른 강렬한 부정적인 감정을 처리하기 위한 미숙한 시도라는 견해를 갖고 비판단적인 자세를 유지하였다(기질적인 취약함). 또한 치료사는 린다가 남자친구의 행동에 대해 무력감을 느꼈다고 가정하였다. 생물사회적 모델을 적용해 보면, 린다의 행동은 기능적이지는 않지만 이해할 만한 것이 된다.

정당화를 통한 신뢰 구축과 오해 줄이기

정당화validation는 치료적 관계를 형성하고 유지하는 데 도움을 주는 또 하나의 변증법적 행동치료 전략으로, 특히 신뢰관계에 어려움이 있는 환자에게 도움이 된다(Linehan, 1993a). 많은 외상 후 스트레스장애 환자는 생물사회적 모델에서 언급한 것 같은 무력감을 느끼는 상황을 경험하였다. 따라서 이들은 잠재적인 무력감에 유독 민감할 수 있다. Linehan이 지적한 것처럼, 그들은 성취할 수 없을 것 같다고 생각되는 변화를 요구받으면 자신이 오해받고 있다고 느낄 수 있다. 정당화는 환자의 행동이 그들이 처했던 환경에서는 충분히 이해할 만한 것이었음을 소통하는 것과 관련된다. 구체적으로 말하면, 치료사는 정당화를 할 때 먼저 무슨 일이 있었는지 관찰하고, 관찰한 것에 대해 반영하고, 환자의 반응이 이해할 만한 것이었음을 말해준다.

훌륭한 치료에는 모두 정당화가 어느 정도 포함된다. 하지만 변증법적 행동치료에서는 정당화가 핵심적 개입이다(Linehan 1993a). 우리는 Linehan이 추천하는 정당화를 명확히 사용하면 오해를 사전에 없앨 수 있고, 인지행동치료에 필요한 신뢰 관계도 형성할 수 있다는 것을 발견했다. 예를 들어, 에이미가 대기실에서 뛰쳐나간 후 치료사는 전화를 걸어 "제가 늦어서 많이 화나신 것 같네요."라고 말하였다 (예: 관찰과 반영). 에이미는 그렇다고 답하면서 자기에 대해 처음부터 걱정하지 않고 있다는 사실을 알고 있었다고 하였다. 치료사는 계속해서 "저 때문에 정말로 화가 난 것 같고, 그렇게 화가 나는 이유도 충분히 이해할 수 있으며, 제가 걱정하지 않는다고 생각하는 이유도 알 수 있을 것 같네요." (예: 에이미의 반응이 이해할 만한 것이었다고 말해 준다)라고 말하였다. 자신을 걱정하지 않는 것 같다는 에이미의 해석에 대해 치료사는 초반부터 반박하려 들지 않았다. 오히려 에이미가 납득할 때까지 그녀의 관점을 정당화시켜 주었다. 그러자 에이미는 치료사가 늦게 온 이유가 있을 것 같다고 말했고, 자신에게 바로 전화한 걸로 봐서는 걱정하고 있는 것 같다고도 말하였다. 그런 후 에이미는 예약 시간을 다시 잡았고, 이 사건 이후에는 치료사가 조금 늦더라도 대기실을 뛰쳐나가지는 않았다.

치료사 자신의 문제 이해하기

여러 종류의 치료사 요인도 치료에 영향을 미칠 수 있다. 예를 들어, 외상-초점 치료가 환자에게 '재외상'을 입힐 것이라는 두려움을 갖고 있는 치료사라면 이 접근은 사용하지 않을 가능성이 높다. 외상 후 스트레스장애 전문가들은 경험이 부족한 치료사에 대한 지원과 지속적인 슈퍼비전이 필요하다고 보고 있다(예: Foa, Zoeliner, Feeny, Hembree, & Alvarez-Conrad, 2002). 전문성의 정도를 떠나 외상후 스트레스장애를 위한 인지행동치료의 성공적인 수행을 위해서는 치료사가 치료법을 믿어야 하고(예: 환자에게 피해를 주지 않을 것이라는 믿음, 치료가 효과적일 것이라는 자신감) 치료 도중 일어나는 강렬한 각성도 이겨 낼 수 있어야 한다(Litz, Blake, Gerardi, & Keane, 1990). 치료사가 인지행동치료 사용에 대해 가지고 있는 걱정들은 다음에 기술하였는데, 이 정보는 치료사에게 도움이 될 것이다.

피해는 거의 없다:
"인지행동치료가 환자에게 '재외상'을 줄 수도 있다는 걱정"

많은 치료사는 외상 후 스트레스장애 환자가 인지행동치료를 받음으로써 오히려 '재외상'을 입지 않을까 걱정한다. 어떤 특정한 치료법의 사용이 환자에게 피해를 줄 수도 있다고 믿고 있다면 그 기법은 사용하기 어려울 것이다. '재외상'이란 용어는 환자가 치료를 받음으로써 증상이 더욱 악화되고 기능이 저하되는 것을 뜻한다(Chu, 1998). 과거의 기억을 떠올리는 것이 안전에 대한 새로운 지식의 습득을 촉진하기보다는 공포와 무력감을 지속적으로 증가시킨다면 이 치료 회기는 '재'외상적이었다고 할 수 있다. 인지행동치료에서 재외상에 대한 증거는 해석이 어려운데, 그 이유는 치료가 성공적으로 진행 중일 때에도 증상의 일시적인 악화가 나타날 수 있기 때문이다. 예를 들어, 약 25%의 환자는 일시적으로 침투 증상(예: 악몽, 플래시백)의 증가를 경험한다(Foa et al., 2002). 하지만 연구에 따르면, 이들 또한 노출치료에서 증상의 악화를 보이지 않았던 환자와 비슷한 비율로 호전된다.

매우 드물긴 하지만, 외상-초점 치료로 인해 더욱 심각하고 지속적인 부작용을 보이는 환자가 있는 것도 사실이다. 예를 들어, 50세의 독신여성 해리엇은 강간을 당한 후 심상치료를 받았는데, 치료 도중 플래시백이 시작되어 여러 차례 "중단하고 싶다."고 말하였다. 하지만 치료사는 "계속 진행해야 한다."고 요구했고, 그녀는 노출치료를 받는 동안 노출을 중지시킬 수 있는 선택권이 자신에겐 없다고 느꼈고, 안전하다는 느낌을 받지 못하였다. "치료사는 계속 진행해야 한다고 말했고 나는 강간당했을 때와 똑같았다. 난 통제불능 상태였다."고 그녀는 치료 당시의 상황을 회상하였다. 이 회기를 마친 후 해리엇은 악몽을 꾸기 시작했고 먹기를 중단하였으며, 예전에 있었던 섭식장애도 재발하였다. 그녀는 알코올을 남용하기 시작했고, 치료사를 바꾼 후에도 외상 후 스트레스장애 치료를 받으려 하지 않았다. 하지만 우리가 알아두어야 할 사실은 실험연구나 임상실제 모두에서 노출치료를 마친 환자 대부분은 장기적인 부작용을 경험하지 않는다는 점이다. 더구나 치료가 적절하게만 진행된다면 외상 후 스트레스장애를 위한 인지행동치료에서 재외상을 경험할 확률은 극히 적다는 것이 우리의 믿음이다.

외상-초점 치료로 인한 장기적인 부작용은 특정한 치료 조건이 결여되었을 때 나타나는 것으로 보인다. 2장에서 언급했듯이, 노출의 효과를 얻기 위해서는 공포 네크워크의 활성화와 안전에 대한 개인적 경험의 수정 모두를 경험해야 한다. 오랫동안 부정적인 반응을 경험한 환자는 외상 기억과 관련해 수정된 정보(즉, 안전)를 경험하고 통합하는 것이 어렵다. 이것이 해리엇의 상황인 것으로 보인다. 이런 실패 상황이 생기게 되는 조건은 치료사에 대한 믿음의 부족과 치료 상황에 대한 통제불능의 느낌이다. 다시 말해, 환자가 노출을 하는 동안 통제가 어렵다고 느끼거나(즉, 치료를 지속하거나 멈출 수 있는 선택권이 자신에게 있다는 것을 믿지 못함) 치료사가 진심으로 자기가 잘 되기를 바란다는 믿음이 없다면 안전에 대한 수정된 경험을 덜 하게 될 것이며, 부작용의 위험은 증가할 것이다.

요약하면, 환자는 공포로 인해 노출을 시작하는 것을 주저할 수 있으므로 노출을 시작하기 위해서는 상당한 격려가 필요하다. 따라서 환자가 자신에게 통제권이 없다고 느끼고 치료사를 믿지 못한다면, 치료를 위해 앞으로 나아갈 가능성은 줄어들 것이다. 치료사는 노출로 나아갈 수 있도록 하는 격려와 안전하게 수정된 경험을 할 수 있는 조건(예: 안전감, 통제감, 믿음)을 균형 있게 유지해 주어야 한다. 우리의 경험에 따르면, 이러한 조건이 충족되면 환자는 노출의 진행에 상당히 탄력적으로 적응한다.

치료에 대한 믿음: 외상 후 스트레스장애를 위한 인지행동치료의 필수요인

치료사는 환자의 고통을 경감시키도록 훈련받지만, 외상 후 스트레스장애를 위한 인지행동치료에서는 본질적으로 고통스러운 과제를 수행하도록 환자를 격려해야 한다. 애석하게도, 환자는 불확실함과 자신감의 부족을 잘 감지해 내며, 이로 인해 치료사와 환자 모두 어려운 과제를 회피하게 된다. 외상 후 스트레스장애를 위한 인지행동치료를 수행하기 위해서는 반드시 환자가 외상 경험에 직면할 수 있게 적당히 밀어붙여야 한다. 또한 이렇게 했을 때 환자가 때때로 잠시나마 치료사가 '무례하다'고 생각할 수 있다는 사실도 감당해야 한다.

예를 들어, 심상 치료 중에 줄리아가 "그가 나를 벗기고 강간했어요."라고 말했을 때 치료사는 좀 더 구체적인 상황 묘사를 요구했고, 줄리아는 울면서 "말하고 싶지 않다."고 대답했다. 이때 치료사는 "이해합니다."라는 말로 줄리아의 생각을 정당화시켜 주면서, "정확히 무슨 일이 있었는지 말해 줄 수 있나요?"라며 부드럽게 질문했다. 후에 줄리아는 당시에는 치료사가 무례하고 나쁘다고 생각했고, '나에게 이런 일을 하게 하다니 믿을 수가 없다.'는 생각도 들었지만 노출이 끝난 후에는 자기를 누르고 있던 '20kg의 짐'이 사라진 것 같은 느낌을 받았다고 하였다. 줄리아는 치료사가 '내가 해야 할 일을 하게끔 밀어줘서' 감사하였고, '모든 끔찍한 세부사항'을 다 알면서도 나를 '예전처럼 바라봐 주고 걱정해 줘서' 감사하다고 하였다. 만약 치료사가 자신감이 부족했다면 줄리아는 치료를 중단했을 수도 있고, 아무런 치료 효과도 얻지 못했을 것이다. 또한 치료사에 대한 믿음과 신뢰도 상실했을 수 있다. 요약하면, 치료사는 단기간의 혐오 과제 수행을 통해 장기적인 기능 향상이 가능하다는 강한 믿음과 장기적인 고통 완화를 위해 단기적인 고통은 감내할 가치가 있다는 강한 믿음을 가져야 한다.

치료에 대한 확신 높이기

경험이 많은 인지행동치료 전문가에게 슈퍼비전을 받거나 교육 워크숍에 지속적으로 참석하거나 문헌조사를 통해 치료에 대한 확신을 높일 수 있다. 다른 접근법으로 훈련을 받은 치료사라면 과학적인 문헌에 의지하여 치료에 대한 확신을 높이는 것이 익숙하지 않을 수 있다. 하지만 외상 후 스트레스장애를 위한 인지행동치료 지지 연구를 찾아보는 것은 도움이 된다. 이 책의 저자 중 한 명인 Becker는 처음 노출치료를 배우기 시작했을 때에는 회기 도중 스스로에게 "연구 결과 효과적으로 나왔다, 연구 결과 효과적으로 나왔다."라는 말을 계속 반복하였다. 경험이 축적된 후에도 연구는 여전히 우리에게 치료를 위한 안내자 역할을 한다.

치료에 대한 확신을 고취시키기 위한 또 하나의 강력한 방법은 자신이나 환자에게 인지행동치료를 적용해서 성공적인 결과를 직접 경험해 보는 것이다. 자신의 삶에 노출과 인지적 재구조화를 시도해 보라. 노출에 대한 개인적 경험은 특히 유용하며 믿음을 높이는 데 도움이 될 것이다. 예를 들어, 흔한 공포증에 대해(예: 동물 공포증, 고소 공포증, 폐쇄 공포증, 연설 공포증) 스스로 노출(6장에 기술된 절차에 따름)을 시도해 보거나 경험 있는 치료사의 지도하에(인지적·행동적 치료를 위한 협회에서 찾을 수 있음, www.abct.org) 노출을 시도해 볼 수 있다. 또한 중간 정도의 불안이 나타나는 상황에서도 노출 효과를 확인할 수 있다. 예를 들어, 같은 놀이기구(롤러코스터)를 반복해서 타다 보면 노출에 따른 효과로 신체 감각과 불안의 감소가 나타난다. 간혹 지하철 에스컬레이터의 경사가 굉장히 심할 때 많은 사람은 처음에는 불안을 느끼지만 반복해서 타면서 노출에 따른 효과를 직접 경험하게 된다.

마지막으로, 단순 불안장애에 대해 노출을 진행하는 것도 믿음을 향상시킬 수 있다. 공황장애, 특수 공포증 그리고 강박증(강박장애)을 위한 노출치료도 불안 감소를 빠르게 촉진하기 위한 과제들을 포함한다. 이때 적용되는 노출의 유형은 외상 후 스트레스장애를 위한 것보다 더 직접적인데, 그 이유는 다루고자 하는 공포들이 명백히 비논리적이기 때문이다. 따라서, 임상실제에서 노출치료를 적용해 본 경험이 없는 치료사라면, 다른 불안장애에 노출치료를 적용해 보는 것이 더 쉽고 더 안전할 것이다.

각성을 감당해 내는 능력

외상 후 스트레스장애 인지행동치료를 실시하기 위해서는 불안과 다른 부정적인 감정들을 참아내야 한다. 당연히 치료에 대한 자신감이 높을수록 불안은 줄어들 것이다. 하지만 그 어떤 치료법도 100% 성공적이지는 못하기 때문에 좋은 효과를 얻지 못하는 환자는 있을 수 있다. 그러므로 치료사는 노출을 권장하면서도 어떤 경우에는 '이 환자에게 이 방법이 정말로 효과가 있을까?'라는 불안과 걱정이 생길 수 있다.

예를 들어, 선택할 만한 좋은 치료법도 없고 노출이 최선의 치료도 아니라고 생각되는 환자에게 노출을 시도해 보기로 결정한 치료사는 불안을 느낄 것이다. 어릴 때 베이비시터에게 성폭행을 당한 스티브의 예를 들어 보자. 그는 폭넓은 정신역동치료와 수많은 약물치료를 시도한 끝에 마지막 수단으로 인지행동치료에 의뢰되었다. 스티브는 자살위험이 높고 적대감이 심하여 베개 밑에 2개의 총알이 장전된 총을 두고 지냈다. 스티브는 권총을 옮기는 것을 거부하였고, 그의 자살충동과 우울증은 새로운 약물이나 우울증을 위한 인지행동치료에도 호전이 없었다. 스티브의 치료사와 정신과 의사는 시도해 본 모든 치료법에서 호전이 없었기 때문에, 안전조치만 확보된다면 노출을 시도해 보기로 결정했다. 스티브는 권총을 1주일간 친구에게 맡기는 데 동의하였고, 그의 정신과 의사는 스티브의 자살충동이 증가하면 바로 병원에 입원시킬 수 있도록 사전조치를 취해 놓았다. 그럼에도 불구하고 스티브의 치료사는 첫 노출 회기에 상당한 불안을 느꼈고, 노출을 피하고 싶은 마음이 상당이 컸다.

스티브는 첫 노출 회기를 통해 엄청난 효과를 보았고, 이어진 회기에서는 치료사도 불안을 훨씬 덜 느꼈다. 이 사례를 통해 우리는 노출은 치료사에게도 불안과의 직면을 요구한다는 것을 알 수 있다. 치료사는 환자가 경험한 고통스러운 상황으로 인해 유발될 수 있는 부정적인 정서도 감당해야 한다. 예를 들어, 켈리가 경험한 매우 잔혹한 집단 강간의 세부 내용을 듣는 동안 치료사도 공포와 심한 슬픔을 경험하였다. 따라서 치료사는 켈리의 외상을 듣는 동안 경험한 고통을 다른 외상 치료사와 상담하며 처리하였다.

치료사의 확신:
어떤 기법을 사용하는 것이 좋은가

넓게 보면, 인지행동치료의 어떤 기법을 사용할 것인가는 사례공식화가 지침이 될 것이다. 하지만 인지적 재구조화로 시작해야 할지, 노출로 시작해야 할지 확신이 어려운 경우가 있을 수 있고, 환자가 인지행동 치료에 적합한지에 대한 확신을 갖기 어려운 때도 있다. 여기서는 이와 관련한 내용을 다룰 것이다.

환자가 노출할 준비가 되어 있는가

우리는 임상실제에서 노출치료가 너무 적게 이용되고 있을 뿐만 아니라, 이상적인 치료 적용 시기보다 너무 늦게 시행되고 있다고 생각한다. 하지만 현재까지 노출을 시작하기에 좋은 환자의 특성에 관한 참고할 만한 경험적 자료는 없으며 임상적 지침에 대한 통합도 이루어지지 못하였다(Frueh, Mirabella, & Turner, 1995; Litz et al., 1990). 따라서 노출치료는 상반된 견해를 균형 있게 받아들여 시작을 결정해야 한다.

외상 후 스트레스장애가 주 진단일 때에는 노출이 가장 빠르고 효과적으로 증상을 완화해 준다는 확신을 갖고 최대한 일찍 노출을 시작하는 것이 좋다는 전제하에 치료를 진행해야 한다. '최대한 일찍'이 언제인지를 결정하는 데에는 외상 후 스트레스장애가 주 진단이라는 사실 외에도 안전, 의지 그리고 능력과 같은 여러 요인이 고려되어야 한다. 이 요인들에 대한 평가는 치료 시작 시점부터 이루어져야 하며, 치료 진행 중에도 계속 평가되어야 한다. 예를 들어, 처음에는 노출치료를 진행하기에 적합한 환자인 것 같았으나, 계획에 따르지 못한다면 환자가 노출치료를 수행할 능력이 있는지 재평가해야 할 것이다. 또한 의지는 일반적으로 환자에게 노출 실시를 제안한 이후부터 평가할 수 있을 것이다(5~7장 참조).

안전의 확보

자살위험, 공격성/살해 위험, 물질남용, 섭식제한, 자해 그리고 충동적이거나 무모한 행동(예: 과격한 운전)은 환자나 타인에게 해를 끼칠 수 있다. 환자에게 이러한 과거력이 있다면 이를 관리할 수 있는 계획이 공식화되어야 한다. 계획에는 다른 치료사에게 의뢰하거나 안전장치를 확보하는 것에 초점을 맞추는 것이 포함된다. 예를 들어, 빌은 밤마다 코카인을 사용한다고 하였고, 평가 결과 물질의존 진단기준을 충족하였다. 코카인 의존에 따른 위험요인과 코카인 사용이 외상 후 스트레스장애의 치료 효과를 방해할 가능성을 고려하여, 치료사는 인지행동치료를 시작하기 전에 빌이 해독 치료와 물질남용 치료를 받을 수 있도록 하였다. 아말리아는 칼, 가위, 냄비와 같은 위험한 물건을 던지면서 폭발적으로 화를 자주 냈고, 이 사실을 알게 된 치료사는 이로 인해 감당할 수 없는 위험이 생길 수도 있다고 판단하고 외상-초점 치료를 시작하기 전에 분노조절 기술을 교육하는 것이 좋겠다는 결정을 내렸다.

대안적인 계획으로는 치료 동안 위험행동을 관찰하거나 안전 확보를 위한 계획을 포함시키는 것이다(예: 스티브의 권총을 친구에게 맡기도록 함). 이렇게 하면 노출을 상대적으로 빨리 시작할 수 있다. 리밍은 심각한 체중 미달상태였고, 이전에도 심각한 저체중이었음을 인정했다(정상 체중보다 18kg 미달). 치료사는 그녀가 자신의 체중과 음식을 먹는 것을 관찰하는 것에 동의한 후에 외상 후 스트레스장애 치료를 시작하는 데 합의하였다. 유사한 예로, 베키는 자살시도 과거력이 있었고, 자살시도에 대한 과거력과 베키의 자살시도가 스트레스가 높은 상황에서 증가하는 것으로 나타났다. 이에 베키와 치료사는 매일 자살충동에 대해 관찰하면서 노출치료를 진행하기로 합의하였다.

환자에 대한 위험이 타인으로부터 오는 경우도 있다. 하지만 이러한 위험의 타당성과 절박성은 평가가 어려울 수 있는데, 외상 후 스트레스장애 환자는 장애의 본질상 위험을 편향적으로 지각할 수 있기 때문이다. 예를 들어, 켄드라는 이혼 전까지 전남편에게 폭행을 당했는데, 이혼 후에도 항상 전남편에 대해 주의하고 경계한다고 보고하였다. 그녀는 전남편을 시내에서 보면 위협을 느낀다고 하였는데, 자세한 면담 결과 전남편을 실제로 본 적은 없었고 전남편이 타던 것과 같은 종류의 차를 본 것이었다. 사실 그녀는 전남편의 거처도 몰랐고, 자기에게 위협을 가할 것이라는 확실한 근거도 갖고 있지 않았다. 유사한 예로, 파멜라는 25년간 폭행을 가하던 전남편이 지속적으로 차를 타고 자신의 집 주변을 돌아다닌다고 하였다. 그녀는 전남편의 거처를 확인할 수 있었고, 이혼 후 그녀 가까이 접근한 적이 한 번도 없었으며, 3년간 그녀를 위협한 사실이 없고, 재혼했다는 사실을 알고 있었음에도 전남편을 계속 위협적으로 지각하고 있었다. 두 사례에서 치료사들은 위험에 대한 평가를 주기적으로 지속하면서 치료를 진행하기로 결정하였다.

하지만 반대의 경우도 있다. 어떤 외상 후 스트레스장애 환자는 위험을 과소평가하거나 무시해 버린다. 예를 들어, 그레고리는 새아버지에게 폭행을 당해 멍들고 피가 나도 매주 어머니를 방문하였다. 그의 치료사는 어머니와의 관계를 유지하면서 그레고리가 새아버지의 폭행을 없앨 수 있는 방안을 찾을 수 있도록 도와주는 것에 치료의 초점을 두었다.

치료를 어떻게 진행할 것인지는 행동이 얼마나 최근에 일어났는지, 위험의 수준이 어느 정도인지, 어떠한 상황에서 위험이 증가하는지를 고려해서 결정해야 한다. 일반적으로 매우 위험한 행동들로 인한 응급 상황이 더 이상 발생하지 않을 때까지 외상 후 스트레스장애를 위한 인지행동치료는 미뤄져야 할 것이다. 그러나 '일반적'이라는 것이 '항상'을 의미하지는 않는다. 예를 들어, 심각한 자살시도는 전형적으로 노출에 따른 부작용으로 간주되었다. 하지만 스티브의 사례에서처럼, 사전에 몇 가지 안전조치를 취한다면 노출을 성공적으로 마칠 수도 있다. 유사한 예로, 루시는 피가 날 때까지 주기적으로 자신을 자해했는데, 치료사는 그녀의 자해가 심각한 해를 줄 수 있는 응급행동은 아니며 외상 후 스트레스장애와 관련이 있는 행동이라고 판단하였다. 이 경우는 외상 후 스트레스장애를 치료함에 따라 자해행동도 감소할 가능성이 높다. 치료사는 외상 후 스트레스장애를 위한 인지행동치료를 진행하면서 자해행동을 관찰하기로 하였고, 치료 과정에서도 자해행동을 다루기로 하였다.

환자의 의지

외상 후 스트레스장애 환자는 여러 가지 이유로 치료를 원하지만, 외상 후 스트레스장애가 치료를 원하는 주된 이유가 아닐 때가 많다. 많은 환자는 그들이 겪는 고통을 외상과 연관시켜 개념화해 주면 놀라워하고 불편해한다. 이러한 환자들, 특히 자신이 외상을 성공적으로 극복했다고 생각하거나 노출치료가 자신이 이루어 놓은 빈약한 수준의 기능적인 안정감을 무너뜨리는 것이 두려운 환자는 외상-초점 치료를 꺼릴 수 있다. 이러한 환자가 노출치료를 받기까지는 상당히 오랜 시간이 걸린다.

노출치료를 시작하면서 증상의 증가를 경험한 환자는 더 이상 치료를 받지 않으려 할 수 있다. 또한 치료사가 자신의 결정에 대해 실망했다고 생각하거나 선택할 수 있는 다른 치료법이 없다고 느낄 때는 치료를 중단할 수도 있다. 예를 들어, 엠마는 첫 노출 회기를 받고 나서는 "더 이상 못하겠어요. 10년 전으로 되돌아갈 수는 없어요. 남편과도 상의해 봤는데 이 치료는 너무 위험해요."라고 말하였다. 이런 환자에게는 우선 기능 붕괴에 대한 공포를 정당화시켜 주는 것이 중요하며, 다음으로는 치료 초반에 나타나는 증상의 증가가 치료 결과를 예측하지는 못한다는 사실을 상기시켜야 하고, 끝으로 치료를 계속 받을지 중단할지 결정할 권한은 환자에게 있다는 것을 알려 줘야 한다. 어떤 환자에게는 치료 전과 후를 비교해 보도록 하는 것이 도움이 될 수도 있다(9장의 '결정분석' 절 참조). 이 과정에서는 노출치료를 통해 좋은 효과를 얻을 수 있다는 사실과 함께 어떤 일이 발생할지는 확실히 알 수 없다는 사실도 모두 환자에게 알려 줘야 한다. 확실한 결과는 시도를 해 보아야만 알 수 있는 것이다. 우리의 경험에 따르면, 정당화가 치료에 대한 진실된 교육과 함께 균형을 이룰 때 환자는 지지받는다고 느끼며 치료 결정에 대해서도 통제감을 느낀다. 이에 따라 환자는 기꺼이 치료에 동참하며 치료를 강요받았다고 느끼지 않게 된다.

외상 경험에 대해 생각하지 않고 외상 후 스트레스장애가 치료되기를 바라는 환자는 치료에 대한 의지가 있음에도 불구하고 일어난 일에 대해 생각하지 않으려 하거나 해리 반응을 보일 수 있다. 예를 들어, 폭행에 대한 기억에 심상노출을 시작하도록 격려되었을 때, 이자벨라는 다리를 떨고 눈 깜박임 없이 앞을 응시하였으며 거의 무반응으로 느껴질 정도로 말의 속도가 느려졌다. 노출 과제에 대한 그녀의 반응에 대해 질문하자, 그녀는 "아무 생각도 할 수 없게 된다."고 하였다. 이러한 환자의 경우 노출을 위한 의지에는 치료를 완수하겠다는 결심과 기억, 사고, 정서와 기억에 수반되는 감각을 경험하려는 힘겨운 연습도 포함되어야 할 것이다(즉, 환자의 능력; 다음의 내용 참조).

해리 행동은 환자들이 그것을 감추는 데 능숙해서 놓치기 쉬울 수 있다. 예를 들어, 토론에 열심히 참여하는 듯 보였는데 다음 날 그 사실을 전혀 기억하지 못하는 환자가 있다. 이것은 그들이 토론 중에 해리 상태였을 가능성을 나타낸다. 치료사는 환자의 미세한 정서의 변화, 유머에 대한 반응의 감소, 굳어진 얼굴표정과 같은 신호를 충분히 인지할 때까지 그들이 해리 상태에 있다는 것을 감지하지 못할 수 있다. 그러나 환자가 해리 상태인 것을 안다 해도, 그것을 멈추게 할 방법은 사실상 거의 없다. 이미 해리 상태에 있는 환자를 깨우려고 시도하기보다는 현재의 깨어 있는 상태를 유지할 수 있도록 환자를 교육함으로써 해리를 예방하도록 노력해야 한다.

치료에 대한 의지가 부족함을 반영하는 또 다른 행동도 있다. 예를 들어, 의지가 없는 환자는 치료를 중단하거나 치료가 효과적이지 못할 것이라며 치료사를 설득하려 들 것이다. 외상 후 스트레스장애 환자는 아무리 논리적으로 설명해 주어도 치료를 받음으로써 불안이 감소할 것이라는 사실을 믿기 어려워한다. 많은 환자는 외상에 대해 기억하거나 자극에 접근하면 문제가 더욱 악화될 것이라고 믿고 있다. 따라서 자신이 회피 반응을 멈추는 것은 우스꽝스럽고 위험하다며 치료사를 설득하려고 할 것이다. 이러한 행동은 환자들이 치료의 논리적인 근거를 충분히 수용하지 못하고 있음을 의미한다.

어떤 경우는 수치심이 의지를 방해하는 원인일 수 있다. 외상을 수치스러워하는 환자는 치료사와 가까워질수록 관계가 깨질 것을 두려워한다. 이런 경우는 치료동맹이 강해질수록 환자의 외상-초점 치료에 대한 의지가 증가하는 것이 아니라 오히려 감소된다.

의지의 문제를 해결하기 위해서는 두 단계가 필요하다. 우선, 치료사는 환자에게 "이것을 할 의지가 있습니까?"라는 단순한 질문을 통해 치료에 대한 의지를 평가할 필요가 있다. 다시 말해, 치료에 대한 솔직한 정보와 개인적인 목표를 주고 나서 (1) 목표를 성취하기 위해 노출을 시도해야 함을 설득하고, (2) 증상의 완화를 위해 강한 정서를 경험할 의지가 있는지를 묻는다. 하지만 앞서 강조하였듯이, 의지가 없는 것은 추가적인 평가를 요구할 수도 있다(예: 수치심으로 인해 의지를 갖기 어렵다고 판단될 경우).

노출 시도에 대한 의지가 없다고 판단되면, 노출에 대한 이론적 근거를 다시 설명해 주어라. 환자가 이론적인 설명을 이해하지 못했을 수 있고, 기억을 못하고 있거나, 그에 대한 의문이 있을 수도 있다. 둘째, 환자가 노출 동안에 통제 불능 상태가 되는 것을 걱정하는 것은 아닌지, 치료사가 '강제로' 노출을 진행시킬 것이라는 공포가 있는 것은 아닌지 확인해 보아라. 셋째, 의지를 갖지 못하는 이유의 근저에 수치심이 있다고 짐작된다면, 인지적 재구조화를 먼저 시작하는 것이 유용하다(8장 참조). 인지적 재구조화는 노출에 대한 의지를 방해했던 수치심 기저에 있는 생각과 노출의 결과에 대한 생각을 다룰 수 있도록 해 준다. 더불어, 노출 전과 후에 대해 탐색해 볼 수도 있다(9장 '결정분석' 참조).

노출에 대한 환자의 통제감을 높이는 것은 의지를 높일 수 있는 또 다른 유용한 전략이다. 모든 치료 과제와 마찬가지로 노출도 자발적으로 진행되어야 하며, "치료사가 진행을 강요할 것이다."라는 환자의 걱정을 완화시켜 줄 필요가 있다. 자발적인 참여는 윤리적이고 실제적인데, 노출에 대한 통제감이 치료의 성공에 중요하기 때문이다. 예를 들어, 통제감을 높이는 것이 중요한 이유에 대한 한 가지 견해는 노출 도중 불안의 감소는 많은 경우 통제감의 증가에 기인한다는 것이다(Mineka & Thomas, 1999). 또한 2장에서 다루었듯이, 외상 후 스트레스장애에 대한 이론은 외상 후 스트레스장애의 발병 원인에 통제감 상실을 포함한다. 외상 후 스트레스장애 환자를 대상으로 환자의 통제감 효과를 검증한 연구는 아직 부족하다. 그러나 특수 공포증과 강박장애 치료에서는 환자의 통제감 효과가 검증되었다. 2개의 연구, 즉 특수 공포증의 치료(Hepner & Cauthen, 1975)와 강박장애 치료(Emmelkamp & Kraanen, 1977)에서는 자기-통제 노출이 치료사-통제 노출보다 효과적임이 밝혀졌다.

노출치료는 고통받는 사람 중에서 치료를 받겠다는 의지가 있는 사람에게만 허용될 수 있는 과정이다.

– Marks(1987, p. 458)

지각된 통제감의 상실이 외상 후 스트레스장애의 유지에 상당한 역할을 하므로 치료에서 환자의 지각된 통제감을 높이는 것은 중요하다. 환자가 치료에 대해 통제감을 느끼지 못한다면 치료적 개입은 역효과가 날 수도 있다. 초반에 말했듯이, 노출 실시가 자신의 통제 밖에 있다고 느끼는 것은 부정적인 반응을 일으키는 위험요인이다. 따라서 환자에게 최대한 치료를 통제할 수 있는 기회를 제공해 줄 필요가 있다. 예를 들어, 우리는 환자에게 노출은 완전히 자발적으로 이루어진다는 사실을 지속적으로 상기시켜 준다. 줄리가 노출을 시작하는 것을 불안해했을 때, 치료사는 "잊지 마세요, 이것은 당신이 통제할 수 있습니다. 나는 노출을 억지로 하라고 하지 않을 것이며, 노출은 억지로 할 수 있는 것도 아닙니다."라고 말해 주었다. 이때 줄리는 "선생님 말이 맞아요. 나는 할 수 있을 것 같아요. 해야 할 필요가 있다고 생각합니다."라고 답하였다.

환자의 능력

때로는 노출을 시도하려는 의지는 있지만 성공적으로 노출을 마칠 수 있는 기술이 부족한 환자가 있다. 경험적으로 기술이 부족하고 다른 정서를 제외하고 불안에 집중하는 것이 어려운 환자는 노출을 제대로 하는 경우가 드물다. 하지만 변증법적 행동치료(Linehan, 1993a)에서 제공하는 마음챙김 기술을 학습한 후에는 노출을 성공적으로 진행할 수 있을 것이다. 마음챙김 기술은 정서 상태를 포함해 현재의 경험에 집중하는 것과 관련된다. 따라서 마음챙김 기술을 습득하면 성공적인 노출을 위해 필요한 불안과 접촉하기 쉬울 수 있다. 노출에 요구되는 기술은 6장과 7장에서 더 자세하게 다룰 것이다.

노출과 인지적 재구조화, 어떤 것부터 시작해야 하는가

노출치료를 실시하기로 결정했다면, 노출부터 시작할지 인지적 재구조화부터 시작할지 결정해야 한다. 특별한 이유가 없다면 일반적으로는 노출부터 시작한다. 인지적 재구조화부터 시작하는 가장 흔한 경우는 환자가 외상 경험에 대해 강한 죄책감이나 수치심을 가지고 있을 때다. 이러한 감정은 노출 수행에 대한 의지와 습관화를 방해할 수 있으며 치료 효과를 감소시키는 결과를 가져올 수도 있다(8장에서 보다 자세히 다룸).

노출과 인지적 재구조화를 동시에 사용해 치료할 생각이라면 인지적 재구조화를 먼저 시작하는 것이 좋을 수 있는데, 이유는 노출 도중에 나타나는 생각은 간혹 노출만으로는 다룰 수 없기 때문이다. 만약 환자가 이미 인지적 재구조화에 대한 기술을 학습했다면 인지적 재구조화를 사용하여 노출에 수반되는 생각들을 즉시 설명해 준다.

예를 들어, 아동기에 성학대를 당했던 카를로스는 평가 동안에 상당한 수치심을 표현했고 외상관련 죄책감 척도_{Trauma-Related Guilt Inventory}(Kubany et al., 1996)에서 높은 점수를 받았다. 그의 치료에서는 인지적 재구조화가 중요하다고 판단한 치료사는 심리교육에 이어 바로 인지적 재구조화를 가르쳐 주었다. 처음에 카를로스는 '집에 혼자 있는 것은 안전하지 않아.'와 같은 두려운 생각에 도전하였고, '난 절대로 기분이 좋아지지 않을 거야.'와 같은 절망적인 생각에 도전하였다. 뒤이어 심상노출을 진행하면서 치료사는 수치심이나 죄책감과 관련된 생각이 표현되고 있다는 사실을 알아차렸다. 예를 들어, 카를로스는 "나는 그 일이 일어나도록 두었고, 나도 공범자다."와 "그것은 내가 동성애자란 것을 의미한다. 난 진정한 남자가 아니다."라는 말을 심상노출 동안에 하였다. 60분짜리 심상노출이 끝난 후 치료사는 즉시 인지적 재구조화로 연결하였고, 회기의 남은 15분 동안 카를로스는 첫 번째 생각에 도전하여 상당한 진전을 보였다. 따라서 인지적 재구조화를 사용해야 할 필요가 있다는 확신이 든다면 관련 기술을 미리 가르쳐서 필요할 때 사용할 수 있도록 준비시켜야 한다.

인지적 재구조화를 노출 시도 전에 시작하는 것이 좋은 또 다른 이유는 공존장애(특히 우울증)나 안전에 대한 걱정과 연관되어 있다. 예를 들어, 당신의 환자가 자살사고와 기능 저하가 동반된 심각한 우울 상태지만 입원이 필요한 정도는 아니라면 먼저 우울증에 중점을 둔 개별적인 치료 시간을 가져야 하며, 외상 후 스트레스장애에 직접적인 초점을 맞추기 전에 환자의 힘을 키우고 신뢰관계를 구축해야 한다. 인지적 재구조화가 우울증 치료에 효과적임을 지지하는 경험적인 연구가 있는 만큼 이러한 사례에서 적용하는 것은 적절한 선택이다. 여기에는 활동 계획하기 (Persons et al., 2001)나 문제 해결하기와 같은 우울증을 위한 인지행동적 개입도 포함된다.

전형적으로, 이 단계의 치료 기간은 매우 짧으며(2~4회기) 주로 기능적인 활동의 증가와 인지행동치료가 고통을 완화시켜 줄 수 있다는 희망 고취에 중점을 둔다. 희망이 증가하고 기능이 적당히 향상된 것으로 보이면 우울증이 완치되기를 기다리기보다는 노출 단계로 진행하는 것을 검토해야 한다. 우울증은 외상 후 스트레스장애에 대한 집중치료 없이는 호전이 어려울 수 있다. 증상개선이 빠르지 않다면 병원 프로그램 병행 같은 보다 고강도의 치료적 개입이 필요할 수 있다. 또한 환자의 우울증이 결혼 실패, 만성통증, 가족 문제와 같이 외상 후 스트레스장애 이외의 생활문제와 명확히 관련되어 있거나 우울증이 주 증상이라면(3장 참조) 초반의 치료 계획은 기분 개선에 초점을 맞추는 것이 좋다. 우울증을 위한 치료 과정이 충분히 이루어진 후에는 외상 후 스트레스장애를 재평가하고 외상 후 스트레스장애를 위한 인지행동치료 실시가 여전히 바람직한 선택인지 결정한다.

인지적 재구조화는 또한 신체 안전성을 높여야 하거나 분노 감소를 위한 행동 변화가 필요한 상황에서 유용할 수 있다. 예를 들어, 글로리아의 외상 증상은 9 · 11 테러 때 남편을 잃은 것과 새어머니에게 당한 아동 학대와 관련이 있었다. 그러나 치료사는 노출치료의 실시를 보류하였는데, 그녀는 자신을 정서적으로 학대하는 아버지와 잦은 만남을 가진 후 자해cutting행동을 보였기 때문이다. 치료사는 인지적 재구조화를 이용해 나이 든 아버지를 돌봐야 한다는 그녀의 의무감을 다루었다. 이후 글로리아는 아버지와의 만남을 줄였고 자해행동도 급격히 감소하였다. 비슷한 예로, 사촌에게 성폭행을 당한 니라는 가족 모임이나 전화를 통해 규칙적으로 그와 접촉했고, 사촌은 은밀한 성적 제안을 시도해 오기도 했다. 이러한 접촉은 니라의 분노를 자극했기 때문에 치료사는 사촌과의 관계를 유지해야 한다는 의무감에 대한 생각을 우선적으로 다루는 것부터 시작하였다. 이어진 치료적 개입에서는 분노에 중점을 두었다.

인지적 재구조화를 실시할 것인지 결정함에 있어 시간이라는 실제적인 문제도 고려되어야 한다. 만약 치료사가 휴가를 떠나기 직전에 새로운 환자를 받았다면, 이 시기는 노출을 시작하기에는 적합하지 못하다. 따라서 휴가를 떠나기 전이라면 인지적 재구조화로 치료를 시작하는 것이 좋을 수 있다. 이렇게 함으로써 치료사는 환자를 관찰할 수 있게 되고, 잠시 동안이라도 적극적으로 치료 과제를 유지할 수 있게 된다. 휴가를 마칠 때까지 치료를 연기하는 것도 하나의 선택이긴 하지만, 이러한 시간 간격은 환자의 중도탈락 가능성을 높인다.

인지적 재구조화를 실시하는 것이 적합하지 않은 경우도 있다. 예를 들어, 인지 기능에 명백한 한계가 있는 환자는 인지적 재구조화를 생산적으로 진행하기 어렵다. 또한 처음엔 명백한 인지적 한계가 없었던 환자도 이러한 어려움에 직면할 수 있다. 만약 환자에게 인지적 한계(예: 뇌손상의 과거력, 발달정신지체, 치매)가 있는 것이 확실하다면 인지적 재구조화를 사용하는 것이 좋겠다는 생각이 들더라도 노출 치료를 먼저 진행하는 것이 좋다.

실제노출과 심상노출, 어떤 것부터 시작해야 하는가

실제노출로 시작하는 것이 좋은 이유가 있다. 심상노출에서 추론되는(예: 마음속의 기억들) 자극에 집중하는 것보다, 실제노출의 구체적이고 객관적인 자극에 집중하는 것이 더 쉬울 수 있다. 또한 기억은 일반적으로 실제노출 자극보다 복잡하다. 환자는 기억 자극보다는 실제노출 자극에 오랜 시간 더 쉽게 집중할 수 있으며, 실제노출은 흔히 30분 이내에 공포를 빠르게 감소시킨다. 공포에 대한 빠른 감소를 경험하면 노출 시작에 대한 믿음이 없는 환자들도 즉시 강화된다.

실제노출로 시작하는 것은 심상노출을 시작하기 전에 치료사에게 중요한 정보를 제공한다는 이점도 있다. 실제노출에서 처음 할당한 과제를 검토해 보면, 환자가 치료 의지가 있는지, 독립적으로 노출 훈련을 할 수 있는 능력이 있는지 알 수 있고, 과제를 이해하고 완수할 수 있는지, 지시에 따라 잘 기록할 수 있는지도 알 수 있으며, 얼마나 빨리 그들의 불안이 감소하는지도 알아낼 수 있다. 치료사는 이러한 중요한 정보를 치료 활동을 계획하기 위한 지침으로 사용할 수 있다. 이런 관찰을 고려하지 않고 치료를 진행하면 치료동맹과 치료 활동에 대해 환자가 약속을 지키기 어려울 수 있고, 치료에 대한 믿음(응집성, 성실성)이 감소하거나 중도탈락할 수도 있다. 환자가 실제노출 과제를 하지 못한다면 이를 통해 심상노출 과제를 숙제로 할당했을 때에도 잘하지 못할 것임을 예측할 수 있다.

실제적인 문제와 시스템의 장벽에 대처하기

회기 시간과 빈도

우리는 가능하다면 연구 결과에 맞춰 진행하기를 권한다. 한 회기는 가능한 90분으로 이루어지기를 권하는데, 그 이유는 연구에서 흔히 90~120분을 한 회기로 진행하기 때문이다(Bryant et al., 2003; Foa et al., 1991, 1990; Paunovic & Ost, 2001; Resick et al., 2002).

또 가능하다면 한 주에 2회기를 실시하라. 많은 연구자는 외상 후 스트레스장애를 위한 인지행동치료를 주 2회 실시하여 전체 치료 기간을 단축한다(Foa et al., 1991, 1990). 한 주에 2회기를 진행하는 것이 결과를 향상시키는지는 확실하지 않지만, 다른 영역(예: 섭식장애와 우울증)에서의 인지행동치료 연구자는 치료 초반에 원동력을 가속화시키기 위해 주 2회기의 치료를 권장한다(Fairburn, Bohn, & Hutt, 2004). 물론, 치료사가 주 1회기를 계획했을 때라도 치료를 힘들어하는 환자라면 격주로 하는 것이 더 효과적일 수 있다. 예를 들어, 환자가 노출에 저항적이라면 격주로 계획을 수정할 수 있다. 비슷하게, 위기에 직면해 있는 환자라면 2주에 1회는 노출치료를 진행하고 그 사이 주에는 위기 관리를 위한 치료적 만남을 가질 수 있다.

개업 치료사라면 치료비를 제3의 지불인(예: 국민보험공단, 보험회사 등)에게 지급받는 경우가 많으므로 이러한 권고를 따르는 것이 어려울 수 있다. 많은 제3의 지급인들은 지불을 거부하거나 더 길고 더 잦은 회기 진행에 대해서는 허가 절차를 요구할 수 있다. 따라서 치료를 시작하면서부터 치료사는 증거-기반 인지행동치료의 실행을 가로막는 장벽을 만날 수 있다.

힘이 들더라도 우리는 이런 장벽을 극복할 것을 권한다. 왜냐하면 외상 후 스트레스장애를 위한 인지행동치료가 환자의 고통을 극적으로 완화시켜 줄 수 있기 때문이다. 포기하지 마라. 시스템의 장벽은 일반적으로 약간의 창의성으로 극복할 수 있다. 예를 들어, 노출 회기를 한두 번 진행한 후에 환자의 불안이 감소했다면 회기 시간을 50분으로 줄일 수 있다. 또한 어떤 보험은 더 길거나 더 잦은 회기를 허용하기도 하는데, 물론 모두 허락하지는 않을 수 있다. 경우에 따라 치료 초기에는 50분짜리 노출 회기를 일주일에 2회 계획할 수 있다.

다행스럽게도, 경험적으로 검증된 치료에 대한 보험회사의 인식이 좋아지고 있다. 이런 경우, 연구 문헌에 대해 많이 알고 인지행동치료에 대한 전문지식으로 무장하고 설명한다면 치료사의 권위와 능력을 인정받는 데 도움이 될 것이다. 만약 외상 후 스트레스장애를 위한 인지행동치료에 대해 잘 모르는 관리자를 대해야 한다면 연구를 통해 검증된 인지행동치료에 대한 논의로 시작하는 것이 도움이 될 수 있다. 여기에는 관리자에게 인지행동치료의 효과(1장 참조)를 검증한 연구문헌 목록을 팩스로 보내 주거나 원문 전체를 복사하여 보내 주는 방법이 있을 수 있고, 연구 결과를 공유하기 위해 관리자를 만날 수도 있다. 연구 문헌을 사용하여 환자를 변호하는 것을 두려워하지 마라. 외상 후 스트레스장애를 위한 인지행동치료의 효과를 검증한 연구는 상당하며, 좋은 치료 결과는 장기적인 금전적 손실을 예방할 수 있다. 또한 대부분의 관리자는 이 정도로 설명하면 팩스로 다량의 논문들을 받아 보려 하기보다는 치료사의 전문적인 견해를 받아들일 것이다.

이에 더해, 많은 보험은 1년에 받을 수 있는 치료 회기의 횟수를 제한해 놓고 있는데 이것은 어떠한 형태의 치료에도 타격이 될 수 있다. 치료가 중간에 끊기게 되어 환자의 고통을 증가시킬 것이 두렵다면 외상-초점 치료의 시작을 피하고 싶을 것이다. 이것은 충분히 이해할 만한 것이며, 어떤 사례는 실제로 치료할 수 있는 시간이 너무 짧아 치료를 시작하는 것이 어렵다고 판단될 수 있다(예: 심각한 자살사고 환자). 그러나 놀랍게도 짧게 계획된 인지행동치료를 진행하는 것만으로도 상당한 효과를 보는 환자가 있다. 많은 환자가 노출 및 인지적 재구조화를 단 몇 회기 진행하는 것만으로도 상당한 효과를 본다. 이러한 모든 것이 수포로 돌아갔을 때는, 치료를 다음 분기로 미뤄 회기에 따른 제약을 피할 수 있다. 끝으로, 어떤 주에서는 정신건강법을 제정하여 외상 후 스트레스장애와 같은 특정 정신장애에 대해서는 치료받을 수 있는 제한을 두지 않기도 한다. 치료사는 자신이 일하고 있는 지역의 정신건강법에 대해 잘 알고 있어야 한다. 간혹 담당 관리자에게 법에 대해 정확하게 설명해 주어야 할 상황이 생길 수도 있기 때문이다.

불충분한 지원

치료사가 분투하게 될 하나의 시스템 문제는 도전적인 환자를 치료하는 데 따른 불충분한 지원이다. 많은 외상 후 스트레스장애 환자는 치료를 받는 동안 자살시도, 관계의 와해, 재정적 · 법적인 문제를 포함하는 많은 심각한 위기를 경험한다. 더욱이 경계선 성격장애의 진단기준에 속하지 않는 외상 후 스트레스장애 환자 중에서도 경계선 증상은 흔하다. 예를 들어, 외상 후 스트레스장애 환자는 스트레스 유발 행동을 하고(예: 자해행동) 치료사가 비효과적인 치료를 하도록 강화한다(예: 외상-초점 치료를 피하기 위해 치료사를 강화함; Linehan, 1993a, p. 425). 요약하면, 이러한 환자를 많이 치료하는 것은 어렵고 힘든 일일 수 있다.

또한 외상-초점 치료에서는 너무나 괴로운 사건을 세세한 부분까지 반복해서 듣고 또 들어야 한다. 비록 치료사가 여기에 적응한다 하더라도, 다양한 끔찍한 사건에 대해 계속 듣는 것이나 치료사의 개인적 경험을 상기시키는 얘기를 듣는 것은 경험이 많은 치료사에게도 압박감을 줄 것이다.

경계선 성격장애를 위한 치료 개요에서, Linehan(1993a)은 지속적인 슈퍼비전과 상담의 중요성을 강조하였다. 앞서 언급했듯이, 외상 후 스트레스장애를 치료하는 치료사와 경계선 성격장애를 치료하는 치료사는 비슷한 스트레스 요인에 직면하게 된다. 따라서 Linehan의 충고는 외상 후 스트레스장애 치료사에게도 해당될 것이다. 동료 간의 상담은 사기를 올려 줄 수 있고, 장애물이 생겼을 때 새로운 해결책을 찾을 수 있게 해 주며, 치료사의 반응을 처리할 수 있는 안전하고 믿을 수 있는 환경을 제공한다. 혼자 개업하고 있다면, 외상 후 스트레스장애를 규칙적으로 다루는 다른 치료사와 상담 모임을 갖는 것이 좋다. 인지행동치료를 실시하는 치료사라면 환자의 외상 병력을 직접 설명하지 않는 치료사들의 모임에 참가하는 것은 별로 도움이 되지 않을 것이다.

결론

복잡한 문제를 가진 외상 후 스트레스장애 환자에게 인지행동치료를 시작하려 할 때에는 다양한 문제를 폭넓게 고려할 필요가 있다. 우리는 이 장에서 이러한 어려움을 기술하고, 관련 지침을 제공하고자 하였다. 궁극적으로, 외상 후 스트레스장애를 다루는 치료사의 유능성은 인지행동치료의 구조와 과제 간에 균형을 잡을 수 있는 능력과 환자의 개인적인 요구에 반응하는 능력에 달려 있다.

05 심리교육

케이티는 다양한 외상력이 있는 50세 여성이다. 그녀는 어렸을 때 아버지가 오빠를 구타하는 것을 목격하였고, 성인이 되어서는 첫 남편으로부터 총으로 쏘겠다는 위협과 신체적 학대를 수시로 당하였다. 첫 남편과 이혼 후 3년이 지나 마크와 만나기 시작하였고 3년간 교제한 후에 결혼하였다. 신혼여행 중에 마크는 그녀를 신체적 · 성적으로 학대하기 시작하였고, 좌절감을 느낀 케이티는 학대받는 것이 자신의 팔자라고 결론지었다. 마크와는 10년 동안 결혼생활을 유지하였는데, 흔히 그렇듯이 결혼생활이 끝나갈 무렵에는 거의 매일 신체적 · 성적인 학대를 당하였다. 결국 매 맞는 여성 쉼터의 도움으로 케이티는 마크를 떠날 수 있었고, 그와 이혼하였다. 초기 면담에서 케이티는 뚜렷한 경보반응을 보였고 평가에 대한 극심한 불안을 호소하였다. 그녀는 이전 치료사에게 외상 후 스트레스장애 치료가 필요하다는 말을 들었지만, 치료를 받기 위한 용기를 갖는 데 6개월 이상이 걸렸다고 하였다. 케이티는 재혼으로 인해 소원하게 지내게 된, 이제는 성인이 된 자녀들과 가

끔 만났으며, 사회적인 활동은 거의 없었고 대부분의 시간을 우울함을 느끼며 보냈
다. 또한 규칙적으로 공황발작을 경험하였다. 일터에서는 집중력을 유지하고 플래
시백과 침입적 사고를 통제하기 위해 분투하였고, 그런 다음 지쳐서 집으로 돌아왔
다. 대부분의 저녁시간에는 작은 강아지를 안고 있었고 마크가 자신을 스토킹할 수
도 있다는 생각에 아파트 밖의 소리에 집중하며 지냈다. 케이티의 이혼은 여전히
미해결인 상태에 있었으며 재정적으로 어려웠다. 개인물품도 거의 없었는데 마크
를 떠나오면서 자신의 물건을 그대로 집에 두고 나왔기 때문이다. 그 무렵 그녀를
떠났던 첫 번째 남편이 돌아왔으며, 그녀는 '다시 시작하는 것'에 대해 우울함을 느
꼈고 스스로를 패배자라고 비난하였다. 그녀는 자신이 미쳐 가고 있다고 믿고 있었
고, 외상 후 스트레스장애 증상은 그녀의 이러한 해석을 정당화하였다.

이론적 근거와 배경

심리교육에는 몇 가지 중요한 기능이 있다. 외상 후 스트레스장애에 대한 정보를
공유함으로써 치료 과정에 대한 환자의 기대를 형성하고, 치료를 더욱 예측 가능하
게 만들며, 환자의 불안을 줄여 준다. 환자는 흔히 치료에 대한 기대를 가지고 오는
데, 그 기대는 인지행동치료와 일치하기도 하고 그렇지 못하기도 하다. 예를 들어,
환자는 치료가 새로운 기술을 가르치기보다는 통찰을 갖게하는 데 중점을 둘 것이
라는 기대를 가질 수 있다. 또한 치료 동안에 안정감과 이완감을 갖게 될 것이고,
어떠한 불편감도 갖지 않게 될 것이라고 기대할 수 있다.

그들이 무엇을 경험했는지 치료사가 이해한 것을 환자에게 설명해 주는 것은 치
료사와 치료에 대한 환자의 신뢰를 높여 주며, 이것은 치료의 성공에 있어 본질적
인 요소다. 또한 심리교육을 통해 환자에게 정확하고 일관되게 치료의 논리적 근거
를 제공함으로써 자신의 치료에 환자가 교육받은 동료로 참여할 수 있도록 도울 수
있는데, 이것은 치료사와 환자 사이에 생길 수 있는 차별적인 위계적 관계형성을

줄이는 데도 도움이 된다. 치료사는 환자가 치료 과정에서 동료로서의 역할을 하고, 변화 과정에서 더욱 적극적인 참여자가 될 수 있도록 준비시켜야 한다.

게다가 심리교육은 외상 기억을 재처리하기 위한 기초 작업으로도 중요하다. 심리교육에서 제공되는 정보를 통해 환자는 외상 사건에 대한 자신의 반응이 정상적이라는 것을 이해하며, 그러한 증상이 지속되는 이유에 대한 논리적인 설명도 제공받는다. 환자는 이를 통해 안심을 얻는다. 환자는 때로는 반직관적이지만 증상을 대체하기 위한 전략이 논리적이라는 것을 배우면서 안심을 얻는다. 사실 외상 반응을 정당화한다는 것은 외상 후 스트레스장애의 증상에 대한 의미와 변화 가능성에 대한 불쾌한 생각에 도전하는 인지적 개입이다(예: "나의 반응은 내가 미쳐 가고 있다는 것을 나타낸다." 또는 "절망적이다. 나는 결코 나아지지 않을 것이다."). 환자는 매우 자주 자신의 해석을 바꾸기 위해 즉각적으로 새로운 정보를 사용하며, 그 결과 고통이 급격히 완화되는 것을 경험한다. 예를 들어, 자신의 지나친 경계심이 목숨을 위협하는 상황에서 살아남기 위한 자연스러운 반응이었다는 것을 학습한 후에 케이티는 "그렇다면, 나는 미쳐 가고 있는 게 아니야!"라고 말했다. 또한 심리교육에서 제시되는 정보는 인지적 재구조화를 용이하게 진행할 수 있게 한다.

우리는 심리교육을 실시할 때 은유와 소크라테스식 문답법을 사용한다(Foa & Rothbaum, 1998; Rothbaum & Foa, 1999; Barlow & Craske, 2000). 심리교육은 두 가지 주요 영역으로 이루어지는데, 인지행동치료에 대한 간단한 오리엔테이션(예: 치료의 구성요소에 대한 개관)과 외상 생존자의 일반적인 반응을 논의하는 것이다. 보통은 일반적인 반응을 논의하기에 앞서 인지행동치료에 대한 간단한 개관을 제시한다. 그러나 외상 후 스트레스장애 치료를 받을지 결정하지 못한 환자에게는 일반적인 반응을 먼저 소개하는 것이 적절하다. 심리교육을 통해 치료사는 노출이나 인지적 재구조화에 대한 설득력 있는 사례나 논리적인 근거를 제공하게 되며, 환자가 경험하는 불안을 완화시키기 위한 도움을 제공한다. 이번 장에서 우리는 심리교육의 주요 구성요소에 대해 설명할 것이다. 당신은 이번 장에서 소개하는 노출과 인지적 재구조화를 통해 치료에 대한 명확한 논리적 근거를 얻게 될 것이다. 이 책에는 노출(6, 7장)과 인지적 재구조화(8장)에 대한 이론적 근거(논리적 근거)를 확고히 할 수 있는 부가적인 세부 내용이 포함되어 있다.

인지행동치료에 대한 소개

인지행동치료의 소개에는 오랜 시간이 걸리지 않는다. 다음 제시한 사례처럼 간단하게 설명하면 된다. 치료사는 노출과 인지적 재구조화를 간단하게 설명하였다. 사례공식화에 기초하여 치료사는 이들 개입 중 어떤 것을 먼저 실시할지 결정해야 하지만, 처음에는 개입에 대해서만 논의하면 된다.

사례: 케이티

> **주**
>
> 치료사가 각 시점에서 시도해야 할 것에 대한 보충설명은 [　　　] 안에 이탤릭체로 기술하였다.

치료사: 케이티. 당신이 치료에서 기대하고 있는 것에 대해 얘기해 봅시다.

케이티: 네.

치료사: 치료의 목표는 외상 경험과 관련된 공포, 불안, 그리고 그 외의 여러 고통에 당신이 대처할 수 있도록 새로운 기술을 배우는 것입니다. 그렇게 되면 당신은 더 편하고 행복하게 살 수 있을 것입니다.

케이티: (고개를 끄덕인다.)

치료사: 당신은 치료에 대해 몇 가지를 예상해야 합니다. 첫 번째로 얘기할 것은 우리가 팀이 되어 당신의 문제에 함께 접근해야 한다는 것입니다. 우리는 각자 전문성을 가지고 있으므로 팀으로서 함께 작업을 해 나가야 가장 효과적으로 문

제를 해결할 수 있을 것입니다. 나는 외상 후 스트레스장애에 대해 알고 있고, 증상을 줄이기 위한 전략과 기술에 대해 알고 있습니다. 당신은 당신 자신에 대해 잘 알고 있습니다. 누구도 당신의 경험과 당신의 반응에 대해 당신만큼 알지 못합니다. 따라서 우리는 기본적으로 이것을 함께 나눌 것이며, 당신의 변화를 위해 각자의 위치에서 우리 둘 다 적극적으로 작업을 수행하게 될 것입니다.

케이티: 네, 무슨 말씀인지 알겠어요.

치료사: 두 번째로 얘기할 것은 치료는 치료실 밖에서도 진행되어야 한다는 것입니다. 숙제를 하는 것은 치료에서 기본적인 것입니다. 어떤 숙제는 불안한 상황에서 자신의 반응을 관찰하는 것으로 매일 해야 하는 것입니다. 어떤 숙제는 과제를 실시하거나 기술을 훈련하는 것입니다. 치료 효과를 얻기 위해서는 기술을 매일 훈련하는 것이 필요합니다. 치료 목표는 당신이 가능한 빨리 좋아지도록 하는 것입니다. 치료실 밖에서의 과제 실시와 훈련은 치료 목표의 성취에 많은 도움이 됩니다.

케이티: 무슨 말씀인지 알겠어요. 지금까지 말씀하신 것을 이해합니다.

치료사: 좋아요. 그렇다면 이제부터는 우리가 치료 중에 중점을 두어야 할 구체적인 기술과 전략에 관해 말씀드리겠습니다. 먼저 외상을 경험한 대부분의 사람이 보이는 공통적인 반응에 대해 당신에게 교육할 것입니다. 특히 당신은 외상 후 스트레스장애 증상이 학습된 반응이며, 이는 탈학습될 수도 있다는 것을 배우게 될 것입니다. 프로그램의 나머지 부분에서는 학습된 반응을 변화시키는 방법을 교육할 것입니다. 지금까지의 설명에 대해 질문할 것이 있나요?

케이티: (고개를 젓는다.)

치료사: 치료에는 일반적으로 고통에 영향을 주는 생각을 알아내고 그런 다음 도전하고 변화시키는 것이 포함됩니다. 우리는 이러한 기술을 '인지적 재구조화'라고 부릅니다. 당신의 고통을 유발하는 생각이 무엇인지 더욱 잘 자각하기 위해 당신은 무슨 생각을 하고 있는지 집중하는 법을 배우게 될 것입니다. 그런

다음, 당신은 고통스러운 감정을 갖게 하는 사고패턴을 인지하는 법을 배우게 될 것입니다. 당신은 또한 자신의 사고패턴에 도전하는 방법을 배우게 될 것이고, 당신의 고통을 경감시켜 줄 수 있는 방식으로 그것을 다시 말하는 것을 배우게 될 것입니다. 당신은 사람들이 '긍정적'으로 생각하라고 말하는 것을 들어 보았을 것입니다. 방금 내가 설명한 것도 그것과 약간 비슷합니다. 인지적 재구조화는 매우 의미 있는 방식으로 당신이 생각하는 방식을 체계적으로 변화시키는 데 유용합니다. 인지적 재구조화는 다른 전략과 함께 당신의 마음에 있는 외상 경험에 대해 재정비할 수 있도록 도와줄 것입니다. 그러면 당신은 외상으로 인해 덜 고통받을 수 있습니다. 이전보다 이해가 잘 되었나요? 아니면 지금까지에 대해 질문이 있습니까?

케이티: 잘 이해가 됩니다. 질문은 없습니다.

치료사: 덧붙여서, 우리는 노출이라는 전략을 사용할 것입니다. 이것은 외상 경험과 관련된 공포와 회피를 줄이는 데 아주 유용하다고 알려져 있는 치료법입니다. 외상 후 스트레스장애를 위한 치료법에는 일반적으로 두 가지 종류의 노출이 있습니다. 이것을 설명하기 전에, 당신만 괜찮다면 잠시 멈추고 몇 가지 질문을 하겠습니다. 이런 질문을 하는 이유에 대해서는 당신도 금방 알게 될 것입니다. 혹시 애완동물을 키우시나요?

케이티: 네. 작은 개 한 마리가 있어요. 개가 없었다면 제가 어땠을지 잘 모르겠네요.

치료사: 좋아요. 그럼 이제부터 제가 개를 무서워하는 사람이라고 상상해 보세요. 그런데 다음 달이면 친구가 개를 데리고 저의 집에 머물 예정이라서 개에 대한 공포를 빨리 극복해야 할 필요가 생겼습니다. 당신은 제가 개에 대한 공포를 극복할 수 있도록 어떻게 도와주시겠습니까?

케이티: 잘 모르겠어요. 아마도 당신에게 개와 지내 보라고 말할 것 같아요. 작고 친근한 개부터 시작해서요. 만약에 당신이 작고 친근한 제 강아지 찰리 같은 개와 시간을 보내게 된다면 개들이 그다지 무섭지 않다는 것을 알게 될 거예요. 그런 다음 더 큰 개로 옮겨 갈 수 있겠죠. 당신이 준비가 되었다면요.

치료사는 노출에 대해 자신이 설명하는 대신 케이티가 직접 설명하도록 하였다. 이러한 전략은 환자의 참여를 증가시키고 치료 과정에 더욱 협력할 수 있게 한다.

치료사: 훌륭하군요! 당신이 방금 설명한 것에 대한 명칭이 있는데, 우리는 그것을 실제노출이라고 부릅니다. '실제현장노출live esposure'이란 뜻이죠. 실제노출이란 당신이 외상 사건과 관련된 공포를 줄이기 위해 회피해 왔던 현실 상황에서 신중하게 구조화된 노출을 하게 되는 것을 말합니다. 작은 개에서 시작해 큰 개로 옮겨 가도록 하는 것이 좋겠다고 당신이 말한 것처럼, 나 또한 당신이 외상 경험이 되살아나기 때문에 피해 왔지만 그러나 당신에게 해가 되지는 않는 상황에 당신이 접근할 수 있도록 도울 것입니다. 우리는 또한 심상노출이라고 부르는 또 다른 노출도 실시할 것입니다. 구성이 복잡하게 꼬인 영화를 본 적이 있습니까? 예를 들어, 영화의 줄거리가 무엇을 의미하는지 전혀 이해가 되지 않는 그런 영화 말입니다. 당신은 영화가 끝난 후 꽤 오랜 시간 자신이 그 영화에 대해 생각하고 있다는 것을 발견할 것이고, 그 영화에 대한 꿈을 꿀 수도 있을 것입니다.

케이티: 그런 영화 몇 편이 기억나네요.

치료사: 좋아요. 그렇다면 그런 영화를 본 후 무엇이 우리를 그렇게 만들었는지 생각해 봅시다. 이것은 마치 우리의 뇌가 영화에서 본 것을 이치에 맞게 이해하려고 하는 것과 같은 것으로 모든 조각이 딱 맞아떨어질 때까지 머릿속에서 떠나지 않을 것입니다. 우리의 뇌는 경험을 이해하기 위해서 모든 조각을 맞추어 영화를 다시 처리하는 과정이 필요하다고 할 수 있습니다.

케이티: (고개를 끄덕이며) 이해가 됩니다. 그건 마치 내가 모든 것이 딱 들어맞을 때까지 생각을 멈추지 못하는 것과 같네요.

치료사: 정확합니다. 그리고 여러 면에서 외상 경험은 이해가 어려운 영화와 약간은 같습니다. 우리의 뇌는 외상 기억을 이해하고 처리하고 싶어 합니다. 그러나

이들 기억에 대한 처리는 어려운데, 대부분의 경우 우리는 이러한 기억을 회피하고 싶어 하기 때문입니다. 갑자기 외상 경험이 떠오르면 당신에겐 어떤 일이 생기나요? 당신은 무엇을 하죠?

케이티: 나는 관련 기억들을 내 마음속에서 몰아내려고 노력합니다.

치료사: 충분히 이해가 되시죠! 외상 기억이 떠오르는 것을 원하지 않는다는 것이 이해가 될 것입니다. 만약 어려운 영화를 본 후에 당신이 그 영화를 마음속에서 몰아내려는 노력을 계속한다면 무슨 일이 일어날 것 같습니까?

케이티: 잘 모르겠어요. 하지만 추측하자면, 내가 계속 생각을 밀어낸다면 내 마음은 그것을 이해하지 못할 것 같아요.

치료사: 맞습니다. 우리는 우리의 마음이 그 영화를 처리할 수 있도록 시간을 줘야 하는데, 그것은 외상 경험에 있어서도 똑같습니다. 우리가 기억을 떨쳐 버리려고만 할 때, 우리의 뇌는 해야 할 필요가 있는 것을 할 수 있는 기회를 얻지 못합니다. 이것이 심상노출을 해야 하는 이론적 근거입니다. 심상노출은 외상 기억을 반복해서 회상하는 것입니다. 심상노출의 치료 목표는 외상과 연결되어 있는 기억의 처리를 돕고 기억에 대한 불안을 줄이는 것입니다. 피하지 않고 외상 기억에 머무르는 것이 처음에는 매우 고통스러울 것입니다. 이는 정상적인 반응입니다. 심상노출을 지속하는 것은 외상 기억과 관련된 불안과 공포를 줄이는 데 도움이 됩니다. 또한 외상 경험으로 인해 생겨난 불안 반응을 탈학습화하는 데도 도움이 됩니다.

치료사가 환자와 의사소통하는 기본적인 핵심은 아주 간단하다. 그러나 몇 가지 측면은 언급할 가치가 있다. 첫째, 심리교육에서 가장 주의해야 할 것 중 하나는 환자가 세계를 이해하는 방식의 언어로 환자의 이해를 도와야 한다는 것이다. 치료사의 임무는 환자에게 진실된 정보를 가르치고, 환자가 이해했는지 확인하는 것이다. 우리가 신참 인지행동치료 치료사들을 슈퍼비전하면서 관찰한 바에 따르면, 어떤 치료사는 '비구체화된' 치료 기술을 실습하느라 주의가 분산되므로 인지행동치료에 의사소통에 대한 기술이 필요하다는 것이다. 예를 들어, 우리가 슈퍼비전을 제공한 한 정신과 전공의는 환자에게 정보를 빠르게 대충 검토해 주고는 집에 가서 확실히 이해할 수 있게 읽어 오라고 하였다. 전공의는 "그것은 정말 쉽고 빠르게 할 수 있는 일로 지루하였다."고 말하였다. 하지만 다음 회기에 방문한 환자는 그 종이를 어디에 두었는지 잊었다고 하였고, 무슨 일이 있었는지도 전혀 이해하지 못하고 있었다. 따라서 우리는 치료사들이 자신만의 치료적 기술을 개발하고 정보전달을 위한 자신의 스타일을 찾기를 권고한다. 일반적인 치료적 기술은 효과적인 인지행동치료를 위해서도 필수적이다.

환자를 위해 의미 있는 재료를 만드는 것도 중요하다. 은유법 사용은 삶 속에서의 정보를 활용하는 데 도움이 되며, 유머의 사용도 마찬가지로 도움이 된다. 이런 조언이 기본적인 것이긴 하나, 심리교육을 어떻게 전달하는가는 치료사가 무엇을 전달하느냐만큼 중요하다. 치료적 관계는 다른 치료에서와 마찬가지로 인지행동치료에서도 핵심이다. "여기 규칙이 있습니다. 이것이 우리가 해야 할 것입니다."와 같은 무미건조한 접근은 관계를 촉진할 수 없다. 심리교육 동안에 관계의 기초를 다져 두어라. 후에 진행되는 치료 기법의 성공은 그 기초에 따라 좌우될 수 있으므로 가능한 확고하고 안정된 관계를 형성해야 한다. 마지막으로, 환자와 대화를 유지하는 것이 중요하다는 것을 기억해야 한다. 대부분 강의를 즐거워하진 않겠지만, 심리교육에서 제공되는 많은 정보는 치료사가 강의를 하도록 만들 위험성이 있다. 아래에 치료사가 환자와 대화를 유지하도록 도울 수 있는 몇 가지 치료적 기술을 제시하였다.

• 환자가 자신의 문제와 반응을 설명하기 위해 사용한 언어를 사용하라. 환자를 낮추어 말하는 것이나 너무 어려운 언어를 사용하는 것을 피하라. 환자의 언어를 사용하는 것은 공통의 언어를 만드는 데 도움이 된다.

"우리가 처음 만났을 때 당신은 대부분의 일을 기억하고 있고, '감옥에서 벗어나고 싶은' 느낌이라고 말했어요. 이건 당신이 일어난 일에 대해 생각하고 싶어 하지 않는다는 것으로 이해되는데, 그것은 기억이 떠오를 때면 당신의 기분이 항상 불쾌해지기 때문입니다."

- 환자가 이해하고 있는지 확인하기 위해 자주 체크하라. 치료사가 말한 것을 이해하지 못하는 환자를 놓치지 않기 위해 그들이 이해하지 못할 수도 있다는 것을 수용하는 것(예: 어떤 환자는 ……이기도 합니다)은 환자에게 안전감을 제공할 수 있다.

  "어떤 환자는 고통을 유발하는 생각을 깨닫게 되는 것을 혼란스러워하기도 합니다. 당신은 이것이 이해가 됩니까 아니면 혼란스럽습니까?"

- 걱정에 대해 듣고 정당화하라.

  "당신이 '거기'에 가고 싶어 하지 않는다는 것은 이해가 됩니다. 당신은 오랫동안 그것을 억눌러 왔습니다. 댐이 무너질까 봐 두려워하는 것은 자연스러운 일입니다. 만약 그 일이 생각나도록 내버려 둔다면 자신이 고통에 휩싸여 버릴지도 모른다는 걱정이 드는 건 당연합니다."

- 안심할 수 있게 공감하고 지지하라. 치료는 도전적인 일이 될 것이다. 치료사는 그 사실을 솔직히 말하고, 환자를 격려해야 한다.

  "당신은 지금까지의 대처 방법이 정말로 효과가 없었다는 것을 깨달았기 때문에—당신은 자신의 삶이 점점 축소되고 있다고 느꼈습니다—나에게 도움을 받기로 결심했다고 하셨습니다. 여기 오는 것이 매우 어려웠을 수도 있는데 당신은 마음의 결정을 내려 이곳에 왔습니다. 그것은 공포에 맞서는 큰 용기입니다. 앞으로 우리에게 많은 어려움이 있겠지만, 당신에게는 용기와 더 나은 삶에 대한 소망이 있습니다."

외상 경험에 수반되는 일반적인 반응에 대한 교육

외상 후 스트레스장애 환자는 자신의 외상 경험을 논의하는 것을 어려워하며, 치료 초반에는 특히 더욱 힘들어한다. 그러나 외상 경험에 대한 논의는 인지행동치료에서 중요한 부분이다. 기억하라. 심리교육의 목적은 환자를 외상 기억과 자극에 노출시키는 것이 아니라 환자의 인식을 높이고 그들이 경험을 이해할 수 있도록 정보를 제공하는 것이다.

안타깝지만, 경험을 이해하도록 돕다 보면 때론 부적절한 노출이 일어나고 인지처리의 변화로 인해 환자의 학습능력은 떨어질 수 있다. 예를 들어, 심리교육에서 논의된 교육 재료가 환자 기억에서 비롯된 것일 때 환자는 이와 연관된 각성으로 주의의 초점이 이동하여 결과적으로 심리교육에 대한 집중능력이 저하될 수 있다. 이것은 심리교육 내용의 저장과 인출 모두를 간섭할 수 있다. 특히, 심하게 각성되어 인지적으로 차단되기 쉬운 환자는 집중력의 손상이 일어날 수 있다. 또한 해리 경향이 높은 환자는 심리교육 동안에도 해리가 일어날 수 있다. 초반에 알려 준 정보를 잘 이해했던 환자가 첫 회기의 정보는 거의 기억하지 못하는 경우를 발견할 수 있는데, 이는 해리에 따른 결과일 수 있다.

어떤 환자가 초점 유지에 어려움을 보일지 미리 예측하긴 어렵기 때문에 심리교육을 일회성 강의로 끝내기보다는 교육과정으로 접근하는 것이 효과적이다. 정보의 학습은 흔히 단계적으로 이루어질 때 가장 효과적이다. 시작은 개념을 폭넓게 소개하는 것으로 하고, 다음부터 더욱 자세한 설명과 반복으로 강의를 구성하라. 다중 방식을 통해 도움이 되는 정보를 반복해서 제공할 수 있다. 우리는 정보 제공을 칠판이나 보드에 그림을 그려 가며 말로 전달하고, 핵심내용에 대해서는 유인물을 나눠 주며, 집에서 들어볼 수 있도록 심리교육에서의 논의 사항은 오디오 테이프로 제공해 준다. 이러한 방법은 심리교육 동안 억제되어 있었거나 해리되어 있었던 환자에게 특히 도움이 된다.

적극적인 과정을 통해 배울 수 있는 기회를 제공해 주는 것이 수동적으로 받아들이도록 하는 것보다 환자의 흥미 유지와 배움에 도움을 준다. 정보가 기계적인 암기나 기법적인 용어로 제공되면 많은 사람은 실제 삶과 관련이 없다고 느낄 것이고, 정보 이해를 더욱 어려워할 것이다. 우리의 경험에 따르면, 은유법은 개인적 외상과 거리를 유지하면서 치료 재료에 대한 개입을 증가시킬 수 있기 때문에 외상반응에 대한 논의를 촉진한다. 거리두기는 치료에 초점을 유지하도록 하는 데 유용하며, 은유법은 경험을 쉽게 명명할 수 있도록 언어화를 제공한다. 이에 더해 은유법은 심리교육 과정에 유머를 자연스럽게 불어넣는다. 따라서 은유법으로 작업할수 있다면 이를 사용하여 소소한 즐거움을 누려라.

불안과 공포에 대해 불안 전문가가 이해한 투쟁-도피 반응의 우수성은 위험한 동물(사자, 호랑이, 곰 등)에 대한 은유를 사용했다는 것이다. 우리는 환자의 외상 경험이 이해할 만한 반응이었다는 공포에 대한 일반적인 논의를 시작하기 앞서, 환자를 심상의 사파리로 데려갈 것이다. 만약 사파리가 치료사의 임상 방식과 맞지 않는다면 자신만의 유추를 개발하여 사용하라(불타는 빌딩, 뒤뜰에 있는 커다란 미친 개 등). 많은 환자는 아프리카로의 여행을 즐기며, 이것은 그들의 증상과 경험을 직접 논의하는 데 따른 불안을 줄여 준다. 이와 관련한 대화의 예를 다음에 제시하였다. [부록 5.1]은 외상 경험과 관련된 공통된 반응에 대한 설명으로 이것을 복사하여 목적에 맞게 사용하면 좋을 것이다.

요약하면, 심리교육의 목표는 다음과 같다. (1) 환자가 경험하는 위협적이고 압도적인 공포 감각은 정상적인 인간의 기능이라는 것을 알게 하는 것(예: 투쟁-도피-동결 반응), (2) 신체적·행동적·인지적 구성요소를 포함하는 외상 경험에 대한 인간의 전형적인 반응을 알게 하는 것, (3) 환자가 자신의 특수한 반응을 확인하도록 돕고, 그것을 유인물에 제시된 카테고리에 적용시켜 봄으로써 자신의 증상에서 한발 물러나 생각해 볼 수 있도록 하는 것, (4) 공포를 유발함에도 노출치료에 외상적 자극과 기억을 포함시키는 이유가 무엇인지에 대해 환자 스스로 이론적 근거(제시된 정보에 기초하여)를 확립할 수 있도록 돕는 것, (5) 환자가 증상에 압도되지 않고 어떤 과정을 통과하고 있는지 치료사가 이해한 것을 환자에게 알려 주는 것 등이다. 많은 환자는 이러한 심리교육을 통해 자신의 증상에 대해 이해하게 되고 치료가 변화를 만들 수 있다는 경험적 증거들을 알게 됨으로써 안도감을 얻을 수 있다.

사례: 케이티

이 사례는 소크라테스식 문답법과 정당화하기 방법으로 투쟁–도피–동결 반응을 가르치는 것에 대한 예시이며, 케이티가 자신의 반응에 대한 기능을 검토해 보도록(예: 행동주의자처럼 생각하기) 가르치는 심리교육 방법을 보여 준다.

치료사: 지금부터 우리는 당신이 왜 그렇게 반응하는지 그리고 왜 많은 고통스러운 느낌이 지속적으로 당신을 괴롭히는지 얘기할 것입니다. 이 과정을 끝내고 나면 당신이 그렇게 느낀 이유와 무슨 일이 일어났었는지에 대해 훨씬 더 잘 이해할 수 있을 것입니다. 우리의 치료 전략은 당신이 더욱 잘 이해할 수 있도록 돕는 것입니다. 어떤 사람은 개인적인 경험에 대해 생각할 때 집중에 어려움을 느낍니다. 그래서 우리는 약간 다른 방법으로 생각해 보려고 합니다. 당신이 괜찮다면 그리고 힘들어도 저와 함께 잠시 동안은 참겠다고 마음먹는다면, 아프리카로 상상 여행을 떠나 보고자 합니다. 당신은 이것을 시도해 볼 마음이 있습니까?

케이티: 네, 해 보겠습니다.

치료사: 좋습니다. 자, 이제 우리는 아프리카에 있고 우리 여행의 목적은 사파리입니다. 우리는 텐트를 쳤고 점심을 먹을 준비를 하고 있다고 상상해 보세요. 당신의 캠프 경험이 어느 정도인지는 모르겠지만, 저는 캠프를 설치할 때 우선적으로 필요한 것 중 하나는 물을 얻는 것이라고 생각합니다. 당신은 운동을 잘해서 자진해서 물을 뜨러 웅덩이로 내려갔습니다. 물병에 물을 채우고 고개를 들었을 때 당신은 사자가 물을 마시기 위해 물가로 다가오고 있는 것을 보았

습니다(사자 또한 물이 필요합니다). 몸집이 큰 사자는 으르렁거리고 있으며, 노란 갈색을 띠고 있습니다. 당신은 사자의 색깔을 어떻게 부르나요?

케이티: 바랜 금색?

치료사: 그 표현이 좋군요. 그는 바랜 금색의 큰 갈기를 가진 사자입니다. 그런데 당신의 주의를 끈 것은 사자의 크고 날카로운 이빨과 발톱입니다! 지금 기분은 어떻습니까?

> **보충 설명** 치료사는 심리교육이 강의가 아닌 상호작용적인 논의로 이루어진다는 사실을 초반에 확실히 해 둔다. 치료사는 환자의 참여를 강화하고 상상력을 정당화시켜 준다.

케이티: 끔찍해요. 그건 사자잖아요!

치료사: 나도 끔찍할 것 같습니다! 이때 당신은 어떻게 반응할 것 같습니까? 살아남기 위해 필요한 것은 무엇입니까?

케이티: 도망칠 것 같아요.

치료사: 나도 그럴 것 같군요! 사자로부터 도망치려고 준비할 때 당신의 몸에서는 무엇이 느껴지나요?

케이티: 아드레날린?

치료사: 맞아요. 아드레날린은 그 순간에 당신의 반응에 영향을 주는 몸에서 나오는 화학물질 중 하나입니다. 어떻게 아드레날린이 분비되는지 설명할 수 있나요? 몸에서 무엇이 느껴집니까?

> **보충 설명** 치료사는 모든 노력을 기울여 논의가 활발해지도록 만들고, 논의의 중심이 되는 정보에 환자가 접근할 수 있도록 어떠한 정보라도 활용하라.

케이티: 음, 내 심장이 두근거리고 있어요.

치료사: 심장이 두근거리죠! 왜 심장이 두근거린다고 생각하나요? 심장이 두근거리는 것이 사자로부터 도망치는 것에 도움이 될까요?

 보충 설명 치료사는 환자가 신체 반응을 기능적 반응과 연결할 수 있도록 돕는다.

케이티: 음, 심장을 펌프질합니다.

치료사: 네, 그렇죠. 근데 그것이 왜 도움이 되죠?

케이티: 확실히는 잘 모르겠어요.

치료사: 음. 만약 당신의 다리가 뛰고 있는 중이라면 근육은 무엇을 필요로 할까요?

케이티: 에너지?

치료사: 맞아요. 에너지는 음식이 소화되면서 나오며 당이나 포도당의 형태로 몸에 보내집니다. 심장은 빠르게 뛰면서 근육에 더 많은 연료를 보낼 수 있도록 혈액순환을 증가시키고, 이것은 당신을 더 빨리 뛸 수 있도록 도와줍니다. 이 외에 연료를 연소하기 위해 근육이 필요로 하는 것은 무엇일까요?

케이티: 음 아마도, 산소?

치료사: 네 맞습니다! 빨리 달리기 위해서는 많은 양의 산소가 필요합니다. 피가 산소를 공급하기도 하지만, 산소는 어떻게 얻게 될까요?

케이티: 글쎄요. 숨을 더 빨리 쉬어야 할 것 같은데요.

치료사: 정확히 맞아요! 연료와 산소를 근육에 공급하기 위해 필요한 혈액을 운반하기 위해서는 숨이 빨라지고 심장이 더 빨리 뛰어야 합니다. 이 외에 당신의 몸에서 느껴지는 것은 무엇인가요?

케이티: 나의 몸은 떨고 있고 열이 나고 땀에 젖었어요.

치료사: 좋아요. 그런데 당신은 왜 떨고 있을까요?

케이티: 글쎄요. 내 근육이 뛰고 싶어 해서!

치료사: 맞습니다. 근육의 긴장은 행동을 즉시 개시할 수 있도록 도와줍니다. 그럼 땀은 왜 나는 것일까요?

케이티: 잘은 모르겠지만, 내가 달리는 동안 열을 식혀 주기 위해서 아닐까요?

치료사: 이해하고 계시네요.

케이티: 아! 알았어요. 이게 투쟁-도피 반응 같은 거죠?

치료사: 맞아요. 당신이 경험하는 모든 신체적인 공포 감각은 뛰고 싸우기 위해 당신의 몸이 준비한 결과입니다. 이것은 불편하게 느껴지겠지만, 위험 상황에서 당신을 돕도록 설계되어 있는 생존반응입니다. 투쟁-도피 반응은 우리가 위험에 처했을 때 위험이나 죽음으로부터 보호해 줍니다. 우리는 모두 투쟁-도피 반응(생존에 필요한)을 가지고 있고, 우리가 위험에 처했을 때 이런 반응을 보이는 것은 정상적인 것이며 사실상 건강하다는 뜻입니다. 당신은 전에 이미 이런 용어를 들어본 것 같고, 그래서 내가 말하는 것을 쉽게 이해하는 것 같습니다.

> **보충 설명** 치료사는 환자 반응에 대한 정당화와 상세한 설명을 지속한다.

케이티: 음.

치료사: 사자와 마주쳤고, 투쟁-도피 반응이 활성화되었을 때 지금 말한 것 외에 주목할 만한 다른 반응은 못 느꼈나요?

케이티: 글쎄요, 불안하고 머릿속이 하얘지는 것 같았어요. 이것이 어떤 도움이 되나요?

치료사: 생존을 확보하기 위해 당신의 몸은 모든 자원을 동원해서 도망가도록 돕고, 미래의 에너지 확보를 위한 음식의 소화나 저장, 문제해결을 위한 생각, 미래를 위한 계획 같은 급박하지 않은 문제에 사용될 자원을 활용합니다. 당신이 점심을 먹으려고 했다면 지금은 음식을 소화시키기에 좋은 타이밍이 아니죠! 소화시스템이 반으로 줄어 속이 메스꺼울 수 있습니다. 그리고 당신이 사자로

부터 도망가거나 싸울 것이라면 반드시 산소가 필요합니다. ─더 많은 산소를 얻기 위해 숨을 더 빨리 쉬게 됩니다. 그런데 숨을 빨리 쉬게 되면 더 많은 이산화탄소도 배출됩니다. 이것이 당신의 뇌에 혈관을 수축하라는 신호를 보내고, 결과적으로 뇌세포에 전달되는 산소가 줄어듭니다. 이것은 위험한 것은 아니지만 어지럼증을 유발할 수 있습니다. 당신이 경험하는 이 모든 변화는 사자와 맞닥뜨린 상황에서 생존을 돕는 데 아주 유용한 것입니다. 당신의 반응은 또한 생각의 변화를 포함합니다. 사자를 만나기 전에는 물을 얻는 것에 중점을 두었지만, 당신의 생각은 이제 '나는 여기서 탈출해야만 해!' 아니면 '나는 죽게 될 거야!'와 같은 것에 집중될 것입니다. 위험에 초점을 두고 머무르는 것은 중요합니다. 아마도 당신이 계속 물을 얻는 것에만 관심을 두고 있다면 물가에서 결코 살아남지 못할 것입니다.

케이티: 알겠습니다. 이해가 됩니다.

치료사: 세 가지 부분으로 나누어 당신의 공포 반응을 보는 것이 도움이 될 것입니다─신체적 감각, 공포스러운 사고, 공포행동(도망가기, 싸우기, 다음에 우리가 얘기하게 될 얼어붙기). 이들 각각의 반응은 다른 것을 촉발합니다. 두근거리는 심장은 무엇인가 다가오고 있다는 것이고 '위험한 무언가가 다가오고 있다!'는 생각을 갖게 합니다. 그 생각은 뛰려는 충동을 자극합니다. 어디에서 시작되는지와 상관없이 각 부분에서 일어나는 공포의 구성요소는 다른 부분을 자극하며 공포는 나선형으로 움직입니다. 공포를 느꼈을 때 당신이 경험했던 감각 중에 아직 우리가 다루지 못한 것이 있습니까?

케이티: 글쎄요. 나는 가끔 손가락이 쑤셔요.

치료사: 맞아요. 많은 사람이 그러한 느낌에 대해 말합니다. 당신의 신체는 놀라운 일을 수행하는 중입니다. 당신의 손과 발끝에 모여 있는 모세혈관이 수축하여 그곳으로 가는 혈액의 양을 줄입니다. 그것은 어떤 이유에서 도움이 될 것 같습니까?

케이티: 전혀 모르겠는데요.

치료사: 손과 발은 우리 몸에서 가장 상처 입기 쉬운 곳입니다. 그것은 당신이 나무 위로 올라가 피하고 있을 때 사자에게 할퀴더라도 피를 적게 흘릴 수 있도록 도와줍니다. 이것의 부작용으로 쑤시는 느낌을 느끼는 겁니다! 방금 말한 것처럼, 공포에 대해서는 세 가지 구성요소로 생각해 볼 수 있습니다. 우리는 방금 신체적 감각의 구성요소에 대해 이야기하였습니다. 자, 그렇다면 두려운 생각과 행동의 두 가지 구성요소에 대해 더 알아봅시다. 사자를 보았을 때 머릿속에 떠오르는 생각은 무엇입니까?

케이티: '나는 이제 죽겠구나! ― 여기서 탈출 해야만 해!'

치료사: 그런 생각은 공포 순환의 부분이고 당신이 위험에 처해 있다는 생각을 강화시켜 줍니다. 당신이 공포 사고를 없애고 싶다면, 공포 사고의 중요성을 이해해야 합니다. 당신이 사자를 보았는데, '이건 단지 큰 고양이일 뿐이야, 고양이에게 가자.'라고 생각했다고 상상해 보십시오. 당신이 그런 생각을 하고 있다면 어떤 일이 일어날까요?

케이티: 나는 사자에게 다가갈 것이고 사자는 나를 잡아먹겠죠.

치료사: 정확해요! 당신은 자신을 보호하는 대신 사자의 먹이가 되어 생을 끝내게 될 수 있습니다. 공포 사고는 사자가 당신에게 무슨 일을 할지에 대해 알려 줍니다.

케이티: 그건 아주 중요한 것 같아요.

치료사: 마지막으로 공포행동이 있습니다. 같은 말로, '투쟁―도피' 반응이라고 하는데, 가장 일반적인 공포행동 두 가지는 도망가거나 싸우는 것입니다. 두 가지모두 가능한 상황이라면 우리는 일반적으로 싸우기보다는 도망갈 것입니다. 그런데 가끔은 도망가는 것이 불가능할 때도 있습니다. 큰 돌이 막고 있어 사자로부터 도망칠 수 없다고 상상해 보세요. 당신은 어떤 행동을 하겠습니까?

케이티: 확실치는 않지만, 싸울 것 같습니다.

치료사: 그래요. 만약 긴 막대 같은 싸울 도구가 있다면 당신은 싸울 가능성이 있겠죠. 그렇지만 아무런 무기도 없다면요? 그럼 어떻게 할 것 같습니까? 당신이 추측한 대로 다른 선택이 없다면 3번째 행동은 동결반응입니다. 투쟁―도피 반응

과 마찬가지로 투쟁-도피-동결 반응이 유용하다는 것을 알게 될 것입니다. 왜냐하면 도망가거나 싸울 수 없을 때는 얼어붙게 되니까요. 만약 당신이 물가에서 얼어붙게 된다면 무슨 일이 벌어질까요? 운이 좋다면 사자가 당신을 못 볼 수도 있습니다. 움직임은 주의를 끌게 되므로 가만히 있으면 사자가 알아채지 못할 수 있습니다.

케이티: 알겠어요.

치료사: 좋아요. 이제 당신은 투쟁-도피-동결 반응이 사자를 마주치는 것과 같은 위험상황에서 도움이 된다는 것을 이해했을 겁니다. 그렇다면 당신은 "왜 그것은 끝나지 않는 거지?"라는 의문이 생겼을 것 같습니다.

케이티: 정확히 맞습니다.

치료사: 사자로 다시 돌아가 봅시다. 운 좋게도 당신은 사자로부터 도망쳤습니다. 그런데 며칠이 지나자 당신은 처음 아프리카에 도착했을 때와는 무엇인가 달라졌다는 것을 알아챕니다. 당신은 물가엔 더 이상 가고 싶지 않습니다. 일을 마치고 캠프로 돌아왔을 때는 무서움과 불안감이 느껴집니다. 당신은 안테나를 세우고 사자가 나타나지 않을까 경계합니다. 지난번 사자를 만났을 때의 일이 머리에서 재생됩니다. 사자의 이빨과 발톱이 떠오르고, 으르렁거리는 소리가 기억 속에 새겨져 있습니다. 만약 금색의 무엇인가가 당신의 우측에 있다면 당신은 이를 확인하기 위해 멈추기보다는 쏜살같이 텐트로 돌아와 '안전이 최선이다.'고 생각할 것입니다. 아프리카에서 집으로 돌아와서도 땅거미가 질 때쯤의 이른 저녁 시간에 불안함을 느끼게 되는데, 그 시간은 물가에서 사자를 만났을 때와 같은 시간입니다. 심지어 오렌지색 줄무늬 고양이가 나타나자 공황발작을 하기도 합니다. 그저 오렌지색 털이 있는 동물을 보는 것만으로도 공포가 활성화되는 것입니다. 이러한 상황과 대상은 당신의 공포를 활성화시키는 사자를 떠오르게 하는 유인자극 혹은 단서가 됩니다. 왜 이런 일이 생기는지 생각해 봅시다. 외상 경험이 떠오를 때 우리는 왜 공포를 느낀다고 생각하십니까? 물가에 있을 때와 어둑어둑해질 때 공포를 느끼게 되

는 것이 유익한 이유는 무엇일까요?

케이티: 글쎄요. 나는 다시는 사자에게 쫓기고 싶지 않습니다.

치료사: 물론이죠! 그리고 당신이 정확하게 배웠듯이 물가는 사자가 자주 나타나는 곳입니다. 또한 아프리카에서는 어둑어둑해지는 저녁이 사자의 활동이 가장 많은 시간입니다. 이런 상황에서는 경계 상태에 있는 것이 도움이 될 것입니다. 또 다른 사자를 마주칠 가능성도 있으니까요. 이것이 유인 자극과 단서가 사자의 공격을 상기시켜 당신이 경계할 수 있도록 하는 이유입니다. 당신의 몸과 마음은 다시 일어날 수 있는 위험한 상황으로부터 당신을 보호하려고 노력하는 중에 있습니다. 그러면 집에 돌아와서는 어떻습니까? 땅거미가 내려앉은 동네에서 사자를 마주칠 가능성이 있을까요?

케이티: 아니요. 마을에 사자는 없어요.

치료사: 그럼 고양이는 사자만큼 위험한가요?

케이티: (고개를 젓는다.)

치료사: 사자를 만날 가능성이 없는 상황에서도 당신은 여전히 공포를 느낍니다. 어둑어둑한 것은 아프리카에서는 사자의 출몰을 알려 줄 수 있었지만, 당신이 살고 있는 지역 어디에도 사자는 살고 있지 않기 때문에 사자와 마주칠 가능성은 없습니다. 그리고 아프리카의 물가 근처에 있을 때는 오렌지색의 털 달린 무엇인가가 사자일 가능성이 있었지만 집에서는 그런 일이 일어날 리가 없습니다. 당신이 외상 사건을 경험했을 때 많은 단서가 있었고, 이 단서들은 위험과 연관이 있다는 것을 학습했을 것입니다. 이러한 단서는 위험의 사전 경고 신호가 되며, 폭넓고 다양한 것들을 포함합니다. 예를 들어, 냄새, 소리, 하루 중의 특정 시간, 사람들 그리고 색깔 등이죠. 이러한 단서에 대한 반응이 위험 상황이 끝난 후에도 지속적으로 반복된다면 문제가 될 수 있고, 당신은 괴로울 것입니다. 불행하게도, 많은 유인 단서는 오경보로 작동합니다. 당신을 안전하게 지키기보다는 삶을 즐기는 것을 방해하게 되죠. 유인 단서를 지각하지 못했을 때조차도 당신의 불안은 자주 활성화됩니다. 당신의 공포는 불시에 찾

아오는 것처럼 보입니다.

케이티: 음. 정말 그렇네요. 아시다시피 가끔 내 불안은 불시에 일어납니다. 방금 선생님은 유인 단서들이 있고, 내가 그것을 단지 모르고 있다고 말씀하셨나요?

치료사: 맞습니다. 그럼 당신의 반응으로 넘어가 유인 단서와 공포반응이 무엇인지 알아봅시다. 이 유인물에는 당신의 유인 단서가 무엇인지 적을 수 있는 칸이 있습니다. 이 부분부터 시작해 보시죠. 당신 스스로 채울 수 있을 것입니다. 여기에는 우리가 지금까지 논의했던 많은 것이 포함되어 있습니다. 이 유인물을 꼭 읽어 보시기 바랍니다. 가능하면 많이 읽어서 모두 이해할 수 있도록 하십시오. 우리는 오늘 많은 내용을 다루었습니다.

케이티: 네. 정말 그래요.

치료사: 유인물에 모든 것을 포함시킨 이유는 반복해서 배운 내용을 볼 수 있게 하기 위해서입니다. 그럼 첫 번째 부분을 봅시다. 불안의 유인 단서가 되는 장소나 물건들을 생각해 낼 수 있겠어요?

케이티: 남편과 살던 집에 두고 온 서류를 가지러 딱 한 번 예전에 살던 아파트를 찾아간 적이 있었습니다. 나는 전남편이 거기 없다는 것을 알고 있었고, 내가 그곳에 들어갈 수 있도록 관리자와 미리 약속해 놓았습니다. 그런데도 아파트에 들어갔을 때는 몹시 떨렸고 무서웠습니다. 그리고 또 어떤 가게에서 평소 남편이 쓰던 낚시 모자를 보았을 때 겁이 났습니다.

치료사: 좋은 예들을 말씀하셨습니다. 그럼 '아파트'와 '모자'를 이곳에 적어 보시겠어요? 그리고 떨림처럼 당신이 느낀 공포반응을 적어 보세요. 당신이 느끼는 또 다른 공포반응이 있나요?

보충설명 치료사는 케이티의 적절한 응답을 강화해 주었고, 다음 단계로 넘어가기 전 각 부분에 대한 작성 방법을 확실히 이해할 수 있도록 도와주었다. 일반적으로 몇몇 항목은 회기 내에 기록하도록 하는 것이 도움이 되는데, 이를 통해 치료사는 환자가 유인물에 무엇을 적어야 하는지 정말로 이해했는지를 확인할 수 있다.

심리교육에 필요한 시간은 환자에 따라 다양하다. 우리는 일반적으로 심리교육의 중요한 부분을 2, 3회기에 마무리한다. 우리의 되도록 빨리 심리교육을 끝내고 다음 단계를 진행하여 환자가 노출을 꺼리는 것에 은밀하게 결탁하지 않도록 한다. 그렇지만 우리는 환자가 압도되어 있거나 교육 내용을 이해하지 못하는 신호가 있는지 항상 주의 깊게 관찰한다. 주의해야 할 신호는 환자가 개념을 이해하지 못하고 있음을 드러내는 말과 회기를 진행하는 동안 해리되는 것, 그리고 과제로 제시된 유인물을 완성하지 못하는 것 등이다. 이러한 신호가 나타나면 진행 속도를 늦추고 반복을 늘려야 한다. 앞서 말했듯이 녹음된 테이프를 듣도록 하는 것은 압도되거나 해리된 환자에게 특히 유용하다. 회기 중에 치료사의 도움으로 유인물을 끝내도록 하는 것이 좋을 수도 있는데, 이것은 과제 수행에 따른 환자의 어려움을 치료사가 이해하고 있고, 할당된 과제를 완수할 수 있도록 치료사가 기꺼이 돕고자 한다는 것을 환자에게 행동적으로 확인시켜 주기 때문이다. 또한 환자가 회피를 해도 치료사가 단념하지 않을 것이라는 사실을 확인시켜 주는 것이기도 하다.

우리는 환자가 보이는 어떤 문제도 외상 초점 치료를 끝내지 못할 것임을 의미한다고 보지 않는다. 일반적으로 해리되거나 압도된 환자는 치료를 끝내지 못할 수 있는데 그것은 불안 때문이다. 그럼으로 우리는 심리교육을 통해 불안을 유발하는 자극이나 상황에 신중하게 접근하면 불안이 줄어들 수 있다는 사실을 환자에게 가르쳐 준다.

결론

심리교육은 치료의 기반을 형성한다. 사례공식화에 따라 어떤 사례는 인지적 재구조화를 생략하고 외상 후 스트레스장애를 위한 인지행동치료를 실시할 수 있다. 다른 사례에서는 실제노출을 시도할 기회가 거의 없을 수도 있다. 그렇지만 거의 모든 사례에서 다음에 무엇을 진행할 것인지는 심리교육에 의존하여 결정한다. 심리교육의 목표는 치료의 다음 단계 진행을 위해 환자의 증상을 정당화하고 환자의 치료 동기를 높이는 것이다. 이번 장에서 제공된 사례들과 유인물은 치료를 향한 출발점이다. 치료사가 다양한 학습 방법과 환자의 특별한 경험을 잘 재단하여 개별적으로 맞출 수 있다면 심리교육의 목표는 충분히 성취될 수 있을 것이다.

부록 5.1 외상 경험에 수반되는 일반적인 반응*

소개

당신이 경험한 외상 사건은 당신의 삶에 지속적인 영향을 주고 있습니다. 외상 경험에 대해 고통스러운 감정을 가지는 것은 자연스러운 일입니다. 때로는 고통스러운 느낌이 당신의 통제를 벗어나 소용돌이치는 것 같고, 어떤 때는 너무 압도되어 감정의 '스위치를 차단하거나', '무감각'해질 때도 있을 것입니다. 치료의 목표 중 하나는 당신이 자신의 반응을 이해할 수 있도록 돕는 것이며. 이를 통해 당신은 소용돌이를 멈출 수 있고 정서에 대한 통제감을 얻게 될 것입니다.

그렇다면 외상 사건이 끝났는데도 당신은 왜 비슷한 방식의 반응을 계속하는지, 그리고 왜 많은 고통스러운 감정이 당신을 계속 괴롭히는지 얘기해 봅시다. 당신은 자신의 개인적 경험들을 생각해 내기 위해 집중하는 것이 힘들 수 있습니다. 사실 많은 사람은 자신이 경험한 사건보다는 다른 상황에서의 외상 반응들에 대해 생각해 보면서 더 쉽게 배울 수 있습니다. 그럼 이제 우리 함께 아프리카로 여행을 떠나 봅시다.

아프리카에 오신 것을 환영합니다. 우리는 사파리에 있고, 첫날 밤은 야영을 할 계획입니다. 따라서 우리는 텐트를 치고 저녁 준비를 하기 시작했습니다. 우리에겐 물이 필요했고, 당신은 자진해서 물을 가지러 물가로 내려갔습니다. 당신이 물통에 물을 채우고 고개를 들었을 때 무엇인가가 다가오고 있는 것을 보았습니다. 동물의 왕국에서 많이 본 적이 있어 그것이 사자라는 것을 당신은 금방 알 수 있었습니다. 사자는 매우 컸고 오렌

지색 갈기를 가지고 있었으며, 당신의 바로 앞까지 와서 으르렁거렸습니다. 당신은 사자의 큰 이빨과 날카로운 발톱을 보았습니다. 냄새를 맡을 수 있을 정도로 사자는 매우 가까이 있습니다.

당신은 어떻게 반응하시겠습니까? 공포를 느끼십니까? 심장이 두근거립니까? 빨리 달아나시겠습니까? '나는 죽게 될 거야!'라는 생각이 들었나요? 이런 반응은 투쟁-도피 반응으로 알려진 위험한 상황에서 나타나는 자연스러운 반응입니다. 이 투쟁-도피 반응은 위험한 것이나 죽음으로부터 우리를 보호해 줍니다. 중요한 것은 우리 모두 투쟁-도피 반응을 가지고 있다는 것이고(생존을 위해 필수적이죠), 위험에 부딪혔을 때 이런 반응들은 정상적이며, 사실 건강하다는 증거인 것입니다.

그러나 위험한 상황이 끝났는데도 이러한 반응이 지속된다면 문제가 되고 방해가 될 수 있습니다. 왜 그러한 반응이 지속되는지 설명하기 전에, 당신에게 나타나는 반응들이 무엇인지 깨닫고 왜 그러한 반응들이 생겨나는지 이해하는 것이 중요합니다. 이 유인물은 당신의 반응을 확인하고, 왜 그러한 반응들이 생겨나는지 이해할 수 있도록 도와줄 것입니다. 우리는 당신이 일상적인 경험들을 이해할 수 있도록 돕기 위해 자주 아프리카로 돌아갈 것입니다. 이 유인물을 통해 당신은 외상 후 스트레스장애의 핵심적인 반응들에 대해 알게 될 것입니다. 여기에는 공포, 불안, 각성, 회피, 재경험 등이 포함됩니다. 또한 당신의 외상 후 스트레스장애 증상을 유인하는 자극들이 무엇인지도 알아볼 것입니다.

공포와 불안

아프리카에 있는 물가로 돌아가 봅시다(지금 이 순간은 자신이 정말로 아프리카의 물가에 있다고 상상해 보세요). 사자가 으르렁거리며 당신에게 다가올 때 어떤 느낌이 듭니까? 당신은 공포를 느낄 가능성이 큽니다. 공포는 여러 가지 이름을 가지고 있죠. 마음속에 떠오르는 단어는 '공황 상태' '공포' '무서움' '끔찍함' 등일 것입니다. 생존을 위협하는 위험에 직면했을 때 불안과 공포를 느끼는 것은 자연스러운 일입니다. 불안과 공포는 압도감을 느끼게 할 수 있고, 그래서 무슨 일이 일어났는지 이해하기 위해서는 구성요소를 살펴보는 것이 도움이 될 수 있습니다. 그럼, 그림을 먼저 살펴본 다음 각각의 구성요소에 대해 자세히 살펴보도록 합시다. 공포를 느꼈을 때 당신은 아마도 몸에서 일어나는 어떤 감각을 느꼈을 것입니다(예: 떨림, 땀 흘림, 숨 가쁨, 가슴 두근거림).

당신은 공포스러운 사고가 떠올랐을 것이고……

"난 곧 죽게 될 거야!"

그리고 도망가고 싶었을 것입니다……. (이것이 **공포행동**입니다.)

당신의 공포반응은 다음의 그림처럼 세 부분—신체적인 감각, 공포 사고 그리고 공포행동(달아나기, 맞서 싸우기, 다음에 학습하게 될 동결반응)—으로 구분할 수 있습니다. 이들 각각의 반응은 다른 것들의 연료가 됩니다. 빠른 심장박동은 무엇인가 다가오고 있다는 신호가 되고 이는 무언가 위험한 것이 있을 거라는 생각을 이끕니다. 이제 당신은 달아나고 싶은 충동을 느끼게 될 수 있습니다. 세 부분 중 어디에서 시작하는지와는 상관없이 당신은 공포의 소용돌이로 들어가며 각 공포 구성요소들은 다음 반응을 촉발합니다.

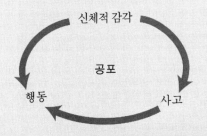

신체적 감각

공포

행동   사고

공포와 관련된 신체적 감각을 살펴보도록 합시다. 물가로 사자가 다가올 때 어떤 감각이 느껴지나요? 심장의 두근거림이 느껴지나요? 숨을 가쁘고 빠르게 쉬는 중인가요? 떨리지는 않나요? 이러한 반응들은 투쟁-도피 반응의 일부분입니다. 당신이 위험한 상황에 대처할 수 있도록 몸을 준비시키는 것입니다. 투쟁-도피 반응은 생존을 위한 반응으로 사자로부터 달아날 수 있게 도와줍니다. 지금부터, 물가 근처에 큰 나무가 있다고 상상해 봅시다. 그리고 충분히 올라갈 수 있다고 상상해 보세요. 〈동물의 왕국〉에서 본 것처럼 사자는 나무에 잘 오르지 못한다고 생각했기 때문에 당신은 나무에 올라가야겠다고 결심합니다.

다행스럽게도, 당신의 몸은 전속력으로 달려 나무 위로 올라갈 준비가 되어 있습니다. 당신이 사자의 존재를 알아차린 순간 당신의 몸이 뛰거나 싸울 수 있도록 아드레날린을 분비시켰습니다. 그래서 짧은 시간에 당신은 나무로 뛰어 올라갈 결심을 할 수 있었습니다. 당신의 몸은 많은 부분에서 그러한 일을 하도록 준비되어 있습니다. 예를 들어, 당신의 심장은 더 빨리 뛰기 시작해서 호흡률을 높입니다. 이에 따라 심장은 피를 빠르게 몸에 공급하여 근육이 사자로부터 빨리 달아날 수 있게 돕거나 사자를 큰 막대기로 때릴 수 있도록 충분한 산소를 공급합니다. 빨리 숨 쉬는 것은 많은 양의 공기를 들이켜 피가 충분한 양의 산소를 얻을 수 있게 도와줍니다. 만약 근육이 충분한 산소를 얻지 못한다면, 쥐가 나게 되고 이는 뛰는 것을 느리게 만들어 사자로부터 도망치는 것을 어렵게 할 수 있습니다.

당신의 몸은 다른 많은 놀라운 일도 합니다. 예를 들어, 손과 발에 있는 혈관은 수축되어 그곳으로 가는 피의 양을 줄입니다. 손과 발은 다치기 가장 쉬운 부위이기 때문에 적은 양의 피를 보냄으로써 나무를 타고 올라갈 때 사자가 상처를 내더라도 출혈이 작도록 도와줍니다. 알아차리기 어려울 수도 있지만, 물가에 몸을 쭈그리고 앉아 있는 동안 당신의 근육은 너무 긴장해서 떨릴 수 있습니다. 이것은 사자가 당신에게 다가올 때 빨리 반응할 수 있도록 도와줍니다. 이러한 근육의 긴장은 빠른 행동을 적절한 시점에 취할 수 있도록 합니다. 또한 땀을 많이 흘릴 수 있는데, 이것은 도망칠 때 체온이 너무 상승하지 않도록 몸을 식혀 줍니다. 당신이 경험하는 신체적 공포 감각은 모두 달아나거나 싸울 수 있도록 몸을 준비시킨 결과입니다. 이러한 모든 감각들은 삶을 위협하는 상황에서 당신의 생존을 돕기 위해 설계된 반응이지만, 때로는 당신을 불편하게 만들 수도 있습니다.

앞서 언급했듯이 공포는 세 가지 요소로 구분할 수 있습니다. 우리는 방금 신체적 감각 요소에 대해 살펴보았습니다. 그럼 이제 다른 요소로 넘어가 봅시다. 당신이 사자를 보았을 때 머릿속을 스치는 생각은 어떤 것이었나요? '나는 곧 죽게 될 거야?' '사자는 날 먹어 치울 거야?' 이러한 생각은 공포 순환의 한 부분이고 당신이 위험에 처해 있다는 생각을 강화시킵니다. 만약 당신이 그러한 생각을 없애고자 한다면, 공포 사고의 중요성을 이해할 수 있습니다. 사자를 보고 "이건 그냥 큰 고양이야, 쓰다듬어 줘야지."라고 생각했다고 상상해 보세요. 자신을 보호하는 대신 당신은 사자에게 잡아먹혔을 것입니다! 당신의 공포 사고는 사자가 당신에게 어떻게 할 것인지 이해하고 있다는 것을 나타냅니다.

마지막으로 공포행동이 있는데, '투쟁-도피'라는 이름에서 알 수 있듯이 공포행동의 가장 일반적인 두 가지는 싸우는 것과 달아나는 것입니다. 일반적으로 두 가지 모두 가능한 상황이라면 우리는 싸우기보다는 달아날 것입니다. 그러나 때론 도망가는 것이 불가능한 상황이 있을 수 있습니다. 큰 바위가 막고 있어 사자로부터 도망갈 수 없다고 상상해 보세요. 당신은 무엇을 하시겠습니까? 싸울 수도 있습니다. 만약 무기가 있다면 싸울 수도 있을 겁니다. 하지만 무기가 없다면 무엇을 해야 할까요? 당신은 어떻게 할 것 같습니까? 당신이 짐작한 바와 같이, 다른 선택이 불가능해질 때 하게 되는 세 번째 행동이 있습니다. 이는 동결반응으로 불리며, 이제는 '투쟁-도피' 반응을 '투쟁-도피-동결' 반응으로 부르는 것이 유용할 것입니다. 왜냐하면 도망가거나 싸울 수 없을 때 우리는 얼어붙게 되기 때문입니다. 만약 물가에서 얼어붙게 되었다면 무슨 일이 벌어질까요? 운이 좋다면, 사자가 당신을 보지 못할 수 있습니다. 움직임은 주의를 끌기 마련이므로 동결 반응을 통해 당신의 존재를 눈치채지 못하게 할 수 있습니다. 이것이 우리가 위험하거나 공포스러운 상황에서 얼어붙게 되는 이유입니다.

이제 사자로 다시 돌아가 봅시다. 다행스럽게도 나무를 잘 타서 당신은 나무 위로 올라갔고, 위협적인 사자로부터 도망칠 수 있었습니다. 그렇지만 며칠이 지나자 당신은 처음 아프리카에 왔을 때와는 자신이 무언가 달라졌다는 것을 깨닫게 됩니다. 당신은 더 이상 물가에 가고 싶지 않았고, 안전한 곳으로 돌아와서도 공포와 불안감을 느끼며 주변을 감시하고 있는 자신을 발견합니다.

집으로 돌아와서는 예전과 달리 동물원에 있는 작은 동물이 자신을 아주 불안하게 만든다는 것을 느낍니다. 그 동물은 사자가 아닌데도 말입니다. 그리고 땅거미가 지는 저녁이면 불안해지는데, 그 시간은 물가에서 사자를 만났던 시간입니다. 오렌지색 털을 가진 작은 고양이를 보았을 때는 거의 공황 상태에 빠지게 됩니다. 이러한 상황과 사물들은 당신의 공포를 활성화시키는 사자를 기억나게 하는 유인 자극 혹은 단서가 됩니다.

당신은 외상 경험이 상기될 때 우리가 왜 공포를 느낀다고 생각하십니까? 우물이나 땅거미지는 것을 공포스러워하는 것이 도움이 되는 이유는 무엇일까요? 당신이 짐작할 수 있듯이 물가는 사자가 출현하는 흔한 장소이고, 사자는 어둑어둑해질 때 더 활동적이 됩니다. 이러한 상황에 대해 불안을 느끼는 것은 안전을 확보하는 데 유익합니다. 왜냐하면 이런 상황에서는 사자를 또 만날 수 있기 때문입니다. 이것이 유인 자극과 단서가 당신을 불안하게 만드는 이유입니다. 몸과 마음은 당신이 위험한 상황에 다시 처하지 않도록 막고자 합니다.

그러나 동물원으로 소풍 가는 것, 땅거미가 질 때 집에 있는 것 그리고 오렌지색 털을 가진 고양이는 어떤가요? 이러한 상황에서 사자를 만날 가능성은 전혀 없지만 당신은 여전히 공포를 느낍니다. 사자의 냄새는 사파리에 있을 때는 위험을 알려 주는 단서였지만 동물원에 있을 때는 도움이 되지 않는 단서입니다. 그리고 오렌지색 고양이를 볼 때마다 공황 상태가 되는 것은 분명한 문제가 됩니다. 외상 사건을 경험하게 될 때는 일반적으로 많은 공포 유인 자극들이 연합하여 발달되게 됩니다. 불행하게도 이러한 많은 유인 자극은 당신의 안전을 지켜 주지 못하며, 삶의 즐거움들을 방해합니다. 예를 들어, 당신은 더 이상 동물원에 가는 것을 즐기지 않게 되고 심지어 동물원을 싫어하게 될 수도 있습니다. 이러한 유인 자극들은 당신이 자각하지 못할 때에도 당신의 불안을 활성화합니다. 당신의 공포는 불시에 닥쳐오는 것으로 보입니다. 유인 자극들은 냄새, 소리, 하루 중 특정 시간, 사람들, 색깔, 관계적 상황(예: 논쟁) 또는 장소일 수 있습니다. 유인 자극들은 또한 특정 생각이나 이미지를 포함할 수 있고, 심지어 특정 정서도 포함할 수 있습니다.

다음 부분에 당신이 생각할 수 있는 유인 자극에 대해 기록해 보십시오. 유인 자극이 무엇인지 파악하는 것이 어렵다면 당신의 공포반응을 생각해 보고 그러한 반응을 만들어 내는 상황에 대해 생각하는 것이 도움이 될 수 있습니다. 우리는 불안하게 만드는 상황이나 유인 자극을 피하고 싶은 충동을 자주 느끼게 됩니다. 따라서 당신이 피하려고 노력했던 장소, 사람 이외에 외상을 상기시키는 것에 대해 생각하는 것이 도움이 될 것입니다.

나에게 공포를 유발시키는 것	나의 공포반응
장소와 대상:	신체감각:
사람과 활동:	충동:
소리, 냄새, 감각:	생각:

회피

적극적 회피

사자로부터 막 탈출한 아프리카에 다시 초대되었다고 생각해 봅시다. 가시겠습니까? 사자의 공격을 받은 아프리카에 다시 가는 것을 망설이는 자신을 발견할 것입니다. 당신은 아프리카의 사파리에 있는 것이 항상 안전하지는 않다는 것을 학습했습니다. 회피는 외상 경험에 따른 아주 일반적인 반응입니다. 때로는 회피가 좋을 때도 있습니다. 예를 들어, 사자와 아주 가까이 있을 때 피하는 것은 건강한 것입니다. 그러나 실제적인 위험이 없는 많은 상황에 대해서도 무섭다고 느끼고 회피하려는 충동을 가질 수 있습니다. 예를 들어, 고양이나 작은 동물원은 아주 안전하다고 생각되지만, 사자의 위협을 경험한 이후에는 그것들을 회피하는 자신을 발견할 것입니다. 위험이 느껴지는 상황에서 회피하고자 하는 충동이 생기는 것은 자연스러운 반응입니다.

당신은 사람, 장소, 물건 등 외상을 상기시키는 것을 회피할 수 있습니다. 또한 외상에 대한 사고나 느낌도 회피할 것입니다. 사고나 느낌은 때론 위협적이고 위험할 것입니다. 당신은 외상을 상기시키는 생각을 회피하고자 하는 충동을 가질 수 있습니다. 회피하고자 하는 상황, 생각, 느낌을 확인하는 것이 유용합니다. 당신은 다양한 회피 전략들을 사용할 것이기 때문에 스스로에게 "내가 어떻게 회피하지?"라는 질문을 해 보는 것이 도움이 됩니다. 아래 표에 당신이 회피하는 장소, 물건, 느낌과 당신이 회피하는 사고를 적어 보십시오.

내가 회피하는 것	나의 회피 방법
장소, 사람, 활동, 그리고 사물	
사고, 감정, 기억, 대화	

수동적 회피('멍해지는 것')

때로는 외상과 관련된 기억, 사고, 느낌을 회피하고자 하는 욕구가 너무 강하여 감각의 마비가 시작된다고 느낄 수도 있습니다. 당신은 또한 외상 경험의 특정 부분을 기억하지 못할 수도 있습니다. 마비는 여러 형태로 찾아오며 자주 공허한 기분과 주변 사람으로부터 분리되어 있다는 느낌을 갖게 됩니다. 때로는 예전에 즐거움을 느꼈던 것에서조차 즐거움을 느끼지 못할 수 있습니다. 이러한 경험에 대해 아래 표에 적어 보십시오.

예전엔 즐거웠으나 더 이상 흥미가 없는 활동	정서적으로 분리되고 멍해지는 것 같은 느낌

외상의 재경험

    외상 경험 후에 그 외상을 재경험하는 것은 매우 흔한 일입니다. 사자를 마주친 이후 계속 사자 생각을 하고 있는 자신을 발견할 것입니다. 사자에 대한 악몽을 꾸고, 머릿속에서 사자에 대한 생각을 쫓아낼 수 없을 것 같습니다. 사자 모습이 갑자기 마음속에 떠올라서 생생한 플래시백으로 경험되기도 합니다. 이는 사자의 공격이 당신이 집에 있을 때에도 계속해서 일어나는 것과 같습니다. 이러한 경험은 일반적으로 침습적이며 당신의 통제를 완전히 벗어난 것처럼 보입니다. 기억, 플래시백, 외적 사건으로 촉발된 고통 또한 당신이 어디에 있든지 나타날 수 있습니다. 다음 표에 당신을 고통스럽게 하는 재경험 증상을 적어 보십시오.

이미지나 플래시백	꿈
정서	사고

06 노출치료

노출은 쉬운 치료법으로 보일 수 있다(즉, 오랜 시간 반복하여 환자가 공포스러워하는 자극에 노출시킨다). 노출 작업의 실시 방법에 대한 이해와 환자가 노출로부터 무엇을 배울 수 있는지 알아보는 것은 치료 효과를 높이고 실수를 피하기 위한 필수 과정으로 이 장에서 다루게 될 것이다. 이 장은 노출치료를 이해하는 데 도움이 되는 내용을 포함하고 있다. 우리는 노출 동안(실제노출과 심상노출) 환자가 무엇을 배우게 되는지 먼저 설명하고, 다음으로 실제노출을 실행할 때의 '실천적인 내용'을 다룰 것이다. 또한 실제노출을 할 때 발생할 수 있는 흔한 함정과 문제를 다루기 위한 전략도 알아볼 것이다. 심상노출에 대한 세부 내용은 7장에서 다룰 것이다.

노출 과정 이해하기

질 사례: 불 마스티프라는 큰 개에게 공격당함

3년 전 질은 집 근처에서 저녁 산책을 하다가 잔디밭을 어슬렁거리는 이웃집 큰 개와 마주쳤다. 개는 질을 보자 으르렁거리며 다가왔고, 갑작스러운 상황에 놀란 질은 도망치기 시작했다. 개는 질을 뒤쫓아 왔고 그녀가 넘어지자 몸과 얼굴을 마구 물어 심한 상처를 입혔다. 질은 사람들이 개를 붙잡고 경찰을 부를 때까지 개와 사투를 벌였다. 그 개는 평소 사랑스러웠으며 질은 그 개가 위험하다는 생각을 한 번도 해 본 적이 없기 때문에 자신에게 무슨 일이 일어났는지 깨닫는 순간 어안이 벙벙해졌다. 응급차에 실려 이동하는 동안 질은 "개로부터 안전하기 위해서는 뛰어서 도망치지 말아야 했다."는 경찰관의 말을 듣게 되었다.

우울증으로 의뢰되어 치료사를 방문했을 때 질은 개를 만날까 봐 두려워 지난주에는 밖을 나오지 못했다고 하였다. 그녀는 개를 보게 될까 봐 더 이상 TV 시청도 하지 못했다. 자녀들을 과잉보호하였으며, 개가 있는 친구의 집에는 가지 못하게 하였다. 그녀는 하루에도 몇 번씩 개에게 공격당한 일이 떠올랐고, 기억이 떠오르는 것조차 두려워했다. 심지어 샤워를 하거나 화장을 하는 것도 힘들었는데, 여기저기 몸에 난 상처를 볼 때마다 개에게 이빨로 물어뜯겼던 기억이 떠올랐기 때문이다. 그녀는 기억을 통제할 수 없었기 때문에 "내 마음을 잃어 버렸어요."라며 공포스러워하였다. 그녀는 밤에 특히 예민해져서 해가 지기 시작하면 문을 잠갔고, 개가 어디선가 짖지 않을까 두리번거렸다. 자는 것도 힘들었는데, 긴장을 푸는 것이 두려웠기 때문이다. 그녀는 안정을 취하기 위해 큰 담요를 깔고 침대에 불을 켜 두었다. 잠들었을 때는 동물에게 쫓기는 악몽을 꾸었다. 치료사와의 첫 만남에서는 "대부분의 동물은 좋아하는 것 같다. 하지만 공격당한 후에는 개는 대부분 위험하다."는 믿음을 갖게 되었다고 하였다. 좀 더 탐색해 본 결과 "글쎄요, 어떤 동물이 안전한지 그 차이는 잘 모르겠어요."라고 답하였다. 질은 또한 다음과 같이 말하며 자신감이 약화되었다는 사실도 인정하였다. "나는 모든 것을 통제할 수 있다고 생각했어요. 그러나 이제는 내가 약하다는 것을 알아요—나는 나쁜 것에 대처할 수 없습니다."

노출을 통해 질이 성취해야 하는 것

노출 시도의 일차적인 목표는 실제로는 위험하지 않은 외상에 대한 생각과 그 생각과 연합되어 있는 공포를 줄이는 것이다. 질은 개에게 공격당한 것은 위험한 일이었지만, 공격당한 기억은 위험하지 않다는 것을 학습할 필요가 있다. 또한 대부분의 개는 위험하지 않다는 것을 학습해야 하며, 공포가 영원히 지속될 것 같은 느낌이 들더라도 불안 유인 자극에 직면하면 공포는 결국 줄어들 것이라는 사실을 깨달아야 한다.

공포감을 줄이는 것에 더해 공포감에 대한 지각된 통제감도 높여야 한다. 불안 감소에 대한 일반화는 상황이나 시간을 넘어 확대될 수 있다. 예를 들어, (1) 공포는 참을 수 있다는 것 학습하기, (2) 실제노출 동안 개에 대한 공포감 감소를 학습하기, (3) 심상노출 동안 개에게 공격당한 기억에 대한 공포감 감소를 학습하기. 이를 통해 불안 반응에 대한 질의 지각된 통제감은 높아질 수 있다. 나중에 논의하겠지만, 불안에 대한 지각된 통제감 상승은 노출에 따른 기본적인 '변화'로 외상 후 스트레스장애 치료(다른 불안장애와 마찬가지로)에서 얻고자 하는 목표다.

노출, 특히 심상노출은 외상 기억의 처리를 촉진한다. 2장에서 기술한 것처럼 환자는 그들의 경험을 이해할 필요가 있는데, 이것은 사건의 줄거리를 일관성 있는 적절한 정보로 통합하는 것과 같다. 심상노출은 외상 후 스트레스장애에 수반되는 부정적인 정서를 완화시켜 줄 수 있다. 질의 예를 보면, 심상노출을 통한 기억의 재처리는 그녀의 사고에 만연해 있는 죄책감과 무력감을 줄여 줄 것이다.

실제노출 동안의 학습

개에게 공격당한 후, 질은 개와 위험을 강하게 연합시켰고 개에 대한 새로운 신념을 고집스럽게 고수하였다. 이웃집 개처럼 위험한 개를 무서워할 뿐만 아니라, 물 것 같지 않은 친구의 작고 귀여운 강아지도 회피하였다. 이것은 그녀의 경험에서 얻어진 개에 대한 '유비무환' 접근법이라고 할 수 있다. 하지만 이로 인해 개와 관련해 실제로는 위험성이 없는 상황도 피하게 되었다. 회피는 개와의 접촉을 어렵게 만들었고 새로운 학습의 기회가 차단되면서 개에 대한 질의 공포는 지속적으로 유지되었다.

실제노출 동안 질은 자신의 불안이 개가 다가올 때의 위험을 신뢰롭게 예측하지 못한다는 사실과 '개'라는 구성물이 하나의 의미(즉, 위험)만을 갖지는 않는다는 사실을 학습해야 한다. 또한 '개'는 해석이 모호한 구성물로 종에 따라 의미가 다르고, 개를 만나는 맥락에 따라 의미가 다르다는 것도 학습해야 한다(Bouton & Swartzentruber, 1991). 숨겨진 의미를 학습하면(즉, 어떤 환경에서 어떤 개가 위험한지) 질은 안전한 활동의 범위를 넓힐 수 있고 '대부분의 개들은 위험하다.'는 생각을 고수할 때보다 자신을 더 잘 보호할 수 있을 것이다. 그렇게 되면 질은 귀여운 푸들이 있는 친구의 집에 놀러 가는 것은 더 이상 피하지 않겠지만, '개 조심'이라는 경고가 쓰여 있는 으르렁거리는 개가 있는 집은 여전히 피하게 될 것이다. 또한 어두운 골목길에서 줄이 풀린 치와와를 보고 더 이상 도망가지 않을 것이며, 약간은 위험할 수도 있겠지만 필요한 경우라면 치와와를 발로 찰 수도 있을 것이다.

위험과 것과 안전한 것을 정확히 구분할 수 있는 단서를 학습하는 것은 통제감을 더욱 높여 줄 수 있고 안전한 상황에서 불안을 참아낼 수 있도록 도울 것이다. 예를 들어, '나는 이것을 다룰 수 없어. 다치기 전에 도망쳐야지.'라는 생각과 '나는 이것을 다룰 수 있어. 내가 이 개를 귀여워한다면 나의 공포는 사라질 거야.'라는 생각을 비교해 보면 통제감이 향상될 수 있을 것이다.

심상노출 동안의 학습

기억이 신체에 해를 입힐 수 없음에도 질은 강렬한 불안을 야기했던 공격 상황을 회상하는 것만으로도 공포감을 경험하게 된다. 마찬가지로 개를 피하는 것은 개에 대한 이해의 재정립을 방해하며, 공격을 받은 기억을 피하는 것은(예: 주의가 분산됨) 외상 사건과 사건에 대해 자신이 반응한 것의 의미를 재해석하는 것을 어렵게 한다. 따라서 공격을 받은 '일화'는 단편적으로 남게 되며 중요한 항목은 질의 해석에 통합되지 못한다. 이에 따라 질은 주변의 위험 수준에 대해 자신의 과장된 부정적 신념의 '잣대'를 가지고 대처하게 될 것이다(Resick & Schnicke, 1992).

심상노출 동안 질은 공격당한 일을 생각하는 것이 불안을 유발하긴 하지만(즉, 공포의 활성화), 아무 일도 일어나지 않는다는 사실을 학습하게 된다(즉, 안전에 대한 정확한 정보를 경험함; Foa & Kozak, 1986). 그러면 그녀의 공포는 줄어든다. 심상노출은 또한 공격당한 기억의 모든 구성요소를 수집해 논리적인 방식으로 조직화할 수 있는 기회를 제공하여 질이 자신에게 일어난 일에 대해 보다 현실적인 결론을 새롭게 내릴 수 있게 한다.

예를 들어, 샤워하는 동안 상처를 보게 되면 질은 노래를 부르거나 벽의 타일 수를 세면서 공격당한 기억으로부터 주의를 돌리려고 노력하였다. 그녀는 기억을 차단하면서 이웃집 개와 관련된 항목을 무시하였는데 예를 들면, 평소처럼 꼬리를 흔들지 않은 것으로 보아 좋지 않은 상태였을 수 있다는 것과 개 주인이 개가 그녀를 보기 전에 10대들로부터 괴롭힘을 당했다고 말한 사실 등이다. 또한 그녀는 무슨 일이 일어났는지 보러 온 아이들을 개가 물지 못하게 하려고 도망가는 대신 자신이 개와 사투를 벌였다는 사실도 잊고 있었다. 공격당한 후 질은 모든 개가 위험하다고 믿었다. 그러나 상황을 자세히 따져 보면 비록 이웃집 개가 성질이 사납긴 해도 당시 초조한 상태였기 때문에 더욱 위험했을 수 있다. 더구나 위험에 대한 그녀의 신념은 개가 흥분 상태였다는 것을 자신이 충분히 알아채지 못했다는 사실보다는 자신이 위험을 예측할 수 없었다는 것과 더욱 관련되어 있다. 이러한 정보의 통합은 '대부분의 개들은 위험하다.'는 생각에서 '괴롭힘을 당해 흥분 상태에 있는 개는 공격적이 될 수 있다.'로 질의 신념을 수정할 수 있게 해 준다. '나는 위험한 개와 온순한 개를 구별할 수 없다.'는 신념은 '나는 개의 몇 가지 위험 신호를 인식할수 있다.'로 수정될 것이며, '나는 약하다―나는 나쁜 것에 대처할 수 없다.'는 신념은 '점점 상황이 악화되는 것을 바로잡기 위해 다친다 하더라도 나는 내가 할 수있는 최선의 대처를 할 수 있다.'로 수정될 것이다. 또한 도망친 것에 대한 수치심과 개 주인에 대한 분노는 노출을 통해 다른 사고로 수정될 수 있다. 인지적 재구조화가 많은 경우 변화를 촉진하긴 하지만 사건의 의미에 대한 신념의 근본적인 변화는 심상노출 동안 자주 일어난다.

잠깐! 노출 작업이 공포를 둔감화시킬까?

노출 동안 이루어지는 학습에 대한 설명은 당신이 예전에 알고 있던 설명과는 약간 다를 수 있다. 흥미롭게도, 모든 사례에서 이루어지는 노출의 치료 원리를 정확히 아는 사람은 없다. 그러나 경험적으로 면밀한 조사가 이루어진 바에 따르면 몇가지 공통된 설명은 존재한다.

'습관화habituation'에 대한 초기 설명 중 하나는 큰 소리 같은 자극에 대한 생리적반사반응은 자극의 반복 제시를 통해 약화된다는 것이다(예: 큰 소리가 나면 심장박동, 혈압, 땀샘의 분비 같은 신체활동이 변하지만, 반복해서 같은 소리가 들리면 신체활동은 원상 회복한다). 연구자들은 습관화만으로는 노출 동안 일어나는 공포 감소를 설명할 수 없다고 보았는데, 습관화는 시끄러운 소리에 대한 반응처럼 자율신경계에만 영향을 미치기 때문이다(Mackintosh, 1987). 이처럼 불안이 반사반응보다 훨씬복잡하다는 것을 이해하고 있음에도 노출 동안의 불안 감소를 임상적으로 설명하기 위해 '습관화'라는 단어는 여전히 계속 사용되고 있다.

이에 대한 대안적인 설명은 '소거'다. 2장에서 기술한 것처럼, 외상 후 스트레스장애를 위한 대부분의 인지행동모델은 고전적 조건화가 외상 관련 공포의 형성에 중요한 역할을 한다고 본다. 이 이론에 따르면, 고전적 조건화를 통해 학습된 공포는조건자극(개)이 무조건 자극(무는 것) 없이 반복적으로 제시될 때 새로운 학습에 의해 소거되거나 교체된다. 그러나 소거만으로는 공포와 관련된 인지적·행동적·신체적 측면이 서로 독립적으로 변화하는 이유를 정확히 설명할 수 없다(McCutcheon & Adams, 1975). 또한 소거는 대리학습된 공포(예: 비행기 충돌에 대해 학습한 후 비행기 타는 것에 대한 공포가 발생함) 반응을 설명하지 못한다.

최근 연구자들은 획득된 공포가 '탈학습' 되는 과정을 설명하기 위해 인지적 요소(예: 공포 네트워크)로 방향을 전환하였다. 인지모델은 병리적 공포에 대해 자극 사이의 잘못된 연합이 학습된 결과라고 보고 있다. 예를 들어, 질은 개를 무는 것이라는 위험과 연합하였고, 그녀는 밤에 특히 더 공포를 느꼈다. Foa와 Kozak(1986)은 공포 네트워크가 활성화될 때 잘못 연합된 정보를 안전에 대한 새로운 정보로 수정하면 공포가 줄어든다고 하였다. 이 모델에 따르면, 질은 공포자극(예: 안전한 개에게 가까이 다가가기)을 통해 충분히 공포를 경험하면서 동시에 거기엔 실제적인 위험이 없다는 것(즉, 물지 않음)도 경험해야 한다.

연구 결과는 공포 활성화(Jaycox, Foa, & Morral, 1998)와 정보 수정(Foa & Kozak, 1986)의 중요성을 지지한다. 그러나 기초 연구에서는 노출이 잘못된 연합(예: 개와 무는 것 사이의 연합)을 약화시킬 수 있다는 주장이 지지되지 않았다. 대신, 동물학습에 대한 연구(Bouton & Swartzentruber, 1991)는 노출이 새로운 연합을 만들어 낸다는 사실을 알아냈다. 공포가 노출에 의해 탈학습된다기보다는 오히려 어떤 환경에서의 자극이 더 위험한가에 대해 사람들이 말하는 더 구체적인 정보가 더해지는 것이다. 예를 들어, 치료실에서 온순한 개에 노출된 질은 온순한 개의 행동 특징(예: 조용히 앉기, 꼬리 흔들기, 핥기 등)을 구체적인 연합을 통해 새롭게 학습한다. 하지만 위험한 개에 대한 오래된 연합은 지워지지 않는다. 질은 노출을 통해 특별한 상황에서 특정한 종에 대한 안전 단서를 정확하게 배우게 된다.

이 발견에는 몇 가지 함의가 있다. 첫째, 공포가 이전 수준으로 감소한 후 다시 나타나는 이유를 설명함으로써 공포가 같은 조건에서 재활성화될 수 있음을 시사한다. 질은 개에게 물린 사실을 절대로 잊지는 못할 것이며 오히려 어떤 개가 어떤 상황에서 물지 않는지 배울 것이다. 그녀가 만약 치료사의 사무실에서 대낮에 줄에 묶여 있는 개에게만 노출된다면 밤거리를 돌아다니는 같은 종의 개를 만났을 때 공포는 되살아날 수 있다. 둘째, 안전 단서를 학습하기 위해서는 낮 시간에 특별히 길들여진 개를 만나기보다는 다양한 환경에서 다양한 종류의 개를 반복해서 만날 필요가 있음을 시사한다.

개에 대한 접근을 학습하는 것은 질에게 다른 중요한 가르침을 줄 수 있다. 지각된 통제감의 결핍은 지속적인 불안과 연합되며 지각된 통제감은 불안 감소와 연합된다는 것을 지지하는 연구결과는 많다(Mineka & Thomas, 1999). 이러한 지각 연구에 따르면, 노출 동안의 공포 감소는 위험(즉, 개)과 그리고 아마도 더 중요할 수 있는 불안 반응에 대한 개인의 지각된 통제감을 높일 것이다. 예를 들어, 개에게 노출되는 동안 불안에 성공적으로 대처할 수 있었다면 질은 자신을 고통스럽게 하는 불안 반응을 스스로 더 잘 통제할 수 있다고 느낄 것이다(예: '나는 그것을 다룰 수 없어.'라는 생각이 '나는 공포에 대처할 수 있어.'라는 생각으로 바뀔 수 있다). 그 결과 질은 '미친 것 같은' '통제를 벗어난 것 같은 느낌'을 더 적게 받게 된다. 또한 증가된 통제감은 추가 노출을 더 쉽게 시도할 수 있게 한다.

> 비법은 불안 그 자체를 없애는 것이 아니라, 상황에 따라 그것을 적절하게 잘 통제하는 것이다.
>
> – Outward Bound International(2004, p. 64)

노출 시행

실제노출 시행을 위한 안내

실제노출 시행을 위한 기초 단계는 다음과 같다. 첫째, 노출에 대한 이론적 근거를 검토하고([부록 6.1] 참조) 환자의 공포자극을 확인한다([부록 6.2], [부록 6.3] 참조). 둘째, 환자가 공포를 느끼는 순서에 따라 공포자극의 목록을 만들고 환자가 공포자극에 대한 위계를 세울 수 있도록 돕는다([부록 6.4] 참조). 위계를 세운 후에는 다양한 자극이나 상황에 대한 위계 목록을 가지고 노출을 지속적이고 체계적으로 실시할 수 있도록 교육한다([부록 6.5] 참조). 지속 노출 동안 환자는 불안자극에 주의를 집중하고 경험할 것을 격려받으며, 노출 동안 불안의 감소를 경험한다. 끝으로, 실제노출 과제를 집에서도 반복적으로 연습할 수 있도록 한다([부록 6.6] 참조).

노출치료에 대한 이론적 근거 검토

환자에게 처음으로 인지행동치료를 설명할 때에는 기본원리를 자세히 알려 줘야 한다. 노출 과정에 대해 설명하기 전에 환자가 기본원리를 완전히 이해했는지 확인하는 것이 중요하다.

대화 예시 노출치료에 대한 이론적 근거

치료사: 오늘 우리는 노출치료를 시작하기 위한 첫 번째 단계를 진행하려고 합니다. 예전에 노출치료에 대해 말씀드린 적이 있는데, 우리가 논의했던 내용을 말씀해 주시겠어요?

질: 제가 가지고 있는 개에 대한 공포를 없애려면 개에게 다가가야 한다는 것이 아니었나요?

치료사: 맞습니다. 그런데 그때 얘기하지 않은 몇 가지 중요한 내용이 있습니다. 개에 대한 공포를 없애기 위해 노출치료를 하는 것이 도움이 되는 이유와 노출 동안 당신이 무엇을 기대할 수 있을지 설명하는 것이 좋을 것 같습니다.

질: 좋아요. 이 모든 것들에 대해 조금은 기대가 됩니다.

치료사: 시작하기 전에 노출치료에 대해 되도록 많이 이해하는 것이 중요한 이유를 알아야 합니다. 그리고 위험한 상황이 끝났는데도 왜 공포가 지속되는지도 생각해 봅시다. 다른 말로 하면, 어떤 개들은 해를 줄 가능성이 전혀 없어 보이는데도 당신이 모든 개에 대해 공포를 느끼는 이유를 검토해 봅시다. 개는

빠져나올 수 없는 안전한 우리 안에 갇혀 있습니다. 그 개가 두렵나요?

질: 여기에서 나가고 싶습니다.

치료사: 몇 가지를 추측해 봅시다. 제 질문은 개가 당신을 다치게 할 수 없는데도 왜 공포를 느끼는지에 대한 것입니다. 여기에는 두 가지 주된 이유가 있습니다. 첫 번째는 회피입니다. 우리는 외상 사건에 따른 공통된 반응들을 얘기할 때 회피를 다루었습니다. 그때 논의한 것처럼 외상 사건을 경험한 후에 남아 있는 생각이나 기억, 상황을 회피하고자 하는 것은 지극히 정상적입니다. 우리가 사파리로 돌아가 생각해 보면 당신이 왜 개를 피하고 싶어 하는지 확실히 이해할 수 있을 겁니다.

질: 개는 저에게 사자예요.

치료사: 한 마리의 개가 당신에게 사자라면, 다른 모든 개는 무엇입니까?

질: 얼룩 고양이?

치료사: 맞아요. 그럼 지금부터 그때 일을 떠오르게 하는 개나 기억, 느낌 등을 회피할 때 무슨 일이 일어나는지 좀 더 주의 깊게 생각해 봅시다. 늦은 밤 거리를 걷고 있는데 당신을 향해 다가오는 개가 보였습니다. 어떤 기분이 들 것 같습니까?

질: 불안하고 무서워서 개 근처로 가고 싶지 않을 것 같습니다.

치료사: 좋아요. 당신의 불안을 알아볼 수 있는 그래프를 그려 봅시다. 당신의 불안은 얼마나 높은가요? 해당되는 곳에 다다르면 그만이라고 말씀해 주세요. (그래프를 그린다ㅡ[그림 6-1] 참조) 그리고 당신은 무엇을 하시겠습니까?

질: 저는 길 한쪽을 따라 걸으면서 마음속으로 숫자 세는 것에 집중하면서 주의를 다른 곳으로 돌려보려고 노력할 것 같습니다.

> **보충 설명** 만약 심상노출로 시작하기로 마음먹었다면, 실제 자극에 대한 침투기억을 회피 자극으로 대체하고, 그들이 마음속에서 기억을 몰아내려고 노력할 때 어떤 일이 일어나는지 물어본다.

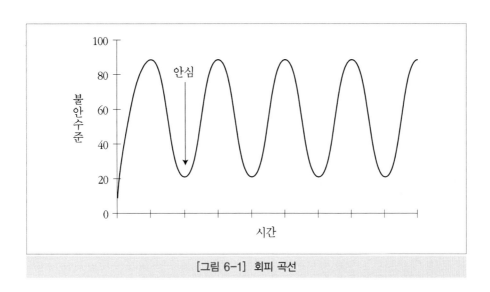

[그림 6-1] 회피 곡선

치료사: 길을 따라 걷고 있는데 개가 사라졌다면, 당신의 불안은 어떻게 변할 것 같습니까?

질: 사라질 것 같습니다.

치료사: 이것처럼요? (불안이 신속하게 감소된 것처럼 선을 아래로 그린다.) 그리고 이것은 우리가 두려워서 도망가거나 피할 때마다 일어나는 일입니다. 예를 들어, 두려워하는 것에 가까이 가면 개가 우리 안에 있을 때조차도 불안이 상승할 것입니다. 그리고 개로부터 도망가거나 피하고, 관련된 기억을 없앨 때 불안은 빨리 줄어들 것입니다. 불안이 줄어들면 기분은 진짜 좋겠죠—안심! (그래프에 '안도감'이라고 쓴다.). 내 생각에는 이러한 기분이 생길 것 같습니다. 당신이 개를 피할 때마다 불안이 내려간다면 왜 피하게 되는지 이해가 될 것입니다. 그렇지 않나요?

질: 네.

치료사: 그런데 여기엔 한 가지 문제가 있습니다. 단기적으로는 개를 피하는 것이 불안감소에 도움이 되겠지만 다음에 또 개를 보게 되면 어떨까요?

질: 불안이 다시 높아지겠죠.

치료사: 정확합니다. (다시 그래프를 높인다.) 불안은 다시 올라갑니다. 피하면 불안은 내려가지만, 같은 상황에 처하게 되면 불안은 다시 높아질 것입니다. 그리고 불행한 것은 당신의 불안은 올라갔다 내려갔다 하면서 영원히 지속된다는 사실입니다. 기법적인 용어는 아니지만 우리는 이것을 '회피곡선'이라고 부릅니다. 회피는 단기적으로는 기분을 좋아지게 할 수 있지만, 공포가 당신을 다치게 할 수 없다는 사실을 학습할 기회는 갖지 못하면서 결국 장기적으로는 공포를 극복하기 어렵게 됩니다.

질: 음…….

치료사: 만약 당신이 개와 마주친 상황에 계속 머물러 있다면 무슨 일이 일어날 것 같습니까?

질: 불안이 줄어들 것 같습니다.

치료사: 맞습니다. 물론 처음에는 불안이 높아질 것입니다. 불안이 계속 높아져 영원히 사라지지 않을 것처럼 느껴질 수도 있습니다. 그러나 사실 시간이 지나면 이렇게 불안은 낮아집니다. ([그림 6-1]에 이어 [그림 6-2]를 그린다.) 우리는 불안에 대한 큰 상승과 점진적인 감소를 습관화 곡선이라고 부릅니다.

> **보충 설명** 색깔이 다른 펜을 사용해 [그림 6-1]에 이어 [그림 6-2]를 그려도 좋다. 이어서 [부록 6.1]을 환자에게 보여 주고 이것에 대해 얘기하라.

질: 음…….

치료사: 이해하시겠어요?

질: 잘은 모르겠지만 나를 위한 일이라는 것은 이해해요.

치료사: 나는 당신이 과거에 어떤 것에 대한 공포나 불안을 가진 적이 있었는지, 그리고 결국에는 그 공포를 극복할 수 있었는지 궁금합니다. 예를 들어, 수영하는 많은 사람들은 그들이 익숙해질 때까지 다이빙이 공포스러웠다고 말합니다. 처음 수영을 배울 때는 물에 얼굴을 넣는 것조차 두려움을 야기하기도 합니다.

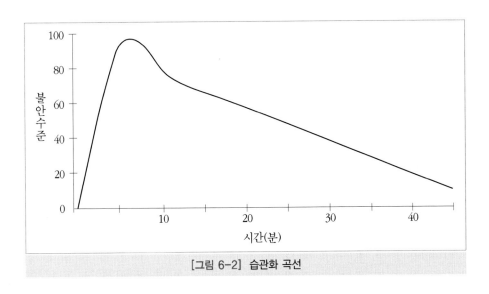

[그림 6-2] 습관화 곡선

경미한 교통사고를 당한 사람들 중에는 운전을 다시 시작하는 것이 처음 운전할 때처럼 불안했다고 말하는 사람이 있습니다.

질: 그건 저도 경험했던 일입니다. 1년 전 펜더가 우그러지는 차 사고가 났는데, 차 정비를 마쳤을 때 운전하고 싶지 않았습니다.

치료사: 그래서 운전을 그만두셨나요? 버스를 타고 다니시나요?

질: 운전은 합니다. 선택의 여지가 없었거든요.

치료사: 당시의 공포는 어떻게 되었나요?

질: 당신이 맞아요. 공포가 줄어 들었습니다.

치료사: 공포를 피할 수 없을 때 시간이 지나면서 공포는 감소됩니다. 그건 노출에 따른 것입니다. 다시 말하면, 회피하면 상황이 상당히 안전하다는 것을 학습할 기회는 얻지 못하게 됩니다. 그러나 회피하지 않을 때(회피할 수 없을 때) 당신이 느끼는 공포가 실제적인 위험 수준보다 더 크다는 것을 학습할 수 있습니다.

질: 충분히 이해가 됩니다.

치료사: 지금부터 불안을 유지하는 데 기여하는 두 번째 요인, 이름하여 도움이 되지 않는 사고방식에 대해 알아봅시다. 만약 당신의 잘못으로 어떤 일이 발생했다고 생각하면 당신은 자신을 비난하거나 죄책감과 우울감을 느낄 것입니다. 마찬가지로 당신이 지속적으로 개를 두려워하는 것이 자신의 약하고 무능력한 대처를 의미한다고 생각한다면 공포를 없애기 위한 노력을 더 적게 할 수 있습니다. 이러한 생각은 일어난 일에 대해 당신이 이해할 수 있게 해 줄지는 몰라도 도움이 되지 않는 사고방식입니다. 노출 동안 생각은 매우 자주 바뀔 수 있습니다. 다시 말해, 노출 동안 이루어지는 개에 대한 경험은 당신의 생각을 변화시킬 수 있습니다. 그러나 도움이 되지 않은 사고방식이 빈번하고 지속적이며 심한 고통을 준다는 것이 확인되면 이러한 생각을 알아차릴 수 있도록 당신을 교육할 것이며, 도움이 되는 사고방식을 배울 수 있게 할 것입니다.

위계 세우기

위계를 세우는 과정은 비교적 간단하지만 어떤 환자는 당황하기도 한다. 따라서 위계 세우기 단계의 첫 시간은 치료사가 함께 작업해 주는 것이 중요하다. 어떤 환자는 단지 한두 개의 위계만을 세우면 되지만(즉, 실제 상황 위계 1개, 심상 위계 1개), 자극 또는 상황의 여러 형태를 다루기 쉬운 단계로 분류하기 위해 다양한 하위 위계 목록을 작성해야 하는 환자도 있다.

대화 예시 위계 세우기

치료사: 이미 말한 것처럼, 공포 상황에 대한 반복 노출은 그 상황에 대한 불편감을 줄여 줄 것입니다. 실제노출을 위해 준비해야 할 첫 번째 단계는 공포 상황에 접근하기 위한 단계를 만드는 것으로 이는 '위계'라고 부릅니다. 만약 당신의 공포를 유인하는 자극들이 많다면 몇 가지 위계를 만드는 것이 도움이 됩니다. 여기 위계를 만들 때 참조할 수 있는 작업기록지가 있습니다(부록 6.4 참조). 작업기록지에 적힌 것처럼 노출을 위한 위계를 구성할 때에는 기본적으로 4단계를 따라야 합니다. 1단계는 공포 상황 확인하기입니다. '일반적인 반응' 부록(부록 5.1 참조)을 사용하면 당신이 피하려는 상황, 장소, 대상, 사람 또는 동물을 목록화할 수 있고, 이러한 외상 유인 자극을 회피하는 몇 가지 방법을 기술할 수 있습니다. 예를 들어, 개를 키우고 있어 방문을 피하고 싶은 사람의 집이나, 개 모습을 볼 수 있는 TV나 잡지를 보지 않는 것, 당신을 물었던 개가 살고 있는 집 근처는 걸어 다니지 않는 것 등을 목록화할 수 있습니다. 이러한 목록화는 위계의 다음 단계로 나아갈 수 있는 출발점을 제공해 줍니다. 위계 구성하기의 2단계는 되도록 많은 불안-유인 상황에 대해 브레인스토밍하는 것입니다. 당신을 불안하게 만드는 특별한 개와 구체적인 상황은 무엇입니까?

> **보충 설명** [부록 5.1]의 '회피' 부분을 이용하여 불안을 유발하는 다양한 상황에 대해 브레인스토밍하라. 목록을 완벽하게 작성할 필요는 없다. 하지만 합리적으로 세부 항목을 구성한다면, 노출하기 좋은 출발점을 결정하는 데 도움이 될 수 있고, 환자의 회피 범위에 대한 유용한 정보를 얻을 수 있다.

치료사: 좋습니다. 당신이 회피하는 몇 가지 상황에 대한 목록을 완성했으니 이제 다음 단계로 넘어갑시다. 3단계는 불안의 평가로 주관적인 고통지수(SUDS: Subjective Unites of Distress Scale)를 이용하여 측정할 수 있습니다. 이것은 주어진 상황에서 당신이 얼마나 많은 불안을 느끼는지 평가하는 것입니다. 척

도 범위는 0부터 100까지로, 0은 '불안이 전혀 없음'을 100은 '불안이 극심함'[1]을 나타냅니다. 이것을 쉽게 시작하는 방법은 당신이 작성한 불안 목록을 보고 당신이 불안을 가장 적게 느끼는 상황이나 대상에 대해 나에게 말해 주는 것입니다.

질: 목록에 적힌 모든 것이 저를 불안하게 하지만, 그나마 개 그림을 볼 때 불안이 가장 적게 느껴지는 것 같아요.

치료사: 개 그림 목록을 작성할 때 우리는 아주 끔찍하게 느끼진 않았던 것 같습니다. 당신의 개에 대한 공포는 아주 강렬합니까? 개 그림만 봐도 아주 당황되고 불편한가요?

질: 네.

치료사: 그러면 어떤 개 그림을 볼 때 불안이 가장 적게 느껴집니까? 다시 말해, 당신이 쳐다보기가 가장 쉬울 것 같은 개 그림은 어떤 것입니까? 이빨을 보이지 않고 누워 있는 개가 이빨을 보이면서 서 있는 개 그림보다 보기가 쉬운가요? 아니면 별 차이가 없습니까?

질: 이빨을 보이지 않고 누워 있는 개가 보기 쉽습니다. 저는 이빨이 없는 것이 중요한 것 같습니다.

치료사: 좋아요. 그럼 0 '불안이 전혀 없음', 100 '불안이 극심함'의 SUDS를 사용해 이빨이 없는 개 그림을 보았을 때 당신이 느끼는 불안을 측정해 봅시다. 얼마입니까?

질: 한 70점 정도요.

치료사: 좋아요, 그렇다면 가장 무섭다고 생각되는 것은 무엇입니까?

질: 불 마스티프 개가 가죽 끈에 묶여 있거나 묶여 있지 않은 것 모두입니다. 저는 둘 다 똑같이 무서운 것 같습니다.

---

1 환자가 다른 많은 불안장애 치료에서 사용하는 0부터 8점 척도로 평가하는 것에 이미 익숙해 있다면, 이 척도를 사용하는 것이 보다 쉬울 것이다.

치료사: 불안은 어느 정도입니까?

질: 100점보다 높을 수도 있습니다.

치료사: 100점은 우리가 측정할 수 있는 최고치의 불안입니다. 그렇다면 이 그림을 100점으로 하고 다른 그림들의 점수를 맞춰 봅시다.

질: 사실 저 그림을 보면, 이빨 없는 개가 70점이라고 생각되지 않습니다. 그것은 여전히 높지만 아마도 50점 정도로 낮아질 것 같아요. 사실 여기에는 더 무서워 보이는 그림이 많이 있습니다.

치료사: 좋아요. 이 그림을 50점에 대응해서 바꾸어 봅시다. 가장 낮은 점수와 가장 높은 점수 사이의 중간을 지금부터 채워 봅시다. 당신은 이빨이 보이는 개 그림이 더 무섭다고 했었죠. 몇 점으로 가면 될까요?

질: 여전히 큰 불안이 느껴집니다. 65점 정도면 적당할 것 같아요.

치료사: 묶여 있거나 우리 안에 갇혀 있는 친근한 작은 개에 대해서는 몇 점을 주시겠습니까?

질: 우리 안에 갇혀 있는 작은 개는 60점, 묶여 있는 개는 70점 정도입니다.

> **보충설명** 최소 공포와 최대 공포 상황을 평가하는 것은 환자에게 아주 쉬운 일이다. 그런 다음 목록의 나머지 부분을 채우면 된다. 이 사례에서 치료사는 질이 불안 위계의 낮은 수준을 과대평가한 것으로 보았다. 이 경우에는 질이 한 것처럼, 높은 수준에 대한 불안평가를 통해 낮은 상황에 대한 과대평가를 수정하면 된다.

치료사: 우리는 목록에 대한 평가를 모두 마쳤습니다. 다음 단계는 SUDS를 오름차순으로 정리하는 것입니다(낮은 점수부터 높은 점수 순으로 배열). 목록의 순서를 오름차순으로 배열하여 새로운 용지에 옮겨 적는 것은 노출을 시도할 수 있는 과제의 목록을 정하고 어떻게 할 것인지에 대한 방법을 구체화하기 위한 것입니다. 이것은 실제노출에서 당신이 시작하게 될 위계를 정하는 일입니다(그림 6-3) 참조).

1. 이빨이 없는 개 그림	50
2. 친근해 보이는 개에 대한 비디오	55
3. 상자나 우리 안에 있는 작은 개와 함께 방에 있는 것	60
4. 이빨이 있는 개 그림	65
5. 줄에 묶여 있는 작은 개와 함께 방에 있는 것	70
6. 줄에 묶여 있지 않은 작은 개와 함께 방에 있는 것	85
7. 우리 안에 갇힌 큰 개와 가까이 있는 것	85
8. 줄에 묶여 있는 큰 개와 가까이 있거나 만지는 것	90
9. 바니가 살고 있는 집 쪽으로 걸어가는 것	95
10. 줄에 묶여 있지 않은 큰 개와 가까이 있거나 만지는 것	95
11. 줄에 묶인 불 마스티프와 가까이 있거나 만지는 것	100
12. 줄에 묶여 있지 않은 불 마스티프와 가까이 있거나 만지는 것	100

[그림 6-3] 질이 초반에 작성한 실제 위계

불안 수준을 적정하기 위한 하위 위계의 구성

대부분의 환자는 초반에 작성한 위계 목록을 이용해 노출을 마칠 수 있다. 그러나 어떤 환자는 위계를 더 낮은 불안 수준으로 적정하여 노출을 진행하는 것이 효과적이다. 예를 들어, 질은 우리 안에 갇힌 큰 개를 SUDS 85점으로 평가하였다. 그러나 우리 안에 갇힌 다른 유형의 개(예: 크기, 색깔, 양육 유형에 근거)는 다른 점수로 평가할 가능성이 매우 높다. 또한 불안은 개와 얼마나 가까이 있느냐에 따라서도 달라지는데, 거리가 멀어지면 불안은 감소할 것이기 때문이다. 우리의 형태(예: 얼마나 안전해 보이는지)도 질의 공포에 영향을 줄 수 있다. 요약하면, '우리 안에 있는 큰 개'와 같은 목록을 다양한 하위 위계로 나누면 질의 불안을 더욱 정확하게 평가할 수 있게 된다.

낮은 불안 수준에 있는 목록의 노출에 성공하면 노출 동안 불안은 감소하고 자신감은 향상되며 높은 불안 수준의 목록을 생각보다 쉽게 마칠 수 있다. 이는 사다리를 오르기 위한 위계 목록을 완성하는 것과 비슷하다. 바닥부터 사다리를 밟고 올라가다 보면, 사다리 꼭대기에 점점 가까워지고 도착이 쉬워진다. 그러나 우리의 경험에 비추어 보면, 외상 후 스트레스장애 환자는 낮은 수준의 불안과제를 완성하고 나서 자신감이 생겼다고 반드시 높은 수준의 불안과제를 더 쉽게 하는 것은 아니었다. 따라서 질은 큰 개를 만질 때면 여전히 높은 수준의 불안을 경험하며 회피하고픈 충동을 느낄 수 있다. 이러한 상황에서는 하위 위계를 만드는 것이 도움이 된다. 마찬가지로 가장 낮게 평가한 것에서(즉, 개의 그림을 보는 것) 높은 불안을 경험한다면 개 그림에 초점을 둔 하위 위계를 만들어 보는 것이 유용할 것이다.

하위 위계를 만드는 것이 효과적이라고 생각된다면 위계를 검토한 후 단지 약간 수정된 형태로만 하위 위계를 만들면 된다는 것을 환자에게 명확하게 가르쳐 주기 바란다. 1단계는 공포 상황을 선택한다(예: 줄에 묶여 있지 않은 큰 개와 가까이 있는 것). 2단계는 상황을 변화시킬 수 있는 모든 방법에 대해 브레인스토밍한다(자극의 수정, 접촉의 정도 등). 3, 4단계도 처음 위계를 만들 때와 마찬가지로 평가할 항목을 선택하고 불안을 유발하는 정도에 따라 순서대로 정렬하면 된다. [부록 6.4]에 위계 목록 작성을 위한 지시문과 위계를 완성하는 방법, 그리고 위계 목록을 쓸 수 있는 작업기록지가 포함되어 있다.

실제노출을 위한 첫 번째 자극의 선택

위계 작성을 마친 후의 다음 단계는 실제노출을 실시하는 방법을 환자에게 가르쳐 주는 것이다. 먼저, 위계의 어디에서부터 노출을 시작할지 결정한다. 가능하면 환자가 평가한 목록 중에서 시도해 볼 수는 있지만 불안을 크게 느끼는 위계의 중간 정도에서 시작하라. 일반적으로는 최소 50점으로 평가한 목록에서 시작하는 것이 가장 좋다.

대화 예시 노출을 시작할 위계 목록의 선택

치료사: 올림픽 경기에서와 같은 10m 높이의 다이빙보드에서 제가 공포에 떨고 있다고 상상해 보십시오.

질: 음……. 저는 그런 것을 본 적이 있습니다.

치료사: 저는 이러한 공포를 없애고자 쉬운 다이빙 동작부터 시작해 점차 어려운 동작을 시도하였으며, 처음엔 1미터 보드에서 다이빙했습니다. 1미터에서 다이빙하는 것을 성공한 후에는 3미터에서 점프를 시도하였고, 그다음에는 10미터에서 다이빙하였습니다. 이 방법은 내가 10미터의 다이빙보드에 오를 때까지 점차 높은 다이빙보드에 오를 수 있도록 해 주었습니다. 물론 이것은 좋은 방법이지만, 매번 다른 다이빙 동작을 배우고 더 높은 다이빙 보드로 옮겨 가는 일은 지루하고 시간이 많이 걸릴 수 있습니다.

질: 음. 오랜 시간이 걸렸겠네요.

치료사: 저는 낮은 곳에서 시작했고, 다음 단계로 올라갈수록 공포는 줄어들었습니다. 그래서 매우 높은 공포는 결코 느껴 보지 못했고 따라서 공포에 대처하는 법을 배우지 못한 것 같습니다.

질: 전 그것에 대해 생각해 본 적이 없습니다.

치료사: 또 다른 접근 방법은 높은 다이빙보드로 곧장 올라가서 바로 뛰어내리는 것입니다. 이것은 굉장히 두려운 방법이지만, 빠르게 공포를 제거할 수 있는 이점이 있기도 합니다. 이 접근법의 문제는 대부분의 사람은 강렬한 공포가 유발되는 상황에 처하는 것을 매우 힘들어한다는 것입니다. 저 또한 예기불안을 느끼며 보드의 끝에 서서 오랜 시간을 망설였을 것이고, 결코 높은 보드에서 뛰어내리지 못했을 수 있습니다. 그러면 낙담했을 것이고, 사다리를 타고 내려오면서 안도감을 느꼈을 것이며, 보드에서 뛰어내리는 것에 대한 불안은 강화되었을 것입니다. 물론 누군가 저를 밀어서 보드 아래로 떨어뜨렸을 수도 있겠지만, 자발적인 선택이 아니라면 불안대처에는 도움이 되지 않습니다. 사실 누군가에 의해 밀려서 떨어진다면 높은 다이빙보드에 대한 공포는 더욱 증가될 수 있겠죠. 따라서 가장 좋은 방법은 중간 높이부터 시작하는 것입니다—자신이 다이빙할 수 있는 가장 높은 위치이지만 망설이지 않고 처음 시도에서 바로 뛰어내릴 수 있는 위치. 여기서의 포인트는 충분히 공포를

느낄 수 있을 만큼 높아야 하지만, 공포에 압도당해 움직일 수 없거나 도망치고 싶을 만큼 너무 높아서는 안 된다는 것입니다.

자기진술 대처법 준비하기

자기진술 대처법coping self-statement의 사용은 선택적이다. 그러나 노출 시작에 따른 불안이 너무 높거나 노출 과제가 주어진 후 숙제를 지속하는 데 어려움이 있는 환자에게는 자기진술 대처법을 소개하는 것이 유용하다. 공포증에 대한 연구를 보면 자기진술 대처법의 사용은 노출에 따른 지각된 불안을 감소시킨다(Koch, Spates, & Himle, 2004).

대화 예시 자기진술 대처법

치료사: 노출 과제를 하는 것이 처음에는 부자연스러울 수 있습니다. 습관적으로 오랫동안 피해 왔던 것에 접근하는 것은 낯설게 느껴지는 일입니다. 두려운 상황에 접근하는 동안 스스로에게 말하는 것은 성공적인 수행에 도움을 줄 수 있습니다. 예를 들어, 당신이 접근하는 것에 대해 이 상황은 안전하다고 스스로에게 되새기며 자각하려고 노력하는 것은 도움이 됩니다. 또한 과거에 회피하려고 많은 노력을 기울여 왔던 것에 접근함으로써 자신이 얻고자 하는 것이 무엇인지 되새기는 것도 도움이 됩니다. 여기에 자기진술 대처법의 예가 있습니다(환자에게 [부록 6.3]을 보여 줌) ─ 당신은 실제노출 연습 상황에 당신이 전념할 수 있도록 스스로에게 도움이 되는 말을 할 수 있습니다. (혹은 당신에게 효과가 있는 당신만의 것이 있다면 빈칸에 적어 보세요.) 어떤 사람은 자신에게 가장 잘 맞는 몇 개의 말을 골라 사용하기도 합니다. 당신이 원하는 것을 골라 기록지 위에 표시하거나 메모장에 적어 연습 상황에서 참고하십시오. 이는 노출을 연습하는 동안 상승하는 불안에 대처할 수 있도록 도와줄 것입니다.

자기진술 대처법의 예:

"나의 불안은 기분은 좋지 않더라도 나를 해치지 않는다."

"나는 불안에 집중해서 불안이 사라지는 것을 지켜볼 것이다."

"나는 불안하지만 이 상황에 대처할 수 있다."

"이 느낌은 좋지 않지만, 영원히 지속되지는 않는다."

"나의 공포는 더 커질 수 있지만, 나는 그것에 대처할 수 있다."

"이것은 내가 공포에 대처하는 법을 배울 수 있는 기회다."

"이것은 불편하지만, 위험하지는 않다."

회기 내에서 실제노출 시작하기

치료사와 환자가 위계의 어떤 목록에서 노출을 시작할지 결정했다면 노출을 시작할 준비는 끝난 것이다. 대부분의 경우 첫 노출은 치료사가 적절한 행동방식을 보여 줄 수 있고, 지원도 가능한 치료실 내에서 시작한다(부록 7.3은 회기 내 노출 동안 SUDS 점수를 알아보는 데 사용함). 그러나 어떤 환자는 자신의 집에서 실제노출을 처음 시작하게 될 수도 있다. 예를 들어, 회기의 전체 시간을 노출의 이론적 근거를 개관하거나 위계를 세우는 데 사용했고, 치료사의 판단에 환자가 독립적으로 노출을 시작할 수 있을 것으로 보이고, 다음 회기 전까지 예기불안이 걱정된다면 숙제로 첫 노출을 시도하도록 할 수 있다. 대화의 예 이후에 제공되는 지시문은 치료사와 시작하거나 집에서 과제로 노출을 시작하는 경우 모두 참고하기에 유용하다.

이 사례에서, 바니(개)에 의한 질의 상처는 심각했으며(즉, 그녀는 몇 주간 입원치료를 받았다), 그녀는 개와 닮은 모든 것에 높은 회피반응을 보였다. 따라서 가장 낮은 목록에서 노출을 시작하기로 결정하였다.

대화 예시 노출 시작하기

치료사: 노출을 시작하기 전에, 당신의 불안 수준을 알아 봅시다. 0에서 100까지의 점수에서 당신이 현재 경험하고 있는 불안은 어느 정도입니까?

질: 저는 꽤 불안해요. 적어도 60점 정도는 될 것 같습니다.

치료사: 좋아요. 확인을 위해 우리가 노출을 시작하기로 합의한 개의 그림을 보면서 불안을 평가하도록 하겠습니다. 고개를 돌리고 싶은 충동이 들 수도 있겠지만, 45분 동안 그림을 계속 보고 계시거나 불안이 반으로 줄어들 때까지 그림을 계속 보시기 바랍니다. 잊지 마세요. 그림 속의 개는 무섭게 느껴질 수는 있지만 당신을 해칠 수는 없습니다. 나는 5분마다 당신의 불안점수에 대해 반복해서 질문하여 컴퓨터에 기록할 것이고, 결과는 나중에 그래프로 보게 될 것입니다.[2] 질문이 있으신가요?

질: 아니요. 이해했습니다.

> **보충설명** 치료사는 SUDS 점수를 종이나 컴퓨터에 기록한다. 우리는 컴퓨터 기록을 선호하는데, 환자에게 SUDS 점수를 그래프로 제공하는 것이 더 쉽기 때문이다.

치료사: 좋아요. 여기 개의 그림이 있습니다. 나는 이것을 당신의 무릎 위에 올려놓고 당신이 보도록 할 것입니다. 자, 당신의 무릎 위에 그림이 있을 때 경험하는 불안 수준은 어느 정도입니까?

질: 80점 정도입니다.

> **보충설명** 첫 실제노출에서는 예상했던 점수보다 더 높은 불안을 경험하는 일이 흔하다. 질 또한 위계에서 45점 정도로 평가된 항목에서 시작했지만 첫 노출에서 불안 점수가 80점으로 상승하였다. 흔히 첫 회기의 불안 점수는 예상 불안 점수보다 높은 경우가 많은데, 환자는 자신이 어느 정도의 불안을 경험하게 될지 실제 경험해 보기 전에는 정확히 모를 수 있다.

---

2 실제노출 과제가 치료실 밖에서 진행될 경우, 필요하다면 펜이나 패드를 사용하여 SUDS 평가 점수를 기록하라.

치료사: 좋아요. 이제 당신의 불안에 그대로 머물러 보세요. 그리고 개의 그림을 계속해서 쳐다보세요. 당신이 불안을 느끼는 개의 다른 부분들을 바라보세요. (90초 머무름) 당신은 아직도 당신의 불안에 초점을 두고 계신가요?

질: (고개를 끄덕인다.)

치료사: 좋아요. 계속 당신의 불안에 초점을 맞추면서 계속 개의 그림을 바라보세요. 개의 모든 부분들을 인식하세요. 개의 색과 개의 입을 바라보세요.

> **보충설명** 치료사는 질에게 그녀가 기억할 필요가 있는 것들을 상기시켜 그녀가 과제에 집중할 수 있도록 도와야 한다. 이러한 지시는 첫 회기 이후에는 일반적으로 덜 필요해진다.

치료사: 이제 당신이 경험하는 불안 수준은 어느 정도인가요?

질: 아직도 꽤 높아요. 어쩌면 78점 정도요. 나는 지금 정말로 그림을 다른 곳에 치우고 싶습니다.

> **보충설명** 치료사는 '불안'이라는 단어를 계속 사용하여 질이 전반적인 스트레스나 분노 같은 다른 정서가 아닌 불안에 초점을 계속 맞출 수 있도록 도와준다.

치료사: 그만하고 싶을 수도 있겠지만 계속해서 거기에 집중하도록 노력하세요. 그림에 초점을 맞추면서 당신의 불안을 느껴 보세요. 이제 당신의 불안은 어느 정도입니까?

질: 65점 정도입니다.

치료사: 좋아요. 잘하고 있습니다. 지금 하고 있는 것을 계속하세요. 그림을 보는 동안 당신의 불안에 초점을 맞추세요. 준비가 됐다고 느껴지면 그림을 만지거나, 냄새를 맡아도 됩니다.

질: (무릎 위에 있는 그림을 만져 보고, 점점 더 많이 만지기 시작한다. 잠시 후, 그녀는 치료사를 바라보고 그림의 냄새를 맡는다.) 아무 냄새도 나지 않아요. 음! 달력

냄새 같아요.

치료사: 맞습니다. 그것은 달력 그림입니다. 그림을 계속 바라보고 만지도록 하세요. 개의 그림을 바라보면서 당신의 불안을 느껴 보세요. … (4분 더 경과) … 지금 당신의 불안 수준은 어느 정도입니까?

실제노출을 시도할 때는 환자가 집중할 수 있도록 하는 조용한 머무름과 대상 혹은 상황에 접근할 수 있도록 격려하는 것 간에 균형 유지를 목표로 하라. 예를 들어, 성폭행 생존자는 가해자가 사용했던 강한 냄새의 특정한 비누를 두려워하거나 회피할 수 있다. 어떤 환자는 비누를 처음 집을 때 비누가 포장지에 쌓여 있음에도 손가락 몇 개로만 잡거나 매우 주저하며 잡을 수 있다. 이러한 환자에게는 비누를 한 손으로 완전히 잡고 다른 손으로는 비누를 문지르도록 하여 피부에 비누가 더 많이 노출되도록 하거나, 비누를 잡은 손으로 몸의 다른 부위(예: 다리, 팔, 머리카락)를 만지도록 하여 비누와의 접촉을 증가시켜야 한다. 또한 환자에게 피부 깊숙이 비누가 스며들도록 문지르는 방법을 보여 주거나 비누를 문지른 손으로 머리카락을 쓸어 올리는 시범을 보여 주는 것도 도움이 된다.

환자가 회기 내에 노출에 성공하면, 그래프를 살펴보면서 불안 상황에 머무른 것을 칭찬해 주고 회기 동안에 있었던 불안 수준의 변화를 확인해 준다. 이후 집에서의 연습에 대한 구체적인 지침을 준다.

실제노출 숙제를 위한 지침

1. 지속 노출에 대한 정의: SUDS 점수가 50%로 감소할 때까지 상황에 머무를 것
2. 기록의 중요성: 각 노출에 대한 기록 방법을 알려 줄 것([부록 6.6]에 있는 집에서의 실제노출에 대한 기록을 환자와 함께 살펴보라)
3. 최소한 일주일에 5번—매일 하면 더 좋음—노출 과제를 반복하도록 할 것
4. 수정하거나 다음 위계 항목으로의 이동 없이 일주일 동안 같은 항목에 반복해서 노출하도록 할 것

회기 내에서 노출을 마친 많은 환자는 간단한 안내만으로도 집에서 실제노출을 연습할 수 있다. 그러나 많은 환자는 중요한 실수를 하기도 한다. 그들은 노출 시간을 짧게 줄이거나, 전 단계를 충분히 연습하지 않고 다음 단계로 앞서 나가기도 한다. 어떤 환자가 실수를 할지는 예측하기 어렵다. 따라서 실제노출을 집에서 연습하는 데 따른 매우 정확한 지침을 안내하고, [부록 6.5]를 사용하여 더욱 강조해 주어라.

대화 예시 노출 소개하기

핵심 1: 지속 노출에 대한 정의

치료사: 실제노출에서 가장 중요한 것은 상황에 머무르기입니다. 상황 직면 연습을 시작할 때 처음엔 심장박동이 빨라지거나 손바닥에 땀이 나고, 기절할 것 같은 불안 증상을 경험하기도 하며, 당장 그 상황에서 벗어나고 싶은 마음이 들 수도 있습니다. 그러나 공포를 극복하기 위해서는 불안이 적어도 50%로 줄어들 때까지 계속 머무르는 것이 중요합니다. 보통 이렇게 되는 데는 30~45분 정도가 걸리지만, 때론 시간이 더 걸리기도 합니다. 불안이 50%로 줄어들고 나면 당신은 그 노출을 끝내고 다른 활동을 시작할 수 있습니다. 예를 들어, 당신의 가장 높은 SUDS 점수가 80점이었다면, 당신은 SUDS 점수가 40점이 될 때까지 그 상황에 머물러야 합니다. ([부록 6.5]에 나와 있는 '습관화 곡선: 불안이 50%로 내려갈 때까지 그 상황에 머무르기'를 참조) 만약 최고점이 SUDS 60점이었다면, SUDS 점수가 30점이 될 때까지 그 상황에 머물러야 합니다. 매우 불안할 때 머물지 못하고 그 상황에서 벗어나면 당신은 그 상황이 매우 위험한 것이며 끔찍한 어떤 일이 일어날 것이라는 생각을 또다시 하게 될 것입니다. 따라서 같은 상황에 처해지면 당신의 불안 수준은 전보다 더 높아질 수 있습니다. 그러나 만약 당신이 그 상황에 계속 머문다면 불안 수준은 오늘 줄어든 것과 동일한 정도로 유지될 것이고, 결국 당신은 공포감 없이 그 상황에 직면할 수 있을 것입니다.

핵심 2: 기록의 중요성

치료사: 치료 과정을 기록하는 것은 중요합니다. 이것은 노출이 효과적인지, 언제 다음 단계로 넘어갈지 결정하는 데 참고 자료가 됩니다. 진전이 있었는지 살펴보기 위해 집에서 실제노출 연습을 기록([부록 6.6] 참조)하는 방법을 알아봅시다. 노출 과제를 시작하기 전에 [부록 6.6]에 당신이 연습하게 될 실제 상황을 기록합니다. 그런 다음 당신이 시작할 항목의 SUDS를 평가합니다. 노출이 끝나면 당신의 SUDS 최고 점수와 마지막의 SUDS 점수를 평가합니다.

핵심 3: 노출의 반복

치료사: 위계 목록에 있는 각 상황을 더 자주 연습할수록 불안이 더 많이 감소한다는 사실을 알게 될 것입니다. 결과적으로, 당신이 느끼는 스트레스 상황과 그것을 회피하고자 하는 충동 또한 감소할 것입니다. 당신도 기억하겠지만([그림 6-4] '습관화 곡선: 지속 노출의 반복' 참조), 처음 노출을 시도할 때에는 예기불안이 매우 높을 수 있습니다. 그러나 반복 연습을 통해 불안은 줄어들 것입니다. 따라서 가능한 매일 혹은 일주일에 적어도 5번은 노출 연습을 하는 것이 좋습니다.

핵심 4: 한 주 동안 노출에 일관성 유지하기

치료사: 당신은 노출 과제를 다양하게 시도해 보고 싶거나, 위계의 다음 단계로 넘어가고 싶은 마음이 들 수도 있습니다. 그러나 한 주 동안은 매일 같은 자극에 노출을 반복하면서 자극에 초점을 맞추고 그 상황에 대한 불안을 느껴 보는 것이 최선입니다. 당신은 빨리 진행하고 싶을 수 있겠지만 노출은 서둘러서 할 수 있는 것이 아니며 너무 빠르게 위계를 넘어가려고 하는 것은 실패를 초래할 수 있습니다. 다음 주에 함께 기록을 확인하고 언제 다음 단계로 넘어가는 것이 좋을지 이야기합시다.

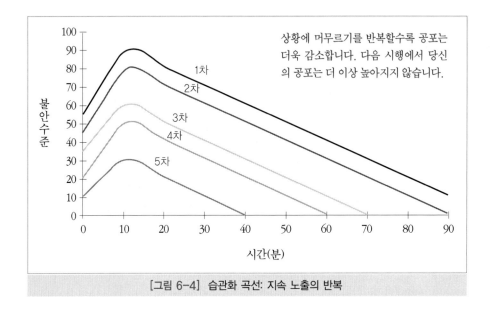

[그림 6-4] 습관화 곡선: 지속 노출의 반복

회기 내에서 실제노출을 완성하지 못한 환자에게 첫 주 과제를 내주려고 하는데 치료사의 판단에 환자가 너무 높은 위계 항목을 시작점으로 잡은 것 같으면 임시로 계획을 만들어 줄 수 있다. 완성할 수 있는 위계를 제시하여 초기에 숙달되도록 하면 환자의 노출에 대한 순응도는 높아진다.

> "간혹, 아래 단계로 내려 시도해 보는 것이 도움이 될 수 있습니다. 만약 이 단계에서 며칠 동안 45~60분보다 더 오래 노출을 지속한 후에도 당신의 공포가 줄어들지 않는다면 당신이 평가한 것보다 약간 낮은 위계 목록으로 바꿔주는 것이 좋습니다. 약간 낮은 단계에서 성공하면 윗 단계의 위계 목록을 점차 시도하면서 높은 스트레스 상황으로 나아가면 됩니다."

이후 몇 주 동안, 위계 자극에 다양한 방법으로 직면해 볼 수 있도록 환자를 격려하라. 목표는 그들이 경험을 쌓도록 하는 것이다. 환자가 다른 목록으로 옮겨 간 이후에도 다양한 낮은 수준의 목록에 계속적으로 노출할 수 있도록 격려하라. 예를 들어, 에밀리는 어렸을 때 부활절 토끼 옷을 입은 남성에게 성희롱을 당했다. 그녀는 몇 년 동안 모든 형태의 부활절 토끼를 회피한 후에야 부활절 토끼 인형에 노출을 끝마칠 수 있었다. 이후 그녀는 위계의 다른 목록으로 노출을 옮겼지만 여러 형태의 부활절 토끼(예: 다른 크기와 색, 인형들과 초콜릿 등)를 모으기 시작했고, 그것들을 자신의 방에 진열함으로써 '바보 토끼들에 대한 그녀의 공포를 영원히 극복'하려고 하였다. 마침내 그녀는 상점에 있는 부활절 토끼 캐릭터와 사진을 찍을 수 있었다.

대화 예시 노출 연습 지속하기

치료사: 이제 몇 개의 노출에 성공했으니 상황을 좀 더 다양하게 하는 데 초점을 둘 필요가 있습니다. 예를 들어, 만약 당신의 과제가 상점에 들어가는 것이었다면 이제는 다른 상점에 들어가 보세요. 이것은 당신의 습관화를 특정한 하나의 상점이 아닌 전반적인 상점으로 확장되게 할 것입니다. 다른 다양한 방법으로는 다른 크기의 상점에 가는 것, 하루 중 다른 시간에 가는 것, 조용하거나 바쁠 때 가는 것 등이 있습니다.

실제노출 시 고려해야 할 문제

불안 유인 자극이 많을 경우, 실제노출에는 어떤 자극을 사용하는 것이 좋은가

실제노출 과제를 계획할 때에는 '안전성, 실용성, 임상적 유용성'과 같은 사항들을 고려해야 한다. 일반 상식과 임상적 판단 모두를 고려하는 것은 치료사가 안전하고, 실용적이고, 임상적으로 유용한 노출 과제를 결정할 수 있도록 도와준다.

안전성

실제노출 과제의 목표는 현실적으론 거의 위험하지 않은 상황에 대한 공포를 줄이는 것이다. 따라서 실제로 위험할 수 있는 상황, 대상, 혹은 사람을 사용해서는 안 된다. 질의 경우, 사나운 개에 직접 노출을 시도하는 것은 위험하므로 적절하지 않다. 또한 아동기 성학대 가해자에게 직접 노출을 하는 것도 대부분 권장되지 않는다. 그러한 사람들은 실질적으로 다양한 관점에서 위험할 수 있다. 예를 들어, 제니퍼를 반복적으로 성희롱했던 삼촌은 가족 모임에 자주 참석했고, 그녀에게 지속적으로 성적인 농담을 하였다. 다른 사례와 마찬가지로, 분명 제니퍼도 삼촌에게서 보호되어야 하는 것이 상식적이다. 그녀는 삼촌이 나온 가족사진만 봐도 괴로움을 느꼈으므로 삼촌을 직접 만나는 것으로 노출을 하기보다는 가족사진을 노출자극으로 사용하는 것이 유용하다.

총기에 대한 노출 또한 위험하기 때문에 삼가해야 한다. 그러나 특수한 상황에서는 총기 노출이 합법적으로 치료적일 수 있는데, 환자의 총에 대한 공포가 여가나 직업적(예: 사냥 혹은 경찰 업무) 수행을 방해하거나 가족의 합법적인 총기 사용을 방해하는 경우다. 만약 총기 노출이 불가피하다면 다음과 같은 몇 가지에 주의를 두고 이루어져야 한다. 첫째, 환자가 과거에 자살 사고나 시도, 자해를 한 적이 있는지 또는 타인에 대한 분노나 타살 충동이 있었는지 파악해야 한다. 만약 자신이나 타인을 해칠 수 있는 충동적인 사고나 행동이 최근에 있었다면 총기 노출은 금지해야 한다. 둘째, 총기 노출에 대한 치료 경험이 있는 다른 치료사에게 조언을 구해 적절한 위험 대처에 대한 합법적인 자문을 얻고 법의 한계 내에서 치료가 이루어져야 한다. 끝으로, 가능한 총알이 없는 총기에 노출을 시행해야 한다. 아직까지 우리는 총알이 있는 총기에 노출을 시행해야만 하는 상황을 만난 적이 없다. 총기 발사가 요구되는 노출은 훈련받은 총기 전문가의 감독하에 이루어지는 것이 마땅하다.

칼에 대한 공포는 일상생활을 방해하기 때문에 노출치료가 더 자주 요구된다. 하지만 총기 노출과 마찬가지로 우발적이든 고의적이든 자신 및 타인을 해칠 위험이 있는지 주의 깊게 검토해야 한다. 숙제를 내주기 전에 노출을 지켜보는 것은 위험을 보다 직접적으로 평가할 수 있게 해 준다.

또 다른 안전 문제는 자극의 속성에 의해 일어날 수 있다. 이러한 경우는 창의적이 되어야 한다. 예를 들어, 피에 직접 노출하는 것은 현명하지 않지만 가짜 피, 유리병 안의 피, 케첩 등은 실용적인 대체물이 될 수 있다. 정액의 노출도 안전성과 실용성 문제 모두를 야기할 수 있다. 그러나 정액을 두려워하는 많은 환자는 날계란의 흰자를 만지는 것으로도 같은 공포를 느끼므로 정액은 날계란으로 대체하면 된다.

실용성과 임상적 유용성

임상적으로 유용한 많은 자극들이 실용성을 갖기는 어려울 수 있다. 예를 들어, 사라는 어려서 학대받았던 집 근처를 지나갈 때면 불안을 느꼈고, 특히 집 안의 인테리어에 공포를 느꼈다. 하지만 그 집이 다른 사람에게 팔렸기 때문에 집 안의 인테리어에 대한 노출을 직접 경험할 수가 없었다. 대신에 그녀는 어린 시절 살았던 집과 인테리어가 유사한 언니의 집을 노출에 이용하였다. 질은 이빨이 보이는 개를 매우 두려워했지만 일정 시간 동안 개가 이빨을 보여 주게 하기는 어려웠으므로 개의 그림들과 영화를 노출에 이용하였다. 그녀는 쿠조라는 개가 등장하는 영화를 반복 시청하였다.

자극이 임상적으로 유용하려면 주의가 유지되고 습관화가 촉진될 수 있을 만큼 충분히 정의되고 구체화되어야 한다. 사람들은 안정적이고 변하지 않으며 유동적이지 않은 자극이나 상황에 의해 가장 쉽게 습관화된다. 시간에 따라 변하는(예: 텔레비전 쇼, 노래들) 자극을 사용할 때는 스트레스를 주는 핵심 구간을 반복적인 표적으로 잡는 것이 중요하다. 예를 들어, 전체 30분에서 5분만 스트레스 자극에 노출되는 프로그램을 시청하기보다는 30분 동안 5분의 스트레스 자극을 반복해서 여섯 번 보는 것이 효과적이다.

30~60분 동안 연속적이며 안정적으로 상황이나 자극에 반복 노출되면 습관화 가능성을 최대로 높일 수 있다. 짧은 구간을 반복해서 듣거나 볼 수 있는 '반복' 테이프는 오디오나 비디오 자료로 유용한 도구가 될 수 있으나, 부분을 그저 되감기

하고 반복하는 것도 동일한 효과를 가져올 수 있다. 예를 들어, 어린 시절 학대적이며 알코올중독자였던 아버지가 토하는 것을 자주 목격한 사라는 자녀들이나 다른 사람들이 토하는 것을 보면 심한 불안을 느꼈다. 그녀는 6개의 간단한 구토 장면을 캡처할 때까지 의학 관련 텔레비전을 보고 몇 개의 에피소드를 녹화하였다. 그리고는 각 장면을 시청했으며 장면의 위계를 정한 후에 순서대로 5일간 매일 30~45분 동안 반복적으로 각 장면들을 시청하였다. 이후 치료사가 음식을 한 숟가락 입에 넣고 구토하는 소리를 내면서 휴지통에 뱉어 내는 연출된 구토 장면을 지켜보는 단계로 넘어갔다. 모의 구토 상황에 대한 연출은 식초를 조금 넣어 구토와 같은 냄새를 나게 하거나 환자가 가장 불안을 느끼는 특성을 갖는 음식을 사용하여 조작하였다.

데이비드는 다리에서 차가 전복되는 사고가 있은 후 다리 위를 운전하는 것에 공포를 느꼈다. 그는 동네에 있는 다리 위를 잠깐 동안 짧게 운전하였는데 이것으로는 습관화를 촉진하기가 어려웠다. 따라서 교통량이 적고 쉽게 유턴할 수 있는 다리를 찾아 데이비드는 반복적으로 다리 위에서 운전할 수 있었다. 카라는 학대적인 전 남자친구가 타고 다녔던 할리 오토바이 소리를 무서워하였다. 그녀는 운전 중에 할리 오토바이가 지나가기만 해도 매우 놀랐다. 카라의 치료사는 매장을 방문하여 할리 오토바이 소리를 녹음하여 노출에 사용하였다. 다른 예로, 자전거 자국이 선명한 진흙이 있는 숲에서 아동기 학대를 당했던 웬디는 진흙 자전거 경주 트랙을 찾아가 보는 것으로 노출을 시행하였다. 유용한 노출을 위해 필요한 많은 소리들은 인터넷 웹사이트에서 찾을 수 있다.

어떤 자극들은 기억을 너무 강렬하게 유발해 지속적인 주의집중을 방해할 수 있다. 특히 냄새는 강력한 플래시백 유인 자극이 될 수 있기 때문에 주의집중을 어렵게 한다. 예를 들어, 라우라는 가해자가 사용한 향수의 냄새를 맡을 때마다 플래시백을 경험하였다. 연구에 따르면, 냄새는 특히 강력한 기억 단서다. 냄새 단서를 통해 회상된 기억들은 다른 감각자극을 통해 회상된 기억보다 더 정서적이고 더 자극적이었다(Aggleton & Waskett, 1999; Herz, 2004). 플래시백을 경험하는 동안에는 안전에 대해 자각하지 못하기 때문에 노출치료에 도움이 되지 않는 플래시백을 스스로 멈추는 것이 어려울 수 있다(다음 참조). 라우라의 경우 향수 냄새로 노출을 시작하기보다는 향수병으로 시작하는 것이 좋다. 만일 자극이 음식이라면 냄새, 촉감 또는 음식의 맛을 분리하여 위계를 설계하는 것이 필요하다. 또한 첫 노출 시도는 자극의 그림을 이용하는 것이 좋을 때도 있다.

학대 혹은 폭행의 과거력이 있는 환자는 흔히 '사람들'과 '갈등'을 유일한 불안 유인 자극으로 규정한다. 이때 실제노출은 특정한 사람들(예: 가해자를 닮은 남자들)이나 사람들이 있는 특정한 상황(예: 작은 집단에서 말하기, 버스 안에서 사람들 옆에 앉기, 사람들이 많은 카페에서 머물기)과 관련된다. 가끔 환자는 사람에 대한 공포가 사람을 신뢰하는 것이 어렵기 때문이라고 말한다. 그러나 이것은 실제노출에 적합한 자극이 될 수 없다. 타인 신뢰의 어려움은 인지적 재구조화와 행동적 실험, 그리고 신뢰에 대한 신념의 확인을 통해 더욱 효과적으로 개선될 수 있다. 실제노출이 이러한 작용을 할 수도 있겠지만, 실제노출 과제가 임상적으로 유용하기 위해서는 매우 구체적이어야 한다.

'갈등'에의 노출 또한 임상적으로는 유용하지 못하다. 학대적인 환경에서 자란 환자는 흔히 고함치는 것에 예민하다고 말한다. 그러나 고함소리에 대한 노출은 고함에 대한 그들의 불편감을 줄여 줄 수는 있지만, 고함소리에 습관화되는 것이 적응적 기능을 향상시키는지에 대해서는 의문이 있다. 만일 환자가 큰 소리로 다툼이 벌어지는 상황에서 갈등의 공포를 느낀다면 갈등에의 노출은 영화를 이용하는 것이 적합하다. 또한 환자의 가족이 소리 지르지 않고 갈등을 해결하는 방법을 배우도록 하는 치료법을 시도하는 것이 적절할 수 있다. 더불어 환자가 말하는 '갈등'이 다른 사람과의 불일치를 견디기 힘들어하는 것이라면, 노출치료를 하기보다는 주장적인 의사소통기술을 훈련하는 것이 더욱 도움이 될 것이다.

몇 가지 다른 위계를 구성하였을 경우, 먼저 시작할 위계 결정하기

만일 환자가 다른 종류의 자극들로 몇 가지 위계를 구성했다면, 심상노출에서 첫 기억과 연관되었던 것을 실제노출 위계의 시작으로 정하는 것이 좋다. 위계 선택에 있어 또 다른 고려사항은 회피가 환자의 삶에 영향을 미치는 정도다. 예를 들어, 첸은 두 개의 위계를 구성하였는데, 하나는 성적 학대에 대한 플래시백을 유발하는 경찰복이었고, 다른 하나는 성적 학대가 이루어졌던 숙모의 집이었다. 그녀의 삶에 중요한 지원군이었던 숙모는 아직도 그 집에 살고 있었으므로 숙모의 집에 대한 회피는 지원의 사용을 제한하였다. 따라서 그녀는 숙모의 집에 대한 회피를 실제노출에서 먼저 시작하기로 하였다.

실제노출을 위한 자극을 구체화할 수 없는 경우

자극에 대한 탐색과 상상력을 이용해 실제노출에 적합한 자극물을 찾아내는 것은 크게 어렵지 않다. 자극에 대한 탐색은 회피 자극을 찾는 것이 어려운 환자들에게 회피 목록에 대한 작업기록지([부록 6.2] 참조)의 복사본을 제공하는 것만큼이나 간단하다. 그러나 치료사가 좀 더 열심히 작업해야 하는 사례들도 있다. 예를 들어, 심한 심리적 학대를 경험한 리사는 실제노출을 위한 어떠한 대상 혹은 상황도 찾아내지 못했다. 또한 노출이 자신에게 효과가 있을 것이라는 믿음도 갖지 못했다. 따라서 치료사는 간단한 실제노출 과제를 함께 찾아보기로 하였다. 치료사와 리사는 사무실 밖에서 만나 상점들을 돌아다니며 어떤 것이 리사를 공포스럽게 하는지 알아보았다. 스포츠용품 점에 들렀을 때 리사는 남편이 자신을 때릴 때 사용했던 낚싯대가 공포를 유발한다는 것을 깨달았다. 이처럼 환자가 스스로 노출 과제를 찾지 못할 때에는 치료사가 동행하는 것이 도움이 된다.

아무것도 찾을 수 없을 때에는 간단한 심상노출을 먼저 시작하라. 많은 사람이 실제노출의 단서를 찾는 데 어려움을 보인다는 사실을 환자에게 알리고, 실제노출이 치료 진전과 관련되므로 환자와 함께 계속 단서를 찾아 나갈 것이라고 말하라. 심상노출을 시작한 이상 실제노출의 단서가 명백해지지 않는 경우는 드물며, 기억의 세밀함이 종종 유인 자극을 찾아낸다. 예를 들어, 캐리는 자신을 불안하게 하는 어떠한 확실한 단서도 생각해 낼 수 없었지만, 심상노출 동안에 성폭행 가해자가 초록색 근무복을 입고 있었고 비누 냄새가 났다는 사실을 포함한 구체적인 것까지 기억해 낼 수 있었다. 약간의 토론 후에 그녀는 페인트공이 비슷한 옷을 입고 있기 때문에 페인트칠이 되어 있는 병원 복도는 회피한다는 것과 그 비누 회사의 물건도 결코 구매하지 않는다는 사실을 알아냈다. 바바라는 어떠한 실제 자극도 기억하지 못했지만 삼촌에게 당한 성적 학대의 기억을 묘사하면서 어떻게 그가 트렁크 팬티에서 성기를 꺼냈는지 설명하였다. 심상노출 후에 치료사는 트렁크 팬티에 대해 그녀가 어떻게 느끼는지 물었다. 바바라는 아들이 친구들은 모두 트렁크 팬티를 입었다며 사 달라고 했을 때 자신이 무척이나 심하게 화를 냈다고 하였다. 바바라는 실제노출 자극으로 트렁크 팬티를 사용하였다.

실제노출 자극을 어떻게 얻을 것인가에 대해서는 신중한 계획이 필요하다. 가능하다면 환자가 물건을 직접 구해오도록 하는 것이 가장 좋은데, 이것이 활동을 정상화하고(예: 비누 구입하기) 자극에 대한 환자의 통제를 촉진하기 때문이다. 대부분의 환자는 비누와 같은 물건을 상점에서 구입해 불투명한 봉지에 넣어 올 수 있다. 그러나 어떤 환자는 물건을 구해 오는 것(즉, 15분 동안 상점에서 고른 후에 봉지에 넣어 집에 가져갔다 회기에 가지고 오는 것)에 대해서도 심한 불안을 느낌으로 이것을 첫 단계로 시도하지 못할 수 있다. 이러한 환자를 위해 치료사는 직접 물건을 구해 올 필요가 있다. 예를 들어, 수잔은 술을 마신 할아버지로부터 학대를 당했는데, 학대를 당하는 동안 그녀는 빈 맥주 캔을 응시했고 이후 캔맥주와 맥주 냄새 모두를 끔찍이 두려워하였다. 따라서 치료사는 회기 시작 전에 수잔을 위해 캔맥주를 직접 구하였다.

환자의 불안이 줄어들지 않는 경우

노출 회기의 시간이 충분히 길지 않다면 불안 감소가 너무 느려서 감지하기 어려울 수 있다. 예를 들어, 카르멘은 학대와 연합되어 있는 음악에 실제노출을 시작하였다. 그러나 며칠 후 치료실을 방문한 그녀는 10분 동안 매일 세 번씩 노출 회기를 실시했는데도 불안이 매 회기 100점에 머물러 있다고 하였다. 이에 따라, 치료사는 회기 내에서 노출을 시작해 보기로 하고 카르멘에게 음악으로 인해 유발될 수 있는 어떠한 기억에 집중하기보다는 음악에 집중하는 것이 중요하다는 점을 강조하였다. 첫 노출에서 4분 분량의 음악을 반복해서 45분을 듣는 동안, 카르멘의 불안은 30분이 지나자 100점에서 95점으로 감소하였다. 그녀는 계속해서 듣는 것을 매우 어려워하였으나 격려를 통해 계속할 수 있었고, 불안은 15분의 추가 노출 동안 80점으로 더 내려갔다([그림 6-5] 참조).

이러한 점진적인 불안 감소는 치료가 '효과적이지 못하다'는 결론을 쉽게 내리게 할 수 있다. 그러나 치료사는 카르멘이 오랫동안 음악에 집중한 것을 칭찬하였고 불안의 감소가 느리긴 하지만 일어나고 있다고 보았다. 치료사는 카르멘에게 계

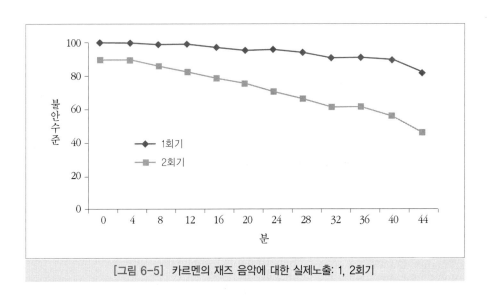

[그림 6-5] 카르멘의 재즈 음악에 대한 실제노출: 1, 2회기

속 반복하면 더 큰 불안 감소를 경험할 것이라는 점을 강조하였고, 카르멘을 위해 습관화 그래프를 다시 그려 주었다([그림 6-5] 참조). 뒤이은 회기에서 카르멘의 불안은 점진적인 습관화를 보였다. 두 번째 노출 회기의 중간에 치료사는 카르멘에게 그래프를 보여 주었다([그림 6-5] 참조). 카르멘은 "와, 이걸 보니 효과가 있는 걸 알겠습니다."라고 말하며 "얼마 동안 해야 합니까?"라고 물었다. 치료사는 그녀의 불안이 반으로 줄어들 때까지 노출자극을 견뎌야 한다는 것을 상기시켜 주었다. 치료실에서는 노출 회기를 50분 이상으로 연장하는 것이 불가능했기 때문에 치료사는 카르멘이 집에서 연습하여 50%의 불안 감소에 성공하도록 격려하였다. 또한 카르멘이 숙제해 온 그래프를 살펴보며 집에서의 회기 시간이 너무 짧아 불안 감소가 제한적이었다는 것을 지적하였다. 마지막으로, 치료사는 치료실에서보다 학대를 당했던 집에서 더 큰 불안을 경험할 수 있다는 것을 알려 주었다. 환자는 흔히 집에서 연습하는 동안 더 높은 불안을 경험하는데, 이는 환경적인 문제와 안전의 신호가 되는 치료사의 부재 때문일 것이다.

환자의 불안이 내려가지 않을 때는 습관화가 일어나지 않는 이유를 알아보고 문제를 조정하는 것이 필요하다. 여기에는 몇 가지 원인이 있을 수 있다. 첫째, 환자가 위계 목록을 변경했을 수 있다. 예를 들어, 존은 학대를 당했던 지하실을 두려워하였다. 그의 위계는 누나의 집 지하실에 성공적으로 접근하는 것이었다(존은 지하실이 없는 집에 살았다.). 첫 번째 단계는 누나를 부엌에 가까이 두고 지하 계단에 앉아 있는 것이었다. 그의 노출 기록은 첫 시도 동안에 불안이 감소했음을 보여 주었고, 불안의 최고점이 시도 1과 2 사이에 감소했음을 보여 주었다. 하지만 시도 3에서 불안의 최고점은 시도 1과 2의 최고점보다 높아졌다. 치료사가 이에 대한 자세한 설명을 부탁했을 때, 그는 시도 3에서 누나를 기다리지 않고 혼자 노출을 시작했음을 고백하였다. 혼자 계단에 앉아 있는 것은 원래의 위계에서 다섯 번째 목록에 속하는 것이었다. 왜 그렇게 했는지 물었을 때 존은, "나는 빨리 극복하고 싶었고, 혼자서도 할 수 있을 것 같았습니다."고 답하였다. 치료사는 빠른 진전을 원했던 존의 열의와 혼자 시도해 보고 싶었던 마음을 정당화해 주었다. 그리고 왜 불안이 내려가지 않고 상승했는지에 대한 이유를 설명해 주었다.

대화 예시 위계 항목을 건너뛴 환자

치료사: 제 생각에는 당신이 진심으로 빨리 회복되기를 원하는 것 같고, 누나에게 너무 의존하는 것 같아 절망감을 느꼈던 것도 같습니다. 이것은 그래프를 통해서도 알 수 있습니다. 세 번째 시도에서 당신의 불안은 훨씬 높아졌는데, 그것은 당신이 해야 하는 것보다 훨씬 더 높은 위계에 도전했기 때문입니다.

존: 네. 그런 것 같습니다. 전 제가 그것을 할 수 있을 것이라고 생각했습니다.

치료사: 그리고 당신은 그것을 시도했습니다. 동시에, 당신은 새로운 상황에 도전할 때 불안이 더 높아질 수 있다는 사실도 예측할 수 있었을 것입니다. 우리는 일반적으로 SUDS 최고점이 20점보다 낮아질 때까지 하나의 노출을 유지하기를 바랍니다. 당신의 셋째 날 SUDS 최고점은 75점이었습니다. 나는 당신이 다음 단계의 위계로 나가기 전에 그 목록으로 다시 돌아갈 것을 권합니다. 그러면 당신은 불안이 크게 감소했을 때의 기분을 알 수 있을 것이고 노출에 대해 더 신뢰할 수 있게 될 것입니다.

불안이 감소하지 않는 두 번째 이유는 선택 과제가 적합하지 않기 때문일 수 있다(예: 위험하거나, 건강하지 못하거나, 유동적이거나, 충분히 안정적이지 못한). 예를 들어, 사라의 어머니는 사라를 반복적으로 성추행했던 새 남편과 여전히 함께 살고 있었고, 사라는 어머니를 방문할 때마다 받게 되는 스트레스를 극복하고 싶어 했다. 사라의 양아버지는 더 이상 그녀를 성추행하진 않았지만, 그와 어머니 모두 그녀에게 성추행이 있었다는 사실을 인정하지 않았다. 또한 사라가 어머니를 방문할 때마다 양아버지는 사라의 외모와 남자친구와의 관계에 대해 부적절하고 선정적으로 말하곤 하였다. 어머니 주변에 노출되는 것은 사라의 고통을 높이는 부적합한 것이었다. 사라의 치료에는 양아버지와의 경계 설정과 어머니에게 자신의 요구 사항을 주장적으로 표현할 수 있도록 훈련하는 것이 포함되어야 한다.

신체적 학대를 받았던 제니퍼는 폭력적인 장면에 대한 공포로 영화를 보지 못하는 것을 힘들어하였다. 처음에 제니퍼는 남자친구가 성관계 전에 강제로 폭력적인 포르노를 보도록 한다는 사실을 말하지 않았으며, 그것이 그녀가 폭력적인 영화에 습관화되기를 원하는 주된 동기였다. 그러나 폭력적인 포르노에 노출을 실시하여 습관화를 높이는 것이 남자친구의 압력을 다루는 가장 적합한 방법은 아니다. 따라서 치료사는 제니퍼가 주장적인 의사소통을 할 수 있도록 치료의 초점을 맞추었다.

끝으로, 질이 처음으로 개가 나오는 5분짜리 장면에 노출을 마쳤을 때 그녀의 습관화는 매우 느리게 나타났다. 그 장면을 살펴본 치료사는 개의 공격에 약 1분 정도의 짧은 공백이 있다는 것을 발견하였다. 질은 자신의 불안이 이 부분에서 감소했고 개가 다시 공격을 했을 때 증가했다고 하였다. 이에 따라 지속적인 공격 장면으로만 이루어진 3분짜리 영상으로 줄여 노출을 시도한 결과 더 나은 진전을 볼 수 있었다.

노출 동안 불안이 감소하지 않는 세 번째 이유는 환자가 불안의 느낌에 충분히 집중하지 못하기 때문이다. 이 말은 환자가 분노, 죄책감 혹은 수치심과 같은 다른 정서에 관심을 두고 있거나, 불안과 관련된 것으로부터 주의를 돌리기 위해 또 다른 외부 자극에 초점을 두고 있음을 의미한다. 공포증에 대한 실제노출 동안 자극으로부터의 주의분산에 대한 연구 결과는 혼재되어 있다. 하지만 외상 후 스트레스 장애 노출 연구에서는 노출 동안에 분노에 주의를 두는 것은 낮은 치료 효과와 관련되었다(Foa, Riggs, Massie, & Yarczower, 1995). 노출 동안의 죄책감과 수치심에 대한 유사 연구는 아직 없다. 그러나 노출 동안 높은 죄책감이나 수치심을 가진 환자의 경우 노출 단독 치료만으로는 효과가 좋지 않았다(Smucker et al., 2003). 우리는 환자가 노출 동안 수치심과 죄책감에 주의의 초점을 두거나 불안과 다른 정서들 중 어디에 초점을 두어야 할지 주저할 때 습관화가 실패한다는 것을 관찰하였다. 노출 동안에는 불안에 주의의 초점을 두어야 하며, 다른 정서를 다루는 것은 가능한 보류해 두었다가 필요하다면 노출 이후에 다른 치료법을 사용하여 더 직접적으로 다루는 것이 좋다. 실제노출 동안에 불안에 주의의 초점이 이루어지지 못하고 있다는 것은 환자가 실제 자극만이 아니라 기억에 주의를 두고 있다는 것을 뜻한다 (다음 참조). 만일 환자가 불안에 주의의 초점을 두지 못한다면 분노, 수치심 혹은 죄책감과 관련된 사고들을 인지적 재구조화를 사용하여(8장 참조) 먼저 다루고, 이들 정서의 감소를 확인한 후에 노출을 다시 시도하는 것이 유용할 수 있다.

마지막으로, 환자가 노출 동안 실제 자극에 주의를 두지 않으면 불안은 줄어들지 않을 것이다. 또한 불안의 갑작스러운 감소는 위계의 너무 높은 곳에서 시작했음을 나타내는 것일 수 있다. 예를 들어, 폴은 회기 내 노출에서 어머니가 그를 성적으로 학대했을 때 입었던 것과 유사한 잠옷을 보았을 때 높은 불안을 나타냈다. 15분이 지나도 폴의 불안은 처음 보고된 '100'을 유지하였다. 잠시 후, 치료사는 폴의 목소리 톤에 변화가 없음을 알았다. 그는 떠는 행동을 멈추었으며, 표현이 단조로워졌고, 시선은 먼 곳을 응시하고 있었다. 치료사는 "폴, 집중하고 있나요? 나를 보세요."라고 하였고, 그는 눈을 깜빡 거리며 "뭐라고요?"라며 올려다보았다. 약 20분 동안의 노출 후에 폴은 '난 할 수 없을 것 같아. 이건 너무 심해.'라는 의문을 갖게 되었고, 스트레스를 받을 때 그가 자주 하던 배를 타고 항해하는 생각을 했다고 하였다. 이에 따라 낮은 불안 위계 목록으로 전환하였고 불안 유지에 대한 폴의 자신감은 향상되었으며, 이후 폴은 잠옷에 대한 노출을 성공적으로 마칠 수 있었다.

간혹 회기 내 노출에는 성공하지만 집에서의 노출은 어려워하는 환자가 있다. 예를 들어, 루시아는 그녀를 신체적으로 학대한 어머니를 생각나게 하는 빈 와인 병에 대한 노출을 회기 내에는 끝낼 수 있었다. 그러나 집에서의 노출 동안에는 압도되고 해리되었다고 하였다. 만약 환자가 집에서 노출 연습을 하는 동안 해리된다고 보고하고 그러한 행동이 치료실에서는 관찰되지 않는다면, 집에서의 노출 과제 실시가 치료실에서 실시하는 것에 비해 높은 위계에 속할 수 있다. 이럴 경우 처음 집에서의 연습 회기는 더 낮은 위계 목록을 선택하는 것이 유용하다.

환자가 실제노출에서 낮은 불안을 경험하는 이유

실제노출 동안 예상보다 매우 낮은 불안을 경험하는 환자들이 있는데, 세 가지 주된 이유가 있다. 첫째, 매우 높은 예기 불안을 갖고 있는 환자는 실제 대상이나 상황이 얼마나 불안을 유발할지에 대해 잘못 판단할 수 있다. 이런 환자의 경우 매우 급격한 불안 감소를 보고할 수 있으며, 노출이 예상했던 것만큼 나쁘지 않았다고 말한다. 이때는 위계의 윗 단계로 바로 넘어가거나 심상노출을 진행하면 된다.

둘째, 어떤 환자는 '멍해' 있거나 해리 상태에 있어 매우 낮은 불안을 느낄 수 있다. 이는 너무 높은 위계의 불안 목록에서 시작했음(폴의 경우처럼)을 의미하는 것으로 이때는 낮은 목록으로 옮겨 노출을 시작하는 것으로 문제를 해결할 수 있다. 또 다른 경우는 환자가 노출에 필수적인 정서 기술을 갖지 못해서 일 수 있다(예: 불안을 경험하는 동안 상태를 유지하는 능력). 이러한 경우라면 일반적으로 마음챙김, 고통 감내, 정서조절기술훈련 같은 변증법적 행동치료를 먼저 시도한 후 노출을 시도하는 것이 좋다. 변증법적 행동치료를 실시하는 목적은 환자에게 순간 깨어 있는 법을 가르치고 좋지 않은 정서를 수용하고 머무르게 하기 위해서다. 환자가 상태를 유지하는 기술을 발달시키면 이러한 기술들을 이용해 노출 동안 불안을 견딜 수 있게 촉진할 수 있다.

셋째, 불안 감소를 위해 환자가 안전행동에 의지하기 때문일 수 있다. 안전행동은 불안 관리를 위한 폭넓은 대처 전략을 포함한다. 예를 들어, 캐롤은 이혼한 전 부인의 남자친구에게 딸인 캐롤이 학대를 당한다는 사실을 알고 그녀를 그 집에서 나오게 한 아버지의 사진을 가지고 다녔다. 캐롤은 아버지의 사진을 가지고 있을 때면 "기분이 좋아진다."고 하였고, 그녀는 불안이 유발되는 행동을 해야 할 때면 아버지 사진을 가지고 다녔다. 치료실에서도 사진을 가지고 있는 동안에는 심한 불안을 경험하지 않았다. 안전행동에는 물건 가지고 다니기, 호흡 고르기, 숫자 세기 등이 포함된다. 만일 환자가 노출 동안 심한 불안을 경험하지 않는다면 안전행동을 하고 있는지 세심히 관찰하고, 환자에게 불안을 줄이기 위해 사용하고 있는 방법이 있는지 질문해야 한다. 노출 동안 안전행동을 하는 것은 치료 효과를 떨어뜨릴 수 있다(Clark, 1999; Kim, 2005; Salkovskis, Clark, Hackmann, Wells, & Gelder, 1999).

실제노출 동안 플래시백이 나타나는 이유

실제노출 동안 기억을 생생하게 재경험하는 환자 중에는 플래시백을 경험하는 환자도 있다. 하지만 노출 동안의 플래시백은 좋지 않은데, 그것은 환자가 외상 경험을 현재 일어나고 있는 것으로 느끼고 현실의 자각 능력을 상실할 수도 있다는 것을 부분적으로 의미하기 때문이다. 이러한 환자는 안전성 또는 정확한 피드백을 경험할 수 없다. 플래시백이 없더라도 실제노출에서 환자가 생생한 회고를 하는 것 또한 바람직하지 못한데, 기억이 너무 생생해서 실제노출이 비체계적인 심상노출이 되어 버릴 수 있기 때문이다. 이로 인해 실제노출에 따른 불안 감소는 기대한 만큼 일어나지 않을 것이며, 환자는 노출 과정에서 자신감을 얻지 못할 수 있다. 예를 들어, 질은 처음 언니의 개 토비(골든 리트리버 종)에 대한 노출을 보고할 때는 기대한 대로 진행되었다고 하였다([그림 6-6] 참조). 높은 예기불안에도 질의 불안은 첫

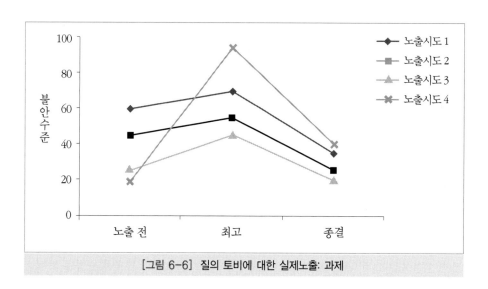

[그림 6-6] 질의 토비에 대한 실제노출: 과제

시도 동안 최고점 70에서 빠르게 감소했다. 이어진 2, 3차 시도에서도 불안은 계속 감소하였고, 불안 최고점은 이전 시도보다 더 낮아졌다. 그러나 4번째 시도에서 불안 수준은 90점까지 높아졌다. 질은 이로 인해 노출이 자신에게는 효과가 없다고 믿었다. 질은 또한 언니의 고양이가 방에 들어왔을 때 토비가 으르렁거렸다고 하였다. 이 으르렁거림은 질로 하여금 개에게 공격당한 경험을 생생하게 회상시켰다. 결과적으로, 노출은 공격당한 기억에 대한 심상노출이 되었고, 토비에서 생생한 외상 기억으로 초점의 변화가 일어나면서 토비가 안전한 개라는 사실을 학습하는 데 실패하였다. 어떠한 일이 일어난 것인지 함께 논의한 후 질은 토비와의 실제노출 연습을 계속하는 데 동의하였다. 만일 질의 주의초점이 또다시 공격당한 기억으로 옮겨진다면 질 스스로 다음을 되새기도록 해야 한다. (1) 심상노출 동안 바니(공격 당한 개)의 기억은 따로 다룰 것이다. (2) 토비는 바니가 아니다. (3) 토비의 고양이에 대한 반응이 토비가 사람을 공격할 것이라는 의미는 아니다. (4) 토비에게 주의 초점을 맞추는 것이 중요하다. 질의 사례에서 이러한 개입은 효과가 좋았다. 그러나 어떤 환자는 기억 속에 빠져들지 않고는 외상 유인 자극에 노출하지 못하기도 한다. 이 경우에는 7장에 있는 노출 동안의 불안 적정하기 전략을 사용하라. 어떤 환자에게는 마음챙김 기술을 가르쳐서(9장 참조) 이것을 노출 상황에서 각성을 유지하는 기술로 사용할 수 있게 격려하라.

예를 들어, 아동기 성적 학대를 받은 엘리자베스는 실제노출로 날계란 흰자와 갈색 맥주병을 사용했는데 실제노출은 외상 기억에 완전히 빠져들게 만들었다. 이에 따라, 치료사는 먼저 심상노출을 시행하였으며, 심상노출을 완료한 후에 계란 흰자와 맥주병에 실제노출을 시작하였다. 연합된 기억에 대한 습관화가 충분히 이루어진 후에도 엘리자베스는 계란 흰자와 맥주병에 대해 높은 불안을 경험하였다. 이 사례는 만일 적합한 자극이 정해졌다면, 실제노출을 다시 실시하는 것이 중요함을 강조한다.

결론

노출은 외상 후 스트레스장애의 치료에 매우 효과적인 임상 도구다. 이 전략을 사용한 환자는 놀랄 정도로 빠르고 현저한 증상 감소를 경험한다. 따라서 우리는 많은 치료사가 환자를 위해 이 기법을 사용하게 되기를 바란다. 노출을 시작한 대다수의 외상 후 스트레스장애 환자는 치료를 끝까지 완수하고 치료 성과를 거둔다. 치료사에게 신중한 분석력과 창의성, 참을성이 있다면 노출 동안 비전형적인 반응을 보이는 환자도 도울 수 있을 것이다.

위험은 과거의 일이었음에도 공포가 지속되는 이유

공포와 각성은 위험에 대한 자연스러운 반응입니다. 공포는 위험이 과거의 일이었음
에도 계속 지속될 때만 문제가 됩니다. 우리는 외상의 결과로 나타나는 공포와 부정적인
사고에 중점을 둘 것입니다. 대부분의 증상은 시간이 지나면서 감소되지만 어떤 증상들
은 수년 혹은 수십 년이 지나도 극심한 고통을 유발합니다. 무엇이 그러한 고통을 계속해
서 유발하는지 이해하는 것은 외상 경험의 영향으로부터 회복할 수 있게 도와줍니다. 다
음의 두 가지 주요 요인이 외상 후 어려움을 지속시키는 것과 관계됩니다.

회피

첫 번째 요인은 회피로 외상 경험을 상기시키는 상황, 기억, 생각, 감정으로부터 회피
하는 것을 말합니다. 물론 고통스러운 기억, 상황, 생각, 감정으로부터 도망가거나 회피
하려는 것은 정상적인 반응입니다. 당신은 외상과 관련된 생각, 기억 그리고 외상 유인
자극을 피하는 것이 자신의 신체적 · 정신적인 적응에 도움이 된다고 알고 있을 것입니
다. 그러나 회피는 단기적인 전략일 뿐이며 실제로는 외상 관련 문제를 극복하는 데 방해
가 되고 외상 관련 반응이 지속되도록 만듭니다.

외상 경험을 회피하기보다는 직면할 때 당신은 외상 경험을 처리할 수 있는 기회를 갖

---

* Claudia Zayfert and Carolyn Black Becker(2007). 저작권은 The Guilford Press에 있음. 이 부록의 복사는
  이 책을 구입한 사람에 한해 개인적인 목적으로 사용할 경우에만 허용함(자세한 내용은 저작권 페이지 참조).

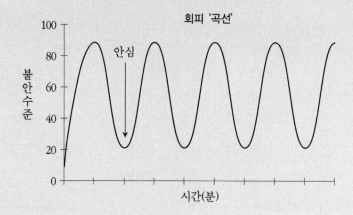

회피 '곡선'

안심

불안수준

시간(분)

게 됩니다. 외상 관련 상황을 회피하는 것은 객관적으로는 안전할 수 있지만 상황 극복의 기회를 스스로에게 주지 않는 것과 같습니다. 상황에 직면하지 않는다면 당신은 그 상황이 위험하다는 믿음을 계속 갖게 될 것이고, 이들 상황에서 느끼는 불안은 막연히 남아 있게 될 것입니다. 그러나 상황에 직면한다면 위험하지 않다는 것을 깨닫게 될 것이고, 반복적인 노출 과정을 통해 불안의 점진적인 감소를 경험하게 될 것입니다. 고통스러운 기억 또한 같은 과정을 통해 감소될 수 있습니다. 따라서 치료 과정에는 당신이 현재 회피하고 있는 상황에 직면하는 것과 외상에 대해 반복적으로 생각하는 것이 포함됩니다.

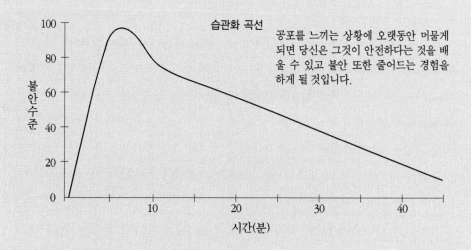

습관화 곡선

공포를 느끼는 상황에 오랫동안 머물게 되면 당신은 그것이 안전하다는 것을 배울 수 있고 불안 또한 줄어드는 경험을 하게 될 것입니다.

불안수준

시간(분)

도움이 되지 않는 사고방식

고통을 유지시키는 두 번째 요인은 부정적 사고입니다. 외상을 경험한 사람은 자신에게 또 다른 나쁜 일이 생길 것이라는 예기불안을 가질 수 있습니다. 외상 경험은 삶의 부정적인 측면만을 선택적으로 받아들이게 합니다. 자신의 삶에 대한 부정적인 생각과 전망을 갖게 되는 것은 외상에 따른 고통을 지속하게 만듭니다. 예를 들어, 외상 사건이 자신의 잘못에서 비롯된 것이라고 생각한다면 스스로를 비난하게 되고 죄책감과 우울감에 사로잡힐 것입니다. 마찬가지로, 남자에게 공격을 당했다면 모든 남자는 위험하며 남자에 의해 상처를 받게 될 것이라는 생각을 할 수 있습니다. 이것으로 남자에 대한 회피가 생겨날 수 있고 위험하지 않은 남자와의 접촉 기회도 스스로 차단할 것입니다. 또한 플래시백에 대한 경험은 통제감 상실에 대한 신호로 받아들여지며, 이에 따라 내면의 기억을 떠올리는 것을 어려워할 수 있습니다. 하지만 기억은 떠올리지 않으려고 하면 할수록 더욱 의식에 침범하려 들 수 있고 기억의 억제는 더욱 어려워질 것입니다. 이 치료법은 외상 극복에 방해가 되는 생각과 예기불안을 알아내고, 유익한 방식으로 사고하는 방법을 교육함으로써 어려움을 극복할 수 있도록 도와줄 것입니다.

노출치료와 인지적 재구조화

외상 후 스트레스장애를 위한 인지행동치료는 세 가지로 구성되어 있습니다. 첫째, 실제노출로 외상과 관련해 흔히 피해 왔던 상황에 접근해 보는 것입니다. 둘째, 심상노출로 외상 관련 사건을 반복적으로 떠올리는 것입니다. 셋째, 인지적 재구조화로 자신이나 세상에 대해 정확하고 유용한 방식으로 생각하는 법을 배우며, 자신에게 도움이 되지 않는 관점에 대해서도 배우는 것입니다.

노출치료

　심상노출과 실제노출은 유사합니다. 외상 사건을 경험한 많은 사람은 당시를 떠오르게 하는 생각, 감정, 상황, 활동을 회피하게 됩니다. 외상 유인 자극은 매우 고통스럽기 때문에 당신도 회피하려고 노력하고 있을 것입니다. 그러나 회피는 단기적으로는 안정감을 줄 수 있지만 장기적으로는 외상에 대한 공포의 극복을 방해함으로써 문제를 더욱 악화시킵니다. 비교적 안전한 상황에서 공포에 체계적으로 직면해 보겠다는 결심을 한다면 당신은 불안을 관리할 수 있는 방법을 배우게 될 것입니다. 회피하는 자극에 반복적으로 접근할수록 공포가 점진적으로 감소하며 점점 더 편안해진다는 것을 알게 될 것입니다. 우리는 이것을 습관화라고 부릅니다.

　습관화는 불안 감소의 과정입니다. 충분히 오랜 시간 공포상황에 머물러 있고, 같은 상황을 충분히 반복한다면 그 상황에 대한 공포는 줄어들 것입니다. 자전거를 타다 떨어져 본 경험을 생각해 봅시다. 이로 인해 다시 타지 않는다면 자전거 타기는 점점 더 두려워질 것입니다. 그러나 두렵지만 자전거를 다시 타 보기로 결심하고 시도한다면 결국 두려움은 점차 감소할 것입니다. 습관화는 이처럼 두려운 기억들을 가지고 작업하는 것입

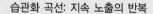
습관화 곡선: 지속 노출의 반복

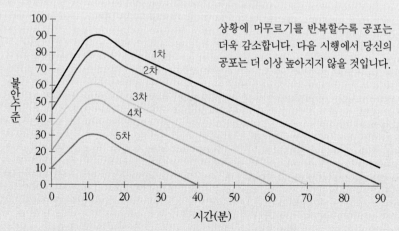

니다. 당신이 외상 기억을 회피하지 않고 기억함으로써 외상을 덜 고통스러운 것으로 기억하도록 돕는 것입니다. 노출(예: 심상 기억)은 원치 않을 때에 외상 기억이 팝업처럼 툭 튀어나오는 것을 통제하도록 도와줍니다. 이에 따라, 외상 생존자들이 많이 경험하는 플래시백, 악몽, 침습적 사고는 줄어들게 될 것이며, 설혹 경험하더라도 압도감을 덜 느끼게 될 것입니다.

인지적 재구조화

외상을 경험한 대부분의 사람은 자신과 세상에 대해 비현실적이고도 유용하지 않은 관점을 갖게 됩니다. 세상을 무서운 곳으로 여기거나 자신을 쓸모없고 무가치한 사람으로 보게 되기도 합니다. 이러한 생각은 앞서 우리가 논의했던 사고의 왜곡을 반영하는 것입니다. 기억하십시오. 사자를 만났을 때 위험에 대해 경계하는 것은 현명한 일입니다. 그래서 사자에게 공격당한 후에는 얼룩고양이가 거리를 뛰어가는 것만 봐도 등골이 오싹해질 수 있습니다. 그러나 사자에게 공격당했다는 사실이 얼룩고양이를 위험하게 만들지는 않습니다. 인지적 재구조화는 스트레스를 느낄 때 어떤 생각을 하고 있는지 깨닫고, 자신의 생각을 평가하는 것을 배우는 것입니다. 인지적 재구조화는 또한 유용하지 않은 생각을 변화시킬 수 있도록 교육합니다. 가장 중요한 것은 상황을 현실적으로 볼 수 있도록 돕고, 삶을 통제할 수 있는 힘을 갖게 한다는 것입니다.

심상노출, 실제노출, 인지적 재구조화는 처음 배울 때는 어려울 수 있지만 계속하다 보면 공포, 죄책감, 수치심, 우울 등이 극복될 수 있으며, 스스로를 더욱 좋게 느낄 수 있게 해 줍니다.

부록 6.2 회피 목록에 대한 작업기록지 만들기*

    외상 경험을 떠올릴 때 회피하게 되는 것들을 적어 보십시오. 여기에는 당신이 회피하는 상황, 장소, 사람이 포함될 수 있고, 기억이 떠오르는 것을 회피하기 위한 생활 방식이 포함될 수도 있습니다. 또한 대화의 주제를 바꾸는 것이나 약물이나 술에 의존하는 것, 어떤 상황에서 '멍해지는 것'도 포함될 수 있습니다. 회피는 다양한 방식으로 이루어지므로 이 과제는 몇 번이고 반복할 필요가 있습니다. 아래에 목록 작성에 대한 예가 있습니다.

1. 지하실로 피함
2. 어쩔 수 없는 경우에만 사람들을 만남
3. 뉴스를 보지 않고 신문을 읽지 않음
4. 생각을 피하기 위해 집에 있을 때 술을 마심
5. 작업복 입은 사람을 피함
6. 사람들이 나에게 무슨 일이 있었는지 물어보려 할 때 화가 남
7. 치료를 취소하거나 상처를 보여 주지 않음
8. 성관계 동안 남편이 가슴을 만지지 못하도록 함
9. 마트에 혼자 가지 못함
10. 내 문제를 얘기하는 대신 다른 사람의 문제에 대해 걱정함

나의 회피 목록

1. _____
2. _____
3. _____
4. _____
5. _____
6. _____
7. _____
8. _____
9. _____
10. _____

부록 6.3 공포에 어떻게 직면할 것인가?*

공포에 직면하겠다는 결심

그동안은 외상 경험과 관련된 고통에 대처하기 위해 당시를 떠오르게 하는 상황, 사람, 물건을 회피하였을 것입니다. 이제 당신은 회피가 고통 유지에 어떤 역할을 하는지 알게 되었습니다. 또한 당신이 외상 유인 자극을 어떻게 회피하는지 그리고 회피가 당신의 삶에 어떤 영향을 미치는지 더욱 잘 알게 되었을 것입니다. 회피는 일시적인 불안 감소 같은 단기적 효과는 줄 수 있지만 장기적으로는 부정적인 영향을 준다는 것도 알게 되었을 것입니다.

당신이 어떤 것을 더 이상 회피하지 않기로 결심했다면, 다음 단계는 회피해 왔던 것에 어떻게 접근할지 계획을 세우는 것입니다. 변화를 위한 결심을 실행에 옮기는 것이 '말처럼 쉬운 것'은 아닙니다. 회피의 단기적인 효과는 결심의 실행을 지속적으로 방해할 수 있습니다. 공포스러운 것에 접근하는 불편함을 감수하기보다는 단기간의 효과(고통 경감)를 얻을 수 있는 회피를 지속하고 싶은 강한 충동을 느낄 수 있습니다. 그럼에도 불구하고 이 과정을 지속해 나간다면, 직면에 따른 장기적인 효과의 유용성을 알게 될 것입니다.

공포 자극에 접근하기

이 치료법에 포함되어 있는 실제노출은 공포 유발 상황에 체계적으로 접근하는 것입니다. 이것은 안전하지 못한 상황에 접근하는 것을 의미하지 않습니다. 목표는 사실은 안전하지만 외상 사건을 경험하면서 위험한 것으로 지각하게 된 상황에 대한 회피를 줄이는 것입니다. 불안 유발 상황에 대한 반복 노출은 일반적으로 불안을 감소시킵니다. 우리는 이 과정을 습관화라고 부릅니다. 습관화는 불안이 점진적으로 감소할 때까지 불안 유발 상황에 반복적으로 노출함으로써 발생합니다. 다음에 습관화에 대한 예시를 제시하였습니다.

아드리엔은 어릴 때 어머니와 함께 동물원에 갔다가 호랑이가 우리 안에서 큰 소리로 으르렁대는 것을 보았다. 아드리엔은 크게 놀랐고, 다음 날 사촌의 생일파티에 가서는 그 집의 고양이를 무서워하며 들어가기를 주저하였다. 아드리엔은 사촌의 집에 들어가자마자 고양이를 보고 울면서 도망쳐 나왔고, 삼촌은 아드리엔의 손을 잡고 고양이가 귀엽고 온순하다며 안심시켜 주었다. 다음 날도 아드리엔은 삼촌 집을 다시 찾았는데, 삼촌은 이번에는 아드리엔이 고양이에게 가까이 갈 수 있게 도와주었다. 그들은 조심스럽게 고양이 가까이 다가갔고, 삼촌은 고양이는 안전한 동물이라고 설명해 주었다. 아드리엔은 고양이에게서 도망치는 대신 삼촌의 격려로 고양이에게 접근할 수 있었고, 고양이에 대한 공포는 줄었으며 결국에는 삼촌 집을 다시 즐겁게 방문하여 고양이와 놀 수 있게 되었다.

많은 사람은 자신들이 공포스러워하는 상황에 머무르는 것을 두려워하며, 이 때문에 불안은 아주 오랫동안 지속됩니다. 다음 그래프는 당신이 불안 유발 상황에 오랫동안 머무를 때 나타나는 불안의 점진적인 감소를 보여 주고 있습니다.

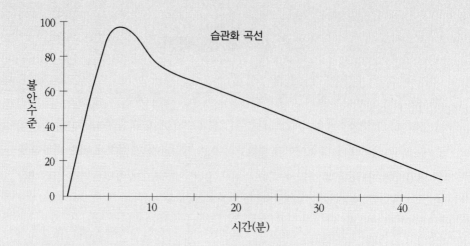

습관화 곡선

자기진술대처

처음 노출 과제를 시도할 때는 부자연스러울 수 있습니다. 오랫동안 습관적으로 피해 왔던 것에 접근하는 것은 어려운 일입니다. 두려운 상황에 접근하는 동안 스스로에게 말 하는 것은 노출의 성공에 도움이 됩니다. 당신이 과거에 회피하려고 부단히 노력해 왔던 것에 접근하려는 이유에 대해 되새겨 기억하는 것은 매우 유용합니다. 긍정적인 변화는 회피하지 않아야 얻어질 것이라는 믿음을 자신에게 상기시키는 것 또한 유용합니다.

다음에 자기진술대처법의 예가 있습니다. 이것은 실제노출 상황에 머무르는 데 도움 이 되도록 자신에게 말하는 것입니다(만약 당신이 사용하던 자기진술적인 말이 있다면 다음의 빈칸에 적어 보세요). 이들 중 몇 가지를 선택하여 메모장에 적어 연습 상황에 가 지고 다니면 도움이 될 것입니다. 이것은 노출 연습 동안 증가하는 불안에 대처하는 데 도움이 됩니다.

• 불안은 그 느낌은 나쁘지만 나를 해치지는 않는다.
• 나는 노출을 지속할 것이고, 불안은 줄어들 것이다.

- 나는 불안하지만 이 상황을 통제할 수 있다.

- 이 느낌은 불쾌하지만 영원히 지속되지는 않는다.

- 공포감은 올라갈 수 있겠지만, 나는 그것에 대처할 수 있다.

- 이것은 불안에 대처하는 방법을 배울 수 있는 기회다.

- 이것은 불편하지만 위험하지는 않다.

- _____

- _____

- _____

- _____

- _____

부록 6.4 위계는 어떻게 계획하는가*

공포 상황에 반복적으로 노출을 시도하면 불편감은 감소될 것입니다. 실제노출을 시작하기 전에 두려운 상황에 접근하기 위한 '위계' 단계를 작업기록지를 사용하여 작성해 보십시오.

- 1단계-공포 상황 선택하기: 외상 경험의 공통된 반응([부록 5.1] 참조)과 당신이 작성한 회피 목록 작업기록지([부록 6.2] 참조)를 참고하여 공포를 유발시키는 것과 회피하는 것을 찾아보십시오. 이것에 대한 목록 작성을 통해 당신이 회피하는 상황, 장소, 사람 또는 어떤 외상 유인 자극을 회피하기 위해 당신이 선택하고 있는 생활 방식 등을 알게 될 것입니다. 이 목록 중에서 노출 실행을 위한 회피 상황 하나를 선택하십시오.
- 2단계-브레인스토밍: 당신이 현재 회피하고 있는 상황에 대해 생각나는 대로 가능한 많이 적어 보십시오(필요하다면 추가 용지를 사용하십시오).
- 3단계-평가: 당신이 그 상황에서 느낄 것이라고 생각되는 불안에 대해 주관적인 고통지수(SUDS: Subjective Units of Distress Scale)를 사용하여 평가해 보십시오. SUDS는 '0=불안 없음, 100=극심한 불안'으로 0에서 100까지 평정할 수 있도록 되어 있는 평가척도입니다.
- 4단계-재배열: 당신이 작성한 목록의 SUDS 점수를 확인하고 오름차순으로 재배열 하십시오. 그런 다음 다른 용지에 낮은 점수 순서대로 상황을 옮겨 적는데, 이때는 실제노출을 실행할 수 있도록 내용을 보다 구체적으로 적어야 합니다. 이것이 당신이 시도하게 될 실제노출 과제가 됩니다.

실제노출을 위한 위계 목록 예시

예시 상황: 상점에 가기

공포상황	SUDS
혼자 상점에 가기	100
친구와 함께 상점에 가서 따로 있기	50
친구가 상점까지만 동행하고 나 혼자 돌아다니기	70
친구와 함께 상점 돌아다니기	20
실제노출에서 실행할 위계의 재작성	**SUDS**
친구와 상점에 동행하여 함께 다니기	20
친구와 상점까지 동행하고, 친구가 상점의 한곳에 머물러 있는 동안 나 혼자 돌아다니기	50
친구가 나를 상점까지 데려다주고 주차장에서 기다리는 동안 나 혼자 상점 돌아다니기	70
나 혼자 상점에 가고 친구는 집이나 사무실에서 나에게 전화하며 기다리기	90
혼자서 상점에 가고, 친구가 전화도 하지 않기	100

실제노출을 위한 위계 목록 기록지

- 단계 1-공포 상황 선택하기
- 단계 2-브레인스토밍: 당신이 경험하는 공포 상황에 대해 생각나는 대로 되도록 많이 적기
- 단계 3-평가: 0~100점으로 SUDS 점수 평가하기

공포 대상 혹은 상황	SUDS

- 단계 4-재배열: SUDS 점수를 오름차순으로 재배열하기

실제노출 실행을 위한 위계	SUDS

첫 노출 작업은 당신이 작성한 위계의 어디쯤에서 시작하는 것이 좋을까요? 첫 주에는 SUDS가 50점으로 평가된 위계 상황에서 시작하는 것이 좋습니다. 만약 30분 이상 머무르는 것으로 몇 번 시도한 후에도 그 상황에 접근하는 것이 힘들다면, SUDS 점수가 약간 더 낮은 위계 상황에서 다시 시작해 보고, 그 상황에서 성공하면 위계를 점점 더 올려가면서 노출을 시도하십시오. 당신이 원한다면 치료사와 함께 시작해 보는 것도 좋습니다.

상황에 머무르기

노출 상황에 실제로 직면하게 되면 처음에는 심장이 빠르게 뛰고 손에 땀이 흥건히 젖고, 기절할 것 같은 불안 증상이 나타나면서 되도록 그 상황에서 빨리 벗어나고 싶은 마음이 들 것입니다. 그러나 공포를 견디며 불안이 줄어들 때까지 그 상황에 머무르는 것이 중요합니다. 당신은 그 상황에 35~40분 정도 머물러 있거나 SUDS 평가치가 50% 이하로 내려갈 때까지 머물러 있어야 하며, 만약 45분이 지나도 SUDS 평가치가 50% 이하로 내려가지 않으면 50%가 될 때까지 그 상황에 더 머물러 있어야 합니다. 불안이 50% 이하로 내려가면 다른 활동으로 넘어 가십시오. 예를 들어, SUDS 평가치가 80점이었다면 40점이 될 때까지 그 상황에 머물러 있어야 하고, 60점이었다면 30점이 될 때까지 그 상황에 머물러 있어야 합니다. 만약 그 상황이 너무나 불안하여 머물지 못하고 포기하면, 당신은 그 상황을 계속해서 매우 위험하고 끔찍한 일이 벌어질 수 있는 것으로 확신할 것

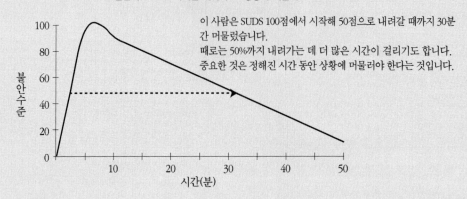

습관화 곡선:
불안이 50%로 내려갈 때까지 그 상황에 머물기

이 사람은 SUDS 100점에서 시작해 50점으로 내려갈 때까지 30분
간 머물렀습니다.
때로는 50%까지 내려가는 데 더 많은 시간이 걸리기도 합니다.
중요한 것은 정해진 시간 동안 상황에 머물러야 한다는 것입니다.

입니다. 다음에 같은 상황이 되면 당신은 여전히 높은 불안을 느낄 것이고 어쩌면 더욱
불안하게 느낄 수도 있습니다. 그러나 불안감에도 불구하고 계속 머물렀다면 불안은 감
소할 것이고 결국 공포 없이 그 상황에 직면할 수 있게 될 것입니다. 당신이 위계의 각 상
황을 자주 연습하면 할수록 불안을 더 적게 느끼게 될 것이고 상황이나 사람을 피하고자
하는 충동도 줄어들 것입니다.

치료 과정을 기록하여 진전 사항을 점검하세요.

실제노출을 하는 동안 경험한 것을 계속적으로 기록하는 것은 당신과 치료사가 치료
진전을 모니터링하고 노출 과제를 계획하는 데 도움이 됩니다. 노출 과제를 시작하기 전
에 실제노출 연습 과제 기록지([부록 6.6] 참조)에 당신이 연습할 상황을 기록하십시오.
그리고 기록지의 안내에 따라 연습 내용을 기록하시면 됩니다.

다양한 상황에서 노출을 시도해 보세요.

실제노출 위계 상황을 성공적으로 마친 후에는, 약간씩 노출 상황을 달리하면서 시도

해 보는 것이 도움이 됩니다. 과제가 상점에 가는 것이었다면, 다음에는 다른 상점에 가 보십시오. 이는 하나의 상점이 아닌 상점 전체로 습관화가 일반화되게 할 것입니다. 규모가 다른 곳의 상점에 가 보거나 조용한 시간이나 분주한 시간으로 시간대를 달리하여 가 보는 것 등 다양한 변화를 주어 연습하십시오.

부록 6.6 실제노출 연습 기록지*

이름: _____ 날짜: _____

연습 상황: _____

- 실제노출은 현재 삶에서의 상황, 대상, 활동에 대한 노출입니다.
- 매일 실제노출을 연습하는 것이 바람직합니다. 연습을 많이 하면 할수록 더 빨리 편안함을 느낀다는 것을 알게 될 것입니다.
- 당신의 위계에서 한 목록을 선택해 매우 구체적으로 기술하십시오.
- SUDS 0~100점을 사용하여 노출 전 당신의 불안 수준을 평가하십시오.
- 당신의 불안이 올라가는지 살펴보십시오. 최고점의 SUDS 점수를 기록하십시오.
- 35~40분 그 상황에 머물러 있거나 시작 점수에서 50%까지 SUDS가 내려갈 때까지 그 상황에 머무르십시오.
- 마지막 SUDS 평가 점수를 기록하십시오.
- 치료 진전을 알아보기 위해 노출 초기의 SUDS 시작 점수, 가장 높은 최고 점수, 노출을 마칠 때의 종결 점수를 다음 그래프에 표시하십시오(힌트: 각 노출에 대해 다른 색이나 다른 모양으로 표시하면 보기 편함).
- 가장 높은 SUDS 최고 점수가 20점 아래로 평가될 때까지 매일 노출을 반복하십시오([부록 6.1]의 세 번째 그래프 '습관화 곡선: 지속 노출의 반복'에서 5회 반복한 것처럼). 이것을 마치면 위계의 다음 목록으로 넘어가십시오.

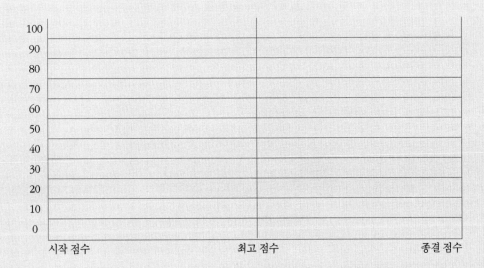

시작 점수				최고 점수						종결 점수

주관적인 고통지수(SUDS)

0	10	20	30	40	50	60	70	80	90	100
없음		경미		중간		심각		매우심각		극심

주관적인 고통지수(SUDS)

0	10	20	30	40	50	60	70	80	90	100
없음		경미		중간		심각		매우심각		극심

연습 상황:_____

	날짜:_____	SUDS 시작 점수_____
1	상황:_____	SUDS 최고 점수_____
	기간:_____	SUDS 종결 점수_____
	날짜:_____	SUDS 시작 점수_____
2	상황:_____	SUDS 최고 점수_____
	기간:_____	SUDS 종결 점수_____
	날짜:_____	SUDS 시작 점수_____
3	상황:_____	SUDS 최고 점수_____
	기간:_____	SUDS 종결 점수_____

07 심상노출

실제노출과 마찬가지로 심상노출도 쉬워 보일 수 있다. 심상노출에서 환자는 외상 사건을 처음부터 끝까지 회상하며 마치 그 일이 다시 일어나는 것 같은 상상을 하게 된다. 이를 통해 당시 느꼈던 감정을 재경험함과 동시에 외상 사건은 기억 속에 남아 있을 뿐 현재 자신은 안전하다는 것을 인식하게 된다. 이러한 심상노출 과정을 반복함으로써 환자는 더 이상 피해가 발생하지 않음을 배우게 된다. 자신에게 일어난 일에 대해 생각하고 그와 관련된 감정을 다시 느끼고 있지만 여전히 안전하다는 것을 배움으로써 환자의 불안은 줄어들게 되는 것이다.

심상노출의 시행은 이처럼 아주 단순해 보이지만, 적용하는 것은 사실상 쉽지 않다. 많은 환자에게 심상노출은 중요한 치료의 구성요소이지만 공포의 대상이기도 하다. 어떤 환자는 심상노출을 정해진 방식에 따라 쉽게 해내지만 실시 방법을 수정해야 하는 환자도 있다. 치료 효과를 높이기 위해 방법을 수정하는 것은 치료사가 해야 할 일이다. 그러나 너무 많은 수정을 하면 환자가 외상 사건에 관한 기억을 다루기 어려울 수 있다. 반대로 적절한 수정 없이 심상노출을 시도할 경우 환자가 외상 관련 기억을 효과적으로 다룰 수 없거나 치료 의지를 상실할 수 있다.

수정을 원활하게 하기 위해서는 두 가지 요인이 필요하다. 첫째, 어떠한 방법으로 수정할 수 있는지와 함께 심상노출의 전 과정을 확실하게 이해해야 한다. 둘째, 환자가 치료 과정에 익숙해지지 않거나 어려움을 겪더라도 포기하지 않아야 한다. 치료사는 치료과정이 효과적이라는 확신을 가지고 있어야 한다. 심상노출은 두 섬 사이를 항해하는 것과 같다. 항해가 순조롭지 않음을 알았을 때에는 이미 첫 번째 섬으로부터 너무 멀리 떠나와 돌아가기 어려울 수 있다. 당신은 바다 한가운데서 표류하게 될 것이 두려워 배에 오르지 못하고 '포기해야 겠다.'고 생각할 수 있다. 하지만 여행하는 것을 두려워하는 것은 목적지에 도달하는 데 도움이 되지 않는다. 그보다는 자신의 능력에 의지하고 목표에 도달하기 위해 전념해야 한다. 마찬가지로 심상노출을 시작한 이상 중간에 포기하지 않는 것이 최선이다.

심상노출을 위한 준비: 이론적 근거

치료사는 심상노출을 시도하기 전에 환자에게 그 이유를 설명해야 한다. 심상노출을 시작하기 전에 먼저 노출을 실시해야 하는 근거에 대해 다시 한번 살펴보아라. 또한 집에서의 연습을 원활하게 하기 위해 심상노출 과정을 녹음한다는 것을 환자에게 알려 주도록 하라(더 자세한 정보를 위해 '숙제를 위한 준비' 절 참조). 만약 환자가 실제 장면에 대한 노출을 이미 시작했다면 심상노출을 위한 준비는 상대적으로 간단할 수 있다. 환자가 실제노출 과정을 통해 공포 감소를 경험하였으므로 심상노출 과정을 더욱 쉽게 이해할 수 있을 것이다. 심상노출을 하는 이유는 확실하다. 실제 자극에 대한 노출이 그와 관련된 불안을 감소시키는 것처럼 심상노출은 외상 기억에 대한 불안을 감소시킨다. 치료사는 기억이 어떻게 '처리'되는가에 대하여 검토해 주어야 한다. 이는 죄책감과 부끄러움, 분노와 관련된 기억의 다양한 측면을 명확히 할 수 있도록 도와준다. 다음 대화 사례는 영화 비유를 이용하여 환자에게 그 과정을 설명한 것이다.

환자가 심상노출에 전념할 수 있도록 돕는 것도 중요하다. 이는 환자가 불편감을 느끼고 회피하려는 충동을 느낄 때, 치료 과정을 지속할 수 있게 도와줄 것이다. 환자가 치료에 전념할 수 있도록 하는 전략 중 하나는 환자에게 노출을 시도해야 하는 이유를 작성하도록 하는 것이다. 우리는 이를 재미있게 'Top 10' 목록이라고 부르는데 [그림 7-1]에 그 예가 제시되어 있다.

심상노출을 해야 하는 열 가지 이유

많은 사람은 외상 후 스트레스장애 치료를 시작하면서 치료란 곧 자신에게 일어났던 일에 대해 생각하는 것과 관련된다는 것을 알게 됩니다. 당신은 치료사와 심상노출에 대해 이야기를 나누고, 이에 대한 글도 읽어 보았을 것입니다. 모든 사람은 심상노출을 하는 자신만의 이유를 가지고 있습니다. 만약 이유가 없다면 심상노출을 하지 않을 것입니다. 당신이 심상노출을 하는 분명한 이유에 대해 작성해 보십시오. 그것은 치료에 매우 유용할 것입니다.

10. 괴로운 감정을 제거하는 데 도움이 될 것이다.

9. 공포를 이해한다면 이를 이겨 낼 수 있을 것이다.

8. 성숙한 감정으로 이를 살펴보고 평가하는 법을 배울 수 있을 것이다.

7. 꾸준히 시행하면 더욱 편안한 상태가 될 수 있을 것이다. 외상 사건은 단지 기억일 뿐이며, 더 이상 나를 괴롭히지 못한다는 것을 배울 것이다.

6. 나 자신과 가족에 대한 악순환을 끊을 수 있을 것이다.

5. 보다 안정될 수 있을 것이다.

4. 사회적 관계를 향상시킬 수 있을 것이다.

3. 내가 원하는 삶을 살도록 용기를 북돋아 줄 것이다.

2. 나의 생각과 반응에 대해 더 많은 통제력을 가질 수 있을 것이다.

1. 어떤 기억으로부터 벗어날 수 있다면, 다른 기억 또한 이겨 낼 수 있을 것이다.

[그림 7-1] '노출을 해야 하는 열 가지 이유' 예시

대화 예시 환자에게 심상노출 소개하기

치료사: 질, 당신은 개에 대한 공포를 이겨 내기 위해 열심히 노력했습니다. 그리고 개 그림을 바라보고 있을 때 느끼는 불안감도 감소하였습니다. 우리는 당신이 이러한 노출을 지속하도록 할 것이며, 이를 통해 당신은 개 그림을 보거나 어떤 상황에서 개와 마주치더라도 편안함을 느끼게 될 것이며, 지금까지 피해 왔던 여러 상황에서도 편안함을 느낄 수 있을 것입니다. 이제 우리가 해야 할 다음 단계는 당시의 사건을 기억할 때 느끼게 되는 괴로움에 대해 이야기를 시작하는 것입니다. 제가 전에 심상노출이 치료에서 중요하다고 얘기했던 것을 기억하실 것입니다.

질: 네. 그렇긴 한데 조금은 두렵네요.

치료사: 심상노출을 시작하는 것이 불안한 것은 자연스러운 일입니다.

질: 꼭 해야만 하나요?

치료사: 내키지 않으시면 반드시 해야 할 필요는 없습니다. 모든 선택은 당신에게 달려 있습니다. 당신의 결심을 돕기 위해, 심상노출이 도움이 되는 이유를 살펴보겠습니다. 그런 후에 심상노출을 해야 하는 이유와 하고 싶지 않은 이유에 대해 이야기를 나누어 보도록 하겠습니다. 그렇게 하면, 어떻게 하는 것이 좋은지 당신 스스로 결정할 수 있을 겁니다.

질: 좋아요.

치료사: 제가 말씀드린 대로 실제노출이 개 그림에 대한 불안감을 감소시킨 것처럼 심상노출 또한 당신이 그 사건에 대해 생각할 때 느끼는 공포를 감소시킬 수 있습니다.

질: 그럴 것 같아요.

치료사: 심상노출은 사건에 대한 기억을 다루는 데 유용합니다. 치료를 위해 이곳에 오게 되면, 자신의 경험에 대해 이야기해야 한다는 사실을 알고 계셨을 겁니다. 그래서 여기에 치료받으러 오기를 주저하셨던 것으로 압니다. 그 사건 이후에 가족과 친구들은 "그것에 대해 생각하지 마라. 이미 지나간 일이야. 이

제 다 잊고 일상생활로 돌아가자."라고 말했을 것입니다. 당신은 그 일로 인해 수치스러움과 나약함을 느꼈다고 했습니다. 그래서 자신이 겪은 시련에 대해 생각하지 않으려고 노력해 오셨고요. 그렇게 회피한 결과 자신이 겪은 경험에 대해 주의 깊게 생각해 볼 기회를 놓쳤고, 무슨 일이 일어났는지 자세히 살펴보지 않았습니다. 이것은 마치 난해하게 끝난 미스터리 영화를 보고 나서 이해하려고 하나하나 곱씹어 보는 것과 같습니다. 이러한 과정은 갑자기 떠오르는 기억을 조각조각이 아닌 전체로 이해할 수 있도록 도와줍니다. 기억의 퍼즐 조각을 모두 맞추다 보면 이를 이해할 수 있게 되고 마침내 내려놓을 수 있게 됩니다. 기억을 깊게 살펴봄으로써 우리는 잊어버렸던 세세한 부분들도 인식할 수 있습니다. 그 세세한 부분들은 당신이 그 사건의 의미를 이해하는 데 중요한 역할을 할 것입니다. 심상노출은 공포를 감소시킬 뿐만 아니라 당신이 알지 못했던 기억의 여러 부분을 살펴볼 수 있는 기회를 주기도 합니다. 이해가 되시나요?

질: 네. 하지만 이상하게도 두려워요. 이번 주 내내 악몽을 꾸었습니다.

치료사: 이해합니다. 당신은 매우 오랫동안 이를 회피해 왔기 때문에 기억을 마주하는 것이 두려울 수 있습니다. 제가 전에도 말했던 것처럼 심상노출을 해야 하는 당신만의 이유를 생각해 보는 것이 도움이 됩니다. 심상노출을 통해 얻고자 하는 것은 무엇입니까?

질: 악몽을 꾸지 않았으면 좋겠습니다.

치료사: 심상노출을 시작한 처음에는 악몽을 꾸거나 깨어 있는 시간에 방해받는 일이 많을 겁니다. 하지만 대부분의 사람은 불안감이 줄어들면서 점차 그러한 생각이 사라지게 됩니다. 노출 시도 초기에 악몽과 같은 증상이 증가한다고 해서 치료 효과가 없는 것은 아닙니다. 그 외에 심상노출을 통해서 변화되길 바라는 것이 있나요?

질: 그 때의 사건을 생각하지 않으려고 애쓰느라 시간을 낭비하고 싶지 않습니다. 제가 좋아하던 것을 다시 할 수 있었으면 좋겠어요. 개가 나타날까 봐 무

서워하지 않으면서 아이들과 함께 산책도 가고 영화도 보러 갈 수 있으면 좋겠습니다. 잘 극복해서 지금보다 더 나아지고 싶습니다. 제대로 된 삶을 살고 싶어요.

치료사: 지금 말씀하신 것은 노출을 시도하기 위한 좋은 이유인 것 같습니다. 앞으로 심상노출을 더 이상 실시하고 싶지 않거나 피하고 싶은 충동이 들 때 지금 말씀하신 이유를 생각해 보면 큰 도움이 되실 것입니다.

만약 환자가 심상노출을 시작하지 못한다면 6장에 제시된 실제노출을 하는 이유와 심상노출을 하는 이유를 통합해 설명해 줄 필요가 있다. 먼저 6장에서 다룬 노출에 대한 폭넓은 개념을 환자에게 다시 한번 설명해 주고, 실제 자극노출과 기억에 대한 노출을 비교해 주어라(즉, "사자에게 공격받았던 외상 사건에 대해 다시 생각해 봅시다. 오렌지색 얼룩무늬 고양이에 대한 실제노출이 고양이에 대한 공포를 줄여 준 것처럼, 사자에게 쫓겼던 기억에 대한 공포를 없애는 것을 배우는 것도 중요합니다. 심상노출을 통해 사자에게 공격당했던 것을 떠올리면서 당신은 그 기억이 실제 사자로부터 공격받는 것과는 다르다는 것을 알게 될 겁니다. 그렇게 되면 당신의 공포는 사라질 수 있습니다."). 마지막으로 영화 비유를 적용해서 설명하거나 기억을 처리해야 하는 이유를 설명하기 위한 당신만의 방법을 개발하여 환자에게 설명해 주어라. 만약 영화 비유가 효과적이지 않다면 2장을 참조하라. 환자에게 설명할 때 도움이 될 만한 정보를 얻을 수 있을 것이다.

어떤 환자에게는 강한 냄새를 풍기는 두려운 대상에 대한 설명으로 기억을 떠오르게 하는 것이 도움이 된다. 그러한 환자는 냄새나는 대상을 상자에 넣고 테이프로 단단히 묶어 트렁크에 깊숙이 넣어 둔다. 그 트렁크를 사슬로 더욱 단단히 묶고, 그 위에 담요를 덮어 다락방 깊숙한 곳에 넣고 문까지 잠가 버리는 것처럼 외상 관련 기억을 자신의 내면 안쪽 깊숙한 곳에 감춰 두곤 한다. 하지만 이러한 노력에도 불구하고 냄새는 상자나 다락방 밖으로 얼마든지 새어 나올 수 있기 때문에 집 안 곳곳에서 그 냄새를 맡을 수 있다. 심상노출의 목적은 환자가 트렁크를 풀어 상자를 열고 물체를 꺼내 자신이 그 대상에게 느끼는 공포에 직면하도록 하며, 이를 통해 공포를 이겨 내는 방법을 학습하고 냄새를 씻어 낼 수 있다는 것을 깨닫게 하는 것이다. 또한 두려움의 대상과 기억이 더 이상 자신을 해칠 수 없다는 것을 깨닫고 마침내 그 대상을 집 안 한가운데 있는 선반에 올려놓을 수 있게 하는 것이다. 공포를 느꼈던 대상이 집 안에 있는 평범한 물체 중 하나가 되는 것처럼, 외상 관련 기억도 다른 일반적인 기억과 다르지 않은 평범한 기억이 되는 것이다.

심상노출을 위한 준비: 위계 세우기와 첫 번째로 다룰 기억 선택하기

심상노출을 시작하기 전에도 실제노출에서처럼 어떤 기억을 먼저 다룰 것인지를 선택해 명확히 하고 위계를 세우는 것이 필요하다. 하지만 어떤 환자는 하나의 기억만을 보고하기 때문에 모든 환자에게 이 단계가 필요한 것은 아니다. 대부분의 사람은 단 하나의 외상 경험을 가지고 있다. 그러나 그들 중에는 다양한 외상 사건을 경험하고도 자신을 계속 괴롭히는 것으로 단 하나의 특정 기억만을 보고하는 환자가 있다. 이런 환자는 외상 기억의 위계를 세우기 위한 과정을 거치지 않고는 무엇이 자신을 괴롭히는 외상 기억인지 찾아내지 못할 수 있다.

심상노출을 실시해야 하는 기본적 이유를 설명하고 난 후에 즉시 위계를 세우는 것이 좋다. 위계를 세우는 과정은 가능한 15분 이내로 끝내야 한다. 위계 세우기의 목표는 단지 주요 기억을 확인하기 위한 것으로 환자가 기억에 침잠하여 그 자체로 노출되도록 해서는 안 된다. 위계를 세우기 위해 환자에게 과거 1개월간 자신을 가장 괴롭혀 온 기억이 무엇이었는지 간단히 설명해 줄 것을 요청하라. 그리고 이를 '외상 기억 목록([부록 7.2] 참조)'에 기록하도록 하라. 기록에는 발생한 사건에 대한 자세하고 포괄적인 묘사가 반드시 포함되어야 한다(예: "우리가 고속도로를 달리는 중에 큰 트럭이 우리를 들이받았고 차가 뒤집혔다. 형은 그 자리에서 사망했다."). 가능하면, 사건 당시 환자의 나이와 관련 인물 그리고 그 외 세부 정보도 얻도록 하라. 이러한 정보를 알아 놓는 것은 노출 시행 과정에서 기억에 대한 의사소통이 원활히 이루어지도록 도울 것이다. 그다음으로는 환자가 외상 사건을 묘사할 때 어느 정도 불안감을 느꼈는지 평가하도록 하라. 많은 환자는 심상노출을 시작하면 불안 수준이 증가하거나 감소하므로 이때 평가한 점수는 환자가 심상노출 시 느낀 불안 수준과 얼마나 일치하는지 판단하는 기준이 된다.

외상 기억에 대한 위계 세우기: 미카라 사례

35세 여성인 미카라는 어린 시절 삼촌에게 성적 학대를 당하였다. 미카라의 아버지는 그녀가 어렸을 때 사망하였고, 어머니는 미카라와 3명의 자녀를 위해 일을 하느라 바빴기 때문에 미카라는 삼촌과 숙모 집에 머무는 날이 많았다. 또한 미카라는 남자친구에게 신체적 폭력을 당한 경험이 있다.

치료사: 다음 회기부터는 심상노출을 시작하게 될 것입니다. 따라서 어떤 기억이 당신을 가장 괴롭히고 있는지 명확히 알아야 합니다. 그래야 심상노출에서 무엇부터 다루어야 할지 결정할 수 있습니다. 당신은 살아오면서 많은 일들을 경험했고, 그것이 당신을 괴롭히고 있다는 것을 알고 있습니다. 최근에 당신은 그중 어떤 것으로 인해 가장 괴로웠나요?

미카라: 저에겐 모두 다 끔찍한 일입니다. 어디서부터 시작해야 할지 모르겠어요. 저에게 일어난 일들에 대해 생각할 때면 정말 견디기 힘듭니다.

치료사: 그럼, 지난주를 떠올려 봅시다. 기억하고 싶지 않은 과거 일들 중 떠올랐던 기억이 있습니까?

미카라: 어젯밤 여섯 살 난 딸이 사촌과 함께 놀고 있는 모습을 보고 있었어요. 제가 그 나이었을 때가 떠오르더군요.

치료사: 좀 더 정확히 말씀해 주시겠어요? 구체적으로 무엇이 생각났나요?

미카라: 당신도 알다시피 제 삼촌이 저에게 한 일이죠.

치료사: 성적 학대에 대한 기억 중 구체적으로 떠오르는 것이 있었나요?

미카라: 아니요. 너무 여러 번 일어나서 모든 기억이 희미해졌어요. 또한 삼촌이 한 일이 생각나면 너무 화가 나서 최대한 빨리 그 생각을 지워 버리려고 해요. 어젯밤도 마찬가지였어요. 저는 TV를 켜고 안정이 될 때까지 게임쇼를 시청했어요.

치료사: 그럼, 그 일이 일어났던 특정 시점을 명확히 알아낼 수 있는지 살펴보도록 합시다. 예를 들어, 성적 학대를 경험한 많은 사람은 그 사건 중 특정한 일이 가장 두드러지게 기억난다고 말합니다. 처음 성적 학대를 당했던 때가 기억 속에 가장 선명하게 남기도 하죠.

미카라: 글쎄요, 너무 어렸을 때 당한 일이라 그때가 잘 기억나지 않아요.

치료사: 이해합니다. 당신에게 가장 선명하게 남아 있는 기억은 성기삽입 같은 특정 행위를 처음 경험했을 때이거나 무서움을 느꼈던 특별한 행동일 수 있습니다. 당신은 다섯 살 때 처음 성적 학대가 일어났지만, 성기삽입은 조금 더 성장했을 때 일어났다고 말했었죠. 그 당시 기억 중에 당신에게 유독 두드러지게 떠오르는 기억이 있나요?

미카라: 네. 있어요.

치료사: 무엇이 떠오르나요?

미카라: 처음 성기를 삽입했을 때 너무 아팠어요. 그는 아프지 않을 거라고 말했지만 정말 아팠죠. 그를 멈추게 하고 싶었지만 그는 그렇게 하지 않았어요.

치료사: 그때 당신은 몇 살이었나요?

미카라: 글쎄요. 삼촌은 여러 번 저에게 그렇게 했어요.

치료사: 그럼, 그 일에 대해 다시 생각해 보면 언제 일이 생각나나요?

미카라: 삼촌 집 소파에 누워 있던 기억이 나요. 그곳에서 당하곤 했었거든요.

치료사: 좀 더 자세히 말씀해 주시겠어요?

미카라: 정확하진 않지만, 제 생각에는 그가 드라이버 손잡이를 제 속에 삽입했던 것

같아요. 당시에 저는 낮잠을 자고 있었고 잠들기 전 주변에는 다른 사람도 함께 있었어요. 그런데 제가 낮잠에서 깨어 보니 모두 가 버리고 삼촌만 남아 있었어요. 그가 저를 만지기 시작했고 드라이버 손잡이를 삽입했을 때는 정말 아팠어요. 매우 큰 드라이버였거든요.

치료사: 그때 당신이 몇 살이었는지 기억하나요?

미카라: 아마 열 살이었을 거예요.

치료사: 알겠습니다. 그때 일을 말씀하시는 지금 어느 정도로 불안한가요?

미카라: 매우 불안합니다. 95점 정도.

치료사: 그 외에 떠오르는 기억이 있습니까?

미카라: 더 이상은 정말 기억하고 싶지 않습니다.

치료사: 힘드시다는 것은 압니다. 하지만 힘들더라도 계속하면서 극복해 보도록 합시다.

미카라: 네…… 삼촌이 저를 처음으로 강간했을 때가 떠올랐어요. 그가 제 위로 올라와 있었던 게 기억나요. 그에게서 맥주 냄새와 땀 냄새가 났어요. 저는 그를 멈추게 하고 싶었어요. 정말 아팠거든요.

치료사: 그때가 몇 살이었나요?

미카라: 아마 열한 살쯤이었을 거예요.

치료사: 저에게 그때 일을 말하면서 얼마나 불안감을 느꼈나요?

미카라: 100점입니다.

치료사: 알겠습니다. 계속해 보겠습니다. 당신을 정말 괴롭히고 있는 또 다른 기억은 무엇입니까?

미카라: 제가 좀 더 커서 삼촌에게 저항했던 적이 있었어요. 그를 멈추게 하려고요. 그는 세게 제 뺨을 때렸고, 이번에는 정말 아프게 할 거라고 말했어요. 그래야 제가 얌전해지는 법을 배울 수 있다고 하면서 말이죠. (웃음) 항상 나를 아프게 때린 건 아니지만 그때 삼촌은 매우 거칠었어요. 삼촌은 그가 말한 것처럼 정말 나를 아프게 때렸고 저를 계속 괴롭혔어요.

220

치료사: 당시는 몇 살이었나요?

미카라: 열다섯 살쯤이요. 저는 그때 막 고등학교에 입학했어요. 고등학생이 되었기 때문에 그를 막을 수 있다고 생각했던 거죠.

치료사: 그 일에 대해서 말씀하실 때 느낀 불안감은 어느 정도입니까?

미카라: 다른 일보다는 덜 불안했어요. 85점 정도요.

치료사: 지금까지 말씀하신 것 외에 삼촌에 관한 괴로운 기억이 있나요?

미카라: 아니요, 제 생각에는 지금까지 말씀드린 일들이 저를 가장 괴롭히는 기억인 것 같아요.

치료사: 이제 당신이 언급했던 전 남자친구에 대해 이야기해 봅시다. 고등학교를 졸업한 후 남자친구를 만났다고 하셨죠?

미카라: 네. 저보다 나이가 많았어요. 저는 가족에게서 벗어나기 위해 남자친구와 동거를 했어요.

치료사: 그에 관한 기억에는 어떤 것이 있나요?

미카라: 그가 처음 저를 때렸을 때……

환자가 모든 혹은 몇몇 중요한 외상 기억을 명확히 하고 이에 대한 불안 점수를 평가할 때까지 계속 물어보도록 하라. 이러한 외상 기억의 목록은 노출 회기를 시작하기 위한 위계 구성의 예비적인 지도 역할을 하게 된다. 그러나 이 지도에 상세한 정보가 담기는 정도는 사람마다 다르며 다양할 것이다. 모든 외상 기억에 대해 노출을 시행할 필요가 없는 것처럼 말이다. 또한 어떤 환자는 치료 후반에 또 다른 외상 기억을 목록에 추가하기도 한다. 그러므로 외상 기억 목록이 처음부터 완전해야 하는 것은 아니다.

만약 환자가 많은 외상 기억을 가지고 있다면 각 기억에 대해 간단한 이름을 붙이는 것이 도움이 된다. 미카라의 첫 번째 기억은 '드라이버 기억'이라고 이름 붙일 수 있다. 그다음 기억은 '삼촌의 첫 번째 강간'이라고 이름 붙일 수 있다. 짧게 이름을 붙이면 각 기억을 또다시 상세하게 얘기할 필요가 없으므로 외상 사건의 기억 위계를 작성하는 과정(예: 다음에는 어떤 기억과 씨름할 것인지)이 수월해질 것이다. 미카라의 예를 보면, 그녀는 남자친구가 머리를 벽에 부딪치게 한 기억을 추가적으로 떠올렸다. 이에 대해 치료사는 "'남자친구 기억'은 '삼촌 기억'에 비해 불안감을 적게 유발하는 것 같군요. 그리고 '벽 기억'은 75점 정도로 조금 낮은 불안감을 느끼게 하는 것 같습니다. 제 생각에는 '벽 기억'부터 다루는 것이 좋을 것 같습니다. 어떻게 생각하시나요?"라고 말할 수 있다.

특정 외상 기억을 정확히 기억해 내지 못한다면 어떻게 할까

어떤 환자는 유사한 사건을 많이 경험하여 그 기억이 하나로 중첩되어 있을 수 있다. 따라서 하나의 기억만을 명확히 설명하는 것에 어려움을 보일 수 있다. 이러한 예는 성적 학대나 신체적 학대를 경험한 환자 또는 전쟁에서 살아남은 환자에게서 자주 발생한다. 심상노출을 위해 환자가 특정한 외상 기억을 분명히 할 수 있도록 독려하라. 예를 들어, 그 사건이 처음 발생했던 때나 마지막으로 일어났던 때 또는 사건의 주요 특징에 대해 기억해 낼 수 있도록 질문하라. 만약 환자가 외상 기억을 구체화하지 못한다면, 치료사는 여러 사건들이 포함된 '복합' 기억을 다뤄야 한다. 이러한 상황에서는 노출을 시행하는 동안 일관성 있게 기억이 유지되도록 하는 것이 중요하다. 기억에 일관성이 없으면 회기 간 습관화가 잘 유지될 수 없기 때문이다.

단편적인 기억만을 가지고 있다면 어떻게 할까

일관성이 없는 단편적인 기억만을 보고하는 환자도 있다. 가브리엘은 어두운 곳에 있는 것 같은 몇 가지 연결되지 않은 이미지만을 보고하였고, 이는 숨이 막힐 것 같은 느낌과 강한 냄새를 동반하였다. 이 경우 환자는 자신의 기억이 노출을 시행하기에는 충분하지 못할 것이라고 생각하고 유용한 기억을 더 많이 회상해 내야 한다는 부담을 가질 수 있다. 노출을 진행하는 동안 환자가 기억의 세부적인 부분을 구체화하거나 이전에 말로 표현하지 못했던 사건의 전체를 회상하는 것은 흔한 일이다. 그러나 이는 노출의 주된 목표가 아니라는 것을 환자에게 알릴 필요가 있다. 노출의 목표는 기억을 '회복'시키는 것이 아니다. 치료사는 환자가 쉽게 기억해 낼 수 없는 세부 정보를 만들어 내도록 격려하여 잘못된 기억을 창조해 내기를 원하지는 않을 것이다. 그러므로 환자가 단편적인 기억만을 보고한다면 그 이상의 기억을 회상해 내지 않아도 괜찮다고 말해 주어라. 예를 들어, 라울은 지하실 계단 근처에 서서 바스락거리는 소리를 들었던 것을 회상하였다. 그 기억은 극도의 불안감을 불러일으켰고 라울은 지하실에서 아버지가 형을 고문하던 것을 '알았다'고 말하였다. 라울은 자신이 어떻게 이 사실을 알았는지, 당시 몇 살이었는지, 그리고 자신이 왜 계단 위에 있었는지는 전혀 기억하지 못하였다. 그는 지하실에서 무슨 일이 일어났는지를 확인해 줄 만한 기억을 가지고 있지 않았으며 형이 자살한 후 부모님과 소원한 관계를 유지하였다. 라울은 단편적인 기억에 노출을 완료하였고, 그 기억에 대해 습관화되었다. 변증법적 행동치료(Linehan, 1993a)의 기법인 인지적 재구조화와 급진적 수용을 통해 라울은 '더 이상의 정보를 절대 회상해 낼 수 없다.'는 사실을 수용할 수 있게 하였다.

연결된 사건들을 분리하여 다루기

어떤 환자는 오랜 시간에 걸쳐 사건을 경험했거나 또는 별개의 부분들로 연결된 사건들을 경험했을 수 있다. 이러한 경우 치료사는 각 부분을 독립된 기억으로 다루어야 한다. 예를 들어, 댓사는 3일간 납치되어 강간당했다. 댓사와 치료사는 3일의 기억을 10개의 부분으로 나누었다. 만약 환자의 기억을 여러 부분으로 나눌 필요가 있다면 위계를 작성하는 과정 중에 하는 것이 좋다.

노출할 기억 선택하기

위계를 세웠다면 노출을 시행할 첫 번째 기억을 선택하라. 실제노출에서와 마찬가지로 환자가 SUDS 점수를 50~65점으로 평가한 기억이 있을 것이며, 치료사는 중간 정도로 평가된 기억 중에 하나를 선택해서 노출을 시작하면 된다. 그러나 모든 기억 점수를 90~100점으로 높게 평가하는 환자도 있다. 이 경우에는 보다 구체적으로 평가된 기억을 선택하여 노출을 시작하도록 하라.

기억을 선택할 때에는 그것이 DSM-IV(APA, 1994)에 명시되어 있는 외상 사건의 정의와 기술을 충족시키는지 고려하라. 환자가 비교적 명확히 기억할 수 있고, 진단기준의 A1(신체 상태에 대한 위험)과 A2(두려움, 무기력함, 공포)의 정의를 모두 만족시키는 기억을 선택하는 것이 가장 좋다. 어떤 환자는 A1의 기준에 맞지 않는 기억을 위계 목록에 기록할 수 있다. 예를 들어, 아동학대 생존자는 성인이 자신을 향해 소리를 지르거나 이름을 불렀던 기억을 목록에 포함시킬 수 있고, 어떤 환자는 가족 중 한 명이 암으로 죽어 가는 것을 지켜봐야 했던 것 같은 오랫동안 슬펐던 기억을 위계 목록에 포함시킬 수 있다. 그러나 이러한 기억들은 두드러진 불안 요소가 부족하기 때문에 노출을 시행하기에는 부적합하다. 또한 환자가 보고한 어떤 기억들은 매우 단편적이어서 그것이 외상 사건이었는지 판단하기 어려울 수 있다. 예를 들어, 로즈는 그녀가 4세였을 때 할아버지의 무릎 위에 앉아서 불편감을 경험했던 기억을 묘사하였다.

어떤 기억은 A2의 기준을 충족하지 못할 수 있다. 예를 들어, 린디는 술취한 남자친구가 집에 와서 소리를 지르고 접시를 던졌던 기억을 보고하면서 당시 분노와 혐오감을 주로 느꼈다고 이야기하였다. 만약 기억이 불안감이 아닌 분노와 주로 연관되어 있다면 이는 심상노출을 시작할 기억으로 적합하지 않다. 마찬가지로 수치심이나 죄책감과 관련된 기억도 심상노출을 시작하기 위한 첫 기억으로는 적합하지 않다. 트리스타는 성폭행을 경험했던 두 가지 기억을 보고하였는데, 첫 번째는 남자친구가 그의 친구에게 구강성교를 하라고 강요했던 것이며 두 번째는 아파트

주차장에서 낯선 남자에게 강간을 당했던 기억이었다. 80점을 받은 두 번째 기억은 공포와 관련되었지만, 65점으로 평가된 첫 번째 기억은 주로 수치심과 관련되었다. 따라서 그녀의 치료사는 두 번째 기억의 SUDS 점수가 더 높았지만 두 번째 기억을 먼저 다루기로 하였다.

분노나 수치심, 죄책감과 관련된 기억에도 노출을 시행할 수는 있다. 하지만 원하는 결과는 가져오지 못할 것이다. 왜냐하면 이러한 감정은 노출을 통해 쉽게 감소되지 않기 때문이다. 죄책감과 수치심, 분노 그리고 공포와 관련된 기억 중 하나를 선택해야 한다면 공포에 기반한 기억을 선택하여 노출을 시행하는 것이 좋다. 공포 관련 기억에 대한 노출 시행은 환자의 고통을 줄여 줄 가능성이 높으며, 이에 따라 환자는 성공 경험을 하게 될 것이다. 초기의 성공 경험은 노출을 계속 시행하고자 하는 환자의 의지를 높일 수 있고, 힘든 순간이 와도 인내하며 노출에 계속 참여할 수 있게 동기화한다. 그 외의 다른 기억은 치료 후반에 다루는 것이 좋다. 처음으로 다룰 기억을 결정했다면 환자에게 다음과 같이 제안하라. 예를 들면:

> "마크, 당신이 지난주에 작성한 외상 관련 기억 목록을 살펴보았습니다. 당신은 여섯 살 때 새아버지가 허리띠로 때린 기억을 60점으로 평가하였고, 다른 기억의 점수는 이보다 더 높더군요. 제 생각에는 새아버지에 대한 기억을 먼저 다루는 것이 좋을 것 같습니다. 어떻게 생각하시나요?"

심상노출 실시: 기본 단계

심상노출의 목표는 환자에게 정신적 외상을 재경험시키려는 것이 아니라 외상 기억에 노출되게 하려는 것임을 기억하라. 노출에 대해 '재경험'적 접근법을 지지하는 치료사도 있지만 우리는 이에 동의하지 않는다. 치료사 대부분은 환자가 강간이나 강도, 폭행을 실제로 다시 경험하는 것 같은 감정을 느끼기를 바라지는 않을 것이다. 다만 환자가 노출 시행을 통해 외상 사건에 대한 그들의 기억이 더 이상 위험하지 않다는 사실을 학습하기를 원할 것이다. 환자는 노출을 통해 현재 자신이 안전한 환경에 놓여 있음을 알아야 한다. 만약 환자가 외상 사건이 다시 일어날 수 있다고 믿고 자신의 주변 환경을 올바르게 지각하지 못한다면 새로운 학습은 일어나지 않을 것이다. 따라서 치료사는 환자가 외상 사건과 관련된 감정을 경험하지만 감정에 압도되어 현실 지각을 상실하지 않도록 주의해야 한다. 또한 외상 기억과 관련된 감정을 경험해 보겠다는 환자의 의지를 강화하여 집에서나 치료 회기에서 노출을 계속 시도하도록 유도하라.

첫 노출 시행 시에 환자에게 외상 사건이 어떻게 시작되었는지 이야기하도록 요청하라. 마치 그 사건이 지금 다시 일어나는 것처럼 묘사하도록 해야 하며, '당시 느꼈던 감정'을 다시 경험하기 위해서는 충분한 세부 정보가 필요하다. 그러나 어떻게 노출을 해야 하는지에 대한 과도한 지시는 삼가도록 하라. 오히려 전략적으로 피드백을 사용하여 외상 사건을 회상하고자 하는 환자의 의지를 높이고 외상 관련 감정에 몰입할 수 있도록 하라. 첫 노출을 위한 표준 지침은 눈을 감고 1인칭 현재 시점으로 사건을 묘사하도록 하는 것이다. 이러한 전략은 환자가 자신의 기억에 더욱 몰입할 수 있도록 한다.

심상노출을 할 때에는 환자가 자신의 기억을 반복적으로 묘사하도록 하라. 그러나 많은 환자는 기억을 한 번 말한 후 더 이상 이야기를 하지 않기도 한다. 이때 치료사는 기억을 반복해서 묘사하도록 격려해야 한다. 기억을 반복해서 말하는 것이 습관화의 비결이다. 예를 들어, 스티브는 아버지가 누군가에게 총을 쏘는 것을 목격한 것에 대해 이야기하고는 더 이상 말하려 들지 않았다. 이에 치료사는 "무슨 일이 일어났었는지 저에게 다시 설명해 주세요."라고 요청하였고, 스티브는 "더 이상 못하겠어요."라고 답하였다. 치료사는 침착하게 "다시 한번 설명해 주세요."라고 말하였고, 결국 스티브는 자신의 이야기를 여러 차례 반복해 말하면서 천천히 진정되었다. 그리고 그 사건을 여섯 번째 말하면서 불안감이 급격히 감소했음을 깨달았다. 그는 "다 지난 일이지요. 그저 기억에만 남아 있을 뿐이고…… 저는 이것이 가능할 거라고는 생각하지 못했어요."라고 말하였다.

회기 내 노출 시간

첫 회기에서는 약 60분 정도를 노출에 할애하여 기억을 반복해서 이야기하도록 하거나 불안감이 SUDS 20점 이하로 감소할 때까지 노출을 실시하는 것이 좋다. 이것은 각 회기를 가능한 90분으로 계획해야 함을 뜻한다. 습관화가 빠르게 일어나서 60분이라는 시간이 필요하지 않을 수도 있다. 그러나 일반적으로는 환자에게 여러 번 자신의 기억을 반복하게 하는 것이 필요하다. 만약 노출을 실시했음에도 습관화 속도가 느린 편이라면 첫 번째 심상노출 회기는 더 길게 잡아야 한다 (75~80분의 노출).

불안 수준 추적하기

노출을 실시하면서 5분 간격으로 환자의 SUDS를 평가하여 기록하고([부록 7.3] 참조) 이 자료를 그래프화하라. 컴퓨터에 평가 점수에 대한 데이터를 저장하여 각 회기의 자료를 축적하고, 이를 이용해 환자에게 노출에 따른 진전을 그래프를 그려주어라. 그래프는 많은 환자를 강화하며, 어떤 환자는 이 그래프를 눈에 띄는 곳 (예: 냉장고)에 붙여 두고 자신을 스스로 격려하기도 한다. 또한 이 그래프는 증상의 호전이 현저하지 않을 때에도 계속 노출을 실시하도록 하는 데 도움이 된다. 즉, 자신이 변할 가능성이 없다고 생각할 때에도 도움이 될 것이다(8장 참조). 또한 그래프는 습관화 경향성의 추이와 같은 노출에 대한 중요한 정보를 제공해 준다.

대화 예시 첫 번째 심상노출

치료사: 그럼 시작해 볼까요? 먼저 의자에 편한 상태로 앉으세요. 그리고 가능하다면 눈을 감으세요. 눈을 감으면 기억이 더 생생하게 떠오를 수 있습니다. 마치 그

사건이 지금 다시 일어나고 있는 것처럼 그때 기억을 최대한 자세히 떠올려 보세요. 그러나 그 일은 기억일 뿐 실제 일어나고 있는 것이 아니라는 것과 현재 당신은 안전한 곳에 있다는 것을 알고 있어야 합니다. 다시 말해, 기억만 떠올리는 것입니다. 너무 기억에 몰두하여 현실감을 잃어버린다면(즉, 이것은 단지 기억일 뿐으로 그 사건이 다시 발생하는 것이 아님을 잊어버린다면) 제가 눈을 뜨라고 말씀드릴 겁니다. 물론, 제 지시가 없어도 원하시면 언제든지 눈을 뜰 수 있습니다. 자, 그럼 눈을 감고 시작해도 괜찮을까요?

질: 네, 괜찮습니다.

 보충 설명 환자가 눈을 감는 것을 어려워하면 눈을 뜨고 시작해도 좋다.

치료사: 좋아요. 그럼 그 날 있었던 일에 대해 기억나는 것을 말씀해 보세요. 무슨 일이 있었는지 최대한 자세히 말씀해 주셔야 합니다. 그리고 당시 느꼈던 모든 감정을 다시 느낄 수 있도록 노력해 보세요. 그 사건이 현재 다시 일어나고 있는 것처럼 일인칭 현재 시점으로 말씀해 주시기 바랍니다.

심상노출 후의 피드백

노출을 시도한 후에는 그동안 나타난 환자의 반응에 대해 함께 논의하라. 그리고 각 회기에서 얻은 자료를 그래프화하여 함께 살펴보아라. 이는 환자에게 자신의 경험을 처리할 수 있는 정보를 주는 것이며 치료사는 환자가 어려운 과제를 마친 것에 대해 이를 근거로 강화할 수 있다. 치료사는 환자의 성과를 강조하기 위해 그래프를 활용할 수 있다.

과제를 위한 준비시키기

피드백을 제공한 후에는 집에서 연습할 수 있는 방법을 알려 주어 환자가 자신의 노출 회기를 녹음한 테이프를 들으며 집에서 연습할 수 있도록 해야 한다. 치료 시작 전 녹음한다는 사실을 알려 주고, 집에서 과제를 연습할 때 녹음 자료를 사용하게 될 것임을 설명해 주어라. 첫 회기를 마치고 나면 환자는 많이 지칠 수 있고 따라서 과제를 하기보다는 해방되기를 원할 수 있다. 치료사는 환자가 집에서 연습과제를 해 올 수 있도록 격려하고 과제를 잊지 않고 해 오도록 해야 한다.

기본적 지시

반복 시도가 노출 성공의 열쇠임이 연구를 통해 밝혀졌기 때문에 환자들이 집에서 연습을 충실히 하도록 하는 것은 매우 중요하다. 환자에게 불안이 계속 감소하는 것을 그래프로 보여 줌으로써 반복의 중요성을 강조할 수 있다. 회기가 지속되면서 불안이 감소하면 외상 기억에 따른 괴로움은 줄어들 것이다([그림 6-4] 참조).

집에서 연습할 수 있도록 동기를 부여하고 매우 구체적인 지시를 하는 것이 도움이 된다. 치료 효과를 높이기 위해 녹음 테이프를 매일 듣도록 하거나 한 주에 최소 5회 이상 듣도록 하라. 일상생활(직장, 양육 등)을 고려하여 연습하기 가장 좋은 시간을 찾도록 하라. 운전처럼 다른 일을 하는 도중에는 자신의 기억과 불안 경험에 집중하기 어려우므로 녹음 테이프를 듣지 않도록 하라. 특히 인지적 자원을 요구하는 활동은 회기 간 습관화에 방해가 될 수 있다(Kamphuis & Telch, 2000; Telch et al., 2004). 또한 운전 중에 테이프를 듣는 것은 안전하지 못하다. 집에서 연습할 때에는 [부록 7.4]와 같이 단계적으로 진행할 것을 지시하며, 연습 시간(예: 최소 30분 동안 또는 SUDS가 50% 이상 감소할 때까지)에 세 번 SUDS를 평가하고 도움이 된다면 세부적인 내용(예: 연습한 장소 또는 눈을 감거나 뜬 것 등)도 평가하여 기록하도록 지시하라. 마지막으로, 연습을 위한 적절한 시간과 장소, 테이프 재생 장치 등 환자가 직면할 여러 문제들도 함께 살펴보도록 하라.

노출을 연습할 환경 요인에 대한 고려

환자가 노출을 연습하게 될 환경에 대해서도 논의할 필요가 있다. 예를 들어, 집에서 연습할 때 자녀들이 주변에 가까이 있어서는 안 된다. 자녀들이 녹음 내용을 들어서도 안 되지만 연습을 방해할 수 있기 때문이다. 어떤 환자는 자녀가 있는 것만으로도 방해를 받을 수 있다. 따라서 자녀가 연습에 미칠 수 있는 영향에 대해 환자와 논의하는 것이 필요하다.

배우자나 동료가 회기에 함께 참여하는 것이 도움이 되기도 한다. 그들은 노출을 실시하는 논리적 근거에 대해 이해하고 질문할 수 있으며 환자를 지지하는 역할을 할 수 있다. 노출 실시의 논리적 근거를 이해하지 못하거나 받아들이지 못하는 배우자는 집에서 환자가 연습하는 것을 방해할 수 있다. 이와는 반대로, 배우자나 동료가 노출치료를 잘 이해하고 치료를 지지해 주는 중요한 자원이 되기도 한다.

지지해 주는 사람과 녹음 내용 공유하기

녹음테이프를 다른 사람과 함께 청취해도 괜찮을까? 많은 환자는 처음에는 집에서 노출을 실시하는 것을 두려워한다. 특별한 목적이나 이유가 없다면 녹음테이프를 가족이나 타인과 함께 듣지 않도록 하는 것이 좋다. 가족 구성원은 환자가 아니므로 녹음한 내용을 듣게 되면 치료사가 다루기 어려운 이차적인 문제가 생길 수도 있다. 헤드셋 사용을 권하여 사생활도 보호하고 가족이 옆에 있어도 녹음 내용을 듣지 못하게 하는 것이 좋다.

타인이 녹음 내용을 듣게 되면 발생할 수 있는 또 다른 부정적인 결과는 이해받지 못하게 되는 것이다. 예를 들어, 젤리는 교사가 자신을 성적으로 학대한 기억에 대해 듣고 있었다. 이때 테이프를 함께 듣게 된 아내는 남편의 외상이 생각보다 심각하지 않다는 사실을 놀라워했다. 그리고는 남편이 과민반응을 보이는 것이라고 생각했다. 그녀는 "생각했던 것만큼 나쁜 일이 아니었네요. 당신이 그렇게 혼란스러워할 일은 아닌 것 같아요."라고 말하였다. 이후 그녀는 남편이 치료를 빨리 끝내도록 압력을 가하기 시작했다. 이처럼 타인이 녹음 내용을 듣고 어떤 반응을 보일지는 예측하기가 매우 어렵다. 그러므로 타인과 녹음된 내용을 공유하지 않는 것이 좋다. 그보다는 연습할 동안 곁에 있어 줄 것을 요청하여 편안한 상태를 유지하고 연습이 끝난 후 함께 시간을 보내 줄 것을 부탁하도록 하라.

타인과 녹음 내용을 공유하는 것이 유익한 결과를 가져오는 경우도 있다. 그러므로 환자가 타인과 함께 공유를 원할 때 항상 금지할 필요는 없다. 예를 들어, 브릿지는 자신이 아동기에 경험한 학대의 기억을 남편과 함께 공유하였고 이는 부부관계의 친밀감을 증가시켜 주었다. 비행기 추락사고로 딸을 잃은 헨리도 아내와 함께 녹음 내용을 들으면서 그들이 수년간 깊게 묻어 온 슬픔에 대해 서로 논의할 수 있었다. 헨리는 아내와 녹음 내용을 공유한 것이 자신과 아내 모두에게 도움이 되었고 치료를 받는 동안 아내에게 많은 지지를 받고 있다는 기분을 느꼈다고 하였다.

노출 시도 후 자기 위안과 보상이 되는 활동 계획하고 참여하기

어떤 환자에게는 집에서 연습을 마친 후(혹은 노출 회기를 끝내고 돌아갔을 때) 무엇을 하는 것이 좋은지 분명한 지시를 하는 것이 좋다. 예를 들어, 베로니카는 불안감을 크게 유발하는 녹음 내용에 노출을 끝낸 후 매우 큰 자부심을 느꼈고, 어떠한 것도 당당히 직면할 수 있다고 생각하였다. 하지만 자신의 돈을 갚지 않는 오빠를 만난 후에는 매우 빠른 속도로 분노와 죄책감에 압도되었고 이러한 자신에 대해 자해충동을 느꼈다. 치료사는 그녀가 어려운 연습을 끝낸 직후였으므로 오빠를 마주할 만한 감정적 자원이 없었을 것이라고 추측하였다. 베로니카는 오빠를 만났을 당시 자부심뿐만 아니라 피곤함과 분노 감정도 느꼈음을 인정하였다.

노출을 끝마친 후 즐거움을 주거나 마음을 달래 주는 활동에 참여하는 것이 좋다. 이것은 환자가 감정적으로 고갈된 상태에서 새로운 일을 시도하지 않도록 예방하는 역할을 한다. 즐거움을 주는 활동에 참여하는 것은 회기 내에서 변화시키지 못한 비불안 관련 부정적 정서를 조절할 수 있도록 도와준다. 또한 일종의 보상물로 작용하여 환자가 불편하고 힘든 것도 완수할 수 있게 해 준다. 많은 외상 후 스트레스장애 환자는 치료를 마친 후 즐거움을 주는 활동으로 자신을 보상하고 위로하라고 교육을 받는다. 이때 보상을 줄 수 있는 분명한 계획을 세우고 활동 목록을 구체적으로 만드는 것이 도움이 될 수 있다.

심상노출 동안 불안 수준을 적정하기 위한 전략과 참여 및 습관화의 촉진

절차의 변화는 노출 동안의 불안감 수준에 영향을 주며 습관화와 참여를 촉진할 수 있다. 환자의 불안감이 너무 높아 노출을 시행할 수 없다면 불안감을 줄이는 전략을 사용해야 하며, 반면에 환자가 자신의 기억에 몰입하지 못한다면 몰입도를 높일 수 있는 전략을 사용해야 한다.

일인칭의 사용과 현재 및 과거 시제의 사용

일반적으로 환자에게 일인칭 현재 시점으로 이야기하도록 한다. 때로는 환자가 이를 간과하고 삼인칭 시점("그가 그녀를 침대로 밀어붙였고, 그녀는 무기력함을 느껴요.")을 사용하기도 한다. 이는 환자가 그 사건을 감정적으로 경험하지 못하도록 한다. 어떤 환자는 사건 당시에 마치 자신이 삼자가 되어 그것을 바라보고 있는 것과 같은 기분을 느꼈기 때문에 삼인칭 시점으로 사건을 묘사하게 된다고 말한다. 그러나 당시 사건을 환자가 경험할 수 있도록 하기 위해서는 일인칭 시점을 사용하는 것이 매우 중요하다.

현재 시제의 사용이 노출에 어떤 영향을 미치는가에 대해 밝혀진 연구는 없다. 치료사의 설명에도 불구하고, 과거 시제를 사용해 말하는 환자가 있다. 많은 환자는 과거 시제로 자신의 기억을 묘사하면서 매우 극심한 불안감을 경험한다. 과거 시제는 개인이 과거 경험을 되돌아볼 때 사용하게 되는 자연스러운 반응이다. 현재 시제로 기억을 회상하는 것은 플래시백과 유사하며 '건강하지 않은' 것으로도 보일 수 있다. 만약 환자가 현재 시제를 사용하는 것이 견딜 수 없을 정도로 기억을 선명하게 하여 분리나 해리를 경험하게 만든다면 과거 시제를 사용하는 것이 바람직하다.

타이밍: 언제쯤 환자의 불안감을 더 높이고, 잘못된 진행을 수정해야 하는가

많은 환자는 과거 시제나 삼인칭으로 기억을 회상하는 것과는 무관하게 매우 빠르게 치료에 몰입한다. 첫 치료 회기에서는 환자가 외상 기억을 묘사할 때 치료사 개인의 판단을 피하고 지지적인 태도를 유지해야 한다. 노출을 하는 첫 회기에는 환자가 감정적으로 몰입하지 못하는 경우(예: 기대했던 것보다 매우 낮은 SUDS 점수를 보고하거나, SUDS 점수가 50점 이하일 때)라도 치료 절차를 수정하지 말아라. 수용되지 못함에 민감한 환자는 자기 스스로를 수용하지 않거나 좌절할 수도 있기 때문이다(예: "나는 이것도 제대로 못해!" 또는 "너무 어려워. 난 할 수 없을 거야.").

환자가 첫 노출 회기에서 불안감 감소를 급격히 경험했다면 치료사는 불안감을 감소시킨 절차적 실수를 수정하고 불안감을 더 느낄 수 있도록 격려해야 한다. 일인칭 현재 시제를 사용하도록 하는 것에서 나아가 눈을 감도록 하거나 더욱 구체적으로 감각이나 생각을 묘사하도록 하는 것이 도움이 된다. 예를 들어, 덴버는 눈을 뜬 상태로 첫 노출 회기를 완수할 수 있었다. 그러나 두 번째 노출 회기에서는 20분 만에 불안감이 0으로 감소하여 치료사는 눈을 감고 회기를 진행할 것을 제안하였다. 당연히 그녀의 불안감은 증가하다가 45분 정도 지나자 SUDS 점수가 0으로 다시 되돌아왔다. 다음 회기에서도 그녀의 불안감은 최고로 높아졌지만 예상대로 곧 습관화가 일어났다.

불안을 적정하기 위한 주의분산이 필요한가

우리는 노출 실시 중에는 주의분산을 사용하지 않는다. 노출 중에 주의분산을 사용하는 것이 적정 불안을 위한 전략이라는 견해도 있지만, 우리는 보통 주의분산이 아닌 다른 방법을 사용한다. 추가하면, 아직까지는 노출동안에 적정 불안을 위해 주의분산을 사용하는 것이 외상 후 스트레스장애의 치료 효과에 어떤 영향을 주는 지에 대한 명확한 증거는 없다.

우리는 노출 동안에는 다른 정서는 배제하고 오로지 불안에만 집중하도록 요구한다. 이를 위한 한 가지 방법은 일반적으로 사용하는 SUDS 평가("당신의 불안 수준을 SUDS 0점부터 100점 사이에서 평가해 보세요.")와 불안감 평가("당신의 불안 수준은 지금 0점부터 100점 중 어디에 있나요?") 모두를 사용하는 것이다. 우리가 생각하는 불안감에만 집중하도록 하는 이론적 근거는 간단하다. 외상 후 스트레스장애 환자에게 노출을 실시하면 노출 중에 변할 수도 있고 변하지 않을 수도 있는 불안 이외의 많은 부정적 감정들도 유발될 수 있다. 따라서 우리는 환자가 불안감에만 집중하도록 하여 노출 효과로 불안의 감소를 경험함으로써 치료에 강화될 수 있도록 한다.

불안감 완화와 습관화 촉진을 위한 기억의 구조화

노출 실시를 위해 기억을 적절한 길이와 강도로 나누는 것이 좋다. 예를 들어, 어떤 환자는 자신의 기억을 일관성 있게 묘사하는 데 어려움을 느끼거나 설명을 주저할 수 있다. 다른 환자는 가장 좋지 않았던 부분은 매우 빠르게 넘어가기도 한다. 예를 들어, 모건은 강간당하기 직전과 직후는 매우 구체적으로 묘사했지만 정작 강간 당시에 대해서는 매우 짧게 묘사하였다. 즉, "그러고 나서 저의 속옷을 내리고 절 강간했어요."라고 간단히만 묘사하였다. 외상 기억은 여러 개의 분리된 조각들로 구성될 수 있다. 예를 들어, 사고에 관한 기억의 경우 사고 나기 직전의 순간과 구조를 기다리던 순간, 사고 차량에서 구출되었을 때, 병원으로 후송되는 순간 그리고 치료받는 순간 등 몇 가지 조각으로 구성되어 있다.

가장 이상적인 기억은 충분히 구체적이면서 60분의 회기 동안 여러 번 반복할 수 있는 기억이다. 습관화를 위해서는 반복이 가장 중요하기 때문이다. 단순히 생각해도 5분짜리 기억은 10분짜리 기억보다 두 배 이상 반복할 수 있다. 치료사는 많은 기억들을(전부는 아니지만!) 4~10분 내에 처리할 수 있는 것으로 구조화할 수 있을 것이다.

긴 기억의 구조화

매우 긴 기억의 경우에는 처음 이를 설명하는 데에 30분에서 1시간 정도가 소요될 수 있다. 이러한 경우를 위한 몇 가지 선택 방안이 있다. 긴 기억의 회기 내 노출은 불안감 감소를 위한 충분한 반복을 어렵게 한다. 그럼에도 회기 내 노출을 통해 환자가 처음으로 기억에 접근하는 것을 방해하지 않도록 해야 하며, 기억을 살펴보고자 하는 환자의 의지와 노력을 강화해야 한다. 이를 통해 치료사는 기억의 원형을 면밀히 살펴볼 수 있는 기회를 얻게 되어 기억을 구조화할 방법을 결정할 수 있다. 이러한 방안의 선택은 환자의 기억이 긴 이유를 파악하고 구조화하기 위한 방법을 결정하기 위해 전체 줄거리를 들어야 할 때 유용하다. 예를 들어, 환자가 감정적으로 직면하기 어려운 부분을 회피하기 위해 감정적으로 덜 관련 있는 부분에 과도하게 집중하는 것일 수 있다. 이를 알아채기 위해서는 기억의 전체 줄거리에 대해 들어 볼 필요가 있다.

이 단계에서 전체 줄거리에 대해 설명하는 것은 기억의 인지적 처리를 촉진할 수 있다. 이후 회기에서는 치료사가 기억을 나누어 덜 중요한 부분은 건너뛰도록 환자에게 권할 수 있다. [그림 7-2]는 치료사가 질의 외상 기억의 조각을 어떻게 나누어서 다루었는지 보여 준다. 첫 회기에서 치료사는 그녀가 개의 공격에 대해 전체 줄거리를 말하도록 하였다. 이는 30분 정도 소요되었고, 회기 내에서 단 2번 이야기를 반복할 수 있었다. 두 번째 회기에서는 질이 첫 번째 조각의 외상 기억에 대해 이야기하자마자 그녀의 말을 멈추게 하고, 첫 번째 기억 조각을 반복해 이야기하도록 하였다. 두 번째 회기에서 그녀는 매우 큰 습관화를 보여 주었다. 세 번째 회기에서는 질이 첫 번째 기억 조각에서 불안을 보이지 않아 두 번째 조각에 대해 이야기하

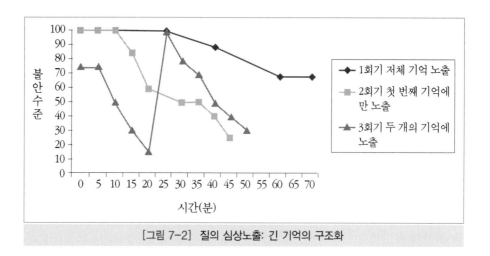

[그림 7-2] 질의 심상노출: 긴 기억의 구조화

도록 하였다.

어떤 때에는 처음 이야기하는 동안 환자가 기억의 조각을 명확히 마무리하기도 한다. 이때 치료사는 환자를 멈추게 하여 그 부분을 반복하도록 해야 한다. 침착한 어조로 "좋아요, 거기서 잠시 멈추고 그 부분을 다시 기억해 보도록 하죠."라고 말할 수 있다. 보통 환자는 두 번째로 그 기억의 조각을 다루는 것을 주저한다. 이때 치료사는 "그 부분에 대해 다시 한번 말씀해 주세요."라고 말하며 환자가 마저 반복해 이야기하도록 독려할 수 있다. 그리고 노출을 마친 후, 환자를 멈춰 세운 이유에 대해 설명할 수 있다. 이러한 접근법은 첫 회기에 환자가 불안감 감소를 크게 경험하게 하는 이점이 있다. 문제는 전체 기억을 상세히 듣지 못한 채 기억의 조각으로 사건 내용을 이해해야 한다는 것이다.

짧은 기억의 구조화

어떤 환자는 상세 정보를 포함하지 않고 간단명료하게 자신의 기억을 묘사하면서 매우 극심한 불안을 보고하기도 한다. 이러한 종류의 짧은 기억은 일반적으로 1분 이내인 경우가 많다. 치료사는 환자의 불안 수준이 감소하기 전에 더 많은 상세 정보를 끌어내려고 몰아붙이지 않아야 한다. 어떤 환자는 불안 수준이 감소하면 좀 더 상세한 기억을 떠올리기도 한다. 그렇지 않은 경우에는 치료사가 그들을 독려하여 더 많은 감각적·정서적 특징들을 묘사하도록 할 수 있다. 환자가 묘사하는 기억의 길이가 매우 짧을 경우에는 첫 회기에 첫 번째 기억을 수없이 반복하게 된다. 다니엘은 첫 노출 회기에서 자신의 불안감을 90점으로 평가했는데, 이는 노출 시작에 대한 엄청난 예기불안이 있음을 의미했다. 다니엘은 성적 학대 경험을 처음 이야기할 때 실제 성적 접촉에 대해서는 구체적으로 말하지 않았지만 불안감은 매우 높았다.

> 다니엘: 저는 침대에 누워 있었고 그가 방으로 들어왔어요. 그가 제 잠옷을 벗기고 제 위에 올라왔어요. 그에게서 기분 나쁜 냄새가 났어요. 천장에 작은 틈새가 벌어진 게 보였고, 저는 인형을 안고 있었어요. 저는 그가 없어지길 바랐죠. 그는 다 끝마친 후 아무에게도 말하지 말라고 했어요. 그렇지 않으면 제 동생을 해칠 거라고 하면서요. 그러고는 떠났어요. 그게 다예요.
>
> 치료사: 좋아요. 잘하셨습니다. 현재 얼마나 불안한가요?
>
> 다니엘: 100점. 더 이상 하고 싶지 않아요.
>
> 치료사: 스스로 불안감을 느껴 보는 것은 자신에게 좋은 것입니다. 잘하고 있어요. 계속 해 보도록 합시다. 불안감을 줄이려면 그 기억을 오래 가지고 있어야 한다는 것을 기억하세요. 무척 어렵겠지만 계속 하다 보면 큰 효과를 얻을 것입니다.
>
> 다니엘: 좋아요. 저는 침대에 있었고 그가 들어와서 제 잠옷을 벗겼어요. 그러고는 제 위로 올라왔어요. 그는 아무에게도 말하지 말라고 하고는 떠났어요.
>
> 치료사: 매우 잘하고 있어요. 감정을 그대로 느껴 보도록 하세요. 다시 한번 해 봅시다.

다니엘은 기억을 30초 이내로 매우 짧게 묘사했지만 치료사는 첫 번째 묘사를 마치고 난 후 그녀에게 불안감을 평가하도록 하였다. 이는 그녀가 얼마나 정서적으로 관여했는지를 판단하기 위해서였다. 만약 다니엘의 SUDS 점수가 감소했다면 치료사는 그녀가 더 많은 세부사항을 기억해 내도록 격려했을 것이다. 그리고 SUDS 점수가 급격히 감소했다면 해리나 무감각 등이 나타난 것으로 평가했을 것이다. 다니엘의 SUDS 점수는 그녀가 매우 높게 관여되어 있음을 보여 주었으므로 치료사는 기억을 더 상세히 하지 않고 회기를 진행하기로 결정하였다. 치료사는 기억해 내려고 하는 그녀의 노력을 강화하면서 계속하도록 격려하였다. 이후 그녀가 자신의 기억을 다시 묘사하였을 때에는 세부적인 부분이 더 줄어드는 모습을 보였다. 하지만 치료사는 이에 대해 짚고 넘어가는 대신에 그녀가 불안감을 더 온전히 느낄 수 있도록 격려하였다. 첫 노출 회기 동안 다니엘은 자신의 짧은 기억을 대략 70번에 걸쳐 반복적으로 기술하였다. 첫 번째 반복 묘사 후에 치료사는 매 5분마다 혹은 열 번째 반복 후에 SUDS를 평가하도록 하였다. 첫 회기가 끝날 무렵 그녀의 불안감은 55점으로 감소하였다.

어떤 환자는 외상 사건에 대해 매우 짧게 기술한다. 이렇게 짧은 기억에 노출을 실시하는 것이 때론 이상하게 느껴지거나 지루한 반복처럼 보이지만 그 목적은 긴 기억에 대한 노출과 같다. 노출의 목적은 기억을 많이 떠올리도록 하는 것이 아니라 개인이 가진 기억에 대한 불안을 감소시키는 것임을 기억하라. 그럼에도 어떤 환자는 기억을 더 회상하기 위해 노력하거나 사건의 중요한 부분을 떠올리지 못하는 자신을 질책할지 모른다. 사건을 회상하는 것은 매우 어려운 일임을 그들에게 확인시켜 주어라. 그리고 치료를 위해 반드시 더 많은 부분을 떠올릴 필요는 없음을 상기시켜라. 노출의 목표는 그들이 기억하고 있는 것과 관련된 고통을 줄이는 것이다. 때로는 사건과 관련된 정보가 사건이 발생하였을 때 부호화되지 않거나 저장되지 않을 수 있다. 이러한 경우 환자가 기억해 내려고 하는 것은 헛된 노력일 것이다.

'핵심 지점' 겨냥하기

집에서 한 주 동안 연습을 한 후에는 기억의 '핵심 지점'을 겨냥할 필요가 있다. 대부분의 경우, 외상 사건의 기억은 하나 이상의 정서적 정점을 가지고 있다. 이는 사건이 발생하는 동안 공포나 기타 정서적 각성이 가장 크게 유발된 지점으로, '핵심 지점'이라 불린다. 핵심 지점은 악몽을 꾸는 중에 침투하는 원치 않는 기억이나 플래시백 등 외상의 여러 요소와 일치한다(Holmes, Grey, & Yong, 2005). 만약 환자의 기억이 매우 짧은 상태라면(예: 묘사하는 데 몇 분밖에 소요되지 않음) 이 단락은 살펴볼 필요가 없을지 모른다. 그러나 환자가 기억을 묘사하는 데 5~10분 이상 소요한다면 많은 경우 핵심 지점을 겨냥하는 것이 필요하다.

기억을 묘사하는 과정에서 SUDS 점수의 변화에 주목함으로써 핵심 지점을 발견할 수 있다. 또는 환자의 얼굴 표정이나 행동을 관찰하거나 환자에게 어떤 부분이 가장 고통스러웠는지 물어볼 수 있다. 외상 사건에 대한 대부분의 기억은 핵심 지점으로는 적합하지 않은 서두와 결말 부분을 포함하고 있다. 핵심 지점을 발견하면 즉시 이야기의 서두 부분을 건너뛰고 핵심 지점으로 직행하라. 핵심 지점을 기억하여 서술하고 나면 더 이상 진행하지 말고 다시 핵심 지점을 '되감아' 보도록 하라. 일반적으로, 핵심 지점 부분은 5분 이내로 짧다. 회기의 나머지 시간 동안 핵심 지점을 반복하는 것은 이와 관련된 불안감을 감소시킨다.

예를 들어, 요란다는 심상노출 회기에서 강도에게 습격당했던 기억에 초점을 두었다. 첫 회기에서 그녀는 자신의 이야기를 총 4회 반복했으며, 한 번 반복하는 데 15분 정도가 소요되었다. 첫 회기 이후, 요란다는 과제로 6회에 걸쳐 노출을 연습하였다. 두 번째 회기에서 치료사는 그녀의 불안감이 이전 회기에 비해 현저하게 감소하였고 감소 추세에 접어들었음을 알아차렸다. 따라서 요란다가 핵심 지점을 다룰 충분한 준비가 되었다고 판단하였다. 치료사는 요란다가 자신의 이야기를 한 번 묘사한 후에 그녀가 길에서 남자와 마주쳤던 시점부터 다시 시작하도록 하였다. 이러한 지시를 통해 그녀가 사무실을 떠나 집으로 향하는 길에 무슨 생각을 했고 무엇을 보았는지에 대한 세부적인 부분을 건너뛰게 하였다. 치료사는 실제 강도에게 습격당했을 때 그녀가 칼을 보고 들었던 생각과 그때 느꼈던 기분에 대해 자세하게 설명할 수 있도록 격려하였다. 핵심 지점 이후, 이야기를 중단시킨 치료사는 그녀가 어떻게 발견되어 병원으로 옮겨졌는지를 기억하게 하기보다는 그녀가 같은 지점(남자와 마주쳤던)으로 되돌아가 얘기하도록 하였다. 처음엔 핵심 지점에 집중하자 요란다의 불안이 증가하였다. 그러나 핵심 지점을 반복하여 계속 다룸으로써 그녀는 불안이 감소하는 것을 경험할 수 있었다.

환자에게 질문을 하면 핵심 지점을 정교화하는 데 도움이 된다. 처음에 모건은 자신의 핵심 지점을 단지 "그가 절 강간했어요."라고 묘사하였고, 실제 강간 당시에 대해 자세히 묘사하는 것을 주저하였다. 치료사는 그녀의 핵심 지점을 겨냥하기 위하여 "그가 삽입을 하였을 때 어떤 기분이 들었나요?" "무슨 생각이 들었나요?" "그의 손은 어디에 있었죠?" "당신은 손을 어디에 두고 있었나요?" "그에게서 무슨 냄새가 났죠?" 등의 질문을 하였다. 모건은 결국 강간 당시에 대해 더 자세히 묘사하기 시작했고, 불안감은 50점에서 100점으로 증가하였다.

환자는 자신의 핵심 지점을 더욱 구체적이고 상세하게 설명하도록 하는 치료사를 매몰차다고 생각할 수 있다. 다른 치료에서는 이처럼 상세하게 요구하는 경우가 매우 드물다. 하지만 이는 환자가 외상 경험을 온전히 처리할 수 있도록 하며 노출을 충분히 하도록 하는 데 매우 유용하다. 또한 이를 통해 치료사는 환자에게 정확히 무슨 일이 있었는지 알 수 있고, 치료사가 그들에게 계속 주의를 기울이고 있음을 알릴 수 있다. 모건은 "눈을 뜨면 당신이 저를 다르게 바라보고 있을 것 같아서 두려웠어요. 그러나 이전과 같이 저를 대해 주는 것을 보고 수치심을 덜어 낼 수 있었어요."라고 보고하였다.

심상노출과 실제노출 결합하기

회기 내에 습관화가 빠르게 진행된다면 실제노출과 심상노출을 결합하는 것이 유용하다. 몰리는 회기 내에서 빠르게 습관화되었고, 과제에 대한 기록에서도 습관화가 일어났다. 따라서 치료사는 회기에 올 때 실제노출 자극인 '안전핀'을 가져오도록 하였다. 기억에 대한 심상노출에서 습관화가 일어났을 때 치료사는 심상노출을 진행하면서 그녀가 안전핀을 손에 쥐고 있도록 하였다([그림 7-3] 참고). 몰리의

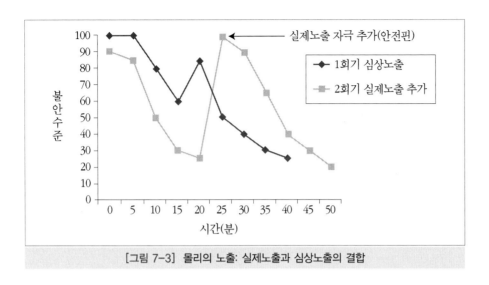

[그림 7-3] 몰리의 노출: 실제노출과 심상노출의 결합

경우에는 그녀가 실제 자극을 온전히 경험하도록 하기 위해 눈을 뜨게 하고 노출을 진행하였다.

새로운 기억으로 넘어갈 때

대부분의 경우 하나 이상의 기억에 노출을 실시할 필요가 있다. 이에 따라 치료사는 특정 기억에 대한 노출을 끝내고 새로운 기억으로 넘어갈 시점을 계획해야 한다. 우리는 많은 기억의 SUDS를 0점까지 낮춘다. 환자가 몹시 불안해했던 특정 기억에 대해 "전혀요. 이제는 더 이상 불안하지 않습니다."라고 보고한다면 그 기억에 대한 작업은 완료된 것이다. 환자는 기억을 지루해하기도 하며, 어떤 환자는 노출을 시작할 때부터 SUDS를 10점에서 20점 정도로 평가하고 이후 노출을 반복해도 더 이상 습관화가 일어나지 않기도 한다. 10~20점의 불안 수준에서도 그 기억을 지루해하는 환자가 있을 것이다. 요엘은 아동기에 경험한 성적 학대에 노출을 시작한 지 3주 후에 자신의 불안감을 15점으로 평가하였다. 그는 이 사건을 기억하는 것에 대해 지루함을 보고하였고 불안감도 상당 수준 감소하였다. 또한 그 기억에 잠시 집중하지 않을 때마다 불안감을 유발하는 다른 자극이 떠올랐고 이것이 자신의 불안감을 증가시킨다는 것을 깨달았다. 치료사는 요엘이 이 새로운 불안 유인 자극을 완전히 무시해 버릴 수 없다는 것과 이것이 불안 점수와 강하게 연관되어 있다는 가설을 세우게 되었고, 그 기억에 대해 노출을 실시해야 한다는 판단을 내렸다. 만약 특정한 기억에서 더 이상의 핵심 지점이 발견되지 않고 완전히 처리된 듯 보인다면 새로운 기억으로 넘어가야 할 때가 된 것이다.

중재 개입

노출 진행 중인 환자의 요구에 반응하기

중단 요청

주기적으로 이야기를 중단해도 되는지 질문하는 환자가 있다. 예를 들면 다음과 같다.

"이제 끝냈으면 좋겠습니다."
"계속해야 합니까?"
"충분한 것 같아요, 그만합시다."
"얼마나 더 해야 합니까?"

치료사의 목표는 그들이 계속 노출을 해 나가도록 격려하는 것이며, 동시에 환자가 치료 과정에 대한 통제감을 갖도록 강화하는 것이다. 예를 들어, 치료사는 노출을 하는 것이 어렵더라도 계속 반복하면 불안감이 감소하므로 반복해서 이야기해야 한다는 사실을 설명해야 한다. 하지만 이와 동시에 계속할 것인지는 아무도 강요하지 않으며 오로지 그들 자신의 결정임을 상기시켜 주어야 한다.

노출을 해낼 수 없다는 믿음

어떤 환자는 자신이 노출을 잘할 수 없을 것이라고 걱정한다. 그들은 "만약 제가 할 수 없으면 어쩌죠?"라고 하거나 "전 할 수 없습니다."라고 말할 수도 있다. 그들이 우려하고 걱정하는 것은 정상적인 것이며, 그럼에도 노출을 시행할 수 있음을 알려 주는 것이 필요하다.

리네트: 제 생각에 전 못 할 것 같아요. 포기하는 게 좋겠어요.

치료사: 이미 오랫동안 그것에 대해 생각하는 걸 피해 오셨잖아요. 그래서 지금도 계속 불안감을 느끼는 것입니다. 대부분의 사람은 노출을 시작할 때 공포와 같은 감정을 느끼곤 합니다. 하지만 막상 시작하고 나면 충분히 할 수 있다는 것을 알게 됩니다. 평가하는 동안 저에게 당시 사건에 대해 상당히 많은 것을 이야기하실 수 있었잖아요. 물론 얘기하는 동안 당혹스러워하시긴 했지만 무사히 얘기를 끝마칠 수 있었습니다. 이제 당신은 그 사건을 다시 잘 묘사할 수 있을 것이라고 생각합니다. 반복해서 이야기하다 보면 훨씬 기분이 편안해질 겁니다.

리네트: 만약 그렇지 않으면 어쩌죠?

치료사: 분명히 효과가 있을 것입니다. 만약 그렇지 않다면 함께 원인을 찾아봅시다. 치료 과정을 수정하여 효과가 있도록 해야지요. 지금까지 이를 해내지 못한 분은 거의 없을 정도로 대부분의 사람은 성공적으로 노출을 할 수 있었습니다. 따라서 당신도 잘 해낼 수 있을 것이라고 생각합니다.

이미 발생한 사건을 취소하고자 하는 시도

노출은 외상 사건을 수용하는 과정을 포함한다. 어떤 환자는 외상 사건을 받아들이는 것에 저항하며 이것이 습관화에 영향을 미치기도 한다. 브렌다의 불안은 중간 수준에 속했는데 회기 간이나 회기 내에 감소가 일어나지 않았다. 그녀는 30~40분 동안 지속된 노출 회기 내내 얼굴을 가리고 머리를 좌우로 흔들면서 "안 돼, 안

돼."라고 말하였다. 이어서 불안 수준이 증가하였고, 그녀는 중단을 요청하였다. 세 번째 회기 후, 치료사는 그녀가 머리를 흔들며 "안 돼."라고 말할 당시 어떤 생각이 떠올랐는지 물어보았다. 그녀는 "그가 그만두었으면 좋겠다고 생각했어요." "그를 멈추게 하고 싶었어요."라고 답하였다. 이는 브렌다가 그 기억에 매우 몰두하였음을 보여 준다. 그녀는 과거에 이미 발생한 사건을 수용하고 받아들이기보다는 사건이 일어나지 않도록 예방했어야 한다고 느꼈던 것이다. 치료사는 당시 사건을 그녀가 자신의 삶 속에서 근본적으로 수용할 수 있도록 변증법적 행동치료를 활용하는 법을 가르쳐 주었다(9장 참조). 치료사는 브렌다가 심상노출을 실시하는 동안 어린 시절 경험한 성적 학대를 수용할 수 있도록 그녀를 격려하였으며 그 후 기억이 습관화될 수 있었다.

외상 사건에 대한 책임감 표출

노출을 실시하는 동안 환자는 외상 사건에 대한 책임감을 느끼기도 한다. 환자가 그러한 모습을 보이면 심상노출을 중단하고 싶은 마음이 들 수 있지만 이는 바람직하지 않다. 외상 사건에 대한 책임감이 환자의 죄책감을 증가시키기는 하지만 많은 환자는 지속적으로 불안감이 감소하는 경험을 한다. 노출을 통해 책임감이 감소하는 환자도 있다. 그러므로 환자의 책임감이 습관화를 방해하고 있음이 명확해지기 전까지는 계속 노출을 실시하는 것이 좋다. 만약 환자가 노출이 끝나갈 무렵에도 여전히 책임감을 느끼고 있다면 인지적 재구조화를 활용해 이를 다룰 필요가 있다. 예를 들어, 게리는 어린 시절 성적 학대 경험을 묘사하는 도중 "그에게 저항했어야 했어요."라고 말하였다. 치료사는 이를 기록해 두고 계획한 45분간의 노출 회기를 마친 후 그 생각에 대한 인지적 재구조화를 실시하였다.

말하기를 힘들어하거나 노출을 거절할 경우

노출치료에 합의했음에도 막상 회기가 시작되면 이야기를 시작하지 못하는 환자가 있다. 기억을 언어로 표현하지 못하는 환자는 효과를 보기 어렵다. 자신의 기억을 언어로 표현하지 않고 심상하도록 하는 것은 바람직하지 않은데, 그 이유는 환자가 그 기억에 얼마나 집중하고 있는지 판단할 수 없기 때문이다. 또한 언어 표현을 하지 않으면 치료사가 환자의 끔찍한 경험에 귀를 기울이고 그를 지지하고 있음을 환자에게 알리기가 어렵다. 만약 환자가 이야기하지 않는다면 인내심을 가지고 온화한 태도로, "이전에 이와 관련해 이야기해 본 적이 없기 때문에 시작하는 것이 어렵다는 것은 이해합니다." "당시 일어났던 일 중 가장 먼저 기억나는 것은 무엇인가요?" 또는 "여기는 안전합니다. 무슨 일이 있었는지 저에게 이야기해도 괜찮습니다."라는 말로 이야기를 유도하라.

약 10~15분 동안 이야기를 유도하는 시간을 가졌음에도 환자가 여전히 침묵하거나 몇 개의 단어만을 이야기한다면 실시 과정을 수정하는 것이 좋다. 어떤 환자는 말로 표현하는 것보다 글로 작성하는 것을 훨씬 쉽게 느낄 수 있다. 실제로, 일부 환자는 첫 노출 회기 동안 자신이 기억하는 것에 대해 글로 작성하는 것을 선호한다. 그들은 일주일 동안 집에서 자신의 기억을 작성하여 보고 나서 이를 언어로 표현할 수 있게 되었다. 또한 글로 작성하는 것은 핵심 지점과 관련된 상세한 내용을 말로 표현할 수 없는 환자에게 유용하다. 케이시는 치료사가 지속적으로 이야기할 수 있도록 유도했음에도 어린 시절의 신체적 학대 경험에 대해서 이야기할 수 없었다. 그러나 글로는 이 사건을 매우 상세하게 작성할 수 있었고 이를 반복해서 읽을 수 있었다.

매우 드물지만, 일부 환자는 외상 사건 당시 너무 어렸기 때문에 사건에 대한 소수의 언어적 기억만을 가지고 있다. 이 경우 그림을 그려 외상 기억을 표현하는 것부터 시작할 수 있다. 그림으로 표현한 것은 이후 환자가 외상 기억을 글로 표현하고 언어로 설명하는 데 디딤돌 역할을 할 수 있다. 만약 환자의 기억이 매우 명확함에도 이를 말로 표현하거나 글로 작성하기를 주저한다면 그림으로 표현하는 것부터 시작해도 된다. 그러나 가능한 빨리 일반적인 노출에 맞춰 치료를 진행하는 것이 좋다는 것을 기억하라.

해리와 무감각

노출을 실시하는 동안 해리나 무감각을 경험하는 환자는 치료 효과를 볼 수 없다. 그들은 노출치료의 성공을 위해 필요한 요소를 경험할 수 없기 때문이다. 해리를 경험하는 환자는 특정 기억에 과도하게 몰입되어(즉, 플래시백) 현재 자신이 안전하다는 것을 인식하지 못하거나 더 이상 그 기억에 몰두하지 못하는 모습을 보인다. 이와 비슷하게, '무감각'을 경험하는 환자는 불안감을 느끼지 못하고 제한된 모습을 보인다. 심상노출을 실시할 때 해리나 무감각 상태에 머무르는 환자를 치료하기 위한 몇 가지 전략이 있다. 첫 번째 전략은 환자가 매우 심각하게 해리를 경험하고 있다면(예: 삶의 대부분을 해리 상태로 지낸다면) 노출 진행에 앞서 변증법적 행동치료/마음챙김 훈련과정을 짧게 혹은 조금 길게 진행하는 것이다(9장 참조). 해리 상태를 비교적 덜 경험하는 환자에게도 짧은 마음챙김 훈련과정이 유용할 수 있다.

두 번째 전략은 기억을 묘사하는 동안 환자의 불안감이 적당히 유지되도록 하는 전략을 사용하는 것이다. 예를 들어, 환자가 눈을 뜨고 있도록 할 수 있다. 불안 수준을 적당히 맞추는 것은, 중간 수준의 불안감은 견딜 수 있지만 외상 기억이 선명해지거나 불안감이 극심해질 때 해리나 무감각을 경험하는 환자에게 적절한 전략이다. 때로는 치료사가 불안감을 적당히 맞추는 방법을 찾아야 할 때도 있다. 예를 들어, 노출 회기에 배우자나 동료 등 안전한 파트너를 회기에 참여시켜 환자가 견딜 수 있도록 할 수 있다.

세 번째 전략은 실제노출로 시작하는 것이다. 많은 환자가 실제노출을 실시하는 동안에는 해리나 무감각을 비교적 덜 경험하는 경향이 있다. 이는 아마도 실제노출에서 제시되는 대상이나 상황이 심상노출에서 다뤄지는 기억보다 더 자세하기 때문일 것이다. 또한 일반적으로 실제노출은 환자가 눈을 뜨고 있게 하여 현재 안전한 상황에 놓여 있음을 알 수 있게 한다. 환자는 더 쉽게 인지적 전략을 사용하여 자신의 불안에 집중하고 해리를 경험하지 않을 수 있다. 예를 들어, 저스틴은 폭력적인 남편이 남기고 간 티셔츠에 실제노출을 하는 동안 스스로에게 "저 티셔츠는 날 공격하지 않아. 난 견뎌 낼 수 있어."라고 반복하였다. 그 밖에 치료사는 실제노출의 강도를 더욱 쉽게 조절할 수 있다. 예를 들어, 물체를 멀리 두고서 환자가 이를 견뎌 내는 경험을 하게 할 수 있다.

네 번째 전략은 여러 기법에 기초를 두어 환자가 현재에 머무를 수 있도록 돕는 것이다. 그중 하나는, 차가운 물체(예: 음료수 캔이나 금속으로 된 의자 손잡이)를 만지는 것 같이 감각자극을 사용해 환자가 현재에 대한 인식을 계속 유지하도록 돕는 것이다. 치료사의 목소리도 이를 위해 사용될 수 있다. 지속적으로 환자에게 지지하는 말을 하여 환자가 현재에 머무를 수 있도록 한다(예: "여기서 당신은 안전합니다. 당신은 그 티셔츠를 만질 수 있고, 아무도 당신을 해치지 않을 것입니다……. 공포를 있는 그대로 느끼도록 하세요. 어떠한 나쁜 일도 일어나지 않을 것입니다. 불안함은 당신을 해칠 수 없습니다……. 준비되면, 티셔츠에 다가가 보세요."). 그러나 심상노출 도중, 환자가 기억에 대해 이야기하는 것을 방해하지 않도록 주의해야 한다. 치료사의 목소리를 통해 SUDS를 자주 평가하게 함으로써 자신이 현재 안전한 상황에 놓여 있음을 잊지 않도록 할 수 있다. 사전에 사용할 전략에 대해 환자와 함께 논의하고 합의하는 것이 도움이 되기도 한다. 예를 들어, 팔을 가볍게 두드리거나 몇몇 극단적인 사례에서 사용하는 후 자극제를 사용하여 정신이 들게 할 수 있다.

다섯 번째 전략은 역기능적 행동을 중단시키는 것이다. 어떤 환자는 해리를 경험하기 시작하면 매우 퇴행적인 행동을 한다(예: 의자 위에서 몸을 공처럼 둥글게 하거나 바닥 위에서 태아 모습을 취하거나 귀를 막음). 이러한 행동은 환자가 현재 세상과 접촉하는 것을 막는다. 치료사는 환자가 기능적인 행동에 집중하게 함으로써 해리 현상을 막는 것이 필요하다. 예를 들어, 심상노출 도중에 환자가 자신의 몸을 공처럼 둥글게 한다면, "치료 중에는 다리를 바닥에 다시 내려놓으실 수 있을까요? 이전에 앉았던 것처럼 등을 의자 뒤에 기대고 앉는 것이 좋습니다."라고 말할 수 있다. 이와 같은 치료사의 지시에 잘 따르게 하는 방법은 먼저 SUDS 점수를 평가하도록 하는 것이다. 특히 탁자 밑 구석에 몸을 둥글게 하고 있거나 펜으로 자기 자신을 찌르는 것 같은 위험행동은 단호하게 금지하고 주의시켜야 한다. 해리 현상을 심하게 경험하는 환자일지라도 안전 문제가 언급될 때에는 대부분 적절한 반응을 보인다.

여섯 번째 전략은 약물치료의 도움을 받는 것이다. 그 이유는 어떤 환자에게는 약 처방이 노출에 도움이 되기 때문이다. 이때 가능하다면 (1) 환자가 처한 상황에서 도움이 될 수 있는 약물에 익숙하며, (2) 노출을 잘 이해하는 정신과 의사를 찾도록 하라. 이 장의 다른 전략과 함께 약물의 사용은 노출 진행 과정에서 심각한 해리나 정신증 증상을 보이는 환자에게 도움이 될 수 있다. 예를 들어, 마고는 평소에도 해리성 플래시백을 자주 경험하곤 하였고, 이후에는 보통 자신의 행동이나 상황을 거의 기억하지 못하였다. 마고는 실제노출을 시도할 때마다 즉시 무감각해져서 SUDS 0점을 유지하였다. 첫 노출 회기 이후 그녀는 "지난밤 할아버지가 찾아와 저를 때려눕혔어요. 그러고는 제가 치료사 선생님께 자신이 한 일에 대해 계속 말한다면 선생님을 해치겠다고 협박했어요. 저는 코에서 피가 흐르는 채로 테이블 밑에서 일어났죠."라고 보고하였다. 그러나 마고의 할아버지는 이미 사망하였기 때문에 치료사는 그녀의 정신과 의사에게 연락하였다. 마고의 정신과 의사는 인지행동치료를 지지하는 사람이었다. 항정신병 약물 복용량을 늘린 이후 마고는 노출치료를 계속 지속해 나갈 수 있었다. 약물치료는 이와 같이 노출 회기 이후 '당혹감'을 느끼거나 일상생활에서의 기능이 불가능한 환자에게 도움이 된다.

일반적으로, 약물의 사용은 해리 증상을 유발할 수 있는 교감신경계의 각성을 약화시키기 위한 것으로써 불안감을 차단하는 것이 아니라 정신증적 현상을 줄이는 것이다. 벤조디아제핀계 약물(예: 로라제팜, 알프라졸람)은 외상 후 스트레스장애에 효과가 없으며(Braun, Greenberg, Dasberg, & Lerer, 1990; Gelpin, Bonne, Brandes, & Shalev, 1996), 노출의 목적과 상호 보완적이지 않다는 점에 주목할 필요가 있다. 만약 환자가 이미 벤조디아제핀계 약물을 복용하고 있다면 노출을 시작한 후에는 복용량을 변화시키지 않는 것이 좋다. 하지만 환자가 노출 실시에 앞서 혹은 실시 도중에 복용하는 벤조디아제핀계 약물의 양을 늘리고자 한다면 이를 제지할 필요가 있다. 노출을 실시할 때에는 불안감을 경험할 필요가 있으며 약물을 복용하거나 안전행동을 하는 것(6장 참조)은 불안을 약화시켜 노출치료의 효과를 떨어뜨리기 때문이다. 만약 환자가 노출 실시 중에 약을 복용하고 있다면, 약물 복용 상황에서 이루어진 새로운 학습이 약물을 복용하지 않은 상황에는 일반화되지 않을 수 있음을 기억하라. 따라서 약물 복용이 중단되었을 때의 일반화를 위한 노출이 필요할 것이다(10장 참조). 또한 약물과 관련된 여러 중요한 사안은 처방 의사와 상의해야 할 것이다.

대부분의 경우 해리 현상을 줄이려면 여러 전략을 통합할 필요가 있다. 예를 들어, 저스틴은 외상 사건을 떠올리는 티셔츠에 실제노출을 시도할 때 눈을 뜬 상태로 진행하였고 치료사의 안정된 설명과 함께 가장 친한 친구가 치료 회기에 참여하였으며, 그녀 스스로 자신은 안전하다는 것을 큰 소리로 말하여 상기시킴으로써 노출을 성공적으로 시작하였고 해리 경험을 멈출 수 있었다. 티셔츠에 습관화가 이루어진 후, 그녀와 치료사는 집에서의 노출 연습을 위해 티셔츠에 대한 위계를 구성하였다. 저스틴의 치료 과정 중 하나는 그녀가 현재에 머무르는 기술을 연습하는 동안 자신의 불안과 관계 맺는 것을 배우도록 하는 것이었다. 이러한 기술이 향상됨에 따라 그녀는 다시 심상노출을 시도할 수 있었다.

회기 후 나타나는 증상에 대한 대처

첫 노출 회기 후 어려움을 경험할 것 같은 환자에게는 며칠 이내로 전화를 하는 것이 좋다. 그러나 대부분의 환자는 큰 어려움을 겪지 않으며 회기 동안 불안이 크게 감소한 환자는 특히 그렇다. 그러나 어떤 환자는 증상이 더욱 악화되고 집에서 노출을 연습하는 것에 대해 어려움을 호소하기도 한다. 또한 음주, 약물 사용, 구토, 자해 등 부적응적인 대처가 다시 나타나기도 한다. 따라서 치료사는 이러한 양상을 보이는 환자를 도울 준비를 해야 하며, 환자의 안전이 문제가 될 경우에도 대비해야 한다. 예를 들어, 카라는 상당한 불안 감소를 경험했음에도 첫 번째 심상노출 회기를 마칠 때쯤 자해 충동을 느꼈다. 카라는 자해 경험이 있었기 때문에 이것은 놀라운 일이 아니었다. 치료사는 그녀가 노출을 실시하는 동안 "제 자신이 더럽게 느껴져요."라고 여러 번 말한 것을 통해 자해 충동이 수치심과 관련되어 있다고 생각하였다. 치료사는 남은 회기 동안 그녀의 사고에 대해 인지적 재구조화를 실시 하였으며 자해 충동을 제지하기 위한 전략을 계획하였다.

강도의 공격을 받은 기억에 대해 첫 노출을 실시한 며칠 후 치료사는 라우라에 게 연락을 하였다. 라우라는 노출이 너무 두려워서 녹음테이프를 전혀 듣지 못했 다고 하였다. 그녀는 노출에 대해 생각할 때마다 공포가 물밀듯 밀려오며 불면증 과 함께 경계심도 증가한다고 하였다. 결국 치료사는 같은 주에 심상노출 실시를 위한 회기 일정을 다시 잡았다. 이는 환자의 증상이 악화되었을 때 물러서기보다 노출치료로 접근하는 것이 중요하다는 것을 보여 주는 좋은 예다. 두 번째 회기에 서, 라우라는 더 많은 불안 감소를 경험하였고 그 후 자신이 경험한 폭행을 글로 써 보는 것으로 집에서 노출 연습을 시작하는 것에 동의하였다. 일주일 뒤에 세 번째 노출 회기를 마친 라우라는 이후부터 집에서 녹음테이프를 들으며 노출 연습을 할 수 있게 되었다.

메이는 남자친구에게 몇 년간 신체적 학대를 당해 왔다. 첫 노출 회기를 마치고 일주일간 그녀는 불안감이 점차 증가하는 듯한 느낌을 받았고 BDI 점수는 21에서 37로 증가하였다. 여러 요인이 그녀의 우울증에 기여한 것으로 보였다. 첫째, 메이 는 자신이 당한 학대에 대해 책임감을 느꼈는데 이는 자신이 남자친구를 기쁘게 해 줄 의무가 있다고 생각했기 때문이다. 또한 그녀는 도움을 요청하는 것이 곧 자신 이 실패자라는 것을 의미하며 타인에게 짐이 되는 일이라고 생각하였다. 마지막으 로, 메이는 여가활동이나 사회적 관계를 거의 가지고 있지 않았다. 치료사는 노출 치료에 방해가 되지 않도록 그녀의 우울증을 다루기 위해 두 가지 방법을 계획하였 다. 첫째, 메이가 즐겁게 참여할 수 있는 활동을 찾는 것이었다. 둘째, 인지적 재구 조화를 통해 우울증에 기여하는 것으로 보이는 신념을 겨냥하는 것이었다.

노출이나 노출 과제를 주저하는 환자

어떤 환자는 회기 내 노출과 집에서의 연습노출에 대해 매우 두려워하고 주저하며 하지 않는 다양한 이유를 만들어 낸다. 환자는 노출이 효과가 없다고 치료사를 설득하려 할 수도 있다. 어떤 환자는 노출 실시에 따른 실제 불안보다 노출에 대한 예기불안이 더 크기도 하다. 환자가 가진 걱정과 공포를 인정해 줌으로써 그들의 주저함에 반응하도록 하라. 그와 동시에, 환자가 할 수 있는 가장 좋은 것은 노출 시도를 통해 앞으로 나아가고 효과를 얻는 것임을 강조하라. 이 외에도 반복의 중요성을 강조할 필요가 있다. 또한 환자가 "한번 해 보자."라는 실험적 자세로 치료에 임할 수 있도록 격려하라. 문제해결적 전략을 사용하여 환자가 집에서 연습을 시작할 수 있는 방법을 찾도록 도와라.

테이프에 녹음된 자신의 목소리를 듣는 것을 불편해하는 환자도 있다. 예를 들어, 어린 시절 성적 학대를 경험한 클렌다는 자신의 목소리가 녹음된 테이프를 듣는 것에 대해 강한 반응을 보였다.

글렌다: 그러니까, 제가 말한 것을 녹음해서 다시 들으라는 말인가요? 그러고 싶지 않습니다.

치료사: 하지만 집에서 연습하는 것은 노출치료의 성공에 매우 중요합니다. 왜냐하면 계속 반복을 할 수 있기 때문입니다. 노출을 계속 반복하면 효과가 나타난다는 것을 기억하세요. 대부분의 사람이 외상 기억이 녹음된 테이프를 집에서 반복하여 듣는 것을 어려워합니다. 녹음테이프를 듣는 것은 집에서 노출을 연습하는 동안, 폭행 기억이 떠오를 수 있게 도와줍니다.

글렌다: 하지만 저는 녹음된 제 목소리를 듣고 싶지 않아요. — 끔찍하게 들려요.

치료사: 그럼…… 녹음테이프 없이 큰 소리로 외상 기억에 대해 말하는 방법이 있어요. 효과가 없다면 글로 써 보는 방법도 있습니다. 만약 당신이 말이나 글로 쓰는 방법을 사용한다면, 오늘 우리가 이 기억을 다루는 데 들인 시간만큼 말

하거나 쓰는 것이 매우 중요합니다. 지금 우리가 할 수 있는 건 치료를 계속해 나가는 데 도움이 되는 테이프를 만드는 것입니다. 어떤 방식으로 집에서 연습할지에 대해서는 나중에 결정할 수 있습니다. 어떠신가요?

글렌다: 좋아요. 선생님이 제 목소리를 녹음하는 것에 별로 신경 쓰지는 않아요. 저는 단지 녹음된 제 목소리를 듣는 게 불편할 뿐입니다.

환자가 자신의 녹음된 목소리를 듣는 것을 불편해하는 것은 자신의 감정적 반응을 인정하는 것이 어렵기 때문일 수 있다. 이러한 반응은 특히 경계선 성격장애 환자에게서 흔하다. 예를 들어, 디어드리는 첫 번째 노출 회기에서 상당한 습관화가 일어났음에도 그녀의 어머니가 자신의 팔을 부러뜨린 기억을 녹음한 테이프를 들을 수가 없었다고 하였다. 디어드리는 "징징대는 것처럼 들려요. 너무 아기처럼 말하는 제 목소리를 들을 수가 없었어요."라고 말하였다. 치료사는 그녀가 테이프를 듣는 동안 노출 연습에 몰두하기보다는 자신을 비판하고 인정하지 않으려는 태도를 취하고 있었다는 것을 알았다. 그 결과 그녀는 불안이 아닌 이차적 감정(주로 수치심)에 빠지게 되었고, 자기를 인정하지 않게 되었다. 이 경우 치료사는 디어드리에게 노출에 주의 깊게 참여하는 것이 얼마나 중요하며, 자기 불인정이 무엇인지 그리고 그것이 노출 치료 중에 불안 경험을 어떻게 방해하는지에 대해 교육하였다. 또한 치료사는 외상 기억에 대해 글로 작성하는 것과 같은 활동적인 일을 제안하여 도움이 되도록 하였고, 디어드리가 자신의 반응을 비판적으로 관찰하지 못하도록 하였다. 디어드리는 이러한 치료사의 간단한 개입에 반응적이었다. 하지만 노출에 성공적으로 참여하기 위해서는 오랫동안 마음챙김을 연습해야 하는 환자도 있다.

습관화가 느리거나 일어나지 않는 경우 혹은 SUDS 점수가 안정되지 않는 경우

다양한 이유로 습관화가 느리거나 일어나지 않을 수 있다. 이는 SUDS 패턴의 불규칙으로 나타나 노출 회기 내내 SUDS 점수가 오르락내리락하는 것으로 알 수 있다. 환자의 습관화 과정이 치료사가 원하는 대로 진행되지 않을 때는 가능한 이유를 추론해 보고 문제를 파악하는 것이 필요하다. 그런 다음 이러한 이유에 대해 환자와 함께 탐색해 볼 수 있다.

분노나 수치심 같은 감정으로 인한 방해

여러 감정 중 노출치료 동안 가장 쉽게 습관화되는 것은 불안감이다. 불안감 감소를 위한 최적의 조건은 불안-유발 자극과 불안감에 끊임없이 관여하는 것이다. 심상노출을 반복하는 것은 이를 가능하게 하는 메커니즘이다. 환자가 분노나 수치심 같은 감정에만 전적으로 집중할 경우 노출치료를 위한 최적의 조건을 경험하지 못하며 따라서 만족스러운 수준으로 습관화가 일어나지 못할 수 있다. 마찬가지로 만약 환자가 불안과 분노, 혹은 불안과 수치심 사이를 왔다 갔다 한다면 최적의 습관화를 경험하지 못할 것이고, 그 결과 SUDS 점수 유형은 매우 불규칙해질 것이다.

그 밖의 다른 정서가 불안을 경험하지 못하도록 방해한다면, 치료사는 두 가지 방법을 사용할 수 있다. 첫째는 환자가 자신의 불안에 온전히 집중하도록 지시하여 더 높은 강도로 불안을 경험하도록 하는 것이다. 그리고 남은 감정은 인지적 재구조화를 통해 다룰 것임을 알게 하는 것이다. 한 환자는 이를 '선반에 두는 것'이라고 묘사하였다. 즉, 노출을 진행하는 동안 다른 감정은 선반에 올려 두었다가 노출 이후 선반에서 내린다는 것을 의미한다. 이러한 방법이 가능한 환자도 있지만, 어떤 환자는 먼저 여러 다른 감정 상태를 알아차리고 이에 이름 붙이는 것을 배워야 할 필요가 있다. 다른 감정 상태를 발견하고 이름 붙이는 것은 노출과 인지적 재구조화를 위해 필요하다. 이에 대한 방법을 환자에게 가르치고자 할 때에는 [부록 8.5]를 이용하는 것이 유용할 것이다. 그러나 감정을 인식하는 방법에 대한 세부적인 전략은 이 책의 범위를 벗어나는 것이다. 이 책은 일반적으로 변증법적 행동치료의 전략에 기초를 두고 있다. 그러므로 관심 있는 독자는 변증법적 행동치료 관련 자료(Linehan, 1993a, 1993b)를 참조하기 바란다.

다른 감정이 너무 거슬려서 노출을 진행하는 동안 이를 선반에 올려 두지 못하는 환자도 있다. 이로 인해 불안감을 포함하지 않은 감정반응을 경험하게 된다. 인지적 재구조화는 노출로 되돌아가기에 앞서 이러한 감정을 다루는 좋은 도구가 된다. 예를 들어, 로리는 강간범에 대한 분노와 관련하여 매우 불규칙한 SUDS 점수를 보였다. 치료사는 인지적 재구조화를 통해 그녀의 분노를 해결하였다. 로리는 그 후 노출을 성공적으로 마칠 수 있었다.

간헐적인 무감각이나 해리

어떤 환자는 심상노출을 진행하는 동안 간헐적으로 억제되거나 무감각해질 수 있다. 이는 습관화를 어렵게 하여 SUDS 점수는 불규칙적으로 나타날 수 있다. 일반적으로 감정이 억제되거나 무감각해지는 것은 환자가 어려운 기억을 회상하려 시도하고 있음을 나타내는 신호다. 이에 대해서는 앞서 기술된 불안감을 적당히 맞추는 전략과 기본 교육이 효과적일 것이다.

생략된 핵심 지점 확인

습관화가 안 되거나 SUDS 점수가 불안정한 것은 다루지 못하고 넘어간 핵심 지점이 있음을 나타내는 것일 수 있다. 다루지 못한 핵심 지점이 있는지 알아보기 위해 핵심 지점을 설명한 부분을 살펴보도록 하라.

노출 맥락

6장에서 살펴본 것처럼 노출은 이전에는 위험과 관련되었던 자극에 대해 새로운 의미(안전)를 배울 수 있도록 한다. 그러나 새로운 의미는 학습이 일어났던 특정한 상황에만 한정될 수 있다. 즉, 특정 자극에 대한 새로운 의미 학습이 치료실에서 일어났다면 치료실 밖의 다른 상황에는 적용되지 않을 수 있다. 이는 왜 다른 상황에서는 공포가 다시 유발되는지를 설명해 주며, 집에서의 연습이 공포 감소를 일반화시키는 데 매우 중요하다는 것을 보여 준다. 상황이 어떠한 방식으로 공포 감소에 영향을 미치는지에 대해 모두 밝혀진 것은 아니지만, 회기 간 공포가 감소되지 않은 때에는 상황적 맥락을 고려하는 것이 도움이 될 수 있다.

카르멘은 20년간 남편으로부터 신체적 학대를 받아 왔다. 외상 후 스트레스장애 치료를 위해 찾아왔을 때, 그녀는 이혼 소송을 하고 있었고 이전에 살던 집에서 계속 거주하고 있었다. 치료사는 그녀의 불안감이 노출 회기 내에서는 천천히 감소하였지만 처음 3회에 걸친 회기 간에는 거의 감소하지 않았음을 발견하였다([그림 7-4] 참조). 카르멘은 노출을 하면서 매우 높은 수준의 고통을 경험했지만 노출에 대한 동기가 매우 높아서 몰두하는 모습을 보였다. 그럼에도 회기 간 습관화가 적게 일어났는데, 그것은 회기 간 습관화가 무선적인 시행의 치료 결과와 연합되었기 때문이다(Jaycox et al., 1998).

카르멘은 대부분의 학대가 일어났던 서재에서 노출 회기 녹음테이프를 청취했다. 치료사는 학대가 발생했던 상황에서 노출을 시행하는 것은 공포를 증가시킨다는 가설을 세웠다. 치료사의 예상대로 카르멘이 집에서 심상노출을 연습하며 기록한 자료([그림 7-5] 참조)를 보면 시행 간에 습관화가 일어나지 않았다. 치료사는 집 밖의 다른 장소에서 녹음테이프를 들어볼 것을 제안하였다. 카르멘은 차를 주차한 후 녹음테이프를 들어보기로 결정하였다. [그림 7-6]은 차 안에서 시행한 노출의

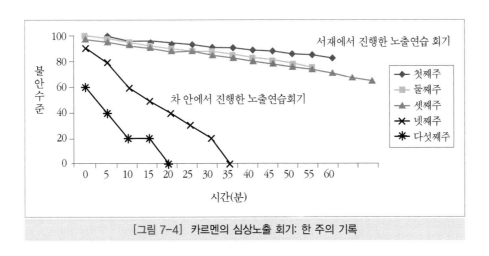

[그림 7-4] 카르멘의 심상노출 회기: 한 주의 기록

결과를 보여 준다. [그림 7-6]을 보면 학대가 발생했던 상황이 아닌 장소에서 이루어진 노출은 카르멘의 불안감을 감소시켰다(회기 간의 습관화의 증가). 불안감이 약화된 후 치료사는 그녀가 다시 학대가 일어났던 집 안에서 노출을 시행하도록 했다. 처음에는 학대 빈도가 낮았던 거실에서 시작하여 나중에 서재로 옮겨가도록 했다([그림 7-7] 참조). 거실로 장소를 옮기자 차 안에서보다 불안감 점수가 더 높았지만 서재에서의 불안감보다는 낮았다. 학대가 가장 자주 발생했던 서재로 장소를 옮겼을 때 불안감은 다시 증가하였다. 하지만 여러 다른 상황에서 습관화를 한 후였

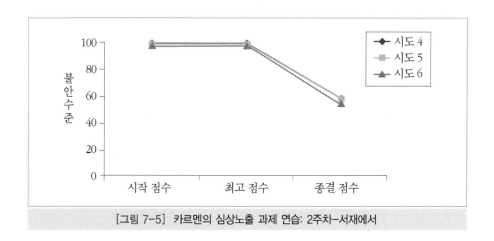

[그림 7-5] 카르멘의 심상노출 과제 연습: 2주차-서재에서

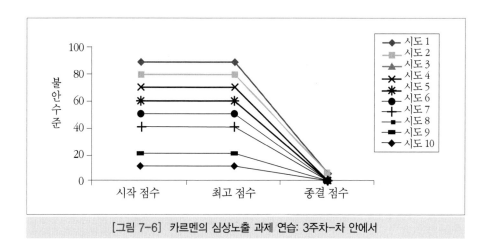

[그림 7-6] 카르멘의 심상노출 과제 연습: 3주차-차 안에서

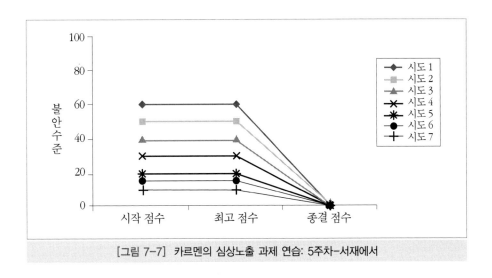

[그림 7-7] 카르멘의 심상노출 과제 연습: 5주차-서재에서

기 때문에 서재에서도 습관화를 경험하기 시작하였다. 이 사례는 노출치료를 할 때 상황을 고려하는 것이 매우 중요하며, 특히 집에서의 연습에서 회기 간 습관화가 나타나지 않을 때는 상황적 맥락을 주의 깊게 고려해야 함을 보여 준다. 또한 상세한 기록과 그래프를 사용하면 문제를 발견하고 진행 사항을 평가하는 데 도움이 된다는 것을 알려 준다.

드문 반응

노출 도중의 성적 흥분

성적인 학대 기억에 심상노출을 실시하는 도중에 성적인 흥분을 경험하는 환자가 있다. 심지어 그 학대가 폭력적이고 고통스러우며 강제적이었던 경우에도 성적 흥분을 느낄 수 있다. 학대를 경험할 때 흥분을 느꼈다고 회상할지도 모른다. 이러한 가능성을 미리 알고 주의할 필요가 있다. 치료사는 성적 흥분을 느낀다는 환자의 갑작스러운 말에 당황하고 싶지 않을 것이다. 미리 준비하지 않으면 본의 아니게 환자에게 놀라움이나 경멸감을 표현할 수 있다. 이러한 치료사의 반응은 치료에 도움이 되지 않을 뿐만 아니라 해로울 수 있다. 성적인 흥분은 드문 반응이긴 하지만, 일반적으로 매우 심한 수치심의 근원이 된다. 환자는 종종 자신이 변태이고 비정상이라서 성적 흥분을 느낀 것이라고 해석하기도 한다. 이처럼 성적 흥분은 환자를 혼란스럽게 한다. 그들은 이를 해결하기 위해, "제가 원했던 게 분명해요." 혹은 "저는 비정상이에요."라는 결론을 내린다. 환자가 성적 흥분에 대해 이야기하면 치료사는 개인적 판단을 배제하고 반응해야 하며 무조건적인 긍정적 존중과 수용 그리고 인정의 태도로 대하는 것이 중요하다.

성적 학대와 관련된 기억에 의해 흥분을 느끼는 환자 중에는 자신에게도 가해자처럼 아이를 성적으로 학대하려는 경향이 있다고 믿는 사람이 있다. 중요한 것은 실제로 과거에 범죄 전력을 가진 환자도 있을 수 있으며, 이는 치료에서 다룰 필요가 있다는 점이다. "흥분을 느꼈다고 해서 반드시 당신이 아이를 괴롭히게 되는 건 아닙니다."라는 말을 하기 '이전'에 범죄 전력에 대해 확실히 평가하도록 해야 한다. 예를 들어, 만약 환자가 어린 형제자매에게 성적 행동을 강요했다면 치료사의 말은 설득력을 갖지 못할 것이다. 환자의 이러한 행동은 비정상적이거나 불법적이고 해롭기 때문에 반드시 중단되어야 하는 것이지만 여전히 이해될 수 있는 행동임을 알려야 한다. 또한 죄책감과 관련된 환자의 고통을 감소시키기 위해서는 그 밖의 다른 전략이 필요하다(8장 참조).

구토

구토 혹은 구토에 대한 공포는 환자가 외상 기억이나 그와 관련된 불안에 대해 나타낼 수 있는 반응 중 하나다. 노출을 실시하는 도중에 환자가 구토에 대한 공포를 보이거나 집에서 연습 도중이나 노출 회기 이후 주차장에서 구토하는 것은 드문 일이 아니다. 흥미롭게도 치료 회기 중에 구토에 대해 두려워하거나 회기 밖에서 구토를 했다고 보고하는 환자는 많지만, 우리는 치료 중에 실제로 구토를 하는 환자를 본 적은 없다. 심지어 환자가 구토를 확실히 할 것 같다고 말하는 때에도 말이다.

다른 공포와 마찬가지로 구토에 대한 두려움도 과장되는 경향이 있다(즉, 환자가 어떤 사건이 발생할 가능성과 부정적인 결과들을 과대 추정한다). 많은 환자는 치료사가 자신의 구토 충동을 알게 되면 노출치료를 중단할 것이라고 생각한다. 그들은 치료 사가 역겨움을 느끼거나 자신의 불안을 감안하여 더 이상 치료를 진행하지 않을 것 이라고 추정한다. 또한 어떤 환자는 만약 자신이 구토를 한다면 치료사도 구토를 할 것이라고 걱정하기도 한다. 환자 입장에서는 자신 때문에 치료사가 자제력을 잃 고 병이 드는 것보다 더 나쁜 상황은 없을 것이다. 그러므로 만약 치료사가 구토에 대한 두려움을 가지고 있거나 불편감을 느낀다면, 환자에게 노출치료를 시작하기 전에 자신의 두려움을 먼저 치료해야 할 것이다.

환자가 구토할 것 같다고 말하면, "메스꺼움으로 불쾌하시다는 것을 잘 압니다. 불안감이 매우 극심해지면 메스꺼움을 느끼는 것은 자연스러운 현상입니다. 만약 구토를 할 것 같으면 개의치 말고 하세요." 또는 "당신이 토할 것 같은 기분을 느끼 는 이유를 잘 압니다. 그가 당신에게 한 짓은 정말 역겨운 행동이었어요. 필요하시 다면 휴지통이 여기 있습니다."라고 말하는 것이 적절하다. 이는 몇 가지 중요한 점 들을 전달하는 역할을 한다. 첫째, 구토처럼 많은 사람이 불쾌감을 느낄 수 있는 환 자의 반응에 대해 치료사는 두려워하지 않는다는 것을 보여 준다. 둘째, 구토를 하 는 것이 정상이라는 의미를 전해 준다. 이는 매우 중요한데, 이러한 환자 중에는 '구토는 역겨운 것'이라는 인식 때문에 외상 사건을 더욱 수치스럽게 느낄 수 있기 때문이다. 셋째, 불쾌함을 느낄지라도 구토는 위험한 것이 아니라는 것을 알림으로 써 구토에 대해 최악의 상황을 상상하는 것을 막을 수 있다. 넷째, 가장 중요한 것 으로 외상 기억에 대한 환자의 반응(구토) 때문에 노출치료를 중단하지는 않을 것 이며, 앞으로도 치료를 중단하는 일은 없을 것이라는 메시지를 전달하는 것이다. 비록 구토는 환자가 보이는 극단적인 반응 중 하나이지만, 환자가 공포를 가질 수 있는 다른 반응에 대해서도 이와 유사한 메시지를 전달하는 것이 중요하다.

결론

외상 후 스트레스장애 치료에 있어 심상노출이 얼마나 효과적인지는 아무리 강조해도 지나치지 않다. 그러나 안타깝게도, 심상노출이 임상 장면에서 충분히 활용되지 못하고 있다는 사실이 연구를 통해 밝혀졌다(Becker, Zayfert, & Anderson, 2004; Rosen et al., 2004). 이 장의 목적은 심상노출을 진행하는 데 필요한 정보를 제공하는 것이었다. 여기에서 논의한 여러 전략을 활용한다면 심상노출을 받아들이지 않을 것 같은 많은 환자들도 성공적으로 치료할 수 있을 것이다. 치료사는 외상 기억이 환자를 해칠 수는 없으며 외상 기억에 대한 직면은 외상으로부터의 회복을 돕는다는 사실을 환자에게 지속적으로 교육하는 것이 필요하다.

자, 한번 해 봅시다······

실제노출의 연습을 통해 노출치료란 자신이 두려워하는 것에 오랫동안 반복해서 접근하는 것이라는 사실을 알았을 것입니다. 그리고 수없이 반복한 후에는 이전에 두려워하는 것을 마주하더라도 편안함을 느낄 수 있다는 것도 배웠을 것입니다. 만약 당신이 사자의 공격을 받은 후 얼룩무늬 고양이를 두려워하게 되었다면 당신은 실제로 얼룩무늬 고양이에 대한 노출을 연습해야 합니다. 또한 위계 목록도 작성해야 합니다. 당신은 처음에는 친구가 새끼 고양이를 무릎에 안고 방 안 맞은편에 앉아 있는 것을 보는 것으로 노출을 시작할 수 있습니다. 당신은 처음에는 보는 것만으로도 두려움을 느끼겠지만 30분 정도 지나면 불안감은 감소할 것입니다. 일주일 후에는 더 이상 불안감을 느끼지 않게 될 것이고, 이후에는 새끼 고양이에게 더 가까이 다가간 상태로 노출을 진행할 수 있을 것입니다. 가까운 거리에서 여러 번 회기를 진행한 후에는 편안함을 느끼는 정도가 증가하여 고양이를 쓰다듬을 수 있고, 다음 단계는 성장한 고양이를 쓰다듬고, 마지막에는 얼룩무늬 고양이로 차근차근 단계를 밟아 올라갈 수 있습니다. 또한 노출 과정에는 잡지에 있는 사자 그림이나 텔레비전에 나오는 사자를 보는 것도 포함될 것입니다. 우리는 당신이 이러한 방법으로 노출을 시작해 보기를 바라며, 그것이 어떤 느낌을 주는지 경험해 보기를 바랍니다. 당신이 다음을 학습하는 것은 매우 중요합니다. (1) 그 상황에 머물러서 견뎌 내는 방법, (2) 노출 연습을 계획할 때 노출의 원리를 사용하는 방법, (3) 노출이 효과가

있다는 믿음—즉, 연습을 반복하면 그 상황에 대해 더욱 편안함을 느낄 수 있을 것이라는 믿음 등입니다.

그러나, 여전히 사자에 대한 생각을 멈출 수가 없어요.

고양이에 대한 노출 시행이 많은 도움이 되었기 때문에 당신은 더 이상 고양이를 두려워하지 않으며 고양이를 키우는 친구 집을 방문할 수 있고, 길을 걸으며 고양이가 있을까 경계하지 않게 되었습니다. 그러나 고양이에 대한 공포를 성공적으로 극복한 후에도 여전히 사자에게 공격받았던 외상 기억 때문에 당신은 괴로워하고 있습니다. 바쁜 하루를 보내고 있는 도중에도 갑자기 사자 이빨과 발톱이 떠올라 공포감을 느낍니다. 당신은 애써 바쁘게 지내려 하며 마음이 나태해지지 않도록 하고 갑작스럽게 외상 기억이 떠오르지 않도록 노력하지만 사자의 공격은 여전히 매우 선명한 기억으로 남아 있고 안전하지 않다는 느낌이 뇌리에서 떠나지 않습니다. 당신은 자신과 사랑하는 사람의 안전에 대해 매우 걱정하며, 주변을 계속 경계합니다. 잠을 자는 동안에도 사자로부터 도망치는 꿈을 계속 꾸게 되며, 지금은 아프리카에 있지 않아서 안전한 상태임에도 사자에 대한 생각을 떨쳐 버릴 수 없다는 사실에 좌절감을 느끼게 됩니다. 이를 극복해 내지 못하는 자신이 부끄럽고 공포가 당신의 삶을 장악하고 있다는 사실에 분노가 느껴지기도 합니다. 따라서 당신은 이를 떨쳐 버리고 정상적인 생활로 돌아오기 위해 더욱 노력합니다. 그러나 노력하면 할수록 당시의 기억이 더욱 생생해지고 공포와 혼란으로 당신의 심신은 더욱 피곤해집니다.

그래서, 심상노출이란 무엇인가요?

어떤 것을 생각하지 않으려고 하면 할수록 그 기억은 더욱 떠오르게 됩니다. 분홍색 코끼리를 생각하지 않으려고 노력해 보십시오. 어떻습니까? 생각하지 않으려고 하면 할

수록 다른 쪽에서 이것은 더욱 드러나게 됩니다. 이제 당신은 회피한다고 회피가 되지는 않는다는 사실을 알게 되었을 것입니다. 이는 얼룩무늬 고양이나 모피 코트, 텔레비전 속의 사자 등 사자의 공격을 상기시키는 것을 회피하는 것뿐만 아니라 외상 기억 자체에도 적용이 됩니다. 심상노출은 외상 기억 자체에 자신을 노출시킨다는 점을 제외하면, 실제노출과 같은 효과가 있습니다. 당신은 사자의 공격을 받은 사건에 대해 시간의 흐름에 따라 단계적으로 어떤 일이 발생하였고, 무엇을 느꼈으며, 당시 어떤 생각을 하였는지 치료사에게 자세히 말함으로써 심상노출의 효과를 경험할 수 있습니다.

끔찍해요? 그때 일을 왜 다시 경험하고 싶겠어요?

심상노출을 한다는 것은 매우 두려운 일입니다. 외상 후 스트레스장애를 경험한 대부분의 사람은 자신이 오랫동안 억압해 온 기억을 다시 떠올리고 싶어 하지 않습니다. 무엇보다 그 일이 일어났던 때를 생각하며 산다는 것은 끔찍하고 고통스럽습니다. 어떤 사람들은 일어난 사건을 생각하는 것은 그것을 다시 경험하는 것과 같다고 믿기도 합니다. '그 끔찍한 경험을 왜 다시 겪어야 하는가?' 어떤 사람은 '과도하게 신경이 날카로워지거나' '미칠지도 모른다.'며 걱정하기도 합니다. 그러나 당신은 그런 일은 일어나지 않는다는 것을 배우게 될 것입니다. 노출을 실시하는 과정에서 감정이 매우 격해질 수는 있지만 대부분의 사람은 심상노출을 실행한 결과 통제력이 커지는 경험을 하게 됩니다. 외상 사건에 대해 스스로 생각해 보면서 그것은 단지 기억일 뿐이며, 더 이상 자신을 해칠 수 없다는 사실을 배우게 되는 것입니다. 또한 '새로운 시각'으로 당시 일어났던 일을 자세히 살펴볼 기회를 가지게 됩니다. 그 결과 외상 경험 당시 나는 어떤 사람이었는가라는 생각 대신에 현재의 나는 어떤 사람인지 바라보게 됩니다. 이를 통하여 당신은 기억을 '처리'할 수 있게 되고, 그 사건에 대해 새로운 이해와 의미를 부여할 수 있게 됩니다. '끝내지 못한 일'을 '마무리'함으로써 그것을 영원히 내려놓게 되는 것입니다.

심상노출을 해야 하는 열 가지 이유

외상 후 스트레스장애 치료를 시작하면서 사람들은 치료란 발생했던 사건에 대해 생각하는 것이라는 사실을 배우게 됩니다. 당신과 치료사는 심상노출에 대해 이야기하였을 것이고, 부록에 기술된 심상노출에 대해 읽어 보았을 것입니다. 실제노출을 하면서 자신의 사고가 변하는 경험을 했을 수도 있습니다. 모든 사람은 심상노출을 해야만 하는 자신만의 이유를 가지고 있습니다. 그렇지 않다면 심상노출을 하지 않을 것입니다. 당신이 심상노출을 해야 하는 이유에 대해 아래에 작성해 보십시오. 치료 후반부에 접어들어 그만두고 싶은 충동을 느낄 때 이 목록을 살펴보면 매우 도움이 될 것입니다.

10. _____

9. _____

8. _____

7. _____

6. _____

5. _____

4. _____

3. _____

2. _____

1. _____

정서 통제의 역설에 대한 이해

외상 사건을 경험한 대부분의 사람은 자신의 삶을 스스로 통제할 수 없다고 느끼게 됩니다. 외상 사건을 겪는 동안 그들은 어떤 것도 통제할 수 없었을 것입니다. 따라서 사건 이후에도 통제할 수 없다고 느끼게 됩니다. 외상 사건에 대한 생각과 기억 그리고 감정이 일상생활을 방해할 수도 있습니다. 때로는 주체하기 어려운 감정을 느끼기도 할 것입니다. 외상을 경험한 후에는 자신의 생각과 감정을 강력하게 통제하려고 하며 스스로 삶을 통제할 수 있음을 경험하고 싶어 합니다. 또한 특정한 어떤 감정을 느낀다는 것은 약해졌다는 신호이고 그러한 감정을 느끼는 것은 안전하지 않다고 생각하기도 합니다. 하지만 감정을 억누르면서 통제하려고 시도하는 것 자체가 역효과를 가져옵니다. 생각을 강하게 통제하려고 하면 할수록 오히려 그 생각에 지배당하게 됩니다.

만약 당신이 자신의 감정을 '문제'라고 판단하고 그런 감정을 느끼는 것을 약해진 신호로 생각한다면 당연히 당신은 그러한 감정을 느끼지 않으려고 노력할 것입니다. 그렇지만 사실 감정은 우리 삶에서 중요한 목적을 가지고 있으며([부록 8.2] '정서 이해하기'를 참조), 그 목적은 당신이 자신의 삶에서 일어나는 사건에 대해 구조적으로 반응할 수 있도록 도와줍니다. 또한 감정이 가진 목적(감정이 삶에서 꼭 필요한 이유)을 잘 이해하게 될 때 감정을 덜 두려워하게 될 것입니다.

어떤 감정을 느끼면서 '통제할 수 없다.'고 생각하는 순간이 올 수 있겠지만 진정으로 당신이 자신의 삶을 통제하는 방법은 스스로 그 감정을 느끼도록 허용하는 것입니다. 정서 통제에 대해 자신이 어떤 생각을 가지고 있는지 검토해 봄으로써 감정을 효과적으로 다루는 방법을 찾을 수 있을 것입니다.

부록 7.2 외상 기억 목록*

환자: _____ 날짜: _____

노출일	노출 목록	SUDS

부록 7.3 노출 회기 기록*

(치료사를 위한 노출 회기 기록지)

이름:_____ 날짜:_____

기억 자극 번호:_____ 노출 회기 번호(기억 또는 자극에 대한 것):_____

기억/자극에 대한 기술:_____

_____

_____

_____

	SUDS	생생함 평가, 인지 상태 등의 기록
기저선 0	분	_____
_____	분	_____
_____	분	_____
_____	분	_____
_____	분	_____
_____	분	_____
_____	분	_____
_____	분	_____
_____	분	_____
_____	분	

부록 7.4 심상노출 과제 기록지*

이름:_____ 기억번호:_____ 날짜:_____

노출을 실시할 기억:_____

_____

- 가능하면, 매일 심상노출을 연습하십시오. 자주 연습할수록 효과를 빨리 얻고 외상 기억에 대한 고통을 줄일 수 있습니다.
- 노출 회기 중에 녹음테이프를 들을 수 있는 조용하고 안전한 장소를 찾으십시오(운전 중에 듣는 것은 위험합니다).
- 노출을 시작하기 전에 SUDS 점수를 기록하십시오.
- 녹음테이프를 듣는 동안에는 방해가 될 만한 일을 하지 마십시오. 어떤 방해도 없는 상태에서 사건 발생 당시에 느낀 정도의 강렬한 감정을 경험하도록 하십시오.
- 치료사의 지시를 잘 따르도록 하십시오.
- 모두 끝낸 다음에는 녹음테이프를 듣는 중에 불편감이 가장 높았을 때와 끝날 무렵의 SUDS 점수를 기록하십시오.
- 시작할 때와 최고로 불편했을 때, 그리고 끝날 때의 SUDS 점수를 다음의 그래프에 그려서 진행 과정을 살펴보십시오(노출을 시행할 때마다 선의 색이나 기호를 다르게 표시하여 비교해 보십시오).

| 100 |
| 90 |
| 80 |
| 70 |
불 | 60 |
안 | 50 |
수 | 40 |
준 | 30 |
| 20 |
| 10 |
| 0 |

시작 점수   최고 점수   종결 점수

주관적인 고통지수(SUDS: Subjective Units of Distress Scale)

0	10	20	30	40	50	60	70	80	90	100
없음		경미		중간		심각		매우심각		극심

주관적인 고통지수(SUDS: Subjective Units of Distress Scale)

0	10	20	30	40	50	60	70	80	90	100
없음		경미		중간		심각		매우심각		극심

1. 날짜: _____ SUDS 시작 점수 _____
   상황: _____ SUDS 최고 점수 _____
   기간: _____ SUDS 종결 점수 _____

2. 날짜: _____ SUDS 시작 점수 _____
   상황: _____ SUDS 최고 점수 _____
   기간: _____ SUDS 종결 점수 _____

3. 날짜: _____ SUDS 시작 점수 _____
   상황: _____ SUDS 최고 점수 _____
   기간: _____ SUDS 종결 점수 _____

4. 날짜: _____ SUDS 시작 점수 _____
   상황: _____ SUDS 최고 점수 _____
   기간: _____ SUDS 종결 점수 _____

5. 날짜: _____ SUDS 시작 점수 _____
   상황: _____ SUDS 최고 점수 _____
   기간: _____ SUDS 종결 점수 _____

6. 날짜: _____ SUDS 시작 점수 _____
   상황: _____ SUDS 최고 점수 _____
   기간: _____ SUDS 종결 점수 _____

7. 날짜: _____ SUDS 시작 점수 _____
   상황: _____ SUDS 최고 점수 _____
   기간: _____ SUDS 종결 점수 _____

08 인지적 재구조화

22세 여성인 에밀리아는 악몽에 시달려 치료에 의뢰되었다. 에밀리아는 애정이 넘치지만 과보호적인 분위기의 가톨릭 집안에서 성장하였다. 부모는 딸이 데이트를 하거나 이성 교제를 하는 것을 허락하지 않았다. 에밀리아는 부모를 끈질기게 설득하여 기숙사가 있는 대학교에 진학하였다. 입학 첫 학기에 에밀리아는 농구부가 주최하는 파티에 함께 가자는 다니엘의 초청을 받았다. 부모의 허락을 받아야 했지만, 부모가 알았더라면 분명히 반대하였을 것이다. 에밀리아는 부모와 상의 없이 다니엘의 초대에 흔쾌히 응하기로 결정하였다. 그녀는 출발하기 전에 공부를 해야 해서 전화를 받을 수 없다고 어머니에게 미리 거짓말도 하였다. 다니엘의 차로 파티장에 가는 동안 다니엘은 에밀리아에게 예쁘다고 칭찬하였다. 파티가 열리는 집에 도착해서야 에밀리아는 여자는 자기 혼자뿐이라는 사실을 알게 되었다. 처녀였던 에밀리아는 그날 밤 여섯 명의 남학생에게 구강성교와 항문성교를 포함한 집단 성폭행을 당하였다. 성폭행 후 다니엘은 에밀리아에게 "욕실로 가서 씻어."라고 말했고 그녀를 집으로 데려다주었다. 기숙사에 도착한 다니엘은 에밀리아에게 "좋은 시간 고마워. 넌 정말 훌륭했어. 대학에 온 것을 환영해."라고 하였다. 에밀리아는 이후 몇 주 동안 몸에 든 멍을 감추기 위해 긴 옷을 입고 화장을 짙게 하고 다녔으며, 아무에게도 그날의 일에 대해서 말하지 않았다. 이후 그녀는 가해 학생들과 몇 번 마주쳤는데, 그중 3명은 그녀에게 '적당히 반항적이었던 여자'라고 빈정거렸다. 1학기를 마친 후 그녀는 학교를 중퇴하고, 고향으로 돌아가 그 지역에 있는 전문대학에 입학하였다. 부모는 그녀가 나쁜 일이 생기기 전에 정신 차리고 집으로 돌아와서 기쁘다고 말했다.

몇 년 후, 에밀리아는 친하게 지내던 예전 룸메이트의 초대를 받았다. 그녀는 약혼을 했다며 약혼자와 함께 만나자고 했고 결혼식에서 에밀리아가 들러리를 해 주기를 원하였다. 룸메이트의 집에 방문해서야 에밀리아는 약혼자가 바로 자신을 강간한 학생 중 한 명이라는 것을 알았다. 그녀는 화장실에 가서 토하였으며, 친구에게는 식중독에 걸린 것 같다고 말하고 집으로 돌아왔다. 그날 밤부터 에밀리아는 악몽을 꾸기 시작하였다.

왜 인지적 재구조화를 실시해야 하는가

인지적 재구조화를 통해 환자가 생각하는 외상 사건의 의미를 수정할 수 있다 (Resick & Schnicke, 1993). 인지적 재구조화만으로 외상 후 스트레스장애를 효과적으로 치료할 수 있다는 연구도 있다(Marks et al., 1998). 하지만 인지적 재구조화는 노출치료나 심리교육으로 해결되지 않는 정서와 그에 수반되는 신념을 다루기 위한 노출치료의 보조치료로 주로 사용된다. 노출치료 동안 비불안 정서의 변화를 경험한 많은 환자는 그러한 정서와 관련되어 있는 신념의 변화도 경험한다. 예를 들어, 케이샤는 해군이었던 사람에게 강간을 당했는데 노출치료를 진행하는 동안 강간범의 힘이 자신보다 훨씬 강했기 때문에 저항하면 할수록 더욱 크게 다쳤을 것이라는 사실을 깨달았다. 그 결과 그녀는 죄책감을 훨씬 적게 느끼게 되었다. 하지만 노출치료만으로는 신념이 수정되지 않는 환자도 있다. 이러한 환자에게는 죄책감과 수치심, 분노 같은 비불안 정서가 일으키는 신념에 초점을 맞춘 인지적 재구조화를 실시하는 것이 효과적이다(Jaycox, Zoellner, & Foa, 2002; Kubany et al., 2004; Kubany & Watson, 2002).

인지적 재구조화는 노출치료를 시작하기 전에 불필요한 신념을 다루어야 하거나 노출치료를 지연해야 할 필요가 있는 경우 사용된다. 인지적 재구조화는 노출치료가 시작되기 전에 비불안 정서의 강도를 낮출 필요가 있을 때도 사용하면 좋다. 환자의 비불안 정서가 노출치료의 진행을 방해할 것으로 판단되거나 노출치료를 하는 동안 환자가 경험하는 정서가 불안감을 느끼도록 하는 데 방해가 된다고 생각되면 인지적 재구조화를 먼저 시행하는 것이 좋다. 에밀리아는 강간을 당했다는 수치심과 죄책감에 너무 몰두하여 적절한 수준의 불안감을 느끼지 못하였다. 인지적 재구조화는 수치심이나 죄책감을 효과적으로 감소시킨다는 연구가 있다(Resick et al., 2002). 치료사는 노출치료를 시작하기 전에 에밀리아의 수치심이나 죄책감을 감소시키는 것이 효과적일 것이라 판단하여 인지적 재구조화를 먼저 실시하였다. 상반되는 사례인 수지는 강간 사건 때문에 노출치료를 시작하였지만 불안 정서에 집중하지 못하고 불안감과 극심한 분노 사이에서 괴로워하였다. 연구결과와 출판된 사례 논문을 보면, 극심한 분노는 노출치료를 방해할 수 있다(Foa et al., 1995; Jaycox & Foa, 1996). 치료사는 노출을 중단하고 인지적 재구조화를 통해 수지가 느끼는 분노와 관련된 생각을 먼저 다루었다.

환자가 재경험하는 증상이 적거나 사건에 대해 제한된 기억만을 가지고 있을 때에는 인지적 재구조화부터 시작하거나 실제노출과 인지적 재구조화를 함께 시작하는 것이 효과적이다. 우슬라는 항상 자신감이 없고 우울한 기분과 근심이 많은 자신을 불만스러워하였다. 그녀는 세 살 때 삼촌한테 성추행을 당했던 사실을 어렴풋하게 기억하고 있었고 삼촌이 사망한 후 잠시 악몽에 시달렸다. 치료를 시작했을 때 우슬라가 재경험한 증상은 학대를 상기시키는 노래를 들을 때 느끼는 정도의 괴로움이었다. 이보다는 회피나 무쾌감, 무감각, 단절감, 그리고 집중력 저하와 예민함, 분노 등의 증상이 더욱 심각했다. 이러한 우슬라에게는 실제노출과 인지적 재구조화를 함께 시작하는 것이 좋다. 강간당했을 때의 기억이 흐릿했던 카야에게도 인지적 재구조화를 시작하였다. 경찰은 강간자들이 카야에게 로히프놀이라는 약물을 먹이고 강간한 것 같다고 하였다. 카야는 강간과 관련이 있는 특정 자극을 두려워했으므로 실제노출 치료도 병행하였다.

참고로, 치료사가 인지적 재구조화로 치료를 시작하기로 마음먹었다면 노출치료를 피하려는 환자의 의도에 좌우된 결정은 아니었는지 점검해 보는 것이 좋다. 예를 들어, 에밀리아의 치료사는 인지적 재구조화를 실시하기 전에 에밀리아의 강간 사건이 너무 잔혹해서 노출치료를 피할 핑계를 스스로 만든 것은 아닌지 생각해 보았다. 외상 후 스트레스장애 환자에게 노출을 실행하는 것을 너무 가혹한 일로 생각하여 회피하는 치료사도 있다. 외상 사건이 끔찍할수록 치료사는 노출치료를 회피하고 싶은 욕구를 강하게 느낄 것이다. 심리평가를 받을 때 에밀리아는 '피로 더럽혀졌고' '끔찍하게 찢겼고' 그리고 '성기들이 사방에 있었다'고 당시를 회상하였다. 경험이 많은 치료사라도 에밀리아의 경우와 같은 끔찍한 외상 사건을 듣는 것은 고통스러운 일이다. 하지만 끔찍한 외상을 경험한 환자도 노출치료를 통해 빠른 호전을 보일 수 있다. 하지만 에밀리아의 경우에는 노출치료를 연기하고 인지적 재구조화를 먼저 진행해야 할 타당한 이유가 있었는데, 노출치료에서 느껴야 할 에밀리아의 불안감이 죄책감 때문에 방해받을 가능성이 높았기 때문이다.

마지막으로, 인지적 재구조화의 실시는 노출치료를 완수하지 못할 것 같다고 하거나, 하기 싫어하는 환자에게 외상 사건을 처리하고 불필요한 의심을 없애도록 도와준다. 헨리는 총을 맞는 기억에 대해 심상노출을 할 때마다 극도로 불안해하다가 정서적으로 무감각해지곤 했다. 헨리의 치료사는 노출치료의 효과를 높이기 위해 많은 방법을 동원했지만 소용이 없었다. 그렇지만 그는 경험을 부분적으로 글로 쓸수는 있었다. 헨리와 치료사는 의식의 흐름에 따라 글을 씀으로써 외상과 관련된 불필요한 생각을 찾아낼 수 있었다. 이를 통해 헨리는 외상 사건의 의미에 관한 신넘에 도전하여 외상 경험을 처리할 수 있었다.

인지적 재구조화란 무엇인가

인지적 재구조화는 불필요한 생각을 현실적이고 도움이 되는 생각으로 수정할 수 있도록 체계적으로 가르치는 것이다([부록 8.1] 참조). 인지적 재구조화는 Beck(1976)이 발전시킨 우울증의 인지모델에 근거하여 사람들이 주변에서 일어나는 사건을 해석하는 방법에 따라 그 사건에 대한 정서적 반응이 달라진다고 추정한다. 예를 들어, 만약 친구가 약속시간이 45분이나 지났는데도 나타나지 않는다면, 당신은 '사고가 났나?'라고 생각할 수 있고, 아니면 '45분이나 늦어도 된다고 생각할 정도로 예의가 없군. 늦으면 늦는다고 전화를 해야지.'라고 생각할 수도 있다. 마지막으로 '약속 장소를 잘못 알려 주었나? 다른 곳에서 기다리고 있으면 어쩌지! 다 내 잘못이야.'라는 생각을 할 수도 있다. 첫 번째와 같이 생각한다면 당신은 초조해질 것이다. 두 번째라면 분노를 느낄 것이고, 세 번째라면 죄책감을 느끼게 될 것이다. 객관적인 상황은 바뀌지 않았지만 상황을 어떻게 받아들이느냐에 따라 이처럼 정서적 반응은 달라진다.

우리가 생각하는 것이 정서적 반응에 직접적인 영향을 준다는 가정에 따르면 생각을 바꾸면 우리가 느끼는 정서도 의미 있게 바뀔 것이다. 하지만 생각을 의미 있게 바꾼다는 것이 쉬운 일은 아니다. 인지적 재구조화에 대해 긍정적으로 생각하도록 가르치는 것이라고 생각하는 사람들이 많다(예: '아무 일도 일어나지 않았을 거야. 그리고 내가 화낼 이유는 전혀 없지.'). 인지행동 치료사는 이런 생각을 '지나친 낙관주의Pollyannaish'라고 한다. 인지행동치료의 주목적은 낙관주의자가 되도록 하려는 것이 아니다. 인지적 재구조화는 환자가 평소 습관적으로 생각하는 것보다 더욱 도움이 되고 균형 잡힌 정확한 결론을 내릴 수 있는 방법으로 생각하도록 가르치는 것이다.

2장에서 언급한 것처럼, 인지 과정을 설명하기 위한 다양한 인지모델 이론과 다양한 용어와 구성 개념(사고, 신념, 도식, 평가 등)이 존재한다. 인지 과정에 대한 모든 인지모델은 어느 정도는 은유적이다(Hertel, July 2002, 개인적 교신). 그러므로 인지모델과 다양한 용어를 구분하는 것은 임상적으로 중요하지 않다. 이번 장에서는 '사고'와 '신념'이라는 단어가 많이 사용된다. 외상 후 스트레스장애의 부정적인 영향이 지속되게 하는 사고는 '비합리적' '역기능적' '잘못된' '부적응적'이라는 말보다는 '도움이 되지 않는' '편협한' 그리고 '문제성'이라는 단어로 기술하였다. 인정받지 못하는 것에 민감한 환자에게는 '도움이 되지 않는' '문제성 있는'이라는 단어가 덜 위협적으로 느껴질 것이기 때문이다.

사고thoughts와 신념belifes을 구분하는 것이 도움이 되기도 한다(Beck et al., 1979; Foa & Rothbaum, 1998). '사고'는 환자가 특정한 상황에 대해 갖는 실제 생각으로 개념화할 수 있다. '신념'은 환자의 좀 더 일반적인 추측(혹은 침투적인 사고)을 말한다. 사건에 대한 해석이 사고인지 신념인지 구분할 필요는 없다. 구분은 세상과 자신에 대해 갖고 있는 기본적 신념이 상황에 대한 특정한 사고를 지지하고 있는지 확인이 필요할 때에만 유용하다. 그러므로 쉽게 드러난 사고를 다룰 필요는 없는데, 그러한 사고를 뒷받침하는 기본적인 신념을 아는 것이 더욱 중요하기 때문이다. 예를 들어, 에밀리아는 '나는 더럽다.'는 사고를 바꾸는 데 어려움을 겪었다. 여러 질문 끝에 도덕적이지 않은 사람에게만 나쁜 일이 생긴다는 에밀리아의 신념을 확인할 수 있었다. 강간은 에밀리아의 신체를 더럽혔을 뿐만 아니라 그녀는 자신이 '가치가 없고' '부도덕하고' '깨끗하지 않아서' 다니엘이 자신을 유혹한 것이라는 기저의 신념으로 고통받고 있었다.

인지적 재구조화의 6단계: 개관

인지적 재구조화는 주요 6단계로 구성된다([부록 8.2] 참조). 1단계에서 환자는 외상 사건의 상황을 이야기한다. 2단계에서 환자는 그런 상황에서 발생한 정서를 말하고 노출치료에 사용된 0~100점 척도를 이용하여 자신의 정서를 평가한다. 3단계에서는 부정적인 정서를 느꼈을 때의 생각을 확인하고 그 생각을 얼마나 믿고 있는지 평가한다. 이런 생각을 '자동적 사고'라고 하는데 의도 없이 무의식적으로 생성되는 빠른 생각을 말한다(Beck et al., 1979). 자동적 사고를 찾아내는 것은 쉽지 않다. 환자에게 친구가 약속시간에 늦었을 때의 예시를 들어주면 사고가 부정적인 정서의 원인이 될 수 있다는 점을 이해시키는 것이 쉬울 수 있다. 적절한 생각이 유발되면 그중 하나를 골라 환자와 함께 그 생각에 도전하고 변화시킬 수 있다. 인지적 재구조화를 가르치는 첫 단계로 환자가 사고를 확인하는 것에 집중할 수 있도록 과제([부록 8.3] '자동적 사고일지' 참조)를 주는 것이 도움이 된다.

4단계에서는 자동적 사고를 지지하는 증거(지지증거)와 지지하지 않는 증거(반대증거)를 찾는다. 또한 그 상황에 대한 대안적 해석을 찾아보고, 다른 사람이라면 어떤 해석을 했을지 질문하고, 생각에 따른 결과를 탐색해 본다. 필요한 정보를 모두 모으면 5단계에서 환자는 합리적이고 도움이 될 만한 반응을 나타낼 수 있다. 많은 환자가 처음부터 이렇게 반응하기는 어려울 것이므로 공식을 사용하는 것이 도움이 된다. 우리가 주로 사용하는 공식은 **지지증거**를 기록한 것('그럼에도' 혹은 '그렇지만' 등의 말로 시작)으로 시작하여 **반대증거**를 기록한 것('하지만' 혹은 '사실은' 등의 단어를 함께 사용)과 연결시키는 것이다. 이 단계에서 환자는 자신이 반응을 믿는 정도를 평가한다. 마지막 6단계에서 환자는 자신의 모든 부정적 정서를 재평가한다.

생각을 뒷받침하거나 반박할 수 있는 증거를 이끌어 내기 위해 행동 실험이 필요한 환자도 있다. 합리적인 반응에는 행동 실험의 필요성을 인지하는 것이 포함되기도 한다. 행동 실험의 목적은 환자에게 자신이 한 행동이 어떤 결과를 일으키는지 알도록 하는 것이다. 노출이란 부분적으로는 환자가 사건에 대한 불쾌한 생각을 참고 불안이 감소하는 것을 경험하는 행동 실험으로 개념화할 수 있다. 다른 행동 실험도 유용할 수 있다. 카야는 그녀가 강간 당했다는 것을 아버지가 알면 자신을 배**척할** 것이라고 생각했다. 인지적 재구조화를 하는 동안 카야는 아버지가 보인 반응에 대한 증거가 애매하다고 판단했다. 카야는 고민하기보다는 차라리 아버지에게 강간당한 사실을 말하고 반응을 직접 알아보기로 하였다.

많은 환자가 인지적 재구조화를 학습할 때 좌절감을 경험한다. 임상적으로 노출치료를 완수하는 것이 어려운 것처럼 인지적 재구조화에서도 같은 어려움을 겪을 수 있다. 그러므로 환자에게 다르게 생각하는 것이 쉽지 않다는 사실을 미리 알려 주는 것이 좋다. 스포츠나 음악에 비유하면 이해가 쉬울 것이다. 예를 들면, 카야에게 인지적 재구조화를 설명할 때 치료사는 카야가 댄서였다는 점을 이용하였다. 치료사는 카야에게 그녀의 댄스 스타일을 바꾸려고 했던 강사가 있었는지 물어 보았고, 카야가 그렇다고 대답하자 새로운 스타일로 추는 것이 어색하고 잘 추어지지 않았는지 질문하였다. 카야가 역시 그렇다고 답하자, 치료사는 똑같은 어색함과 진전의 느낌을 다르게 생각하는 법을 배우면서도 경험하게 될 것이라고 말하였다.

이러한 사전 준비가 있어도 많은 환자는 인지적 재구조화를 시도한 후에 숙제를 내주면 처음에는 완수해 오지 못한다. 좌절감은 무력감을 일으킬 수 있다. 환자는 "내가 얼마나 멍청한지 이것으로도 알 수 있어요." 혹은 "이 정도는 할 수 있어야 하는데……. 난 실패자예요."라고 말할 것이다. 따라서 치료사는 처음에는 도전하기 쉬운 사고를 선택하여 환자가 자기효능감을 느낄 수 있도록 해야 한다.

에밀리아 사례: 6단계 대화 예시

앞서 말했듯이, 에밀리아는 심각한 죄책감과 수치심을 가지고 있었기 때문에 치료사는 노출치료보다는 인지적 재구조화를 먼저 시작하기로 결정하였다. 에밀리아는 예전 룸메이트의 전화를 받고 그녀의 약혼자를 만나게 되면서 강간을 당했던 기억이 되살아나 매우 고통스러워하면서 첫 회기에 참석하였다.

인지적 재구조화 소개하기
인지적 재구조화를 시작하기 전에 치료의 원리에 대해 먼저 설명해 주어라.

치료사: 전화를 받고 정말 힘든 한 주를 보내셨을 것 같습니다.

에밀리아: 네. 제 기분은 정말 더럽고 끔찍했어요. 그 일에 대한 생각이 계속 떠올랐어요. 멍청하게 파티에 참석하지 말았어야 했어요. 부모님의 말대로 했었다면 아무 일도 없었을 텐데. 그랬다면 아무 일도 없었겠지요. 그때로 다시 돌아가서 내가 내린 결정을 바꾸고 싶어요. 다시 돌아간다면 파티에 가지 않고 부모님 말씀을 잘 들을 거예요.

치료사: 정말 힘들었다는 게 느껴집니다. 당신이 그 일을 잘 다룰 수 있도록 제가 도울 수 있는지 먼저 알아봅시다. 지난번에 생각하는 법을 바꾼다고 했던 것 기억하나요? 어떤 치료를 할지 검토하면서 함께 이야기했었습니다.

에밀리아: 기억나요.

치료사: 오늘 그것을 시도해 보도록 하겠습니다. 그것은 '인지적 재구조화'라는 기법입니다. 성폭행 이후에 생긴 안 좋은 감정을 조절하는 데 도움이 될 것입니다. 당신이 생각하는 방법을 바꿀 수 있도록 도와주는 것이 이 기법을 사용하는 가장 중요한 목적입니다. 생각이 바뀌면 감정도 바뀔 수 있습니다. 하지만 무조건 긍정적으로 생각하라고 하거나 지나치게 낙관적으로 생각하게 하려는 것은 아닙니다.

에밀리아: 그렇게 생각하지는 않습니다. 제가 모든 것이 아름답고 따스하다고 믿을 리는 없잖아요.

치료사: 맞습니다. 긍정적으로 생각하기 기법은 효과가 잘 나타나지 않습니다. 대신 우리는 당신이 최대한 현실적이고 도움이 되는 방법으로 생각할 수 있도록 도울 것입니다. 제가 예를 하나 들어 보죠. 친한 친구인 아만다에게 3주 동안 연락이 없다면 당신은 기분이 어떨 것 같으세요?

에밀리아: 무척 걱정이 되겠죠.

치료사: 왜요? 무엇 때문에 걱정이 되는 거죠?

에밀리아: 아만다에게 무슨 일이 일어났을 것 같아서요. 아만다의 부모님은 정신이 없어서 저에게 전화를 하시지 못하실 수 있어요. 아만다는 사고가 나서 병원

에 있을지도 모르죠.

치료사: 아만다에게 사고가 생겼을 거라고 생각하고 걱정을 하는군요. 만약 아만다에게 새로운 친구가 생겨서 당신과 더 이상 만나고 싶어 하지 않는다고 생각하면 어떨까요?

에밀리아: 상처를 받고 슬퍼하겠죠.

치료사: 그럼 아만다의 새 남자친구가 다른 친구를 만나지 못하게 한다고 생각하면요?

에밀리아: 화가 나겠지요. 그리고 그 말에 따르는 아만다도 바보 같아서 화가 날 것 같아요.

치료사: 그렇군요. 만약 '아만다는 할 일이 너무 많아. 너무 바빠서 연락하지 못하는 거야. 시간이 나면 전화하겠지.'라고 생각한다면요?

에밀리아: 괜찮을 것 같아요. 아무렇지도 않겠지요.

치료사: 제가 세 가지 예를 들었는데 상황은 모두 같습니다. 아만다로부터 3주째 연락이 없어요. 하지만 그것을 어떻게 생각하느냐에 따라 당신이 느끼는 감정은 달라집니다. 당신의 생각이 바뀌면서 감정도 변한 것입니다.

에밀리아: 알겠어요. 그럼 그 사건에 대한 저의 생각도 바꾸고 싶습니다.

치료사: 성폭행 사건에 대한 생각을 바꾸는 게 불가능해 보일 수도 있습니다. 그 사건과 관련해 지금 당신이 하는 생각이 진실이라고 볼 수도 있어요. 그렇지만 지금 하고 있는 생각은 사건을 극복하는 데 전혀 도움이 되지 않습니다. 그리고 잠시 멈춰서 생각을 들여다보고 그 생각이 얼마나 현실을 잘 반영하는지 볼 수 있는 기회는 많지 않아요. 무엇보다도 성폭행이 내 탓이라고 생각하면 죄책감에 빠지게 되어 매우 불쾌한 감정을 느끼게 될 것입니다. 그래서 그때 일을 떨쳐 버리려고 노력할 수도 있어요. 하지만 우리가 생각에 집중하다 보면 우리의 생각에 문제가 있음을 알 수 있고 도움이 되지 않는 생각을 더 도움이 되는 생각으로 바꿀 수도 있습니다.

에밀리아: 내가 그 일에 대해 달리 생각할 수 있을까요? 상상이 안 되네요.

치료사: 하나씩 하나씩 단계를 밟아 나가면서 한번 시도해 봅시다.

에밀리아: 네. 노력해 볼께요.

[그림 8-1]에는 인지적 재구조화의 원리를 설명할 때 필요한 포인트를 나열해 놓았다. 도움이 되지 않는 생각을 바꾸는 것이 가치가 있다는 것을 환자에게 설명하는 것이 핵심 포인트다. 환자를 더욱 잘 설득하기 위해서는 환자와 많은 상호작용을 하면서 환자의 개인적 경험에 맞추어 원리를 설명하는 것이 좋다. 설득을 위해 [그림 8-1]에 열거된 내용 모두를 설명할 필요는 없다. 그렇지만 환자가 인지적 재구조화의 원리를 잘 받아들이지 못하면 중요한 요점을 빠뜨린 것은 아닌지, 적절한 설명을 위한 다른 방법은 없는지 고려해 보아야 한다. [부록 8.1]은 인지적 재구조화의 원리를 요약한 것이다. 이것이 원리에 대한 논의를 대신할 수는 없지만 논의를 보충해 줄 수는 있을 것이다. 인지적 재구조화를 진행하면서 원리의 핵심을 되짚어 보는 것도 도움이 될 수 있다. 예를 들어, 생각을 알아차리는 것이 어려운 환자가 있다면 생각은 자동적으로 일어나기 때문에 의식적으로 알아채는 것이 어려울 수 있다는 것을 인정해 주어라.

---

1. 생각하는 방법은 느끼고 행동하는 방법에 영향을 준다.
2. 외상 경험은 자신과 세상에 대한 생각에 영향을 미친다.
3. 우리는 보통 자신의 생각을 알아채지 못한다.
4. 많은 생각이 자동적이거나 습관적으로 떠오른다.
5. 우리는 대개 이런 생각을 인지하지 못하지만 이런 생각은 스트레스에 기여한다.
6. 생각이 사실이라고 믿는 것이 그 생각이 사실이라는 것을 의미하지는 않는다.
7. 외상 사건과 관련된 생각은 도움이 되지 않는 경향이 있다.
8. 자동적 사고에 주목하기보다는 회피하는 사람이 많다.
9. 생각에 주의를 기울이면 자신의 생각에 어떤 문제가 있는지 알 수 있다.
10. 더욱 균형 잡히고 도움이 되는 방식으로 생각하는 것은 학습할 수 있다.

[그림 8-1] 인지적 재구조화 원리의 핵심

1단계와 2단계

인지적 재구조화를 가르칠 때는 단계별로 진행하는 것이 가장 쉽다([부록 8.2] 참조). [부록 8.4]는 인지적 재구조화를 실시할 때 이용할 수 있는 작업기록지다(Beck et al., 1979, p. 403). 이 작업기록지는 외상 후 스트레스장애 환자가 사용할 수 있도록 자세하게 설명되어 있어서 우리는 이것을 주로 사용한다. 또한 이 작업기록지에는 생각을 지지하거나 반박하거나 도전하는 증거를 쓸 충분한 여백이 있다. 관련된 정보와 사실을 적으면서 정보를 정리하고 검토할 수 있기 때문에 쓸모없는 생각에 대해 도움이 되는 방식의 반응을 적을 수 있다. 글쓰기는 과제에 대한 집중도를 높일 수 있다.

하지만 글쓰기로 인지적 재구조화를 진행하는 것을 내켜하지 않는 환자도 있다. 그렇지만 최소 몇 주 동안은 [부록 8.4]를 사용하도록 하라. 궁극적인 목표는 머릿속에서 일어나는 사고 과정을 살피는 것으로 익숙해질 때까지는 글로 써 보는 것이 과정을 정리하고 배우는 데 도움이 될 수 있음을 설명해 주어라. [부록 8.2]는 인지적 재구조화 과정을 자세하게 검토하고 회기 중에 중요하게 언급된 핵심 내용들을 한 번 더 확인해 주는 데 이용된다.

치료사: 첫 번째 빈칸부터 시작해 봅시다. 이번 주에 당신을 정말로 힘들게 했던 일은 무엇입니까?

에밀리아: 예전 룸메이트에게 전화가 와서 기억이 난 거예요.

치료사: 그럼 빈칸에 그 내용을 써 봅시다.

보충설명 인지적 재구조화를 할 때는 환자가 정보를 글로 쓰게 하는 것이 좋다. 글을 써 봄으로써 환자는 치료 과정에 활발하게 개입하게 된다. 그리고 환자가 인지적 재구조화를 집에서 연습할 때 글을 써야 할 수도 있다. 드물지만 치료사가 기록하는 경우도 있다. 인지적 재구조화에 대한 환자의 저항이 매우 강하면 치료사가 먼저 글 쓰는 것을 시작하고 나중에 환자에게 넘기는 것이 좋다.

치료사: 전화를 받고 난 후 기분이 어땠나요? 화가 나거나 슬프거나 혹은 기쁘거나

　수치스럽거나 불안했나요?

에밀리아: 정말로 수치스러웠고 죄책감이 들었어요. 불안했던 것 같기도 해요.

　치료사: 그래요 '수치심, 죄책감, 불안함'을 빈칸에 쓰세요. 그리고 얼마나 수치스

　러웠는지 0점부터 100점 사이에 점수를 매겨 보세요.

에밀리아: 95점 정도입니다.

　치료사: 죄책감은 어느 정도였습니까?

에밀리아: 그건 100점. 다 제 잘못이에요. 절대 가지 말았어야 했는데……

　치료사: 불안감은 어느 정도입니까?

에밀리아: 불안했지만 다른 두 감정만큼 심하지는 않았어요. 45점 정도……

1단계와 2단계는 간단하다. 그렇지만 이들 단계, 특히 2단계에서 나타날 수 있는 잠재적인 어려움은 알고 있어야 한다. 앞에서 언급했듯이, 특정한 유형의 생각은 특정한 정서를 유발한다. 위험이나 나쁜 일을 생각하는 것은 두려움을 갖게 한다. 죄책감은 다르게 행동했어야 했다는 신념에 의해 유발된다. 수치심과 죄책감은 서로 밀접하게 관련되는 정서이긴 하나(Foa & Rothbaum, 1998, p. 177) Kubany와 Watson(2003)은 이 둘을 구분하였다. 수치심은 스스로를 낮게 평가하는 생각을 갖게 한다. 이러한 생각은 '느낀다'는 문장을 통해 많이 표현된다(예: '더럽게 느껴진다.' '더럽혀진 것 같다.' '내가 아무것도 아닌 것처럼 느껴진다.'; Kubany & Watson, 2003, p. 70). 분노와 관련된 신념은 주로 상황의 불공정함이나 그릇됨과 관련된다. 상실하게 될 것이라거나 앞으로 나아질 가능성이 없다는 생각은 슬픔이나 무기력

감을 느끼게 한다. 분노에 대한 신념에 도전하면 수치심이 바뀔 수도 있고 아닐 수도 있기에 특정 사고와 그에 따른 감정의 연결고리를 이해하는 게 중요하다. 에밀리아가 전화를 받게 된 상황은 다양한 생각을 유발하여 매우 많은 감정적 반응을 이끌어 낼 수 있다. 이는 두 가지 어려움을 야기한다.

첫째, 하나의 생각에 도전하고 나서 모든 부정적인 정서가 감소되기를 기대하는 환자는 실망하여 치료에 협조하지 않을 수 있다. 따라서 생각에 따른 **특별한** 정서를 이끌어내는 것이 중요한데, 상황이 불공정했다는 생각에 성공적으로 도전한 후에는 수치심은 줄지 않더라도 분노는 급격히 감소할 수 있다. 구체적인 생각과 구체적인 정서를 함께 연결하는 것은 다른 불안장애나 우울장애 환자보다 외상 후 스트레스장애 환자에게 더욱 중요한 문제일 수 있다. 예를 들어, 공황장애 환자는 자신이 적절히 기능할 수 없다는 사실에 대해 수치심을 느낄 수 있지만 공황장애에 대한 인지적 재구조화의 주된 목표는 불안과 관련된 생각에 도전하는 것이다. 공황장애 환자가 하나의 상황에 대해 극심한 불안과 분노, 수치심 그리고 죄책감을 동시에 느끼는 것은 드문 일이다. 하지만 외상 후 스트레스장애 환자에게 이런 현상은 흔하기 때문에 이에 대해 잘 모르고 있는 치료사라면 문제가 될 수 있다. 숙련된 인지행동치료사라도 외상 후 스트레스장애에 익숙하지 않다면 한 가지 상황에 대해 발생하는 다양하고 극심한 정서와 사고를 다룰 준비가 되어 있지 않아서 인지적 재구조화 치료에 실패할 수 있다. 결국 그런 치료사는 환자의 수치심과 관련된 생각을 수치스러운 정서와 연결하여 돕는 데 실패할 수 있다. 그 결과 하나의 정서는 줄어들었지만 여전히 다른 정서는 강렬하게 남아 있어 인지적 재구조화가 효과가 있었음에도 환자는 효과가 없었다고 생각하게 된다. [부록 8.5]는 특정한 정서의 기저에 있는 구체적인 생각의 유형을 환자들이 학습할 수 있도록 도움을 주는 유용한 자료다.

둘째, 부정적인 정서를 모두 합한 전반적인 고통의 강도를 보고하게 되면 특정한 정서가 감소하는 것을 확인하기가 어렵다. 예를 들어, 조엘은 '교통사고가 난 것은 다 내 잘못이야.'라는 생각을 인지적 재구조화를 통해 다룬 후 '조금 더 천천히 운전을 했더라면 재빨리 대응할 수 있었겠지만 도로가 얼어 있어서 다른 운전사 16명도 사고가 났잖아. 내가 잘 했더라도 사고는 났을 거야.'라는 생각으로 대체하였다. 조엘은 새로운 생각을 100% 믿는다고 보고했지만 그가 느끼는 죄책감은 줄어들지 않았다. 조엘은 분노와 슬픔이 합쳐져서 첫 번째 SUDS에서의 죄책감 평가치는 100점이었다. 죄책감과 분노를 분리하자 조엘의 죄책감은 SUDS에서 20점으로 줄어들었다. 하지만 조엘의 분노는 시청에서 주의도 주지 않고, 도로의 얼음도 해빙하지 않았다고 생각했기에 여전히 100점이었다. 그리고 개가 죽은 것에 대한 슬픔도 바뀌지 않았다.

특히 아동 학대를 당한 경험이 있는 외상 후 스트레스장애 환자는 구체적인 정서를 확인하고 표현하는 것에 어려움을 겪는다. 이런 환자는 자신이 겪고 있는 어려움을 이야기하는 일이 드물고, 치료사가 구체적인 감정에 대해 얘기하면 습관적으로 이해하는 척하기도 한다. 이런 경우 인지적 재구조화나 노출치료에 실패하기 전까지는 환자가 다양한 정서를 구분하지 못한다는 사실을 치료사가 모를 수 있다.

이럴 경우, 정서를 관련된 욕구와 연결시켜 주면 구체적인 감정에 관하여 배울 수 있다(Linehan, 1993a, 1993b; [부록 8.2]와 [부록 8.5] 참조). 예를 들어, 조엘에게 죄책감은 관계를 회복하고 싶은 욕구와 관련되고(조엘은 사고로 심하게 다친 아내에게 사과하고 싶은 마음이 매우 컸다) 분노는 공격하고 싶은 욕구와 관련된다("길이 얼어 있었다는 걸 몰랐던 그 멍청이를 때려 주고 싶다."고 보고한 적이 있다)는 것을 가르친 결과 그는 분노와 죄책감을 분리할 수 있었다. 그러나 어떤 환자는 이 과정을 더 집중적으로 다루어야 할 수도 있다. 9장에서 학습하게 될 변증법적 행동치료 전략은 이러한 경우에 도움이 된다.

3단계

3단계는 특정 상황에서 생겨난 사고를 확인하는 것이다.

> 치료사: 어떤 생각이 그런 감정을 느끼게 하는지 알아봅시다. 어떤 생각을 하고 있었나요?

에밀리아: 방금 말했잖아요. 다 내 탓이라고. 부모님 말씀을 잘 듣고 집에 있어야 했어요.

치료사: 그렇다면 그것부터 시작합시다. 자세하게 하기 위해서 '성폭행을 당한 것은 다 내 잘못이다.'라고 써 볼까요. 좋아요. 이제 '나는 부모님 말씀을 듣고 집에 있어야 했다.'라고 쓰세요. 또 떠오르는 생각이 있나요?

> **보충 설명** 도전할 생각을 수집해 나가는 방법을 치료사가 보여 주고 있다.

에밀리아: 나는 더러워졌고, 다시는 깨끗해질 수 없다고 생각했어요.

치료사: 좋아요. 그것을 한 문장씩 따로 쓰세요. 그리고 또 다른 생각을 말해 보세요?

에밀리아: 결혼식에 갈 수 없어요. 불편해요. 또 룸메이트에게 말해 줘야 하는데 못해서 화도 나요. 그 남자가 룸메이트를 때리면 어떻게 하죠? 난 너무 나약해요. 말해 줘야 하는데……

치료사: 지금 말한 것을 다 써 보세요. '안전하지 않기 때문에 결혼식에 갈 수 없다.'고 하셨죠. '그 남자가 룸메이트를 다치게 하지 않도록 무슨 일이 있었는지 룸메이트에게 말해야 한다.'라고도 써 보세요. 괜찮나요?

> **보충 설명** 치료사는 룸메이트를 위해서 자신이 당한 일을 알려 주어야 한다는 것 때문에 에밀리아가 고통스러워한다고 가정했다. 그리고 이 가정이 맞는지 에밀리아에게 확인하였다.

에밀리아: 네, 괜찮아요. 그 애도 안전해야 하니까 말해야죠.

치료사: 좋아요. 마지막으로 했던 말이 하나 더 있는데, 기억나나요?

에밀리아: 아니요.

치료사: '난 너무 나약해.'였지 않나요?

에밀리아: 난 나약해요. 난 너무 나약해서 부모님 말씀을 듣지 않고 유혹에 빠져 버렸

어요. 그래서 강간도 당했고요. 난 진짜 한심해요.

치료사: 그럼 '나는 나약하다.'와 '나는 한심하다.'를 써 보도록 하세요.

이 대화에서는 종이에 글을 쓰는 것이 유용함을 보여 준다. 에밀리아는 하나의 부정적인 생각에서 다른 부정적인 생각으로 갑자기 변하는 보편적인 경향을 보여 주고 있다. 생각을 글로 쓰면 그 생각을 잡아 놓을 수 있어서 하나씩 조심스럽게 분해해 나갈 수 있게 될 것이다.

치료사는 치료 회기마다 에밀리아가 강간을 당한 것은 자신의 잘못이라고 말하는 것을 여러 번 관찰하였다. 치료사는 에밀리아가 최대한 빨리 그 생각에 도전해야 한다고 보았다. 에밀리아가 강간 사건이 자기 탓이라고 보는 것과 부모가 허락하는 일만 해야 한다는 믿음이 연결되어 있다는 것을 치료사는 알았다. 에밀리아는 거의 매번 이 두 생각을 같이 말하였다. 에밀리아가 엄격한 가정교육을 받았음을 고려할 때 굳이 강간 사건 때문이 아니더라도 부모의 말을 듣는 것이 중요하다는 신념이 있기 때문에 부모가 원하는 것만 해야 한다는 생각이 있음을 가정해 볼 수 있다. 또한 이런 신념이 내 잘못이라는 생각을 지지하고 있다는 가정도 세울 수 있다. 그러므로 그 생각에 도전하기 위해서는 이를 지지하는 신념을 해체하여야 한다. 그러나 치료사는 이렇게 가정하고도 어떤 생각을 제일 먼저 다루는 것이 좋을지 결정하지 못하였다(내 잘못이라는 생각보다 다른 생각에 먼저 도전하면 더 좋은 경과를 보일 수도 있다). 그래서 치료사는 부모의 존중이라는 에밀리아의 신념을 탐색한 후에 결정하는 것이 좋겠다는 결정을 내렸다.

치료사: 당신이 전에 했던 말로 돌아가 봅시다. 부모님이 시키는 대로 했어야만 했다고 말했는데, 왜 그렇게 말했나요?

에밀리아: 부모님이 시키는 대로만 했다면 강간을 당할 일은 없었겠죠. 공부에만 집중했어야 해요. 부모님 말씀을 진짜 들었어야 했는데…….

치료사: 부모님이 시키는 대로 하지 않아서 나쁜 일이 생겼을 때만 부모님 말씀을

들어야 한다고 생각하는 건 아닐까요? 만일 파티에 가서 정말로 즐거운 시간을 보냈다면 그래도 부모님이 시키는 대로 했어야 한다고 생각할까요?

에밀리아: 지금처럼 심하지는 않았겠지만 어느 정도는 그렇게 생각할 것 같아요. 어머니에게 거짓말을 한 것과 말씀을 어긴 점에 대해서는 죄책감이 들 거예요.

치료사: 이 생각은 상황에 따라 바뀌는 것이 아닌 것 같군요. 부모님의 가르침을 정말 중요하다고 믿는 것 같습니다.

에밀리아: 그렇죠. 보통 부모님은 권위적이잖아요. 가치에 대해서도 가르쳐 주시고요. 저는 항상 부모님이 원하거나 시키시는 대로 했어요.

치료사: 그래요. 그걸 써 봅시다. 부모님이 시키는 대로 하지 않으면 어떤 사람이 되는 건가요?

에밀리아: 그럼 저는 나약하고 쓸모없는 사람이 되는 거죠. 난 좋은 사람이 아니에요.

치료사: 그렇군요. 그럼 지금까지 한 말을 정리해 보도록 합시다. '좋은 사람이 되기 위해서는 부모님의 말씀을 따라야 한다.' 맞나요?

에밀리아: 네. 맞아요.

치료사: 그러면 이런 생각을 얼마나 믿고 있는지 점수로 매겨 봅시다. 생각을 알아내는 데 너무 몰두해서 점수를 매기는 것을 잊어버렸네요. '다 내 잘못이다.'라는 생각부터 시작해 봅시다. 이 생각이 어느 정도 진실인 것 같습니까?

어떤 생각이 처음 도전하기 좋은 생각인지 결정하는 것은 어려울 수 있다. 이때 몇 가지 요인을 참고하면 결정에 도움이 된다. 첫째, 치료 초기에는 비교적 도전하기 쉬운 생각을 목표로 하는 것이 좋다. 인지적 재구조화에 성공하면 어려운 과정에 도전하려는 동기가 생길 수 있다. 지지증거가 확실한 생각부터 시작하는 것은 일반적으로 피하는 것이 좋다. 그런 생각은 대개 생각의 결과에 초점을 맞추어 도전을 하게 되는데 이것은 대부분의 환자가 배우기 어려운 전략이다. 또한 치료사는 인지적 재구조화를 시작할 때 어떤 생각은 사실적 근거가 전혀 없다는 것이 밝혀지기를 원하므로 지지증거가 확실한 생각으로 시작하는 것은 치료사가 원하는 결과를 얻을 수 있는 좋은 선택이 아니다. 둘째, 큰 효과를 가져다줄 것으로 보이는 중요한 생각을 목표로 하는 것이 좋다. 셋째, 기저의 신념에 대한 도전이 고려되어야 하는데, 환자는 자신의 생각이 이치에 맞는다고 생각하고 있고 그러한 논리의 근거에는 뿌리 깊은 신념이 자리 잡고 있기 때문이다. 마지막으로 평가치를 참고하라. 예를 들어, 환자가 네 가지 생각에 대한 신념을 상대적으로 낮게 평가했고, 한 가지 생각은 강한 신념으로 평가했다면 강하게 평가된 신념에 도전하는 것이 좋다.

기저의 신념을 확인해야 할 때에도 앞서 설명한 가이드라인을 적용하라. 기저의 신념 때문에 자동적 사고에 도전하는 것이 어렵다면 신념을 찾아서 도전하라. 하지만 분명한 사고에 도전할 수 있는 상황이 있다면 그렇게 하는 것이 더 쉽고 빠른 과정이다. 자동적 사고에 대한 도전이 성공하면 행동의 변화가 생기기 때문에 깊이 자리한 신념이 스스로 변할 수 있다. 예를 들어, 조지는 아무에게도 화를 내지 않는 사람이 좋은 사람이라는 신념이 있었다. 치료사는 '상사의 말에 반박하면 안 돼.'라는 사고에 조지가 도전하도록 하였고 이에 따라 점진적으로 조지의 행동이 변화하면서 행동 기저에 있던 신념도 바뀌었다.

에밀리아의 치료사는 에밀리아의 중요한 사고와 신념을 확인하였으며 그들이 서로 지지적으로 이용되고 있음을 알았다. 치료사는 인지적 재구조화를 시작하기 위한 두 가지 방법을 생각해 냈다. 첫 번째 방법은 자신의 탓이라는 생각과 반대되는 증거를 찾아서 내 잘못이라는 사고에 도전하는 것이었다. 다시 말해, 에밀리아가 자신이 아닌 강간범들에게 책임을 돌리도록 돕는 것이다. 두 번째 방법은 말을 잘 들었어야 한다는 신념을 공격하는 것인데, 이는 에밀리아가 그 신념을 강간을 피할 수 있었을 증거로 사용하고 있기 때문이다. 결론적으로 치료사는 첫 번째 방법을 선택했다. 부모에 대한 신념이 아닌 내 잘못이라는 신념에 도전하면 더욱 빨리 죄책감을 덜 수 있을 것이며, 그녀는 부모에 대한 신념에 도전하는 것을 더욱 어려워할 것이라고 판단했기 때문이다.

어떤 사고에 먼저 도전하는 것이 맞는지에 대한 정답은 없다. 예를 들어, 환자가 힘들어하거나 사고가 점점 더 난해해지는 것 같다면 두 가지 방법이 있다. 첫째, 그 사고에 계속 도전하여 조금 더 실용적인 사고로 대체하는 것이다. 둘째, 환자에게 다른 사고를 먼저 다루는 것이 좋겠다고 말하는 것이다. 즉, 최선의 것을 선택하지 못했으니 다른 사고로 다시 시도해 보는 것이 더 좋겠다고 환자에게 솔직하게 말하는 것이다. 그리고 나서 다음에 그 사고에 다시 도전한다.

치료사는 부모에 대한 에밀리아의 기본 신념을 추측할 수는 있겠지만 질문을 통해 알아내는 것이 좋다. 인지적 재구조화는 환자에게 질문을 함으로써 스스로 의미와 신념을 찾게 하는 소크라테스식 대화법으로 진행하는 것이 가장 좋다. 이러한 대화법은 환자가 비논리적이고 부당한 생각을 하더라도 그들과 언쟁하지 않도록 도와준다.

4단계

치료사는 에밀리아의 내 **잘못**이라는 생각부터 시작하기로 결정했지만, 이 사실을 에밀리아에게 직접적으로 말하지는 않았다. 그보다는 앞 단계에서 잘했다고 칭찬하고 뒤이어 질문을 건네는 방식으로 어떤 생각을 다루게 될지 알도록 하였다.

치료사: 좋아요. 3단계까지 아주 잘 하셨기 때문에 우리는 많은 것을 진행할 수 있었습니다. 결코 쉬운 과정이 아니었는데 정말 잘하셨어요.

에밀리아: 고마워요. 근데 저한테는 모든 생각이 당연한 것 같아요. 내가 형편없는 사람처럼 느껴집니다.

치료사: 전부 다 괴로운 생각들이긴 합니다. 인지적 재구조화에서 처음으로 다루고 싶은 생각이 있으신가요?

에밀리아: 어디서부터 시작해야 할지 모르겠어요.

치료사: 그럼 강간을 당한 것은 전적으로 내 잘못이라는 생각부터 시작하는 건 어떨까요? 이 생각은 자주 떠오르기도 하고 화도 많이 나는 생각인 것 같은데요.

에밀리아: 좋아요.

치료사: 그럼 그 생각에 집중할 수 있게 동그라미를 쳐 보세요. 그리고 이제 이 칸을 보세요. 여기서부터 당신의 생각에 도전할 겁니다. 우리는 이 생각을 지지하는 증거와 반대하는 증거를 함께 찾아볼 것입니다. 두 가지 방법으로 생각할 수 있어요. 우선 과학자처럼 당신의 신념을 지지하는 증거와 지지하지 않는 증거를 찾는 거예요. 그리고 그 사실에만 집중을 합니다. 마치 변호사처럼 사실을 증거로 제출한다고 생각하는 것이지요. 비합리적인 사람이 아닌 이상 증거로 제출된 사실에 대해 이견을 제기할 수는 없을 것입니다. 마치 지구가 둥글다는 것이 사실인 것처럼 말입니다. 대부분의 사람은 이러한 사실에 반대하지 않겠죠?

에밀리아: 그렇겠죠.

치료사: 그것이 우리가 찾고자 하는 것입니다. 당신의 신념을 지지하는 사실이나 증거부터 모아 봅시다. 당신의 신념을 뒷받침하는 타당한 근거가 무엇인지 찾아보세요. 그리고 빈칸 첫 줄에 '뒷받침하는 근거'라고 쓰세요. 음……. 이제 성폭행이 당신의 잘못이라는 신념을 지지하는 근거는 무엇인가요?

에밀리아: 우선, 부모님 말씀을 들었다면 그 파티에 가지 않았을 것이고, 파티에 가지 않았다면 그날 밤에 강간을 당하지는 않았을 거예요.

치료사: 좋아요, 그렇다면 그날 밤 집에 있었다면 어떤 일이 일어났을지 100% 알 수는 있나요? 헬리콥터가 지붕에 떨어졌을지, 다니엘이 방으로 침입하였을지, 아니면 다른 어떤 일이 있었을지 알 수 있나요?

에밀리아: 확실히 알 수는 없겠죠.

치료사: 그렇지만 그날 밤 다른 선택을 했다면 상황은 달라졌을 것이라고 가정하는 것은 합리적인 것 같네요.

에밀리아: 그렇죠. 아마도 룸메이트랑 같이 있었을 거예요. 같이 공부하자고 했었거든요.

치료사: 그럼 그걸 여기에 써 봅시다.

에밀리아는 어떻게 써야 할지 혼란스러워하였다. 그러자 치료사가 시범을 보여 준다.

> 치료사: 이렇게 쓰는 것은 어때요? '부모님이 좋아할 만한 선택을 했더라면 룸메이트와 같이 있었을 테니까 나쁜 일이 일어날 확률은 줄어들었을 것이다.' 맞는 것 같나요?
>
> 에밀리아: 네.
>
> 치료사: 보세요, 다른 선택을 할 수도 있었으니까 선택의 여지가 없었다고 주장하는 것은 어렵겠죠.
>
> 에밀리아: 그렇네요.

치료사는 에밀리아와 치료사가 신념을 지지하는 증거를 찾기 위해 함께 작업하고 있음을 강조하기 위해 이 예시를 제시하였다.

> 치료사: 뒷받침하는 다른 증거는 뭘까요?
>
> 에밀리아: 모르겠어요.
>
> 치료사: 이것이 부모님 말씀을 어기고 스스로 결정한 첫 사건이었나요?
>
> 에밀리아: 네.
>
> 치료사: 그 전에 성폭행을 당한 적이 있었나요?
>
> 에밀리아: 당연히 없죠!
>
> 치료사: 그럼 부모님 말씀을 따르던 예전에는 성폭행을 당한 적이 없다고 말하는 건 타당한가요? 부모님 말씀을 듣지 않고 스스로 결정을 내렸을 땐 성폭행을 당했고요?
>
> 에밀라아: 타당한 게 아니라 사실이에요.

추가적인 지지증거를 찾는 것은 치료에 도움이 되지 않을 수 있다. 그렇지만 환자가 지지증거와 반대증거를 정확하게 저울질할 수 있게 된다면 인지적 재구조화는 더 잘 진행될 것이다. 에밀리아는 이러한 증거를 정확하게 말할 수 없었다. 그러므로 치료사는 에밀리아가 자주 말하는 요지에 기반하여 자신의 잘못임을 지지하는 뒷받침의 증거를 추측하였다. 많은 환자는 보통 치료사가 지지하지 않는 증거를 찾는 과정에 몰두할 것이라고 예상하기 때문에 자신의 생각을 지지하는 증거를 찾도록 도와줄 때 놀란다. 그렇지만 지지증거를 함께 열심히 찾는 것은 인지적 재구조화의 특징인 균형을 유지하면서 치료를 할 수 있도록 해 준다.

치료사: 그럼 그걸 여기에 적어 보세요. 자신의 잘못임을 뒷받침하는 증거가 있나요?

에밀리아: 여자가 강간을 당하는 것은 스스로 자초한 일이라고 아버지께서 전에 말씀하시는 것을 들은 적이 있어요. 내게 무슨 일이 일어났는지 모르시지만 아버지는 다 내 잘못이라고 하실 것 같아요. 그런 이유를 여기에 썼어요.

치료사: 사실만을 쓰기 위해서 '여자가 성폭행을 당하는 것은 다 여자의 잘못이라는 아버지의 말씀을 들은 적이 있다.'라고 써 봅시다. 아버지께서 이 일에 대해 뭐라고 하실지 아직은 정확히 모르잖아요. 괜찮나요?

에밀리아: 네.

치료사: 다른 뒷받침하는 증거가 있나요?

에밀리아: 그것이 제일 큰 것 같아요.

치료사: 그럼 이제부터는 지지하지 않는 증거를 찾아보도록 하죠. 지지증거가 또 생각날 수도 있으니까 빈칸을 좀 남겨 둡시다. 반대증거라고 여기에 쓰세요. 에밀리아의 생각을 반대하는 증거는 뭐가 있죠?

에밀리아: 모르겠어요. 다 내 잘못인 것 같아요.

치료사: 잠시 생각해 보는 시간을 갖도록 합시다. 이 사건에 혼자만 연루되어 있나요?

에밀리아: 무슨 말씀을 하시는지 잘 모르겠네요.

치료사: 성폭행 사건이 일어났을 때 혼자만 있었나요, 아니면 다른 사람도 있었나요?

에밀리아: 당연히 다른 사람도 있었죠. 아시잖아요.

치료사: 그렇죠. 당신 혼자만 사건에 개입된 게 아니에요. 당신이 자신을 성폭행했나요? 아니면 농구 선수들이 적극적으로 벌인 일인가요?

에밀리아: 그 애들이 적극적으로 한 일이에요.

치료사: 그들에게 강간하도록 압력을 넣었나요?

에밀리아: 아니요! 내가 어떻게 나를 강간하라고 압력을 넣겠어요. 말도 안 돼요.

치료사: 그것이 바로 성폭행은 다 내 잘못이라는 생각에 반대되는 증거가 아닌가요? 빨간 불일 때 횡단하다가 교통사고가 났다고 해 봅시다. 만약 집에 있었다면 사고를 피할 수 있었겠죠. 빨간 불일 때 길을 건너지 않더라도 사고는 나지 않았을 거예요. 이처럼 그 사고가 발생하게 된 이유는 많아요. 마찬가지로 성폭행 사건이 일어나게 된 이유도 많겠지요. 파티에 가기로 결정한 건 당신이지만 성폭행을 하기로 결정한 것은 그곳에 있던 남자들이었어요. 그리고 당신은 나를 성폭행해 달라고 그들에게 부탁한 적이 없고요.

에밀리아: 그 말을 반박할 수는 없어요. 아직 내 잘못인 것 같지만 그들이 나를 강간했고, 나는 강간을 당한 거예요. 내가 그들에게 강간해 달라고 강요하거나 부탁한 적도 없고요. 날 강간하지 않기로 결정할 수 있었던 것은 내가 아니라 그들이에요.

치료사: 그래요, 좋아요. 지금은 증거를 모으는 중이니까 당신의 생각이 바뀌지 않아도 괜찮아요.

에밀리아: 무엇이라고 쓰면 될까요?

치료사: 글쎄요, 어떻게 하면 될까요?

에밀리아: '그들이 날 강간하지 않겠다는 선택을 했다면 난 강간당하지 않았을 것이다. 내가 그 사람들한테 강간해 달라고 부탁하지는 않았다.'는 어떤가요?

> **보충 설명** 여기서 에밀리아는 Kubany와 Watson(2002)이 설명한 죄책감에 관한 일반적인 사고 오류를 보여 준다. 에밀리아는 강간 사건 중에 자신의 역할에 초점을 두고 있어서 대부분의 사건이 다양한 요인에 의해 발생한다는 것을 인지하지 못하고 있다.

치료사: 좋아요. 다른 것은 없나요?

에밀리아: 모르겠어요.

치료사: 음. 다니엘이 뭐라고 하면서 파티에 가자고 했나요?

에밀리아: 농구부가 조그마한 파티를 여는데 선수들이 애인이나 여자 친구를 데리고 올 거라고 했어요. 재미있을 거라고도 했고요.

치료사: 그러면 다니엘은 여자는 유일하게 당신만이 참석하는 파티이고 그곳에서 당신을 성폭행할 것이라고 말하지는 않았네요.

에밀리아: 당연하죠. 그런 말을 했다면 갔겠어요?

치료사: 확실해요? 다니엘이 사실대로 말했다면 다른 결정을 내렸을 것이라는 게?

에밀리아: 네! 그런 파티인 줄 알았더라면 근처에도 가지 않았을 거예요!

치료사: 그럼 그 파티는 평범한 파티일 거라고 생각했고, 만약 사실을 알았더라면 가지 않았을 거라는 거네요. 다니엘이 당신을 파티로 유인하려고 거짓말을 한 것이고요, 맞나요?

에밀리아: 네. 그렇지만 눈치챘어야 했어요.

치료사: 왜죠?

에밀리아: 왜냐하면······.

치료사: 왜죠? 내가 이해력이 부족한 건지 잘 모르겠네요. 그 당시에 다니엘은 당신을 유인하기 위해 거짓말을 했습니다. 당신이 여러 명에게 강간을 당하게 될 것이라는 사실을 어떻게 눈치챌 수 있었을 거라고 생각하시는 거죠? 질문을 바꿔 보죠. 만약 친구인 아만다가 거짓말에 속아서 성폭행을 당했다면 당신은 아만다에게 모든 것을 미리 알아챘어야 했다고 말씀하실 건가요?

하게 질문하는 것이다. 비록 이 방법은 반대되는 증거를 찾을 때 잘 쓰이는 것이지만, 이 상황에서 치료사는 에밀리아의 마음을 바꾸기 위해 사용하였다. 구체적으로 말하면, 치료사는 친구에게 같은 일이 일어나도 자신에게 하는 것처럼 하겠냐고 에밀리아에게 물었다. 이 방법은 환자가 사건을 다른 시점에서 볼 수 있게 해 준다.

에밀리아: 아니요.

치료사: 그럼 뭐라고 말씀하실 것 같은가요?

에밀리아: 그것은······ 네······ 잘못이 아니라고. 이제 알겠어요. 다니엘이 거짓말을 한 것이 잘못이에요. 이것이 반대증거가 되겠네요.

치료사: 반대증거 2개를 찾은 것 같은데 방금 했던 말을 다시 정리해 봅시다. 먼저 당신은 괜찮은 파티인 줄 알고 가려고 했고, 성폭행을 원하지 않았습니다. 그리고 무슨 일이 일어날지 미리 알았더라면 다른 선택을 했을 것이라는 점에 대해 우리 모두 동의하는 거죠.

에밀리아: 맞아요. 부모님 말씀을 들었다면 더 안전했겠지만 강간을 해 달라고 요청하지는 않았어요.

치료사: 좋아요. 그걸 적어 봅시다. 두 번째 증거는 다니엘이 일부러 당신을 파티에 데려가려고 거짓말을 했고, 만약 똑같은 일이 아만다에게 일어났다면 그것은 다니엘의 잘못이라고 아만다에게 말하겠다는 거죠.

에밀리아: 다니엘이 너무 싫어요.

치료사: 이해해요. 거짓으로 당신을 꼬여서 함정에 빠뜨렸죠. 이제 반대증거에 방금 한 말을 써 봅시다.

에밀리아: 네. '다니엘은 나에게 거짓말을 했고 그것은 그 사람 잘못이다.'

치료사: 당신이 말한 적이 있었던 것 같은데 정확하게 짚고 넘어갑시다. 틀렸다면 언제든지 말씀해 주세요—당신이 당신 탓이라고 하는 이유는 무슨 일이 일어날지 미리 알았어야 한다고 생각했기 때문인가요?

에밀리아: 맞아요—알았어야 했어요.

치료사: '알았어야 한다.'라는 생각은 다른 생각이니까 나중에 따로 다루도록 합시다. 지금은 잠시 이 생각에 더 집중해 봅시다. 지지증거를 놓친 것 같아요. 다니엘이 당신을 유인해서 집단으로 강간하려고 했다는 것을 미리 알 수 있었던 구체적인 증거가 있나요?

> **보충 설명** 치료사는 미리 알았어야 했다는 신념에 대해 에밀리아 스스로 해결할 수 있다는 가정에 기초해 위험을 감수하기로 하였다. 그러면 에밀리아는 내 잘못이라는 생각에 집중적으로 도전할 수 있을 것이다. 치료사는 에밀리아의 죄책감에 기여하는 사실적 증거를 놓쳤는지 알아보기 위해 이러한 접근을 사용하였다. 그러나 치료사는 알았어야 했다는 생각은 따로 다루지 않음으로써 에밀리아 스스로 다룰 수 있는 여지를 남겨 두었다.

에밀리아: 무슨 말씀을 하시는지 잘 모르겠어요?

치료사: 다니엘을 가까이 하지 말라는 충고를 들어 본 적이 있나요?

에밀리아: 아니요. 그 전까지는 없었어요. 나중에야 소문을 들었어요. 한 학기가 거의 끝날 무렵에요.

치료사: 그럼 다니엘이 당신을 파티에 초대할 당시에는 믿을 수 없는 사람이란 정보는 없었군요.

에밀리아: 네. 다니엘은 착해 보였어요. 어떤 아이들은 다니엘이 잘생겼다면서 제가 파티에 초대받은 것을 부러워하기도 했어요.

치료사: 그럼 그건 반대되는 증거인가요? 그 당시에는 진짜 신입생 파티에 데리고 갈 것이라는 것을 믿지 못할 만한 이유나 증거는 없었다는 말인 거죠? 여러 여학생들이 당신이 초대받은 것을 부러워하기도 했고요.

에밀리아: 지금 돌이켜 보면 알았어야만 했다고 느낀 것 같아요. 그런데 자세히 생각해 보니 무슨 일이 일어날지 미리 예측하는 일은 매우 어려웠을 것 같아요.

치료사: 나쁜 일이 발생했을 때 자신을 탓하는 것은 정말 흔한 일입니다. 사람들이 그

렇게 하는 이유는 자신이 알고 있었던 것보다 더 많이 알고 있어야 했다고 생각하기 때문이에요. 나쁜 일을 통제할 수 있었을 거라는 생각 때문에 책임을 지려고도 해요. 이미 발생한 일을 예방할 수 있었다고 생각하면 앞으로 일어날 일도 예방할 수 있다고 생각하게 되지요. 무슨 일이 일어날지 미리 알았더라면 다른 선택을 했을 거란 당신의 생각은 아주 분명한 것 같네요.

에밀리아: 네. 뭐라고 쓰면 될까요?

치료사: 이렇게 쓰면 어떨까요. '그 파티에 가기로 했을 때 다니엘을 믿지 못하거나 나쁜 일이 일어날 거라고 생각할 만한 이유는 없었다. 다른 여학생들이 부러워한 것을 보면 나쁜 일이 일어날 것이라는 사실을 예측하기는 어려웠다.'

> **보충설명** Kabany와 Watson(2002, 2003)에 따르면, 외상 생존자가 느끼는 죄책감에 기여하는 요인은 다양하다. 그중 하나가 통찰력 편견이다. 이것은 생존자가 그 당시에 사용할 수 있는 정보에 따라 최선의 결정을 내렸다고 인정하기보다는 지금 가지고 있는 정보의 양에 비추어 자신이 당시에 다른 선택을 했어야 했다고 자책하는 것이다.

치료사: 반대되는 증거가 더 있나요?

에밀리아: 제 생각에는 다니엘한테 잘못이 있다면 다른 남자들도 잘못이 있는 것 같아요. 다니엘뿐만 아니라 다른 애들도 나를 강간했으니까요.

치료사: 물론이에요. 그것을 써 보세요. (에밀리아가 글을 쓴다.) 다른 건 없나요?

에밀리아: 생각나는 것이 더는 없어요.

치료사: 반대되는 증거로 다니엘과 다른 농구 선수들에게도 강간에 대한 잘못이 있다고 썼죠. 이게 만약 아만다에게 일어난 일이고, 아만다가 당신에게 '그래, 다니엘과 그 친구들에게도 잘못이 있어.'라고 당신에게 말한다면 뭐라고 하시겠습니까? 맞다고 하실 건가요?

에밀리아: 음……, 이 사건이 아만다에게 일어났다고 가정하는 게 조금은 어렵네요.

그렇지만 정신을 집중해서 해 볼게요. 이 모든 사건은 다니엘과 친구들이 벌인 일이에요. 아만다는 파티에 초대받아 갔을 뿐이고요. 아만다에게 그런 짓을 한 그들이 진짜 나쁜 놈들이에요. 아만다가 자신을 탓할 이유는 없어요. 그 애들이 나쁜 짓을 한 거죠. 아만다는 강간을 당하겠다는 선택을 하지 않았어요! (울기 시작한다.)

치료사: (부드럽게) 그럼 그게 반대되는 증거인가요?

에밀리아: 잘 모르겠어요. 그런데 나라고 생각하면 조금은 다른 것 같아요. 나는 다른 선택을 했어야 한다는 것에 생각이 집중되어 있었고 내가 이런 일이 일어나도록 한 것인지 스스로에게 질문한 적이 없어요. 나는 단지 다른 애들처럼 파티에 가고 싶었을 뿐이에요.

치료사: 아만다의 상황이 당신이 경험한 상황과 다른가요?

에밀리아: 별로 그렇지 않아요.

치료사: 그러면 강간범에게 대부분의 책임이 있다고 말할 수 있을까요?

에밀리아: 네. 나쁜 짓을 한 사람이 가장 큰 잘못이 있어요.

치료사: 좋아요. 그것도 적어 봅시다.

이 대화에서는 신념을 다루기 위해 증거를 모으는 과정을 보여 주고 있다. 일반적으로 지지증거와 반대증거를 되도록 많이 수집해야 한다. 이 대화에서 치료사는 에밀리아가 그녀보다 더욱 힘세고 강한 많은 강간범들과 싸웠다는 사실 이외에도 함께 고려해 봐야 할 여러 가지 반대되는 증거를 가지고 있었다. 또한 치료사는 다른 사람이라면 이 사건을 어떻게 이해할지 다양하게 해석해 보는 브레인스토밍을 환자에게 요청하였다. 마지막으로, 원래의 신념을 계속 유지할 때 가지게 되는 장점과 단점을 찾아보도록 하는 것도 도움이 된다. 이런 접근은 특히 특정 신념을 포기하지 못하는 환자에게 유용하다.

에밀리아는 치료사의 도움으로 증거를 찾아낼 수 있었다. 어떤 환자는 지지증거를 뒷받침하는 사실을 쉽게 찾고, 이에 반대되는 생각도 찾아낼 수 있다. 이때 치료사는 환자가 다양한 생각과 증거를 혼동하지 않도록 명확하게 해 주는 것이 중요하다. 그중 좋은 방법은 그 진술이 완벽한 사실인지 아니면 생각인지를 조심스럽게 물어보는 것이다. 당신은 법정에서 이 진술이 사실인가의 여부에 대해 반박할 사람이 있겠느냐고 물어볼 수도 있다. 이러한 질문은 환자가 이 진술이 생각일 뿐이지 사실에 기반을 둔 증거가 아니라는 것을 깨닫게 하는 데 도움이 된다. 많은 환자가 차이를 혼동스러워하는데 대충 넘어가지 않도록 주의해야 한다. 만약 환자가 사실을 깨닫는 것을 어려워하면 논리의 핵심을 가르쳐 주는 시간을 가져야 한다.

이 대화의 예시에서는 죄책감을 다룰 때 자주 발생하는 일도 묘사하고 있다. 환자가 자신의 정신적 외상에 다른 사람이 개입되어 있다는 것을 깨닫게 되면 갑자기 분노가 상승할 수 있다. 에밀리아에게 해야 할 다음 작업은 발생한 사건에 따른 슬픔과 분노를 분리하는 것이다. 슬픔에 영향을 미치는 생각은 인지적 재구조화를 통해 탐색될 수 있으나 환자는 상실을 있는 그대로 받아들이려고 할 수도 있다. 이 시점에서 어떤 환자는 이상적인 수용을 달성하기도 한다. 한 강간 생존자는, "비록 나는 절대 강간을 당하고 싶지 않았고 그 누구도 내가 겪은 일을 당하기를 바라지 않지만, 만약 이 일이 발생하지 않았더라면 지금의 나도 없었을 것입니다. 그래서 나는 더 이상 이 일이 일어나지 않았으면 하고 바라지 않습니다. 이미 일어난 일이고 나는 살아남았습니다. 그리고 나는 강간을 당한 내 모습을 포함하여 지금의 나를 사랑합니다."라고 하였다.

5, 6단계

기록을 마친 후 중단하지 않는 것이 중요하다. 치료사는 도전 단계에서 찾아낸 주요 내용들을 요약해 주고 환자가 정확하고 일관성 있는 반응을 지속해 나갈 수 있도록 도움이 되는 공식을 알려 주는 것이 좋다. 이것은 집에서 과제를 해야 한다는 메시지를 전달함과 동시에 도움이 되지 않는 생각이 일어날 때 적절히 반응할 수 있는 방법을 알려 주는 것이다. 때로는 인지적 재구조화가 매우 성공적으로 이루어져 관련된 생각들이 모두 제거되며, 그러한 환자의 진전이 도전 단계에서 확인되기도 한다. 예를 들어, 어린 시절 찰리는 신체적 학대를 당했는데 아들 또한 신체적 학대를 당하고 있었다. 찰리는 자녀를 돕는 것이 부모의 의무라는 자신의 신념에 따라 학대당하고 있는 아들에게 계속해서 돈을 주었다. 인지적 재구조화를 진행하는 도중에 찰리는 그 아들에게만 계속 집중하게 된다면 다른 자녀에게 제공해야 할 정서적 · 물질적 자원은 고갈될 수밖에 없다는 사실을 깨닫게 되었다. 이 결론은 찰리의 행동, 사고, 정서에 전반적인 변화를 가져왔다. 하지만 많은 경우 인지적 재구조화는 이처럼 극적인 변화보다는 도움이 되지 않는 생각을 조금씩 제거해 나가도록 돕는다. 이럴 경우를 대비해 도움이 되지 않는 생각을 대체할 수 있는 능동적이고 반복적으로 사용할 수 있는 반응을 만들어 놓는 것이 중요하다.

    치료사: 이제 이 모든 것을 종합할 시간입니다.

에밀리아: 그걸 어떻게 하죠?

    치료사: 연습을 하고 나면 다양한 방법을 찾을 수 있지만, 초기 단계에서는 약간의 공식에 따라 작업하는 것이 도움이 됩니다. 보통은 지지증거에서 가장 주목할 만한 부분을 주목할 만한 반대증거와 연결합니다. 이렇게 하는 방법에는 몇 가지가 있습니다. 예를 들어, '내가 만약 부모님 말씀을 들었다면 강간을 당하지 않았을 테지만 그럼에도 나는 파티에 가기로 결정하였다. 대부분의 책임은 거짓말을 하고 강간을 하기로 결정한 다니엘과 그 친구들에게 있다.'와 같은 말을 당신은 할 수 있을 것입니다. 우리는 '그럼에도'와 같은 용어를 지지증거와 반대증거를 연결하기 위해 자주 사용합니다. '하지만'은 지지증거가 중요하지 않다는 뜻을 약간 내포하고 있기 때문에 덜 사용합니다. 또 다른 방법은 '비록 ……하지만, 사실은 ……하다'라는 진술을 사용하는 것입니다. 비록 지지증거가 사실일지라도 사실에 반대되는 증거도 분명 존재합니다. 가장 먼저 해야 할 일은 지지증거와 반대증거 중에 가장 눈에 띄는 것이 무엇인지 찾아보는 것입니다.

에밀리아: (한동안 기록지를 바라본다) 글쎄요, 부모님의 말씀을 들었더라면 훨씬 더 안

전했을 것이라고 생각하지만 그렇다 하더라도 강간당하기로 내가 선택한 것은 아니에요. 어떤 일이 일어날지 알았더라면 당연히 피했겠죠. 다니엘과 그 친구들은 파티에 와서 나를 강간하기로 작정을 했었어요. 따라서 나보다는 그들이 비난받아야 합니다.

치료사: 좋아요. 그 생각을 적어 봅시다.

에밀리아: 네. 그런데 방금 제가 뭐라고 말했죠? 아, 아니에요. 기억났어요.

> **보충 설명** 환자에게 합리적인 대답을 상기시켜 줄 준비를 해야 한다. 가끔 아주 분명하게 표현을 하고는 말이 끝나자마자 즉시 잊어버리는 환자도 있다. 이 또한 응답을 적어 놓아야 할 이유가 된다.

치료사: 이제 큰 소리로 읽어 보세요. (에밀리아가 읽는다.) 그 생각을 얼마나 믿나요?

에밀리아: 꽤 믿어요. 95점 정도요.

치료사: 좋아요. 그럼 이제 당신의 정서를 다시 평가해 봅시다. 수치심은 어느 정도인가요?

에밀리아: 여전히 꽤 높아요. 그 애들이 모두 나를 강간했기 때문에 여전히 더럽다고 느껴져요. 85점 정도요.

치료사: 그럼 죄책감은 어느 정도인가요?

에밀리아: 그건 아주 적어요. 아마도 30점.

치료사: 그럼 불안감은요?

에밀리아: 음. 조금 줄어든 것 같아요. 아마도 40점.

치료사: 좋아요. 우리가 도전했던 생각은 죄책감에 가까워요. 그것이 우리가 지금 보고 있는 것입니다. 죄책감이 가장 많이 줄어들었습니다.

에밀리아: 그런데 그거 아세요?

치료사: 어떤 거요?

에밀리아: 더 화가 나요. 그들이 나를 강간했다는 사실이 몹시 화가 나요. 조금 이상해

요. 지금까지 화는 나지 않았던 것 같아요. 나 자신을 탓하기에 너무 바빴거든요. 그들은 나에게 거짓말을 하고 날 속였어요. 그리고 너무 불공평해요. 죄책감을 느끼는 것보다 내가 화를 내는 것이 옳은 거잖아요.

외상 후 스트레스장애에서 나타나는 공통된 사고

죄책감은 외상 후 스트레스장애 환자의 일반적인 정서 반응으로 자기비난과 관련된다. 다른 다양한 사고도 외상 후 스트레스장애 환자에게 흔하다. 공통적인 유형의 사고에 익숙해지는 것은 인지적 재구조화를 더욱 쉽게 진전되게 한다(외상 후 스트레스장애에서 나타나는 공통된 사고는 [그림 8-2], [그림 8-3] 참조). 예를 들어, 많은 환자는 '나는 더럽다.' '나는 나쁘다.' 그리고 '나는 괴물이다.'와 같은 수치심과 연관된 사고를 한다. 이러한 사고를 보이는 환자에게는 '더러운' 또는 '나쁜' 사람에 대해 전형적으로 가지고 있는 정의를 질문해 보아라. 그런 다음 그 정의와 일치하는 자신의 특성과 일치하지 않는 특성을 각각 질문하라. 또한 '나쁜 일'을 한 사람이 '나쁜 사람'이 아닐 수 있다는 사실도 탐색해 보아라. 어린 시절 성적 학대를 당한 환자는 학대 도중에 느꼈던 성적 자극에 대해 수치심을 보이곤 한다(예: "내가 성적 반응을 한 것은 내가 동조했다는 의미다."). 이 경우 목표는 우리 몸이 보이는 성적 흥분을 조절하는 것은 사실상 어렵다는 것을 환자가 깨닫도록 하는 것이다. 이때 사용할 수 있는 유용한 전략은 같은 또래의 아이들이 당한 성적 학대를 어떻게 해석할 것인지 생각해 보도록 하는 것이다. 대부분의 생존자는 다른 사람을 비난하기보다는 자신을 비난하는 경향이 있다.

절망과 관련된 더 나아지지 않을 것이라는 생각과 '자존감의 저하'는 특히 우울증이나 기분부전장애를 공존장애로 가지고 있는 환자에게 흔하다. 많은 환자가 처음 치료를 시작할 때에는 고무되지만, 막상 시작하고 나면 많은 요인으로 인해 기분이 가라앉게 된다. 자신이 피해 왔던 것에 직면하기 시작하면서 증상이 증가할

- 나의 불안은 줄어들지 않을 것이다.
- 두려움이 느껴지는 걸 보니 노출은 분명이 위험한 것이다.
- 나는 불안에 대처할 수 없을 것이다.
- 불안이 지속된다면 나는 자제력을 잃고 미쳐 버릴 것이다.
- 내가 어떠한 감정이라도 느끼게 되면 나는 그것에 완전히 압도당할 것이다.
- 나에게 일어났던 일을 생각하면 그 생각에 빠져 꼼짝 못할 것이다.
- 나에게 일어났던 일을 생각하기 시작하면 그 생각을 중단할 수가 없을 것이다.
- 나에게 일어난 일을 생각하는 것은 견딜 수 없는 고통을 줄 것이다.
- 어떤 일이 있었는지 생각하는 것은 고통스러울 뿐 도움이 되지 않을 것이다.
- 회피만이 내가 통제할 수 있는 유일한 방법이다.
- 혼자서 밖에 나가는 일은 위험하다.
- 공공장소도 절대 안전한 곳이 아니다.
- 모든 남자는 위험하다.
- 불안감을 견딜 수 없다.
- 그 일을 생각하면 너무나 수치스럽다.
- 나에게 일어난 일을 생각하자니 너무나 부끄럽다.
- 나에게 일어난 일을 생각하면 너무 화가 나서 폭발할 것만 같다.

[그림 8-2] 노출을 방해하는 사고 예시

- 나는 절대 좋아지지 않을 것이다.
- 외상 후 스트레스장애 증상은 내가 심약하다는 것을 의미한다.
- 내가 정말 원했다면 막을 수도 있었을 것이다. 그러므로 이것은 모두 내 책임이다.
- 나는 모든 것에 잘 대처할 수 있을 것이라고 생각했었는데 완전히 틀렸다. 나는 멍청하다.
- 세상에서 안전한 장소란 없다.
- 다른 사람들은 나에 대해 신경 쓰지 않는다.
- 사람들은 믿을 수 없다.
- 나는 내 자신을 지킬 수 없다.
- 사람들이 주위에 있으면 안전하지 못하다.
- 나는 나 자신을 믿을 수 없다.
- 감정과 사고를 통제할 수 없다는 것은 내가 미쳐 가고 있다는 것을 의미한다.

[그림 8-3] 고통에 기여하는 사고 예시

수도 있다. 이것은 심리교육 시간에 외상 경험에 수반되는 일반적인 반응([부록 5.1] 참조)을 읽은 후에 가끔 일어난다. 어떤 환자는 치료에 대해 비현실적인 기대를 했다가 어떤 반응이 있는지를 배우게 됨에 따라 과연 치료를 완수할 수 있을까 하는 의문을 갖게 된다. 반대로, 계속 치료하기를 원하지만 호전이 매우 느린 환자도 있다. 이때 환자는 '희망이 없다, 더 나아지지 않는다.'라고 비관적으로 생각할 수 있다. 환자의 그러한 생각에 주목하라. 그러한 생각은 우울증으로 이어지거나 자살 성향이 있는 경우 자살로 이어질 수 있기 때문이다. 외상 후 스트레스장애를 치료하면 우울증이 개선되는 경우도 있지만 심각한 우울증은 외상 후 스트레스장애의 치료를 방해할 수 있기 때문에 우울증에 도움이 되는 전략을 추가로 활용하는 것이 좋다(예: 활동 계획하기; 9장 참조). 절망적인 생각은 인지적 재구조화를 통해 변화시킬 수 있다. 예를 들어, 노출 연습 과정이 매우 느렸던 카르멘은 매우 낙심하였다. [그림 8-4]의 내용은 다음의 대화를 진행하면서 작성한 것이다.

> 치료사: 그래서 당신은 숙제를 끝낸 후에 더욱 절망하셨군요? 그때 당신이 무슨 생각을 하고 있었는지 알 수 있을까요?
>
> 카르멘: 진전이 너무 느리다. 나는 절대로 나아지지 않을 것이다.
>
> 치료사: 좋아요, 그걸 쓰세요. 또 다른 것은 없나요?
>
> 카르멘: 더 빨리 좋아져야 한다.
>
> 치료사: 좋아요, 그것도 역시 여기에 적어 주세요. 다른 생각은요? 호전이 느리다는 것이 당신에게 의미하는 것은 무엇인가요?
>
> 카르멘: 제가 허약하다는 것입니다. 어떻게 해야 할지 모르겠어요. 어쩌면 지금 포기하는 것이 나을 수도 있을 것 같습니다. 자살하는 것이 더 쉬울 거예요.
>
> 치료사: 네. 그 생각도 적어 봅시다.

보충 설명 카르멘이 적고 있을 때, 치료사는 첫 번째 사고가 사실이라는 것에 주목했다. 카르멘은 열심히 연습했음에도 불안의 호전 속도가 매우 느렸다(7장 참조).

인지적 재구조화 작업기록지

이름: _____ 카른 멘 날짜: _____ 2006년 2월 4일

1. 상황	2. 정서	3. 자동적 사고	4. 자동적 사고에 도전하기	5. 반응	6. 정서
기술: • 불쾌한 정서로 이어지는 실제 사건, 사고, 또는 • 불쾌한 정서로 이어지는 기억이나 사고	• 당신이 느끼는 정서를 확인하기(예: 슬픔, 불안, 분노, 수치심, 죄책감) • 정서의 강도 평가하기 (0~100)	• 정서에 선행하는 자동적 사고 기록하기 • 근본적인 신념이 정서와 관련되어 있는지 알아보기 위해 "그것이 나에게 의미하는 것은 무엇인가?"라는 질문해 보기 • 도전하기 위한 사고나 신념을 선택하고, 자신이 그것을 얼마나 사실이라고 믿는지 평가하기(0~100%)	• 자동적 사고에 도전하기(예: 사고를 뒷받침하는 증거와 반대증거 나열하기, 대안적 관점을 고려해 보기, 그리고 이 사고를 지속하는 데 따른 결과 검토해 보기) • 자신의 사고방식에 대해 확인해 보기	• 증거나 대안적 관점을 정리해 보고 자동적 사고에 대한 반응 기록하기 • 반어 증거가 사고나 신념을 지지하거나, 자신에 더 많은 정보를 필요로 한다면 계획 세워 보기 • 자신의 입마나 그 반응을 믿고 있는지 평가하기(0~100%)	• 2단계에서 확인한 정서의 강도 평가하기(0~100)
	절망감 SUDS 90 수치심 70	확신(%) 98 노출 과제 실시 호전되어 너무 느리다. (절대 나아지지 않을 것이다. 더 빨리 호전되어야 했다.) 난 너무 심약해서 성공하지 못할 것이다. 차라리 지금 포기하는 것이 낫다ㅡ죽는 것이 더 낫겠다.	확신(%) 지지증거: 나는 예전에 했던 일들을 하지 않는다. 매우 느리게 호전되고 있다. 내 기분이 나아질 땐 않은 일도 일어나지 않았다. 반대증거: 나는 치료에 나오고 있다. 이것은 전에는 시도해 보지 않은 새로운 치료법이다. 나는 숙제를 하고 있다. 노출치료와 함께 불안감이 줄어들고 있다. 다른 사람들도 이 치료 중 이득을 보았다. 다른 사람들과 함께 불안감이 줄어들고 있다. 치료가 시작된 지 얼마 되지 않았다.	확신(%) 100 변화는 느리게 진행되고 있지만 치료는 이제 막 시작되었고 불안감이 줄어들고 있다. 많은 다른 사람들도 이 치료 중 이득을 보았다면 나 또한 그럴 수 있을 것이다.	슬픔/절망감 SUDS 50

[그림 8-4] 가른멘의 인지적 재구조화 작업기록지: 절망감

치료사: 잘하셨습니다. 이제부터 당신에게 고통을 주는 몇 가지 생각을 바로잡아 보도록 합시다. 호전 속도가 느리고 나아지지 않는다는 생각이 들 때 절망감이 느껴지는 것은 당연합니다. 실제로 당신의 호전 속도는 느리지요. 그렇죠?

카르멘: 네, 그런 것 같아요.

치료사: 그것에 대한 우리의 생각을 확인해 봅시다.

카르멘: (작업기록지를 꺼낸다.)

치료사: 자, 여기를 보면 그것에 대해 두 가지 생각을 하고 있다는 것을 알 수 있습니다. 호전되지 않고 있다는 것과 그것이 당신에게 무엇을 의미하는가에 관한 생각, 즉 당신은 나약하다는 생각입니다.

카르멘: 네. 그런 것 같아요.

치료사: 그러면 이제 이 기록지에는 첫 번째 것을 기록하고, 다음 기록지에는 두 번째 것을 기록해 봅시다.

카르멘: 네. (그것에 동그라미를 친다.)

치료사: 그것이 얼마나 사실이라고 믿습니까? 당신의 외상 후 스트레스장애가 절대로 더 이상은 좋아지지 않을 것이라는 생각에 대해서요?

카르멘: 그것은 전적으로 사실인 것 같습니다.

카르멘과 치료사는 지지증거와 반대증거를 모아 나갔다. 두 사람은 다른 추가 전략은 사용하지 않았는데, 그 이유는 시간이 부족했고 지지증거와 반대증거를 모으는 것만으로도 믿을 만한 반응을 이끌어 낼 수 있을 것이라고 생각했기 때문이다.

다음 회기에 두 사람은 '나는 나약하다.'라는 사고에 도전하였다. 이것은 카르멘이 편안하게 도전을 시작한 사고다([그림 8-5] 참조). 두 사람은 진전이 느리다는 것과 자살 생각이 있다는 것을 나약함을 지지하는 증거로, 노출 과정에서 외상에 기꺼이 직면하고 이혼소송을 제기하여 폭력적인 관계를 중단시키려는 용기를 보여 주었다는 것을 반대증거로 확인하였다. 더욱 탐색해 본 결과, 이러한 생각은 새로운 것이 아니라 학대를 받았던 20년 동안 지속적으로 반복되어 온 생각이라는 것도

인지적 재구조화 작업기록지

이름: 카르멘   날짜: 2006년 3월 8일

1. 상황	2. 정서	3. 자동적 사고	4. 자동적 사고에 도전하기	5. 반응	6. 정서
기술: • 불쾌한 정서로 이어지는 실제 사건, 또는 • 불쾌한 정서로 이어지는 기억이나 사고	• 당신이 느끼는 정서 확인하기(예: 슬픔, 불안, 분노, 수치심, 죄책감) • 정서의 강도 평가하기(0~100)	• 정서에 선행하는 자동적 사고 기록하기 • 근본적인 신념을 알아보기 위해 "그것이 의미하는 것은 무엇인가?"라는 질문에 답해 보기 • 도전하기 위한 사고나 신념을 선택하고, 자신이 그것을 얼마나 사실이라고 믿는지 평가하기(0~100%).	• 자동적 사고에 도전하기(예: 사고를 뒷받침하는 증거와 반대로 나열하기, 대안적 관점을 고려해 보기, 그리고 이 사고를 지속하는 데 따른 결과 검토해 보기) • 자신의 사고방식에 대해 확인해 보기	• 증거나 대안적 관점을 정리해 보고 자동적 사고에 대한 반응 기록하기 • 만약 증거가 사고나 신념을 지지하거나, 자신에 더 많은 정보를 필요로 한다면 체화 세워 보기 • 자신이 얼마나 그 반응을 믿고 있는지 평가하기(0~100%)	• 2단계에서 확인한 정서의 강도 평가하기(0~100)

2. 정서

	SUDS
절망감	100
수치심	100

누출 과제 실시
나는 실수한다.

확신(%)

지지증거:
나는 자살 생각을 가지고 있다.
나는 성공하지 못할 것이다.

반대증거:
나는 열심히 노력하고 있고 모든 숙제를 하고 있다.
나는 매우 어려운 것을 하고 있다. 이것을 하려면 두려움에 직면할 용기가 필요하다.
나는 이번에 용기를 보여 주었다.

대안적 설명:
오랫동안 지속된 우울 ─나는 매우 많은 다양한 기억을 가지고 있고, 그것은 나의 생각과 감정에 침투적인 영향을 미쳤다. 우울이 있었던 집에서 살아서 붙이이 감소하는 것 같이 느꼈다.

결과:
내 스스로 내가 실수한다고 말할 때 모든 것이 절망적으로 보였다.

비록 호전 속도가 느리지만, 나는 어려운 것을 하면서 용기를 얻었고. 치료 중에 너무 두려움에 직면하고 있다. 치료의 진전이 느린 것은 오랫동안 학대를 받아 왔던 것과 관련될 수 있다. 그리고 나는 학대를 당하고 그 집에서 살고 있다. 두려움에 직면하는 것은 내게 용기를 주고 싶어한다는 생각을 하면 기운이 빠진다.

확신(%) 100

6. 정서

	SUDS
슬픔/절망감	40
수치심	40

[그림 8-5] 카르멘의 인지적 재구조화 작업기록지: 수치심

알 수 있었다. 더구나 이러한 생각은 그녀가 폭력 상황에 오랫동안 머물도록 하는 원인이 되었을 수 있다. 따라서 치료사는 사고의 결과를 검토해 보는 것이 도움이 될 것이라고 생각하였다. 치료사의 궁극적인 반응은 카르멘의 용기를 강조하고 그녀의 약하다는 생각에 반대되는 결과를 강조하는 것이었다.

외상 후 스트레스장애 환자는 또한 신뢰('더 이상 아무도 믿을 수 없다.')나 안전('다시는 안전해질 수 없다.' '외출하면 안전하지 못하다.' '세상은 위험하다.')과 관련된 사고도 흔히 가지고 있다. 이러한 사고의 대부분은 지지증거와 반대증거에 초점을 맞추어 도전할 수 있다. 환자에게 치료사를 포함하여 완전히 믿을 수 있는 사람이 누구인지 확인할 수 있도록 질문해 보고 신뢰란 '흑백논리'(신뢰에는 확실하지 않은 부분도 있다)가 아님을 깨닫도록 도와주는 것이 효과가 있다.

안전은 연속선상에 위치하는 문제다. 비록 사고 방식(Beck et al., 1979; Beck, 1995; Burns, 1980; [부록 8.6] 참조)에 대해 환자에게 지속적으로 가르치지는 못하더라도, 사고 방식을 가르치는 것은(예: 흑백논리적 사고) 안전 사고에 매우 도움이 된다. 안전 사고는 환자가 의미 있는 활동에 참여하는 능력을 제한하는데 이에 따른 구체적인 결과를 환자와 함께 탐색하는 것이 도움이 된다. 또한 다양한 상황의 상대적 안전성도 고려해야 한다. 어떤 상황도 100% 안전하지는 않다. 환자는 삶을 살아가면서 어느 정도 위험은 감수해야 한다는 것을 배워야 한다. 상황의 상대적 안전성을 지지하는 증거와 반대되는 증거를 탐색하면 환자가 균형 잡힌 관점을 가지는 데 도움이 된다. 현실적인 안전 상황과 관련되어 있는 안전 사고는 실제노출과 행동실험을 통해 바꿀 수 있다. 어떤 환자는 상황의 위험 정도에 대하여 객관적인 판단을 하지 못할 수 있다. 왜냐하면 관련된 상황의 위험에 대해 부적절하게 걱정하기 때문이다(예: 질은 치와와를 피하기 위해 어두운 골목으로 뛰어갈 것이다.). 이 경우 다른 사람들은 이러한 상황의 안전 정도를 어떻게 보는지 검토하거나 행동실험을 수행하는 것이 도움이 될 수 있다.

마지막으로, 많은 외상 후 스트레스장애 환자는 통제와 관련된 사고를 보인다(예: '나의 증상은 내가 통제할 수 없다는 것을 의미해요.' '내 감정을 통제할 수 없다는 것은 내가 나약하다는 뜻이지요.'). '통제할 수 없다' '나약하다'라는 사고의 의미를 더욱 자세히 정의해 보면, 환자 자신이 경험하는 정서가 나약한 것이 아닌 용기를 반영한다는 것을 깨달을 수도 있다. 또한 원치 않는 사고와 감정을 통제하려고 노력하면 할수록 이러한 사고와 감정이 더욱더 침투하여 통제감을 느끼지 못하도록 하는 역설적 효과가 나온다. 따라서 정서를 통제하려는 노력을 줄이는 것이 더 큰 통제감을 유발한다는 것을 깨닫게 하는 것이 중요하다. 통제와 관련된 사고에 도전하는 것은 치료에 결정적인 요소가 될 수 있다.

인지적 재구조화: 잠재적인 문제

인지적 재구조화로 외상 후 스트레스장애를 치료할 때 생길 수 있는 몇 가지 어려움이 있다.

인지적 재구조화: 잠재적인 비정당화 기법

정당화는 환자의 반응에서 지혜를 발견하는 것과 관련된다(Linehan, 1993). 외상 후 스트레스장애 치료에서 정당화가 중요하다는 것을 인식하고 있다면 어떤 환자에게는 인지적 재구조화가 비정당화 기법이 될 수 있음도 알아야 한다. 그 이유는 인지적 재구조화는 내재적으로 환자의 사고가 어느 정도는 잘못되었거나 틀렸음을 암시하기 때문이다. 치료사는 이에 대해 말하고 싶어 하지 않을 수 있는데, 이는 외상 후 스트레스장애 환자를 위해 좋은 것은 아니다. 외상 후 스트레스장애 환자는 흔히 인정받지 못한 과거력을 가지고 있다. 따라서 치료사가 자신의 관점을 인정하지 않는다고 믿으면 많은 경우 인지적 재구조화를 실시하는 것에 고통을 느끼고 거부할 것이다.

예를 들어, 인지적 재구조화에 대한 설명을 들은 후 카야는 상당히 화를 냈다. 카야는 인지적 재구조화를 한다는 것은 자신의 생각이 잘못되었고, 만약 다른 식으로 생각한다면 자신이 좋아질 것이라는 뜻이냐고 물었다. 치료사는 '잘못되었다' '더 나아질 것이다'와 같은 단어는 사용하지 않으면서 그녀의 사고가 도움이 되거나 잘 기능할 수 있게 하는 것에 초점을 맞추었다. 그러자 카야는 "당신은 여전히 내 생각이 잘못되었다고 생각하는군요."라고 말하며 매우 고통스러워하였다. 카야는 이미 다른 치료사와 인지행동치료를 하면서 포기한 경험이 있었다. 따라서 치료사는 전략을 바꾸었다. 인지적 재구조화가 반드시 본인의 생각이 '잘못되었음'을 말하는 것은 아니라는 점을 납득시키는 대신에 카야의 해석을 지지하는 증거를 찾기 위해 노력하였다. 치료사는 카야가 인지적 재구조화를 그렇게 해석하고 이해하는 이유를 확인하려고 하였다. 치료사는 카야의 반응이 의미가 있고 인지적 재구조화가 완벽한 기술이 아니라는 것을 지적하면서 카야의 생각을 인정하였다. 카야가 진정되자 치료사는 자신의 생각이 항상 도움이 된다고 믿는지 물어 보았다. 카야는 "절대 아니죠. 만약 내가 다르게 생각할 수 있다면, 더 좋아질 거예요."라고 대답했다. 카야의 이러한 반응은 외상 후 스트레스장애 환자에게서 일반적인 것이다. 환자의 관점을 인정해 주고 나면, 인지적 재구조화에 대한 논리적 근거를 환자 스스로 찾아내게 되어 치료를 계속 진행하게 되는 경우가 많다.

인지적 재구조화 중의 비정당화

자기-비정당화를 보이는 외상 후 스트레스장애 환자는 인지적 재구조화 중에 자신의 경험과 정서 그리고 사고를 의연 중에 거부할 것이다. 우리는 이 문제를 우울증 전문가인 우리의 동료가 제시한 사례를 통해 깨닫게 되었는데, 그의 환자는 자신의 생각에 반대되는 증거를 쉽게 찾아내었다. 그런 다음 자신이 처음에 갖고 있던 생각이 어리석었다는 단순한 반대증거에 주목하면서 매우 괴로워하였다. 동료 치료사는 말하기를 "우울증 환자는 반대증거를 찾기 어려워하거나 그것을 믿지 않는다."고 하였다. 많은 외상 후 스트레스장애 환자를 관찰해 보면, 특히 유년기 학대에서 살아남은 사람들은 인지적 재구조화가 진행되는 동안 어느 시점에서는 자신의 생각이 '어리석은 것이었다.'고 말한다. 인지적 재구조화 동안 원래 갖고 있던 생각을 환자가 수용하지 못하는 것을 줄이는 세 가지 전략이 있다. 첫째, 환자가 자신의 생각에 대한 확고한 증거를 모을 수 있도록 도와주는 것이다. 지지증거를 모으는 것은 매우 중요한데, 이는 환자가 자신의 신념을 유지하는 이유를 인정해 주기 때문이다. 환자가 자신의 사고를 인정할 수 있도록 정당화하는 것은 당면한 과제 수행을 어렵게 할 수 있는 환자의 비정당화와 그와 관련된 부정적 정서를 피할 수 있는 전략이다.

그동안 치료해 온 공황장애, 우울장애 그리고 섭식장애 환자와는 달리 외상 후 스트레스장애 환자는 자신의 생각을 지지하는 증거를 찾는 데 많은 어려움을 갖는다. 증거를 확인할 수 있도록 가르쳐도 증거를 찾는 데 실패하거나 피상적인 수준의 증거만을 찾는 환자도 많다. 하지만 그대로 지나쳐서는 안 된다. 근친상간을 경험한 30세의 아드리엔은 노출치료를 하는 동안 빠르게 습관화되었지만, 여전히 자존감이 낮고 수치심과 신경이 예민함을 보고하였다. 치료사는 그녀의 낮은 자존감과 수치심에 영향을 주는 요인을 확인할 수 있도록 용기를 주었다. 아드리엔은 "항상 그렇지요. 나는 뚱뚱하고 못생겼잖아요."라고 말하였다. 그리고 이어서 '나는 무가치하다.'는 기저의 신념도 확인할 수 있었다. '나는 무가치하다.'는 신념에 도전하면서([그림 8-6] 참조) 아드리엔은 100% 확실하다는 자신의 주장을 뒷받침할 수 있는 어떠한 증거도 찾을 수 없었다.

치료사: 음, 당신은 틀림없이 이 신념에 대한 몇 가지 증거를 가지고 있을 거예요. 왜냐하면 당신은 그 신념을 100%라고 믿고 있기 때문입니다.

아드리엔: 알아요. 정말 바보 같은 짓이죠. 나는 진짜 바보 같아요. 바로 이 점이 제가 바보 같다는 걸 증명해요.

치료사: 당신이 그렇게 강하게 믿는다면, 그것을 믿을 만한 이유가 있을 것 같습니다. 그저 그렇게 믿는 것이 좋아서는 아니겠지요. 당신의 자존감이 몸무게

인지적 재구조화 작업기록지

이름: 아드리엔　　　　　　　날짜: 2006년 3월 1일

1. 상황	3. 자동적 사고	4. 자동적 사고에 도전하기	5. 반응
기술: • 불쾌한 정서로 이어지는 실제 사건, 모든 • 불쾌한 정서로 이어지는 기억이나 사고	• 정서에 선행하는 자동적 사고 기록하기 • 근본적인 신념이 정서와 관련되어 있는지 알아보기 위해 "그것이 나에게 의미하는 것은 무엇인가?"라는 질문해 보기 • 도전하기 위한 사고나 신념을 선택하고, 자신이 그것을 얼마나 사실이라고 믿는지 평가하기(0~100%)	• 자동적 사고에 도전하기(예: 사고를 뒷받침하는 증거와 반대증거 나열하기, 대안적 관점을 고려해 보기, 그리고 이 사고를 지속하는 데 따른 결과 검토해 보기) • 자신의 사고방식에 대해 확인해 보기	• 증거나 대안적 관점을 정리해 보고 자동적 사고에 대한 반응 기록하기 • 만약 증거가 사고나 신념을 지지하거나, 자신이 더 많은 정보를 필요로 한다면 계획 세워 보기 • 자신이 얼마나 그 반응을 믿고 있는지 평가하기(0~100%)
	확신(%) 100		확신(%) 20 90
	울타리의 작은 공간을 통해 들어갈 수 없었다. 나는 너무 커서 울타리의 작은 공간을 통해 들어갈 수 없었다. (이것은 사실이다!) 나는 뚱뚱하고 못생겼다. 나는 무가치하다.	뒷받침하는 증거: 나는 비만이고, 아버지와 친구들 그리고 사회에서의 비만은 비만으로 나를 그린 것이고, 비만인 사람은 비만이라는 사실을 또 땅땅받는다. 아버지는 내가 쓸모없다고 하였다. 나도 무가치하다. 대답되는 증거: 남편은 나를 사랑한다. 나를 지지하는 훌륭한 친구들이 있다. 나는 내가 하는 일에서 뛰어나다. 나는 모든 사람이 가치가 있다고 믿는다. 결과: 나는 쓸모없다고 생각할때 절망감을 느꼈다.	비록 내 스스로 가치 없다고 느끼고 아버지도 나를 쓸모없다고 했지만, 나는 사랑받고 있는 의미 있는 사람이다. 많아 세상 모든 사람이 가치가 있다면 나 또한 그렇다. 나 스스로를 다른 사람과 관련해서 보면 절망감을 느끼길 이유가 없다.

2. 정서	6. 정서
• 당신이 느끼는 정서 확인하기(예: 슬픔, 불안, 분노, 수치심, 죄책감) • 정서의 강도 평가하기 (0~100)	• 2단계에서 확인한 정서의 강도 평가하기(0~100)

2. 정서	SUDS		6. 정서	SUDS
절망감	100		슬픔/절망감	0
수치심	100		수치심	0

[그림 8-6] 아드리엔의 인지적 재구조화 작업기록지: 무가치함

와 몸매와 얼마나 관계가 있는지 물었을 때 당신은 90%라고 대답했어요. 그런데 궁금한 것은 비만이라는 사실이 당신이 '가치가 없다'는 증거가 되나요?

아드리엔: 네. 맞아요. 그것이 가장 중요한 이유입니다.

치료사: 좋아요. 그렇다면 비만이 당신을 무가치하게 만든다고 믿는 이유는 무엇인가요? 어디에서 그런 것을 배웠나요?

아드리엔: 잘 모르겠어요. 학교에서 아이들은 저를 놀렸고, 아버지도 저를 가치 없는 뚱뚱한 돼지라고 부르곤 했어요. 또 나를 성폭행할 때도 그렇게 불렀고요.

치료사: 거기서 시작해 봅시다. 당신은 그것의 연결 관계를 아버지와 학교의 아이들에게서 배웠습니다. 실제로 우리의 문화에서는 비만을 어떻게 말하나요?

아드리엔: 나쁜 것이라고 합니다.

치료사: 사회로부터 학습하기도 했군요. 그러한 생각을 내려놓아 봅시다.

아드리엔: 제가 뚱뚱하다는 것을요?

치료사: 비만이 그 사람이 가치가 없다는 것을 의미하지는 않습니다. 더구나 비만인 사람 모두 자신이 무가치하다고 느끼지는 않습니다. 하지만 당신은 이를 자신과 연결시켜서 배운 경험이 있습니다. 그리고 그 경험은 분명히 있었던 사실입니다. 적어 봅시다. '나는 비만이고, 나의 아버지와 친구들 그리고 심지어 사회에서도 비만은 나쁘다고 가르친다. 비만인 사람은 비만이라는 사실로만 평가받는다.' 아버지가 당신에게 실제로 가치 없다고 말했지요. 그럼 그렇게 말한 사람이 또 누가 있었나요?

아드리엔: 실제로 그렇게 말한 사람은 없었던 것 같아요. 하지만 그렇게 말하는 사람이 있다는 것을 알고 있어요. (한숨을 쉰다.) 아버지는 그것이 나를 성폭행한 이유라고 말했어요. 아버지는 나를 뚱뚱한 돼지, 가치 없는 사람이라고 불렀어요. 그것이 나와 성관계를 갖는 이유라고 말하면서요. 아버지는 내가 가치가 없었기 때문에 유용한 것을 찾아야 했어요. 그렇게 가치 없는 나를 먹여 살려야 했기 때문에 나에게서 목적을 찾은 것이지요.

보충
설명 몸무게는 우리 사회에서 중요한 가치 판단 요인이다. 몸무게가 자신에 대한 신념과 연결되는 것을 어떻게 학습해 왔는지 확인할 수는 없지만, 치료사는 그녀의 과거력과 문화적 환경 속에서 그러한 신념을 갖게 된 몇 가지 근거를 확인할 수 있었다. 탐색하는 동안, 아드리엔은 그녀의 무가치함에 대한 신념을 지지하는 성폭력 과거력에서 다른 증거를 찾아낼 수 있었다.

둘째, 반대증거에 너무 많은 초점을 맞추어 부정적 정서가 상승하는 것은 아닌지 살펴보아야 한다. 예를 들어, 마크는 다시는 안전해질 수 없다는 신념을 지지하는 몇 가지 증거를 찾았고, 뒤이어 이에 반대되는 증거를 찾았다. 그러면서 그는 점점 더 화가 나기 시작했다. 치료사가 그의 생각을 묻자, 그는 "이것이 바로 내가 미쳤음을 증명하는 것이에요. 그런 터무니없는 것을 생각하고 있으니 나는 완전히 희망이 없어요."라고 대답했다. 치료사는 마크가 스스로 수용하기 어려워하는 비정당화 반응을 정당화해 주었다. "음, 우리가 찾아낸 모든 반대증거를 살펴보면, 나는 당신이 왜 그렇게 느끼는지 알 수 있을 것 같아요." 그러고 나서 치료사는 마크와 함께 지지증거를 논의하고 추가적인 지지증거를 찾아 나갔다. 그 후, 마크는 "내가 그렇게 행동하겠다고 생각한 데에는 분명한 이유가 있었던 것 같습니다."라고 말하였다.

끝으로, 자기-비정당화를 학습하고 명명하는 것이 도움이 된다(Linehan, 1993a). 특히 치료사는 환자에게 다음을 가르칠 수 있다. (1) 비정당화는 대부분의 사람을 괴롭히고, (2) 자기-비정당화는 특히 고통스러우며, (3) 환자는 자기-비정당화를 쉽게 한다. 환자가 자기-비정당화의 개념을 이해하면 이것을 지름길로 이용할 수 있다. 예를 들어, 커스턴은 쉽게 자기-비정당화를 하는 경향이 있었다. 그녀가 자신을 인정하지 않는 비정당화를 시작하면, 치료사는 "당신은 지금 이 순간 무엇을 하고 있나요?"라고 단순히 물어보았다. 커스턴은 잠시 생각을 한 뒤 짧게 미소지으며, "나는 다시 하고 있어요. 나를 비정당화하고 있어요."라고 답했다.

그러고 나면 그녀의 부정적 정서는 즉시 감소했고, 인지적 재구조화에 다시 초점을 맞출 수 있었다.

환자의 사고가 진실을 나타내는 것이라면 어떻게 할 것인가

만약 환자가 사실fact을 사고thought로 분명히 표현한다면 그 사실의 의미를 탐색해 보라. 또한 적절한 도전 목표를 찾아내기 위해 기저에 놓인 신념을 탐색할 필요가 있다. 예를 들어, 아드리엔이 자신의 자존감 저하와 수치심과 관련해 표현한 '사고'는 '자신이 너무 커서 울타리 사이로 들어갈 수 없다.'는 것이었다. 치료사는 이 것이 사실임을 인정했고(아드리엔은 말 그대로 공간을 통해 빠져나갈 수 없을 만큼 뚱뚱했다.), 이러한 사고를 다루는 것이 아드리엔의 정서를 바꿀 수 있을 것 같지 않았다. 따라서 치료사는 아드리엔에게 "그것이 당신에게는 무엇을 의미하나요?"라고 물어보았다. 아드리엔은 "내가 뚱뚱하고 못생겼다는 것이지요. 나는 이 말을 하루에 100번씩 나에게 해요."라고 답하였다. 치료사는 그러한 사고는 판단에 해당하며 그녀의 정신적 고통과 관련이 있을 것이라고 하였다.

실제로 '뚱뚱함'과 '비만' 사이의 경계를 다루기는 어렵다. 아드리엔은 심각한 비만은 아니었지만, 꽤 뚱뚱했고 몸매가 좋지 않았다. 더구나 치료사는 그 사고에 도전하는 것이 어렵다고 판단했다. 치료사는 아드리엔이 그 사고에 도전한 결과가 어떨지를 상상해 보았고, '비록 나는 비만이고 그 공간에 맞지 않지만, 그것은 내가 뚱뚱하고 못생겼다는 것을 의미하지는 않는다.'는 것일 수 있다고 예상했다. 치료사는 그러한 반응이 매우 믿을 만하거나 아드리엔의 수치심과 슬픔을 줄여 줄 것이라고 생각하지 않았다. 치료사는 만약 성공적으로 도전하려면, '나는 뚱뚱하고 못생겼다.'는 사고 기저에 있는 더 깊은 신념을 다뤄야 할 것이고 이것이 수치심과 슬픔을 줄여 줄 것이라는 가정을 세웠다. 치료사는 또한 기저에 있는 신념이 더 포괄적이고 도전하기 쉬울 것이라고 보았다.

치료사: 아드리엔, 여기서 우리는 모험을 하려고 합니다. 자신이 '뚱뚱하고 못생겼
다'고 생각하는 사람은 그 생각의 결과 자신이 가치 없다고 느낀다고 말했
습니다. 당신도 그런가요?

아드리엔: (울음을 터뜨린다.) 분명히. 매 순간 항상 그래요. 내가 무가치하다는 것을 알
고 있어요. 그리고 당신도 알고 있듯이, 나는 살을 빼서 45kg 정도 나가야
한다고 생각해요.

치료사는 '뚱뚱하고 못생겼다'는 피상적인 신념이 아니라, 기저에 폭넓게 깔려
있는 신념에 도전하였다. 치료사는 또한 뚱뚱하고 못생긴 것과 자존감을 연결하여
동시에 설명하는 것이 효과적일 것이라고 보았다. 즉, 아드리엔이 비만이면서도 매
력적일 수 있다는 것을 깨닫는다면 크게 도움이 될 것이다. 비록 아드리엔의 생각
이 외상 후 스트레스장애의 주제에서 벗어난 것처럼 보일 수 있지만, 다양한 생각
이 정신적 고통의 원인이 되는 경우가 흔하다. 이는 특히 아동학대의 과거력을 가
진 환자에게 적용된다. 수치심과 슬픔과 같은 정서를 충분히 해결하기 위해서는 이
러한 생각을 충분히 언급할 필요가 있다. 또한 아드리엔의 경우처럼 이러한 생각은
자주 환자의 외상적 과거력에 기초를 두고 있다.

환자가 반응을 믿지 못한다면 어떻게 하는가

어떤 환자는 사실과 연결되어 얻어진 반응에 대해 믿음을 갖지 못한다. 이런 일
이 일어나면 치료사는 어떤 부분이 믿을 수 없는 것인지 알아보기 위해 반응을 분
석해 보아야 한다. 이것은 구성 사실 모두가 진실이며, 반응에서 더욱 강한 신념이
생길 수 있다는 사실을 환자를 위해 단순히 반복하는 것이다. 다른 경우, 반응의 연

결고리가 약한 곳을 찾아내는데 이곳은 믿을 만한 반응을 하도록 바꿀 수 있는 부분이 된다. 종종 미묘한 반응의 변화가 큰 변화를 가져올 수 있다. 아드리엔의 '나는 무가치하다.'라는 신념에 도전한 결과 다양한 지지증거와 반대증거가 확인되었다. 치료사는 또한 아드리엔에게 '가치 있는' 인간을 정의하도록 요청했다. 이 전략은 내부의 고유한 판단을 포함하고 있는 신념에 도전할 때 도움이 된다. '가치 있는' 인간이라는 질문을 했을 때, 대부분의 환자는 둘 중 하나의 대답을 한다. 하나는 모든 사람은 가치 있다는 답이고, 다른 하나는 살인범, 강간범, 아동 성추행범과 같이 타인을 괴롭히는 사람을 제외한 모든 사람이 가치 있다는 답이다. 아드리엔은 첫 번째 정의에 동의했고, 그녀의 치료사는 부드럽게 그 모순을 지적하였다.

> 치료사: 그러면 당신은 세상에서 가치가 없는 유일한 사람이군요?
>
> 아드리엔: (슬프게) 그렇게 느껴져요!

이어서 반응에 대한 인지적 재구조화를 시도하였고, 아드리엔은 '비록 나는 항상 무가치하다고 느꼈고 아버지는 나를 가치 없다고 했지만, 사실 나는 사랑받고 있고 특별한 사람이다.'라고 썼다.

> 치료사: 다른 모든 사람과 비교하여 당신의 가치에 관해 우리가 토의한 것을 다루어 보는 것이 도움이 될 것 같습니다. '세상의 모든 사람이 가치가 있다면, 나 또한 가치가 있다.'는 어떨까요. (아드리엔이 이것을 받아 적는다.) 좋아요, 그것을 큰 소리로 읽어 봅시다. (아드리엔이 그것을 읽는다.) 이것이 얼마나 사실이라고 생각하시나요?
>
> 아드리엔: 약 20%.
>
> 치료사: 좋아요, 이것은 당신에게는 잘 맞지 않는 것 같습니다. 그것을 좀 더 꼼꼼히 살펴봅시다. 첫 번째 부분은 "나는 항상 가치가 없다고 느낀다."인데, 이것은 얼마나 믿으십니까?

아드리엔: 그것은 진짜 사실이죠. 100%!

치료사: 다음 부분은 "아버지는 나를 가치가 없다고 하였다."입니다. 이것은 어느 정도 믿나요?

아드리엔: 그것 또한 사실입니다. 100%.

치료사: 다음은 "사실 나는 사랑받고 있고 나는 특별한 사람이다."입니다. 당신은 이것을 어느 정도 믿나요?

아드리엔: 확실히 100%입니다.

치료사: 좋아요, 그러면 마지막 부분은 당신에게 실제 효과적으로 영향을 주지는 못하고 있군요. "만약 모든 사람은 똑같이 가치가 있고 나 또한 그렇다." 이것이 당신에게 효과가 있도록 만들기 위해 약간 수정할 수 있는지 봅시다. 당신은 다른 사람들에 대해 생각하는 것과 같이 자신에 대해 생각하는 것이 힘든 것 같습니다. 지금까지의 이야기를 들어보면 자신이 유일하게 가치가 없는 사람이라고 생각하여 극심한 절망감을 느끼는 것 같습니다. 자신을 다른 사람처럼 생각해 보면 어떨까요?

아드리엔: 글쎄요, 덜 절망적일 것 같습니다.

치료사: '내가 다른 사람을 생각하는 것처럼 나 자신을 생각하면, 나는 절망감을 덜 느낄 것이다.'라고 써 볼 수 있을까요?

아드리엔: 네. (그것을 받아 적는다.)

치료사: 이제 그것을 다시 읽어 봅시다. (아드리엔이 그것을 읽는다.) 당신은 그것을 얼마나 믿습니까?

아드리엔: 약 90%.

치료사: 좋아요. 그런 방법으로 생각해 보면 절망감과 수치심은 어느 정도인가요?

아드리엔: 음. 절망감은 40%이고 수치심 역시 40%입니다.

회기 동안 변화된 인지적 재구조화를 유지하지 못한다면 어떻게 하는가

어떤 환자는 한 회기 만에 성공적으로 사고에 도전을 끝낸 것처럼 보이지만 곧 다시 원상태로 돌아간다. 환자의 변화된 생각을 지속적으로 유지시키기 위해서는 두 가지가 필요하다. 첫째, 이번 회기에서 무엇을 했는지 환자에게 회상시켜 주는 것이다. 둘째, 만약 똑같은 사고가 다시 촉발된다면 그 사고에 재도전하는 것이다.

인지적 변화를 유지하는 것은 다른 많은 장애들보다 외상 후 스트레스장애를 치료할 때 더욱 큰 도전이 될 수 있다. 그 이유는 심리교육에서 논의했던 것과 같은 것으로, 각성이 높은 환자는 정보에 집중하고 유지하는 것이 어렵기 때문이다. 또한 해리 경향이 있는 환자는 외상을 다루는 것이 간헐적인 해리를 유발할 수 있어서 어려움을 겪을 것이다. 심리교육과 함께 작업기록지와 부록에 더해 인지적 재구조화 회기를 녹음한 테이프를 듣도록 하는 것이 이러한 환자에게는 매우 효과적이다. 각성이 높았던 한 환자는 가장 최근에 녹음한 테이프를 회기 사이에 반복하여 듣는 것을 좋아했다. 그녀는 테이프를 듣는 것은 "이해하고 배운 것을 내면화하는 데 도움이 되었습니다."라고 말했다.

이러한 어려움이 없는 환자는 회기 내의 변화를 자신의 일상생활에 적용시키기 위해 노력할 것이다. 아드리엔은 '나는 뚱뚱하고 못생겼다.'는 사고와 '나는 가치가 없다.'는 기저의 신념이 그녀의 마음속에 매우 빈번히 들어와서 '항상' 그렇게 생각하는 것처럼 느꼈다. 따라서 한 회기에 한 번만 이 사고에 도전하는 것으로는 일상생활에서의 변화를 이끌어 내지 못할 것이다. 이런 환자들에게는 다르게 생각하기를 학습하기 위해 노력하는 그들의 도전을 인정해 주고, 어떤 사고들은 너무 습관적이어서 변화를 위해서는 많은 연습이 필요하다는 사실을 알려 주어야 한다.

아드리엔: 지금은 이렇게 생각하는 것이 옳다고 믿지만 집으로 돌아가서 거울을 보면 예전의 방법으로 다시 생각하게 될 거예요. 배운 생각을 어떻게 잊지 않고

기억할 수 있을까요?

치료사: 당신은 30년 동안 매일 수백 번씩 그런 생각을 해 왔습니다. 무엇이 당신이 그런 방식으로 생각하도록 했는지는 알 수 없지만, 오랫동안 습관적으로 해 온 생각인 것만은 분명합니다. 오랜 시간 익숙하게 해 왔던 습관이 하루 만에 바뀌지는 않습니다. 하지만 당신은 이제 그 사고에 도전하는 방법을 배웠기 때문에, 그것을 알아차리는 연습과 오늘 학습한 대안적 생각을 반복해서 연습할 수 있습니다.

> **보충 설명** 도전 과정 전체를 연습하는 것이 중요하겠지만, 사고가 빈번하고 습관적으로 나타나는 경우에는 단지 그 반응만 반복하도록 하는 것이 최대한 빠른 효과를 가져온다. 또한 환자는 기록지에 쓰여진 것을 보고 반응을 실행할 수도 있다.

결론

인지적 재구조화는 노출치료에 반응적이지 않은 부정적 정서를 줄이는 데 효과적이다. 또한 인지적 재구조화는 노출치료의 실행에 방해가 되는 환자의 사고에 도전하기 위해 사용된다. 또한 노출치료가 적합하지 않은 환자를 위한 대안적인 치료법으로 사용될 수 있다. 하지만 외상 후 스트레스장애 환자에게는 인지적 재구조화의 치료 항로를 이탈할 수 있는 다양한 위험이 존재한다. 우리는 이 장에서 이러한 이슈들을 검토하고 문제를 다룰 수 있는 방법을 제시하였다. 외상 후 스트레스장애 환자에게 인지적 재구조화를 실시하는 것에 익숙해지면 치료사들은 자신만의 치료 전략을 개발해야 할 것이다.

부록 8.1 인지적 재구조화란?*

　인지적 재구조화는 정서를 더 잘 통제할 수 있도록 하는 것입니다. 인지적 재구조화의 기본 전제는 일상에서 일어나는 일에 대해 생각하는 방법을 배움으로써 정서적 반응의 강도를 조절할 수 있다는 것입니다. 처음에는, 자신의 사고방식이 정신적 고통에 기여한 다는 사실을 인정하는 것이 불편하게 느껴질 수 있습니다. 그러나 당신이 현재 생각하는 방식은 외상적 경험에 의해 영향을 받았다는 사실을 기억하십시오.

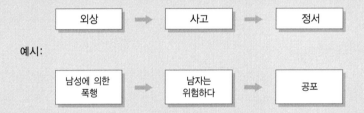

　이를 통해 당신은 외상의 영향으로부터 자유로워지기 위해서는 자신의 사고가 공포나 다른 부정적 정서에 의해 지배당하도록 두는 것보다 사고를 통제하는 것이 낫다는 것을 알게 될 것입니다.

　정서적 반응은 일반적으로 사고와 연결되어 있습니다. 외상 생존자는 흔히 현재의 상황에 대해서도 강한 정서적 반응을 합니다. 이러한 강한 정서적 반응은 외상 사건의 일반적인 영향이라고 할 수 있습니다. 예를 들어, 과거의 외상 경험 때문에 어떤 상황에서 갑자기 매우 강하게 겁이 나고 슬프고 죄책감을 느끼거나 화가 나는 것은 흔히 그 이유를 알 수 없습니다. 아마도 그럴 때면 정서를 통제할 수 없다고 느낄 것입니다. 비록 그 사건

---

* Claudia Zayfert and Carolyn Black Becker(2007). 저작권은 The Guilford Press에 있음. 이 부록의 복사는 이 책을 구입한 사람에 한해 개인적인 목적으로 사용할 경우에만 허용함(자세한 내용은 저작권 페이지 참조).

이 중요한 방법으로 우리에게 영향을 미치는 것은 사실이지만, 사건과 관련된 생각을 통제함으로써 그 사건에 대한 정서적 반응을 더 잘 통제하는 방법을 배울 수 있다는 것 또한 사실입니다.

어떻게 생각하는가에 따라 느끼고 행동하는 것이 영향을 받습니다. 우리는 삶의 거의 매 순간마다 자기 말을 합니다. 이것은 자신과 대화하는 것과 같습니다. 이런 내적 자기대화는 자신이 세상을 해석하고 이해하는 방법입니다. 내적 대화는 자신이 느끼고 행동하는 방식에 영향을 미칠 수 있습니다. 만약 내적 대화가 현실적이지 못하거나 도움이 되지 않는 것이라면 우리는 정서에 압도당할 것입니다.

외상 경험은 자기 자신과 세상에 대한 생각에 영향을 미칩니다. 외상 경험은 우리에게 세상은 위험한 장소라고 설득시킬 것입니다. 외상 관련 공포와 불안은 우리가 생각하는 방식을 만들어 나갈 것입니다. 그 결과 우리는 당연하게도 많은 상황이 실제보다 더 위험하다고 생각하게 됩니다. 아래에 설명한 '안전-위험 연속체'와 같이, 상어가 우글거리는 바다에서 살아남은 사람은 욕조도 무섭다고 느끼지만 현실적으로 보면 욕조는 안

안전-위험 연속체

현실적으로 욕조는 안전한 곳이지만, 상어가 우글거리는 바다에서 살아남은 사람에게는 매우 무섭게 느껴질 수 있습니다.

지나치다 싶을 정도로 위험을 예상하는 것('나중에 후회하는 것보다 조심하는 것이 낫다.')은 자연스러운 반응입니다. 하지만 이런 '허위경보'는 우리가 현실적으로 안전한 많은 상황을 피하도록 만듭니다. 이처럼 지나치게 회피를 지속하게 되면 안전에서 얻는 작은 이득의 가치도 상쇄될 것입니다.

전한 것입니다. 상어의 공격에서 살아남은 생존자는 욕조를 피함으로써 잠시 동안의 불안은 덜 수 있겠지만 그러한 행동은 생존자를 현실적으로 조금도 안전하게 만들지 못합니다.

또한 외상 경험은 다른 방법으로 우리의 생각에 영향을 미칩니다. 예를 들어, 우리가 통제할 수 없다고 생각하게 하거나 스스로 가치 없거나 스트레스에 대처할 수 없다고 생각하게 만듭니다. 세상이 위험하고 대처할 수 없다는 신념은 경험에 의해 만들어지고, 외상으로부터 살아남도록 돕습니다. 하지만 일상생활에서 마주치는 모든 상황에 이 신념이 사실로 적용되는 것은 아닙니다.

일반적으로 우리는 자기 말을 잘 알아차리지 못합니다. 자기 말은 보통 기계적입니다. '자동적 사고'의 한 형태인 자기 말은 우리의 마음속으로 재빨리 들어오기 때문에 인식하는 것이 어렵습니다. 그렇기 때문에 자기 대화가 만들어 내는 감정은 통제할 수 없는 것처럼 보이기도 합니다.

자동적 사고는 정신적 고통의 원인이 됩니다. 자동적 사고는 불안, 슬픔, 분노, 죄책감 등 정서적 고통의 원인이 될 수 있습니다. 자동적 사고는 흔히 도움이 되지 않는 사고방식이나 방법을 따르기 때문에, 우리는 통제감을 잃고 압도당하는 감정을 느끼게 됩니다.

아마 당신은 자동적 사고에 집중하지 않으려고 할 것입니다. 정신적으로 고통스러운 사고에 대처하는 유일한 방법은 그것에 관한 생각을 피하는 것이라고 생각할 수 있습니다. 이 방법을 사용하면 잠시 동안은 기분이 나아졌다고 느낄 수 있지만, 외상 경험과 관련된 고통스러운 사고, 즉 고질적인 사고는 정신적 고통에 지속적으로 중요한 기여를 할 것입니다. 고질적인 사고를 피하는 것은 고통의 강도를 줄이는 데 도움이 되지 않으며 장기적으로 기분이 나아지는 데도 도움이 되지 않습니다. 고통스러운 자동적 사고에 주의를 집중하는 것이 쉬운 일은 아니지만 상황에 대한 정서적 반응을 더욱 잘 통제할 수 있게 해 줍니다. 이 방법은 우리가 경험하는 정신적 고통에서 벗어나 변화를 지속적으로 유지하게 도와줄 것입니다.

사고가 진실이라고 믿는 것이 진실임을 자동적으로 의미하는 것은 아닙니다. 자동적 사고는 자동적으로 나오는 반응이기 때문에 대개 사실보다는 감정에 근거합니다. 사고가 진실인 것처럼 느껴질지라도 생각하는 것만으로는 사실이 만들어지지 않습니다. 당신은 이러한 사고에 도전하는 방법을 배우게 될 것이고, 그 결과 사고가 사실을 얼마나 잘 반영하는지에 따라 더욱 객관적인 선택을 할 수 있을 것입니다.

사고에 주의를 기울임으로써 생각의 문제를 찾는 방법을 배우고 도움이 안 되는 사고를 더 안정된 사고로 바꿀 수 있습니다. 인지적 재구조화는 안정적이고 도움이 되는 반응을 만들어 내기 위해 스스로의 생각을 알아차리는 방법을 배우도록 돕고, 신중하게 검토하며 상황과 관련 있는 모든 정보를 함께 묶는 일련의 과정입니다.

부록 8.2 도움이 되지 않는 자동적 사고의 통제*

객관적으로 사고를 검토하는 방법 배우기

인지적 재구조화는 우리의 사고가 얼마나 현실적인지 검토할 수 있는 방법을 포함하고 있는 대처 기술입니다. 이 기술은 스트레스가 많은 상황에서 우리가 생각하고 느끼고 행동하는 방법에 대해 더욱 통제력을 가질 수 있도록 도와줄 것입니다. 여러 연구를 통해 인지적 재구조화는 우울과 불안을 통제하고 감소시키는 데 매우 효과적인 치료법임이 입증되었습니다. 인지적 재구조화는 외상 관련 상황에 대한 고통스러운 정서적 반응을 다루는 데 도움을 줄 수 있습니다.

인지적 재구조화를 학습하기 위한 6단계

- 1단계-상황에 주목하기: 정신적 고통을 촉발하는 사건이나 상황에 대해 확인한다. 정신적 고통을 촉발하는 것이 무엇인지 알게 되면 통제하기가 더 쉽고, 더 잘 예측할 수 있게 된다.
- 2단계-정서에 주목하기: 정서를 확인하고 그 강도를 평가한다. 자신의 정서를 의식하면 정서와 관련되어 있는 사고를 확인하는 것이 쉬워진다.
- 3단계-자동적 사고 확인하기: 정신적 고통의 원인이 되는 자동적 사고를 알아낸다. 자동적 사고를 더 잘 알게 되면 그것을 수정할 수 있는 기회를 얻게 된다.

---

* Zayfert, Becker, and Gillock(2002). 저작권은 Professional Resource Exchange, Inc.(2002)에 있음. Claudia Zayfert & Carolyn Black Becker의 *Cognitive-Behavioral Therapy for PTSD*의 허가를 받아 재인쇄함. 이 부록의 복사는 이 책을 구입한 사람들에 한해 개인적인 목적으로 사용할 경우에만 허용함(자세한 내용은 저작권 페이지 참조).

- 4단계-자동적 사고에 도전하기: 부정적 정서로 이끄는 사고의 인식 유형 또는 사고를 평가한다. 이 과정에서 실제적이고 도움이 되는 방법으로 사건을 해석하는 기술을 학습하게 된다.
- 5단계-도움이 되지 않는 사고에 반응하기: 도움이 되지 않는 자동적 사고를 도움이 되는 사고로 대체한다. 대안적인 사고를 찾아내는 방법을 익히는 것은 더 큰 통제감과 개인적 효능감을 갖도록 해 준다.
- 6단계-정서에 주목하기: 정서의 강도를 재평가한다. 이 과정을 통해 인지적 재구조화의 시도가 정서적 고통의 감소에 효과적이었는지 확인한다.

자동적 사고일지 사용하기

상황과 정서와 자동적 사고에 주목하는 1, 2, 3단계부터 시작하십시오. 자동적 사고기록지([부록 8.3] 참조)를 촉발 상황과 정서 그리고 자동적 사고를 알아내기 위한 방법을 배우는 도구로 이용하십시오.

1단계-상황에 주목하기

만약 당신이 외상 후 스트레스장애를 가진 사람과 같다면, 정신적 고통은 갑작스럽게 쏟아지는 물결과 같다고 느껴질 것입니다. 당신은 아마도 무엇이 정신적 고통을 유발하였고 그것이 어디에서 기인한 것인지 알 수 없을 것입니다. 대부분은 정신적 고통이 어디에서 생겨났는지 깨닫게 될 때까지 그것을 유발하는 상황에서 벗어날 수 없습니다. 촉발요인을 알게 되면 정신적 고통을 예측하고 통제하기가 훨씬 쉬워집니다. 특정 감정이 어떤 상황에서 유발되는지 알면 도움이 되는 반응을 준비할 수 있습니다.

- 자동적 사고일지의 첫 번째 칸에 당신이 정신적 고통을 느꼈을 때의 상황이나 일어났던 사건을 기록하십시오. (힌트: 때로는 촉발 사건이 없을 수도 있습니다. 그것은 과거에 기반을 둔 어떤 기억이나 사고일 수도 있습니다.)

2단계-정서에 주목하기

처음에는 정서에 주목한다는 것이 매우 어려울 수 있습니다. 그 이유는 다른 외상 후 스트레스장애 환자처럼 당신도 자신의 정서에 주목하지 않기 위해 많은 노력을 했을 것이기 때문입니다. 당신은 자신의 정서를 나쁜 것으로 생각할 것입니다. 만약 당신이 자신의 정서를 완전히 부정적인 경험으로 여겼다면, 그것을 제거하려고 노력해 왔던 것은 당연합니다. 실제로 당신은 자신의 정서를 무시하는 데 매우 능숙할 수 있으므로, 그 정서들을 인지하고 이름 붙이는 것에 어려움을 느낄 수 있습니다. 하지만 변화를 위해서는 자신의 정서에 주의를 기울이는 것이 매우 중요합니다. 자신의 정서를 가치 있는 경험으로 수용할 때 자신의 정서를 챙기기가 더욱 쉬워집니다. 정서는 우리의 삶에서 목적을 가지고 있기 때문에 가치 있는 것입니다. 정서는 특정 상황의 신호로서 기능을 하고 우리가 특정한 방식으로 행동하도록 유도합니다. 이러한 신호를 확인하고 관찰하는 것을 학습하는 일은 당신이 정서를 수용하는 첫걸음이 될 것입니다. (힌트: 때로는 고통스러울 때 느끼는 욕구에서 자신의 정서를 확인할 수 있습니다.) 정서의 목적을 알면 인간의 정상적인 경험의 한 부분으로서 정서를 수용하기가 쉬워집니다. 정서가 보내는 신호를 알면 효과적으로 반응할 수 있습니다. 다음 표는 사람들이 각각의 정서와 함께 느끼는 일반적인 욕구와 그것의 목적에 대해 기술하고 있습니다.

정서 이해하기		
정서	욕구	목적
공포	벗어나기	위험 신호를 보내고 당신을 보호할 수 있도록 한다.
분노	공격하기	불평등 신호를 보내고 당신이 부당한 상황을 바로잡을 수 있도록 촉진한다.
죄책감	바로잡기	당신이 어떤 잘못을 했다는 신호를 보내고 잘못을 바로잡도록 한다.
수치심	숨기기	사고나 정서, 행동이 사회적으로 수용될 수 없다는 신호를 보내고 당신이 그것에 따라 행동하는 것을 자제하도록 한다.
슬픔	그만두기	상실의 신호를 보내고 비통함을 촉진하도록 한다.

- 자동적 사고일지의 두 번째 세로 칸에 당신이 알아낸 모든 정서를 기록하십시오. 그리고 정서의 강도를 0~100점의 SUDS를 사용하여 평가하십시오.

3단계 – 자동적 사고 확인하기

촉발 사건과 자신이 느끼는 정서를 확인했다면, 다음 단계는 자동적 사고를 알아내는 것입니다. 이것은 쉬운 일이 아닙니다. 자동적 사고를 알아차리려면 그 생각 밖으로 나가야 합니다—마치 당신이 그것을 녹음한 테이프를 듣고 있듯이 말입니다. 우리는 때로는 현실과 사고를 혼동합니다. 하지만 그것에 관해 생각해 보면 우리의 사고는 정확하게 현실을 반영하거나 그렇지 않습니다. 나는 내가 원하는 것을 생각할 수 있지만, 그것이 사실이 되지는 않습니다. 코끼리를 너무나 좋아하여 분홍색 코끼리가 방 안에 있는 것을 상상할 수는 있지만 현실이 그렇게 되지는 않습니다. 사고는 현실을 반영하기도 하고 그렇지 않기도 하지만, 우리의 사고는 현실과 떨어져 있습니다. 우리가 이 사실을 한번 받아들이게 되면 자동적 사고를 관찰하기 위해 우리의 생각 밖으로 나가는 것이 한결 쉬워질 것입니다.

- 한 상황에서 떠오른 첫 번째 자동적 사고를 기록하십시오. 일인칭(나) 시점으로 자신의 언어를 사용하여 그 생각이 머릿속에 떠오른 것처럼 정확히 써야 합니다. 그리고 얼마 나 그 사고를 믿는지 0~100점으로 평가하십시오.

당신의 정서는 당신의 자동적 사고를 확인하도록 돕습니다.

특정한 상황에 대한 자동적 사고를 확인하는 것이 어렵다면, 정서를 사고에 대한 단서로 이용하는 것이 도움이 될 것입니다. '정서와 그와 관련된 사고에 대한 안내'([부록 8.5] 참조)는 정서와 각각의 사고가 연결되어 있음을 보여 줍니다. 슬픔은 흔히 상실의 사고와 관련이 있으며, 상실의 형태는 매우 다양합니다. 예를 들어, 사람에 대한 상실이나 희망, 순결, 자아존중감에 대한 상실이 있을 수 있습니다. 만약 자신의 자동적 사고를 인식하기 어렵다면 이 접근을 시도해 보십시오.

- 당신의 정서에 주목하십시오. (힌트: 자신이 느끼는 욕구에 집중함으로써 자신의 정서를 인식할 수 있습니다. 예를 들어, 슬픔은 전형적으로 포기하고 싶은 욕구와 관련됩니다.)
- 관련 정서와 일치하는 질문을 자신에게 해 보십시오(예: 슬픔의 경우, "내가 상실한 것은 무엇일까?").

인지적 재구조화 작업기록지 이용하기

자신에게 도움이 되지 않는 자동적 사고를 확인하였다면 4, 5, 6단계를 시작할 준비가 된 것입니다. 이제부터는 자동적 사고에 도전하고, 도움이 안 되는 사고를 대체할 새로운 사고를 고안하고, 자신의 정서 강도를 재측정하여 도움이 안 되는 자동적 사고를 통제할 수 있도록 하면 됩니다. '인지적 재구조화 작업기록지'([부록 8.4] 참조)는 스트레스가 많은 상황에 대한 당신의 반응을 관찰하고, 도움이 안 되는 사고에 도전하기 위해 이용할 수 있습니다. [부록 8.4]의 기록지에 스트레스 유발 상황에 대해 많이 채워 나갈수록 당신의 대처 기술은 더욱 향상될 것이며 도움이 안 되는 사고를 더욱 잘 통제하게 될 것입니다. 그러므로 적어도 하루에 한 번은 작성하도록 노력하십시오. 처음에는 어려울 수 있습니다. 어려움에 대해서는 치료사가 도와줄 것입니다.

4단계-자동적 사고에 도전하기

이 단계에는 부정적 정서를 유발하는 사고에 대한 평가와 생각하는 방식을 인식하는 것이 포함됩니다. 사건을 현실적이고 도움이 되는 방식으로 해석할 수 있도록 하는 기술이 다음에 제시되어 있습니다.

- 다음의 질문에 대한 답을 적으면서 당신의 사고에 도전하십시오.
  - 그러한 생각을 갖게 한 증거는 무엇입니까?
  - 상황을 다르게 이해할 수 있는 대안적인 방법—대안적인 설명—은 무엇입니까?

– 그러한 방식으로 생각한 결과(장점–단점)는 무엇입니까? (힌트: 사고에 대한 지지증거와 반대증거를 저울질할 때는 감정이 아닌 사실에 근거해야 합니다. '증거'는 사실일 때만 법정에 설 수 있습니다.)

5단계–도움이 되지 않는 사고에 반응하기

이 단계에서는 도움이 되지 않는 사고를 도움이 되는 사고방식으로 대체합니다. 사고의 대안적인 방법을 개발하는 것은 더 큰 통제감과 개인적 효능감을 가질 수 있도록 도와줍니다.

- '지지증거'와 '반대증거'를 결합하여 당신의 사고에 대한 반응을 생각해 내십시오. 그리고 사고가 지속된 결과를 완전한 문장으로 만드십시오. 당신의 사고가 다시 나타난다면 대처를 위해 이 반응을 사용하십시오. (힌트: 당신이 증거를 조합하기 어렵다면, '비록... 하지만, 사실은 ...하다'라는 공식을 사용하십시오.)
- 당신이 얼마나 이 반응을 믿는지 평가하십시오. (0~100%)

> **주**
>
> 자신의 사고를 지지하는 증거를 발견하게 될 수도 있습니다. 그럴 경우에는 그 상황에 반응하기 위한 행동계획을 개발하는 것이 도움이 될 것입니다.

6단계–정서에 주목하기

이 단계에서는 당신이 느끼는 정서의 강도를 재평가합니다. 이것은 인지적 재구조화가 당신의 정서 강도를 줄이는 데 효과적이었는지 확인해 줍니다.

- 새로운 사고를 생각할 때 당신이 느낀 정서의 강도를 SUDS 척도를 사용하여 평가하십시오.

부록 8.3 자동적 사고기록지*

이름: _____

날짜: _____

이 기록지를 사용하면 당신이 우울함을 느낄 때의 자동적 사고에 대해 알게 될 것입니다.

1. 상황	2. 정서		3. 자동적 사고	
기술: • 불쾌한 정서로 이어지는 실제 사건, 또는 • 불쾌한 정서로 이어지는 사고나 기억	• 당신이 느끼는 정서 확인하기(슬픔, 불안, 분노, 죄책감, 수치심) • 정서의 강도를 평가하기 (0~100 SUDS)		• 정서에 선행하는 자동적 사고 기록하기 • 그 사고가 얼마나 진실이라고 믿는지 평가하기(0~100%)	확신(%)
월마트에서	불안	95	안전하지 않다. 저 남자가 나를 공격할 것 같다.	80%
운전할 때	불안	80	안전하지 않다. 저 남자가 나를 공격할 것 같다.	90%
TV시청 때—자기가 중 울랬고 나는 당황했음	슬픔	100	당황했다는 것은 내가 심약하다는 것을 의미한다.	100%
성폭행에 관한 신문 기사	죄책감/수치심	85/75	그것은 모두 내 잘못이다—그곳에 가지 말았어야 했다. 나는 더럽다.	80%
저 혼자 외기에 정석하는 것	슬픔	95	나는 조금도 나아지지 않을 것이다.	100%
점을 때나갈 준비를 하기	불안	60	집을 때 나쁘면 안전하지 않다.	100%
동료를 믿었지만 그녀는 나를 지지하지 않음	슬픔	100	아무도 믿을 수 없다.	100%
성폭행을 생각함	분노	80	그가 고통받지 않는다는 것은 공정하지 못하다.	85%

* Claudia Zayfert and Carolyn Black Becker(2007). 저작권은 The Guilford Press에 있음. 이 부록의 복사는 이 책을 구입한 사람에 한해 개인적인 목적으로 사용할 경우에만 허용함(자세한 내용은 저작권 페이지 참조).

이 기록지를 사용하면 당신이 우울함을 느낄 때의 자동적 사고에 대해 알게 될 것입니다.

이름: _____

날짜: _____

1. 상황	2. 정서	3. 자동적 사고
기술: • 불쾌한 정서로 이어지는 실제 사건, 또는 • 불쾌한 정서로 이어지는 사고나 기억	• 당신이 느끼는 정서 확인하기(슬픔, 불안, 분노, 죄책감, 수치심) • 정서의 강도 평가하기 (0~100 SUDS)	• 정서에 선행하는 자동적 사고 기록하기 • 그 사고가 얼마나 진실이라고 믿는지 평가하기(0~100%)
		확신(%)

부록 8.4 인지적 재구조화 작업기록지*

이름: _____

날짜: _____

1. 상황	2. 정서	3. 자동적 사고	4. 자동적 사고에 도전하기	5. 반응	6. 정서
기술: • 불쾌한 정서로 이어지는 실제 사건, 또는 • 불쾌한 정서로 이어지는 기억이나 사고	• 당신이 느끼는 정서 확인하기(예: 슬픔, 불안, 분노, 수치심, 죄책감) • 정서의 강도 평가하기 (0~100) SUDS	• 정서에 선행하는 자동적 사고 기록하기 • 근본적인 신념이 정서와 관련되어 있는지 알아보기 위해 "그것이 나에게 의미하는 것은 무엇인가?"라는 질문해 보기 • 도전하기 위한 사고나 신념을 선택하고, 자신이 그것을 얼마나 사실이라고 믿는지 평가하기(0~100%) 확신(%)	• 자동적 사고에 도전하기(예: 사고를 뒷받침하는 증거와 반대증거 나열하기, 대안적 관점을 고려해 보기, 그리고 이 사고를 지속하는 데 따른 결과 검토해 보기) • 자신의 사고방식에 대해 확인해 보기	• 증거나 대안적 관점을 정리해 보고 동적 사고에 대한 반응 기록하기 • 만약 증거가 사고나 신념을 지지하거나, 자신이 더 많은 정보를 필요로 한다면 계획 세워 보기 • 자신이 얼마나 그 반응을 믿고 있는지 평가하기(0~100%) 확신(%)	• 2단계에서 확인한 정서의 강도 평가하기(0~100) SUDS

* Claudia Zayfert and Carolyn Black Becker(2007). 저작권은 The Guilford Press에 있음. 이 부록의 복사는 이 책을 구입한 사람에 한해 개인적인 목적으로 사용할 경우에만 허용함(자세한 내용은 저작권 페이지 참조).

부록 8.5 정서와 그와 관련된 사고에 대한 안내*

정서	관련된 사고	자신에게 질문하기
공포 또는 불안 (회피하거나 벗어나고 싶은 충동)	무엇인가 나쁜 일이 일어날 것이라는 사고: • 자신 또는 다른 사람에 대한 피해 　• 처벌받음 　• 당황하게 됨 　• 사랑받지 못함 　• 버려짐	나는 어떤 나쁜 일이 일어날 것이라고 기대하고 있는가?
슬픔 (그만두고 싶은 충동)	상실과 관련된 사고: • 자기 가치의 상실 • 결백함의 상실 • 타인과의 관계 상실 • 희망의 상실	내가 상실한 것은 무엇인가?
죄책감 또는 수치심 (바로잡거나 숨기고 싶은 충동)	무엇인가 잘못된 것 같은 사고: • 굴욕당하거나 조롱당하기 • 나쁘거나 사악하게 되기 • 나쁜 생각이나 욕구를 가지고 있음 • 나쁜 일이 일어난 것에 대한 책임	나는 어떤 잘못을 했는가?
분노 (공격하고 싶은 충동)	불공정하게 대우를 받는다는 사고: • 부당하거나 해로운 일이 일어남 • 이득을 취하고자 함 • 일이 원하는 대로 흘러가지 않음	이 상황은 어떤 점에서 불공정한가?

* Zayfert, Becker, and Gillock(2002). 저작권은 Professional Resource Exchange, Inc.(2002)에 있음. Claudia Zayfert & Carolyn Black Becker의 *Cognitive-Behavioral Therapy for PTSD*의 허기를 받아 재인쇄함. 이 부록의 복사는 이 책을 구입한 사람들에 한해 개인적인 목적으로 사용할 경우에만 허용함(자세한 내용은 저작권 페이지 참조).

부록 8.6 일반적인 자동적 사고*

문제가 되는 사고 방식을 아는 것이 도움이 됩니다. 다음의 생각들은 자동적 사고의 일반적인 방식을 보여 주고 있습니다. 이러한 방식으로 생각하는 것은 도움이 되지 않고 당신을 고통스럽게 할 것입니다. 예를 들어, '흑백논리'로 생각하면 상황에 대한 중요한 정보를 놓칠 수 있습니다. '과잉일반화'를 하면 정확한 증거 없이 특정한 사람에 대한 믿음을 다른 사람에게 적용할 수 있습니다. '정서적 추론'을 하게 되면 너무 빠르게 반응하여 그 상황에 대한 사실을 알아차리지 못할 수 있습니다. 이러한 방식으로 생각하는 것은 다양한 사고에 영향을 미치기 때문에 중요합니다. 자신의 생각에서 이러한 사고를 알아낼 수 있는 방법을 배우면 자동적 사고에 도전하여 더욱 현실적인 대안을 찾아낼 수 있을 것입니다.

흑백논리적 사고

이러한 방식으로 생각하는 사람은 모든 것을 흑백논리로 보게 됩니다. 예를 들어, 어떠한 절충점을 생각하지 않고 모든 사람을 '좋은 사람' '나쁜 사람' 중 하나로 꼬리표를 붙이는 것입니다. 만약 중간 지점의 어떠한 '중립'도 생각하지 않는다면, 당신은 흑백논리적 사고를 하고 있는 것입니다. 흑백논리적 사고는 그것이 얼마나 사실에 가까운지와

---

* Beck(1995). *Cognitive Therapy: Basics and Beyond*(Copyright Judith S. Beck, 1995)에서 인용함. Claudia Zayfert & Carolyn Black Becker의 *Cognitive-Behavioral Therapy for PTSD*의 허가를 받아 게재함. 이 부록의 복사는 이 책을 구입한 사람에 한해 개인적인 목적으로 사용할 경우에만 허용함(자세한 내용은 저작권 페이지 참조).

상관없이 당신의 사고를 지지하는 증거를 찾는 일을 바로 실패로 끝나게 할 것입니다.

- '나는 완벽한 실패자다.'
  외상 사건을 경험한 사람들은 흔히 개인의 안전을 흑백논리적 사고방식으로 처리합니다. 완벽하게 안전하지 않다면 완전히 위험한 것으로 생각합니다. 중간 지점은 없습니다. 흑백논리적 사고의 또 다른 예는 자신이 전혀 통제할 수 없는 상황에서 일어난 일에 대해 완전한 자신의 책임으로 돌리는 것입니다. 데이트에서 폭행을 당한 사람은 다음과 같이 생각할 수 있습니다.

- '나는 그가 키스하도록 두었기 때문에 모든 것은 내 잘못이다.'

과잉일반화

과잉일반화는 하나의 사건에서 결과를 도출하여 모든 사건에 적용하는 것입니다. 한 사건의 부정적인 결과가 항상 어느 사건에서나 일어날 것이라고 추측하면 당신은 과잉일반화를 하고 있는 것입니다. 이런 사고의 유형에는 다음과 같은 것들이 있습니다.

- '지진이 일어났을 때 나는 아무 것도 통제할 수 없었다. 나는 모든 것을 통제할 수 없다.'
- '나를 폭행한 남자와 나는 데이트를 했었다. 나는 데이트를 할 때마다 항상 폭행을 당할 것이다.'

정서적 추론

대부분의 경우, 당신의 경험은 미래에 대한 당신의 기대를 결정할 것입니다. 정서적 추론에 사로잡히게 된다면, 정서가 당신의 기대를 결정할 것입니다. 우리 대부분은 감정이 현실에서 일어나는 실제 일을 정확히 반영한다고 추측합니다. 이렇게 추측하는 것은 대개는 합리적입니다. 하지만 우리의 정서가 현실 상황을 반영하지 못하는 경우도 있습니다. 정서적 추론을 사용하는 사람은 이렇게 생각할 것입니다.

- '차를 타려고 하면 무섭다. 그러므로 차를 타는 것은 위험하다.'
- '식료품점에 갈 때면 항상 긴장이 된다. 식료품점에는 나에게 해가 되는 것이 분명히 있을 것이다.'

'당위적' 진술

당위적 진술은 자신이나 다른 사람에 대해 가지고 있는 불문율입니다. 이것은 사실보다는 희망사항에 근거를 두고 있습니다. '당위적' 진술은 비현실적인 기대를 만들어 내고 죄책감, 수치심, 좌절 그리고 분노를 초래합니다. 또한 '당위적' 진술은 '~해야 한다' '~할 의무가 있다' 또는 '~해야만 한다'와 같은 단어를 포함하고 있습니다. 이런 사고 유형에는 다음과 같은 것들이 있습니다.

- '지금쯤이면 이것을 끝냈어야 한다.'
- '나의 어머니는 나를 보호해야만 한다.'
- '나는 학대를 막았어야만 했다.'

개인화

개인화는 나쁜 일의 발생에는 자신의 개인적인 책임이 있다고 생각하는 것과 관계됩니다. 이러한 방식의 사고에 사로잡히면 그 사건에는 다른 사람의 책임도 있다는 증거를 무시하게 됩니다. 거기에는 다음과 같은 예가 있습니다.

- '그건 모두 내 잘못이었어.'
- '나는 그런 일이 일어나도록 놔두었어.'

09 보조 치료

이 장은 복합적인 증상을 보이는 외상 후 스트레스장애 환자의 치료에 유용한 인지행동치료의 보조 치료에 대한 개관이다. 보조 치료는 흔히 외상 후 스트레스장애와 공존하는 증상이나 문제를 해결하기 위해 개발된 것으로 경험적으로 지지되고 입증된 치료적 개입들이다. 이러한 개입에 익숙해지면 외상 후 스트레스장애를 치료할 수 있는 능력이 전반적으로 확장될 것이다. 예를 들어, 경험적으로 지지된 공황장애의 치료법은 공황통제치료panic control treatment다. 따라서 공황통제치료를 알고 있으면 외상 후 스트레스장애와 공황장애가 공존하는 환자의 치료를 유용하게 계획할 수 있을 것이다.

부가적인 증상이 없는 외상 후 스트레스장애 환자에게는 외상 후 스트레스장애 치료만 하면 된다. 공존장애는 또한 외상 후 스트레스장애를 치료하는 것만으로 함께 해결되기도 하며, 공존장애를 드러내고 싶어 하지 않는 환자들도 있다. 그러나 공존장애는 개입을 필요로 하는 경우가 많다. 따라서 적절한 치료적 개입을 시도할 수 있는 여러 접근의 사용을 알아두는 것이 유용하다. 외상 후 스트레스장애 치료사는 흔히 발생하는 공존장애의 치료적 개입을 포괄하는 '치료도구상자'를 가지고 있는 것이 도움이 될 것이다.

'치료도구상자'는 어떤 문제들에 대해서는 적절한 의뢰처만 제공하면 된다. 예를 들어, 어떤 치료사는 섭식장애 치료에 대해서는 자세히 알고 싶지 않을 수 있다. 이 경우 환자가 섭식장애를 가지고 있다면 외상 후 스트레스장애 치료를 끝낸 후에 섭식장애 전문가에게 의뢰할 수 있으며 안전을 위해 꼭 필요한 경우라면 치료 전이나 치료 도중에라도 의뢰할 수 있다. 통증이 공존하는 외상 후 스트레스장애 환자라면 외상 후 스트레스장애를 치료하는 도중이나 끝낸 후가 아닌 치료를 시작하기 전에 통증관리 프로그램에 의뢰할 수 있다. 일반적으로 물질의존 문제를 가지고 있는 환자는 단계적인 치료나 동시 치료를 위해 물질 분야의 전문가에게 의뢰한다. 치료사가 인접 분야의 치료 기술을 활용하는 능력은 주변에 가용할 수 있는 전문가가 얼마나 있는가에 따라 달라진다.

그러나 어떤 기법은 의뢰할 만한 가용 전문가가 주변에 있더라도 알고 있는 것이 훨씬 유용하다. 예를 들어, 뚜렷한 자살 가능성과 정서조절곤란 문제를 가지고 있는 경계선 성격장애 환자는 공인된 변증법적 행동치료 프로그램에 의뢰해야 할 경우가 많다. 하지만 외상 후 스트레스장애와 약한 수준의 경계선 성격장애가 공존하는 환자의 경우 이러한 프로그램에 의뢰하는 것은 적합하지 않을 수 있다. 경계선 증상이 치료를 방해할 만큼 심각하지만 변증법적 행동치료 프로그램에 참여하기 위해 외상 후 스트레스장애 치료를 중단해야 할 만큼 심각하지 않은 환자의 치료를 위해서 치료사가 변증법적 행동치료 기법을 습득하기를 바란다.

치료사가 공존장애를 함께 다룰 수 있으면 분명한 도움이 된다. 예를 들어, 인지행동치료에 잘 반응하는 외상 후 스트레스장애 환자의 수면 문제를 행동치료로 다루기로 결정했다면, 이미 치료사와 환자는 치료적 관계가 형성되어 있기 때문에 치료를 바로 시작할 수 있다. 또한 치료사는 이미 환자의 배경지식이나 자원을 비롯한 환자의 강점과 어려운 점에 대해 알고 있다. 더구나 치료 결과가 좋으면 치료사에 대한 환자의 신뢰가 더욱 깊어질 것이다. 반면, 인지행동치료를 진행 중인 환자를 수면 문제의 해결을 위해 수면 클리닉으로 보내게 되면 환자는 새로운 치료사와의 라포와 신뢰를 새롭게 형성해야만 한다.

변증법적 행동치료

변증법적 행동치료는 외상 후 생존자 치료에 유용한 개입이다. 변증법적 행동치료가 외상 치료에 유용하다는 것은 이 책뿐만 아니라 다양한 곳에서 자세히 설명되어 있다. 외상 후 스트레스장애 치료를 위한 인지행동치료에서 변증법적 행동치료의 적용에 대해 추가적으로 알고 싶다면 Becker와 Zayfert(2001)의 책을 참고하기 바란다. Behavioral Tech 웹사이트(www.behavioraltech.com)에서는 변증법적 행동치료에 대한 훈련을 온라인으로 제공하며, 숙련된 변증법적 행동치료 치료사나 치료기관에 대한 정보도 제공한다.

변증법적 행동치료의 많은 개념들은 외상을 다루는 데 매우 유용하다. 이러한 개념들 중 우리는 특히 변증법적 행동치료의 기초가 되는 생물사회적 이론, 수용과 변화의 변증법(Linehan, 1993a), 그리고 다양한 변증법적 행동치료 기술을 선호한다. 생물사회적 이론에 따르면 감정조절에 심각한 손상이 있는 경계선 성격장애는 타고난 기질적 취약성과 수용적이지 않은 환경에 따른 결과다(Linehan, 1993b). 생물사회적 이론과 비정당화(자기-비정당화를 포함하여)의 개념을 확실하게 이해하는 것은 많은 환자들을 포괄적으로 사례개념화할 수 있도록 도와준다. 환자들 또한 생물사회적 이론을 통해 자신의 감정조절 문제를 이해하는 것이 도움이 된다.

수용과 변화의 변증법(Linehan, 1993b)에서는 치료 전반에 걸쳐 수용과 변화의 균형이 필요함을 강조한다. 이 변증법은 환자(즉, 그들이 바꿀 수 있는 것과 단순히 수용해야 하는 것)와 치료사(즉, 수용과 변화 전략의 사용에 대한 균형의 필요성; Becker & Zayfert, 2001) 모두에게 적용된다. 수용과 변화의 변증법에 완전히 익숙해지면 환자가 직면한 문제를 개념화하는 것이 쉽다. 또한 수용 전략과 변화 전략을 조화롭게 사용할 수 있다. 인지행동치료에서는 변화 기술을 강조한다. 예를 들어, 환자는 자신의 외상을 받아들이는 것이 필요하다. 치료사는 환자의 회피적인 대처 방식을 노출을 통해 변화시킴으로써 외상을 수용하도록 가르친다. 또한 인지적 재구조화를 통해 그들의 생각을 바꾸도록 도와준다. 이때 특정한 수용-기반 전략을 능숙하게 사용하면 치료 과정이 촉진될 수 있다. 예를 들어, 마음챙김에서 말하는 개념인 불안 정서에 대한 수용적인 자세는 많은 환자에게 도움이 된다([부록 9.1] 참조). 다음의 예는 노출에 대한 참여를 촉진하기 위해 수용 전략을 어떻게 사용하는지 보여준다.

"당신이 불안에 저항하고 있다는 것을 알고 있습니다. 충분히 이해가 됩니다. 당신이 느끼는 강렬한 불안은 상당히 압도적이고 불편한 감정이니까요. 전에 이야기한 것처럼 불안은 우리에게 유용한 감정입니다. 위험한 상황에서 우리를 보호해 주는 매우 중요한 역할을 합니다. 하지만 위험이 매우 작음에도 위협적으로 느낀다면 문제가 됩니다. 노출치료의 목표는 불안이 필요하지 않은 상황이 있다는 것을 배우는 것입니다. 이를 위해서는 불안을 있는 그대로 느낄 필요가 있습니다. 다시 말해, 불안을 기꺼이 받아들이겠다는 당신의 의지에 치료의 성공 여부가 달려 있습니다. 또한 이것은 당신이 치료 장면에서 가져야 할 자세이기도 합니다. 당신이 모든 불안을 나쁜 것이라고 생각하고 불안을 '없애려고만' 노력한다면, 당신은 치료란 불안을 없애기 위해 견뎌 내야만 하는 것이라고 생각하는 것일 수 있습니다. 어금니를 꽉 무는 것과 같은 것이지요. 주먹을 꽉 쥐고 어금니를 악물고 끝나기만을 기다리고 있는 것입니다. 이러한 자세를 갖는 것은 치료 작업과 치료 프로그램의 진행을 어렵게 합니다. 치료 중에 해야 하는 것 중의 하나는 불편하더라도 불안이 생존을 위해 중요하다는 것을 알고 받아들이는 것입니다. 어떤 이들은 불안을 근본적으로 가치 있는 인생 경험으로 받아들이려는 연습이 도움이 된다고 말합니다. 불안을 수용하는 자세를 택함으로써 성공 가능성을 높일 수 있습니다."

변증법적 행동치료의 특정한 수용 기술을 배운 환자는 불안이나 기타 감정을 쉽게 받아들일 수 있었다고 말한다. 예를 들어, 앞서 언급한 예시에서 치료사는 변증법적 행동치료 기술 중 하나인 급진적인 수용에 대해서 말하였다. 이는 전에는 받아들이기를 거부했던 것을 극단적으로 수용하는 것을 의미한다. 불교 명상을 기반으로 하는 마음챙김에서는 환자가 판단 없이 현재를 받아들이도록 한다. [부록 9.1]에 나와 있는 마음챙김은 [부록 9.2]에 더 자세히 설명되어 있다. 마음챙김 기술은 해리되어 있거나 무감각한 상태, 또는 자신의 감정을 구별하거나 경험하는 것이 어려운 환자들에게 상당한 도움이 된다.

또한 '마음상태'라는 변증법적 행동치료 개념도 유용하다. 치료사는 환자의 마음상태를 합리적인(또는 이성적인) 마음, 정서적인 마음, 현명한 마음 중 하나로 설명할 수 있다. 합리적인 마음은 분석적이고 이성적이다. 반면 정서적인 마음은 감정이 지배적이다. 서구 문화에서는 합리적인 마음일 때 흔히 보상을 주는데 그것은 불행한 일이다. 왜냐하면 이성과 정서가 결합할 때 가장 효율적으로 되며 그것은 '현명한 마음' 상태임을 의미하기 때문이다. 환자들에게 '진정으로 무언가를 깊이 알아차릴' 때가 언제였는지를 질문하면 대개 그 마음의 효과를 알아차린다. 현명한 마음상태일 때, 우리는 진정 의미 있는 방식으로 어떤 대상을 이해하게 된다. 외상 후 스트레스장애 치료를 받기로 결정한 대다수의 환자는 당시 의미 있는 현명한 마음상태에 있었다고 볼 수 있다. 예를 들어, 에이미는 치료를 받기로 결정한 이유에 대해 "두려워서 치료를 받고 싶지 않았습니다. 그렇지만 두려워도 그 치료가 나에게 필요하다는 것을 알고 있었는데, 그것이 치료를 위한 유일한 방법이었기 때문입니다."라고 답했다. 이 대답은 에이미가 현명한 마음으로 사고하였음을 보여 준다. 그녀는 합리적인 사고(즉, '그 치료법이 나을 수 있는 유일한 방법이다.')와 정서(즉, '나는 두려웠다.')를 거부하는 비정당화를 하지 않고(예: 그녀는 공포를 느끼지 않는다고 말하지 않았다.) 모두 수용하였다. 또한 에이미는 치료법을 찾아야 할 필요성을 '알고 있었다.' [부록 9.3]에 여러 마음의 상태가 요약되어 있다. 우리는 환자와 논의하는 과정에서 정서적 마음과 합리적 마음의 통합을 나타내는 현명한 마음을 설명하기 위해 Linehan(1993b)의 교차점 그림을 자주 인용한다.

외상적 경험의 효과를 마음의 상태로 논의하는 것은 많은 환자에게 도움이 된다. '정서와 이성의 시소' 비유([부록 9.3] 참조)는 외상에 대한 반응을 정당화할 수 있는 유용한 도구이며, 현명한 마음상태로 균형을 유지하는 능력이 외상에 어떠한 영향을 미치는지 알려주기에 유용하다(Zayfert, Becker, & Gillock, 2002). 이 비유를 통해 모든 인간은 시소 위에 살고 있고 정서와 이성의 균형을 맞추기 위해 노력해야 한다는 것을 강조한다. 외상 경험이 없는 사람은 시소의 중간에 자리 잡고 있어서 요동을 적게 경험한다. 또한 균형을 유지하는 것도 비교적 쉽다. 그러나 외상 사건은 재빠르게 정서적 마음에 파고들어 통제를 어렵게 하고, 이러한 상태에서 빨리 벗어나려고 시도하게 한다. 반대편 끝 쪽으로 다급하게 도피하면 합리적인(종종 둔감한) 상태가 된다. 이것이 정서적 마음과 합리적인 마음 사이를 방황하는 단계다. 시소가 움직이면 다시 균형을 유지하기가 어려워진다. 시소 비유는 환자가 정서적 마음과 합리적 마음 사이에서 이리저리 휘둘리는 자신의 경향을 개념화할 수 있게 하여 외상 경험을 이해하는 데 도움이 된다.

마음의 상태에 대한 부록은 환자가 균형을 다시 되찾도록 하는 데 도움이 된다([부록 9.3] 참조). 부록은 자신의 마음상태가 합리적인지, 정서적인지 판단하기 위한 단서를 찾는 데 이용될 수 있다. 그리고 마음상태의 균형을 재정립하기 위해 취할 수 있는 단계를 찾는 데도 도움이 된다.

많은 환자가 마음챙김 훈련과정에서 도움을 받을 수 있다. 따라서 치료사는 마음챙김 훈련의 배경지식을 알아야 할 필요가 있다. 여러 자료(예: Kabat-Zinn, 1994)를 통해 마음챙김에 대해 배우거나 마음챙김(또는 명상)을 실습해 볼 수 있는 기관의 목록을 알아 놓는 것이 도움이 될 것이다.

앞서 언급했듯이, 다른 치료 기술도 외상 후 스트레스장애 치료를 위한 인지행동치료 적용을 촉진할 수 있다. 예를 들어, 변증법적 행동치료에서 빌려온 자기-위로 전략과 주의분산 기술은 치료 중에 환자의 정서 반응을 조절하는 데 도움이 된다. 요약하면, 변증법적 행동치료는 외상 후 스트레스장애 치료사에게 많은 도움을 제공하는 치료법이다.

활동계획하기

활동계획하기('행동 활성화' 또는 '즐거운 활동계획하기'로 불리기도 함)는 우울증 치료를 위한 인지행동치료의 핵심 기법 중 하나다(Beck et al., 1979). 다양한 연구를 통해, 활동계획하기는 인지적 재구조화 같은 인지행동치료의 치료 기법과 활동계획하기를 함께 실시한 것과 비교해 우울증 치료에 비슷한 효과가 있는 것으로 밝혀졌다(Jacobson et al., 1996). 따라서 활동계획하기는 외상 후 스트레스장애 환자의 우울 증상을 관리하는 데 매우 효과적일 것이다.

얼핏 보기에 활동계획하기는 상당히 간단하다. 치료사와 환자가 함께 활동을 계획한다. 활동을 계획할 때는 주로 즐거운 활동에 초점을 두는데, 이는 많은 외상 환자들이 즐거운 활동에 참여하는 것을 중단하고 있으며 다른 많은 환자는 감정조절을 위해 즐거운 활동에 참여하는 방법을 배운 적이 없기 때문이다. 어떤 환자는 모든 활동을 중단하였기 때문에 일상생활의 기본적인 활동을 다시 시작하도록 하기 위한 도움이 필요하기도 하다. 분명히 활동을 계획하는 일은 간단하지만, 효과적으로 하기 위해서는 세심한 접근이 필요하다. 따라서 치료사는 이 접근에 익숙해지는 것이 좋다. 활동계획하기를 더 알고 싶은 치료사는 Beck 등(1979)과 Persons 등(2001)을 참고하라. 우울증 치료를 위한 인지행동치료의 기저에 있는 법칙정립적 공식을 이해하는 것은 우울증상을 보이는 외상 후 스트레스장애 환자의 사례개념화에 유용하다. 이들의 책에는 우울증의 법칙정립적 공식에 대한 정보도 담겨 있다.

자기주장적인 의사소통 기술

외상 후 스트레스장애 환자에게는 자기를 주장할 수 있는 의사소통 기술이 부족한 경우가 많고, 이는 치료 과정을 방해하는 심각한 생활상의 문제를 유발할 수 있다. 예를 들어, 아델은 치료 도중에 집세를 내지 못해 아파트에서 쫓겨났다고 말했는데, 그녀는 일을 해서 집세와 기본적인 생활비를 낼 만큼 충분한 돈을 벌고 있었다. 하지만 다른 여자와 떠난 전남편이 계속해서 돈을 요구하였고, 아델은 전남편이 돈을 요구하거나 그 외에 어떤 요구를 하더라도 거절하지 못하였다. 그녀는 전남편의 요구를 거절하는 일은 상상조차 할 수 없다고 말하였다. 아델의 예는 오랫동안 자기주장을 하지 못하고 살아온 사람의 패턴을 잘 보여 준다.

아델의 자기주장 부족은 치료 진행에 방해가 되는 문제를 유발하였다. 따라서 치료사는 간단한 자기주장 훈련을 시킨 후 외상 후 스트레스장애를 위한 인지행동치료를 진행하였다. 치료 중에 아델과 같은 환자를 만나는 일은 흔할 것이다. 그러나 많은 환자는 외상 후 스트레스장애를 위한 인지행동치료가 종결되기 전이나 후에 포괄적인 자기주장 훈련을 받음으로써 도움을 얻을 수 있다. 외상 후 스트레스장애를 위한 인지행동치료를 진행하기 전에 자기주장 의사소통 기술 훈련이 이루어져야 하는 경우는 현재 정서적·신체적·성적 학대를 받는 상황에 처해 있거나 여러 생활 영역에서 폭력이 반복적으로 이루어지고 있을 때다. 자기주장 의사소통 기술을 학습할 수 있는 참고 자료들은 많다. 또한 읽기 쉬운 자조용 참고서도 많다(예: Jakubowski & Lange, 1978; Alberti & Emmons, 1986 참조). 물론 이 책들을 환자에게 소개해 주는 것만으로는 충분하지 않다. 왜냐하면 외상 후 스트레스장애 환자가 자기주장 의사소통 기술을 연습하기 위해서는 집중적인 지도와 도움이 필요하기 때문이다. 그러나 이러한 참고문헌은 치료사가 더 효과적인 자기주장 기술을 개발하는 데 필요한 기본 정보를 제공하므로 치료사는 회기 내에 독서치료와 자기주장 의사소통 기술을 병행하는 방법 등을 이들 책을 참고로 고안해 낼 수 있다.

문제해결 기술

　많은 인지행동치료 개입에는 문제 해결 단계가 포함되며(예: 신경성 폭식증 치료를 위한 인지행동치료; Fairburn et al., 1993), 이는 우울증 치료를 위한 문제 해결에 기반을 두고 있다(Nezu, 1986). 외상 후 스트레스장애 환자는 삶의 질을 손상시키는 문제들이나 치료의 진전을 어렵게 하는 문제들을 흔히 가지고 있다. 따라서 문제해결을 위한 7단계를 가르치는 것이 도움이 된다.

　문제해결 기술에 대한 교육은 공식적 또는 비공식적으로 진행될 수 있다. 공식적일 경우에는 7단계 문제해결법을 교육과정으로 가르친다. 비공식적일 경우에는 7단계 문제해결법을 명시적인 교육과정을 통해 가르치지는 않지만 7단계를 밟아나가도록 하는 것이다. 비공식적인 방법은 문제로 인해 극심한 고통을 겪거나 인지적으로 압도당해 있는 환자들에게 더욱 효과적이다. 비공식적 방법 사용의 궁극적인 목표는 문제해결법을 가르치는 것이 아니라, 7단계를 사용하여 되도록 빨리 문제를 해결하도록 돕는 것이다.

　문제해결법의 1단계는 가능한 구체적인 언어로 문제를 정의하는 것이다([부록 9.4] 참조). 환자들이 다양한 문제를 복합적으로 갖고 있다면, 문제를 분리하여 독립적으로 다루어야 한다. 2단계는 문제를 해결할 수 있는 가능한 방법들을 브레인스토밍해 보는 것이다. 환자에게 좋은 답만을 찾도록 하기보다는 판단 없이 모든 해결책을 탐색할 수 있도록 격려하라. 터무니없는 대답이더라도 브레인스토밍의 실시 목적을 알게 하기 위해 모두 적어 두도록 하라. 이러한 진행이 필요한 이유는 대안들이 많을수록 좋은 해결책이 나올 가능성이 높기 때문이다. 예를 들어, 이동 수단 부족 문제의 해결책에 대해 브레인스토밍을 하던 중, 제레미가 농담으로 "나는 내 애완 당나귀를 타고 가서 병원 밖에 매어둘 거예요."라고 말했다. 그러나 그는 그 대답이 우스꽝스럽다고 생각했기 때문에 적지 않으려고 하였다. 이때 치료사는 제레미가 웃었던 그 시점에서 그것을 적게 했고, "당신은 모든 해결책을 찾았네요,

그렇죠?"라고 말해 주었다.

3단계는 치료사와 환자가 각 해결책의 성공 가능성을 평가하는 것이다. 그 후, 환자는 여러 선택을 포괄할 수 있는 해결책을 선택한다(4단계). 5단계는 해결책을 이끌어 내기 위해 환자가 해야 할 일을 기술한다. 6단계와 7단계에서는 해결책을 수행하고 난 후의 결과를 평가한다.

불안장애가 공존하는 경우의 노출

임상 연구에 따르면, 외상 후 스트레스장애를 주 진단으로 하는 환자의 74%가 적어도 하나 이상의 다른 불안장애를 함께 가지고 있다(Zayfert, Becker, Unger, & Shearer, 2002). 따라서 외상 후 스트레스장애를 다루는 치료사는 공존 불안장애도 함께 치료할 준비가 되어 있어야 한다.

어떤 불안장애는 외상 후 스트레스장애와 함께 발병하지만, 외상 후 스트레스장애 발병 이전에 이미 가지고 있었거나 외상 후 스트레스장애가 진행된 후에 발병하는 불안장애도 있다. 따라서 사례개념화를 할 때는 외상 후 스트레스장애와 불안장애 간의 잠재적인 상호작용에 대해 반드시 고려해야 하며, 이러한 문제들을 다룰 준비가 되어 있어야 한다. 공존 불안장애는 불안장애와 관련된 증상을 관찰하는 것만으로 간단히 관리할 수 있기도 하고, 치료를 통한 적극적 개입으로 관리해야 할 수도 있다.

어떤 사례는 공존 불안장애가 외상 후 스트레스장애를 치료하는 것만으로 제거될 수 있다는 가설 설정이 가능하다. 예를 들어, 마르샤는 어린 시절 심각한 육체적·성적인 학대를 당했고, 현재의 증상은 외상 후 스트레스장애와 강박장애 진단기준 모두를 충족하였다. 마르샤의 강박행동은 하루에 3~4시간씩 집을 청소하고, 주위에 있는 물건을 자주 세는 것이었다. 마르샤는 청소하는 것을 통제할 수 없었고, 그것이 자신의 삶을 방해한다고 생각하고 있었다. 숫자 세기는 어린 시절부터 시작되었고, 불안감을 주긴 했지만 일상생활을 현저히 방해하는 정도는 아니었다. 마르샤의 강박행동은 불안을 일으키는 상황이나 외상 관련 자극과 만날 때 외상 후 스트레스장애와 기능적으로 관련되어 나타나는 행동으로 보였다. 따라서 숫자 세기는 불안한 상황이나 학대가 상기될 경우 주의를 분산시키기 위한 기술이라는 가설이 세워졌다. 마르샤는 일주일에 여러 시간 노출치료, 인지적 재구조화, 활동계획하기에 참여하였다. 치료사는 청소와 숫자 세기를 직접적으로 다룰 수 있는 부가적인 노출이나 반응 방지법(강박장애의 법칙정립적 모델)을 실시하는 대신, 외상 후 스트레스장애와 우울증 치료를 일차적인 목표로 삼았다. 치료 과정에서는 강박장애 증상의 심각도를 평가해야 하며, 외상 후 스트레스장애 치료가 끝날 무렵 강박장애 증상이 지속되고 있는지 그리고 추가적인 집중 개입이 필요한지를 판단하기 위해 강박장애 증상에 대한 재평가가 이루어져야 한다.

다른 사례들은 공존 불안장애가 '자체적인 독특성'을 가지고 있어서 외상 후 스트레스장애와 뚜렷이 구분되기 때문에 외상 후 스트레스장애 치료만으로 호전되지 않는 경우가 있다. 예를 들어, 사회공포증은 외상 후 스트레스장애 환자에게 가장 흔한 공존 문제 중 하나다(Zayfert, Becker, Unger, et al., 2002). 사회공포증의 증거-기반 치료에 노출과 인지적 재구조화가 포함되더라도 이 방법의 목표는 외상 후 스트레스장애 치료의 목표와는 달라서 외상 후 스트레스장애의 치료 효과가 사회공포증의 호전에 일반화되지는 않는다. 줄리안은 외상 후 스트레스장애와 만성화된 사회공포증을 가지고 있었다. 줄리안은 언제나 '수줍음이 많고 조용한' 사람이었고 '남자 중의 남자'이자 유명한 운동선수였던 아버지의 아들로서 기대에 부응하지 못하였다. 줄리안은 아버지에게 맞았던 기억에 노출을 시도했고, 성공적으로 인지적 재구조화를 실시하여 학대가 아버지의 기대에 부응하여 살지 못한 자신의 잘못 때문이었다는 신념에 도전할 수 있었다. 그러나 치료를 마칠 무렵에도 여전히 데이트할 때와 여자와 얘기할 때, 대중 앞에서 이야기할 때는 불안을 경험하였다. 따라서 치료사는 줄리안을 사회공포증 치료 집단에 참여시켰다. 사회공포증 치료는 사회적 상황에 노출하기, 사회기술 훈련, 인지적 재구조화로 구성되어 있다.

때로는 장애를 순서에 따라 다루기보다는 동시에 다루는 것이 좋다. 예를 들어, 외상 후 스트레스장애와 강박장애로 진단받은 루이스의 외상 경험 중 하나는 총기 자살을 한 아버지의 시신을 목격한 것이었다. 루이스는 피가 사방에 낭자했고 아버지는 몸이 굳게 경직되어 있었다고 말했다. 그녀는 자신의 혈액, 소변, 대변, 그리고 혈액이나 소변, 대변을 상기시키는 얼룩을 회피하였다. 왜냐하면 그것들이 강박장애와 관련된 오염에 대한 공포와 외상에 대한 공포와 기억을 모두 상기시켰기 때문이다. 치료사는 두 장애를 함께 다루기 위해 통합치료를 실시했는데, 이러한 시도는 주어진 자극에 처음 노출을 하는 동안 루이스가 외상 후 스트레스장애와 강박장애 관련 공포 둘 다에 주의를 기울이도록 하려는 것이었다. 자극과 연합되어 있는 첫 번째 공포에 습관화가 이루어진 후, 루이스는 같은 자극에 대한 두 번째 공포에 노출하는 데도 성공하였다(강박장애와 외상 후 스트레스장애의 통합치료의 또 다른 사례를 자세히 보고 싶으면 Becker, 2002 참조).

공황장애와 외상 후 스트레스장애 치료를 통합하는 것이 유용할 때가 있다. 예를 들어, 공황장애와 외상 후 스트레스장애를 모두 진단받은 에리카는 예기치 못한 공황발작, 그리고 사전 신호가 있는 공황발작을 모두 겪고 있었다. 후자는 분명히 외상적 자극에 반응한 것이었다. 에리카는 공황 증상에 대해 극심한 공포를 느꼈고 공황발작 중에 심장발작이나 뇌졸중에 걸릴 것 같다고 말했다. 그녀는 공황발작을 매우 두려워하고 있었기 때문에 치료사는 그녀가 공황발작에 대한 공포나 외상 자극이나 기억에 대한 공포를 유발할 가능성이 있는 노출치료를 어려워할 것이라고 가정하였다. 따라서 치료사는 외상 후 스트레스장애에 대한 심리교육에 공황발작에 대한 심리교육의 일부를 혼합하여 사용하였다. 또한 외상에 대한 실제노출을 실시하기 전에 호흡 재훈련을 실시하고, 공황발작으로 인한 체내 자극에 대한 노출을 실시하였다(Barlow et al., 2004). 목표는 외상에 대한 노출을 시작하기 전에 급성 불안과 관련된 감각에 대해 에리카가 공포를 느끼지 않도록 하기 위한 것이었다.

최근 조사에 따르면, 외상 후 스트레스장애를 치료하기 위해 인지행동치료 훈련을 받은 치료사가 불안장애 치료를 위한 인지행동치료는 훈련받지 않는다고 한다

(Becker et al., 2004). 이는 바람직하지 않은 것 같다. 우리는 외상 후 스트레스장애 치료사들이 다른 불안장애를 다루기 위한 인지행동치료나 노출치료의 기본지식을 습득하기 바란다. 원한다면 인지행동치료학회(ABCT; www. abct.org)의 연차 총회에서 훈련을 받을 수 있다. 공황장애, 범불안장애와 같은 불안장애의 치료 매뉴얼은 옥스퍼드대학교 출판사에서 얻을 수 있다.

결정분석

자주 사용되는 인지행동치료 기술인 결정분석(Janis & Mann, 1977)은 일반적으로 치료, 특히 노출에 대한 환자의 양가감정을 해결하는 데 유용하다. 결정분석은 행동을 유지하는 것과 그 행동을 바꾸는 것의 장단점을 환자가 알 수 있도록 하는 비교적 간단한 기술이다. 외상 후 스트레스장애 치료에서는 특정한 회피행동이 그 대상이 될 것이다. 종이에 기록하면서 하는 것이 가장 좋은 방법이다(예시가 적혀 있는 [부록 9.5] 참조). 결정분석이 어려운 이유는 흔히 머릿속에 모든 정보를 보유하여 조직화하는 것이 어려운 것과 관련된다.

결정분석은 회피를 포기하는 것에 대한 환자의 양가감정을 비위협적으로 탐색할 수 있는 방법이다. 또한 환자가 자신의 회피행동의 장단점을 검토하면서, 단기간 불안을 감소시키려 하는 것이 엄청난 장기간의 비용과 관련된다는 것을 쉽게 깨닫게 할 수 있다. 예를 들어, 로베르타는 이전 치료사의 압력으로 치료 장면에 오긴 했지만 외상 후 스트레스장애 치료를 시작하는 것을 매우 주저하였다. 치료사는 치료가 도움이 된다고 설득하기보다는, "외상과 관련된 기억의 득실, 그리고 이미 지나간 기억을 계속 가지고 있는 것에 대한 득실을 분석해 보는 것이 어떨까요?"라고 말했다. 로베르타는 결정분석 작업기록지([부록 9.5] 참조)를 작성하면서, "지금 내가 하고 있는 행동에 머물러 있는 것에는 많은 이유가 있어요. 그렇지만 장기적으로는…… 여태까지 나중에 내게 미칠 손해를 생각해 본 적은 없어요. 전혀 그런 생각을 해 보지 않았어요."라고 말하였다.

노출에 대한 환자의 양가감정을 직접 언급하기 위해 결정분석을 사용할 수 있다. 예를 들어, 론은 심리교육을 마친 후 "굉장히 의미 있는 일이었어요. 기분이 조금 좋아진 것 같습니다. 나에게 일어난 일에 대해 생각해야 한다는 것이 어려웠지만요. 그것을 살펴보는 일이 너무 힘들었어요. 무척 끔찍했어요."라고 말하였다. 치료사는 론의 사고를 다루기 위해 인지적 재구조화를 사용하거나 론이 노출에 참여할 수 있도록 설득하는 것과 같은 많은 방법을 알고 있었다. 하지만 치료사는 결정분석을 사용해서 론이 스스로를 설득할 수 있는지 보기로 하였다. 론은 결정분석을 진행하면서 결과가 노출을 진행하기에 충분히 의미 있음을 알아낼 수 있었다. 회기의 마지막에 론은 자신이 노출을 실시해야 하는 이유에 대해 치료사에게 설명할 수 있었다.

결정분석을 사용할 때 고려해야 할 두 가지가 있다(외상 후 스트레스장애 치료를 위한 결정분석 사용에 대한 자세한 설명은 Zyfert, Becker, & Gillock(2002) 참조). 첫째, 결정분석은 매우 구체적인 회피행동을 목표로 하는 것이 좋다. 다시 말해, 환자가 단지 '회피' 행동이라고 말했다면 구체적인 결과(긍정과 부정)를 구별하는 것은 쉽지 않을 것이다. 반면에 '외상 치료를 피하는 것' 또는 '식료품점을 피하는 것'이라면 결과를 파악하는 것이 더욱 쉬울 것이다.

둘째, 결정분석은 주로 환자가 회피행동을 유지하여 얻게 되는 단기적 이득을 알아보는 것부터 시작하는 것이 좋다. 회피를 지속하게 하는 단기적 이득을 환자는 매우 쉽게 구별한다. 또한 치료를 시작할 때, 환자에게 두려운 일을 하도록 설득하는 역할에서 벗어나야 한다. 대신, 그들이 현재 그러한 행동을 하는 이유를 인정해 주어야 하며, 이는 환자와의 라포 형성에도 도움이 된다.

불면증 치료

　다양한 문제를 가진 외상 후 스트레스장애 환자들이 가장 흔하게 보고하는 증상은 입면수면과 지속수면의 어려움으로(Green, 1993) 외상 후 스트레스장애로 진단된 환자의 무려 70%가 호소하는 증상이다(Ohayon& Shapiro, 2000). 수면 문제는 처음에는 악몽과 수면 중 자주 깨는 것으로 시작되지만, 외상 후 스트레스장애와 연관된 불면증은 외상 후 스트레스장애가 성공적으로 치료된 뒤에도 지속되는 경우가 많아 부가적인 요인이 외상 후 스트레스장애-관련 불면증을 유지시키는 것으로 보고 있다(Zayfert & DeViva, 2004). 예를 들어, 어떤 외상 후 스트레스장애 환자는 악몽에 따른 이차적인 공포, 즉 침실에 대한 두려움이나 수면 동안 그들이 방어할 수 없을 것이라는 공포를 갖는다. 수면 관련 행동들인 이러한 공포와 부적응은 때로는 악몽과 다른 외상 후 스트레스장애 증상이 사라진 후에도 지속된다. 또한 일반적인 불면증 환자들과 마찬가지로 외상 후 스트레스장애 환자들도 열악한 수면 위생과 불면에 대한 불안과 부적응적인 신념을 가지고 있다.

　외상 후 스트레스장애를 성공적으로 치료한 후에도 계속 불면증으로 고생한다면, 불면증을 유지시키는 요인을 다룰 필요가 있다. 불면증 치료의 인지행동치료는 남아 있는 수면 문제를 해결하는 데 도움이 되는 간단하고 효과적인 개입이다(DeViva, Zayfert, Pigeon, & Mellman, 2005). 외상 후 스트레스장애 치료와 동시에 이 방법을 실시하는 것이 바람직한지 아직은 분명하지 않다. 그러나 외상 후 스트레스장애만을 치료했을 때 외상 후 스트레스장애 환자의 절반 정도가 불면 증상이 호전된다는 점을 고려하면 외상 후 스트레스장애 치료 후 불면증을 위한 인지행동치료를 실시할 것을 추천한다.

　Morin(1993)은 일반적인 불면증 치료를 위한 인지행동치료를 상세하게 설명하였다. 그러나 외상 후 스트레스장애-관련 불면증의 인지행동치료와 외상 후 스트레스장애의 인지행동치료는 그 기법이 상당히 중첩되기 때문에 축약해서 사용할

회기	내용
1	불면증 평가
2	수면 제한과 자극 통제
3	수면 제한과 자극 통제 과제를 검토하기, 인지적 재구조화 시작
4	인지적 재구조화 과제 검토하기, 수면 위생과 점진적 근육 이완 훈련
5	구성요소 검토/통합하기, 재발 예방

[그림 9-1] 외상 후 스트레스장애-관련 불면증의 인지행동치료 개요

수 있다(DeViva et al., 2005; [그림 9-1] 참조). 축약된 불면증 개입 방법에는 일반적으로 불면증 치료를 위한 인지행동치료의 공통 요소가 포함되어 있다(예: 자극통제 전략과 수면제한; Morin, 1993 참조). 여기에는 한밤중의 과각성과 수면회피 문제에 초점이 맞추어져 있다. 예를 들어, 낮 동안에 안전하다고 여겨지는 것을 정확하게 구별하도록 배웠음에도 어떤 환자는 침실을 계속 위험한 것으로 지각하거나 잠자기 전에 습관적으로 경계하고 점검하는 행동을 한다. 그들은 TV나 라디오를 켜 놓거나, 두꺼운 이불을 뒤집어쓰거나 안전하다고 느낄 수 있도록 불을 켜놓고 자는 행동을 계속한다. 또한 그들은 자는 동안 방어할 수 없다는 것을 위험하게 생각한다. 이러한 신념은 침대, 침실, 어둠이나 조용함을 회피하는 것과 같은 수면-방해 행동으로 이어진다.

어떤 사례는, 일단 확인된 특정 행동을 수면을 유도하기 위한 TV나 라디오 또는 불을 끄는 행동으로 수정할 수 있다. 그러나 어떤 사례는 야간에 자주 깨는 행동의 기저에 있는 위험에 대한 잘못된 인지를 다루지 않고 행동을 바꾸는 것만으로는 수면문제가 좋아지지 않는다. 예를 들어, 제시카는 밤에 깨면 고요한 상태의 공포에서 벗어나기 위해 남편을 깨워 성관계를 갖는다고 말했다. 고요하고 불편한 상태는 그녀가 잠드는 것을 방해하였다. 제시카는 인지적 재구조화를 통해, 오빠는 한밤중에 그녀에게 관계를 강요했지만, 남편은 절대 성관계를 강요하지 않으며 늦은 밤에 성관계를 가진 적이 없다는 것을 알게 되었다. 남편은 결코 강요하지 않는 사람이

었다. 그녀는 마침내 한밤중에 깨어도 편안함을 느끼고 다시 잠들 수 있었다. 불면증 치료는 그다지 복잡하지 않다. 우리는 여러분이 Morin(1993)과 DeViva 등 (2005)을 참고하여 불면증 치료와 외상 후 스트레스장애를 위한 인지행동치료를 종결한 후의 치료 사례를 자세히 살펴보기를 권한다.

섭식장애 치료

외상 경험이 섭식장애를 발달시키는 비특이적 위험 요인이라는 것이 여러 연구들에서 밝혀졌다(Dansky, Brewerton, Kilpatrick, & O'Neil, 1997; Fairburn, Cooper, Doll, & Welch, 1999). Brewerton(2005)이 지적했듯이, '비특이적'이라는 말이 중요하지 않다는 의미는 아니다. 또한 불안장애 환자의 섭식장애 유병률을 임상 장면에서 조사한 연구에 따르면, 여성 외상 후 스트레스장애 환자의 1/6이 섭식장애를 갖고 있었다(Becker et al., 2004).

섭식장애가 심각한 외상 경험 직후 발병하는 경우는 섭식장애와 외상 경험 사이의 기능적 연결 관계에 대한 가정을 세우기가 쉽다. 예를 들어, 카렌의 섭식장애는 첫 유산을 한 35세에 발병했다. 유산 후에 카렌은 만약 엄마가 될 수 없다면 날씬해지고 싶다는 생각을 분명히 했다. 섭식장애가 외상 사건에 선행하거나 몇 년 후에 발병하는 경우에는 인과 관계나 유지 관계에 대한 가정을 확고히 하기가 상대적으로 어렵다.

인과관계가 확실치 않더라도 섭식장애는 외상 치료에서 다루어야 하는데, 그것은 환자들이 섭식장애를 통해 외상 사건에 대한 생각을 피하려고 하기 때문이다. 예를 들어, 카렌은 섭식장애로 유산에 대한 생각을 피할 수 있었다고 하였다. 또한 환자는 부정적인 정서가 증가하면 섭식장애 증상의 증가도 경험한다. 예를 들어, 부정적인 정서 조절을 위해 보상적으로 폭식행동을 하는 환자는 외상 후 스트레스장애의 인지행동치료를 진행하면서 부정적인 정서가 일시적으로 증가하면 폭식행동이 증가했다. 제인은 새로운 외상 기억에 대한 노출을 시작할 때마다 섭식장애의 증상이 악화된다고 하였다(예: 식이제한과 보상행동의 증가). 그녀의 섭식장애가 외상 때문이라는 증거는 없지만, 치료사는 그녀가 불안을 조절하기 위해서 섭식장애를 사용하기 때문에 불안장애가 악화된다는 가정을 세웠다.

외상 후 스트레스장애와 섭식장애가 공존하는 환자를 치료할 때는 외상-초점 치료를 회피하고자 하는 환자의 의도와 공모하는 것은 아닌지 주의를 기울여야 한다. 앞 사례에서 제인의 전 치료사는 그녀의 섭식장애 증상이 나빠질 때마다 외상-초점 치료를 중단했는데, 이것은 어쩌면 섭식장애 증상이 악화되는 부적 강화물로 작용했을 수 있다. 섭식장애 증상이 악화되면 환자의 신체적 건강이 위험에 빠질 수 있다. 따라서 가능하면 외상 치료를 중단하지 않고 계속 진행하는 것이 바람직하다. 노출치료는 부정적인 정서를 빠르게 감소시키므로 섭식장애의 치료를 용이하게 할 것이다. 그러나 이러한 임상적 결정은 개별 사례에 따라 내려져야 한다.

섭식장애가 중요한 의료적 문제들과 복합적으로 관련될 수 있음을 고려할 때, 여성 외상 후 스트레스장애 환자를 다루는 치료사는 (1) 섭식장애가 공존하는지를 평가하고, (2) 섭식장애에 대한 충분한 지식을 습득하여 적절하게 의뢰하거나 치료하고, 환자의 상태를 관찰할 수 있기를 권고한다. 관찰이란 하제 사용이나 폭식행동의 에피소드, 체중, 식이제한을 추적하는 것을 말한다. 하제를 사용하는 환자는 반드시 의사에게 의뢰하여 부정맥을 일으킬 위험이 있는 혈중 내 저칼륨 수준 같은 신체지표를 평가받도록 해야 한다. 섭식장애 전문가가 없다면, 칼륨 수준이 떨어지고 있음을 환자가 직시하게 하고 관찰과 치료를 동시에 진행할 수 있는 섭식장애 전문가에게 의뢰해야 한다. 섭식장애 치료는 일반적으로 임상적인 전문 분야이므로 모든 외상 후 스트레스장애 치료사들이 섭식장애를 효과적으로 다루기 위한 모든 치료 스펙트럼을 알아야 할 필요는 없다. 하지만 섭식장애에 대한 어느 정도의 배경지식은 가지고 있어야 한다.

신경성 폭식증 치료를 위한 인지행동치료(Fairburn et al., 1993)는 그 어떤 섭식장애보다 잘 연구되어 있고 효용성을 지지하는 많은 연구들이 있다. 신경성 폭식증의 인지행동치료에 대한 정보를 더 얻고 싶다면 Fairburn 등의 매뉴얼을 참고하기 바란다. 부가적인 훈련 자료는 ABCT나 The Academy for Eating Disorders (www.aedweb.org)에서 얻을 수 있다. 최근 Fairburn과 동료들(1993)은 모든 섭식장애를 목표로 하는 좀 더 유연한 치료 방법을 개발하였다. Fairburn, Cooper 그리고 Shafran(2003)은 섭식장애 치료에 기본이 되는 모델을 기술하였다. 이 모델을 사용하면 사례개념화 작성에 도움을 받을 수 있다. 이 논문에는 추천 치료법도 제시되어 있다.

물질남용과 의존

우리는 일반적으로 심각한 물질의존과 물질남용 문제가 있는 환자를 다루지는 않는다. 대신 물질 문제 전문가에게 의뢰하여 물질 문제의 치료나 해독과 같은 치료를 외상 후 스트레스장애 치료 이전이나 동시에 진행할 수 있도록 한다. 그러나 일부 물질남용 환자는 치료사가 세심하게 관찰하고, 물질 사용의 증가를 다루는 방법을 계획한다면 외상 후 스트레스장애 치료를 성공적으로 마칠 수도 있다. 또한 결정분석이 환자의 물질남용 행동을 탐색하기 위한 도구로 유용하게 사용될 수 있다. 끝으로, 어떤 사례에서는 외상 후 스트레스장애를 치료하는 동안 물질 사용을 제한하라고 지시하는 것만으로도 효과를 볼 수 있다. 예를 들어, 레이지는 노출을 시작한 후 평일 저녁에 3~5회 정도 술을 마셨다고 했다. 레이지의 음주 행동에 대한 득실, 그리고 외상 후 스트레스장애 치료를 방해하는 요인을 탐색한 후 치료사는 평일 저녁에 술 마시는 것을 중단하도록 했고, 주말 밤에 맥주 3잔을 마시는 것도 제한하였다. 그리고 기분이 가라앉을 때 도움이 될 만한 활동에 대한 계획을 세웠다. 레이지는 이러한 '숙제'를 잘 받아들였고, 별다른 문제없이 성공적으로 음주를 줄일 수 있었다.

결론

이 장에서 소개한 보조 치료들은 외상 후 스트레스장애를 치료할 때 일반적으로 사용할 수 있는 것들이다. 모든 치료사가 이러한 치료법 모두에 대해 전문성을 갖출 필요는 없을 것이다. 하지만 우리는 여러분이 변증법적 행동치료와 다른 불안장애를 위한 노출치료에 대해서는 어느 정도 전문지식을 갖추기를 강력히 권고한다. 활동계획하기, 결정분석, 문제해결하기와 불면증 치료는 배우기 어렵지 않으며, 다양한 범위의 환자를 다루는 데 유용한 임상적 기술이다. 이 장에서 논의된 섭식장애 전문가는 소수의 치료사만이 자격을 갖출 수 있을 것이다. 그렇지만 많은 섭식장애의 의료적 결과를 참고할 때 이와 관련한 지식을 넓힐 필요가 있으며, 적절하게 환자를 의뢰하고 관찰할 수 있도록 해야 할 것이다.

불안 관리를 위한 마음챙김 접근

이 치료의 성공은 치료에 임하는 마음자세에 달려 있습니다. 모든 불안을 나쁜 것으로 보고 불안을 제거하기 위해서는 힘들여 노력해야 한다고 믿고 있다면, 당신에게 치료란 불안을 제거하기 위해 참아야만 하는 어떤 것일 수 있습니다. 이러한 마음상태는 치료 작업과 프로그램에 몰입을 어렵게 만듭니다. 바람직한 방법은 불안이 불편하긴 해도 생존에 도움이 된다는 것을 아는 것입니다(다시 말해, 불안이 없는 삶은 짧을지도 모릅니다.). 불안을 가치 있는 인생 경험으로 받아들일 수 있도록 마음상태를 조성하는 연습을 하십시오. 불안을 수용하는 자세를 선택하는 것이 성공 가능성을 높여 줄 수 있습니다.

A. W. A. R. E

- Accept—불안을 받아들여라. 환영하라. 공포가 증가하는 것을 예상하고 허락하라. 이러한 경험에 머무르기로 결심하라. 두려운 마음이 들면 기다리면서 내버려 두라.
- Watch—불안을 지켜보라. 공포를 0~100의 점수로 매겨 보고 그 점수가 올라가고 내려가는 것을 주시하라.
- Act—불안과 함께 행동하라. 불안하지 않은 것처럼 행동함으로써 그 상황을 정상화하라. 현재와 주변 환경에서 다룰 수 있는 활동에 집중하고 시행하라.

---

* Beck and Emery(1985)에서 인용. 저작권은 Aron T. Beck과 Gary Emery(1985)에 있음. Perseus Books Group의 허가를 받아 게재함.

- Repeat−수용을 반복하라. 불안과 함께하라. 시간은 흐를 것이다. 불안이 사라질 때까지 관찰하고 불안과 함께 행동하라.
- Expect−불안이 다시 나타날 것을 예상하고 받아들여라. 불안이 다시 생기지 않을 것이라는 희망을 버려라. 대신 자신이 불안을 다룰 능력이 있다는 믿음을 가지고 앞으로의 불안을 예측하고 받아들여라.

'마음챙김' 기술이란 무엇인가?

순간에 머무르기

마음챙김은 그 순간에 존재하는 것을 말합니다. 마음챙김이란 그때 실제로 발생하는 것과 함께 존재하면서 그것을 수용하는 것입니다.

마음챙김이 중요한 까닭은 무엇인가?

외상 경험은 당신을 현재에 머물지 못하게 합니다.

당신이 외상 경험과 함께 살고 있는 많은 사람과 같다면, 당신은 현재에 머무는 것이 어려울 것입니다. 당신은 과거를 생각나게 하는 것과 미래에 대한 공포 사이에 갇혀 있는 것처럼 느낄 것입니다. 외상 생존자는 과거에 몰두하고 미래를 걱정하는 경향이 있습니다. 결과적으로 현재가 진행되고 있는데 당신은 더 이상 그곳에 속해 있지 않습니다.

지금 여기에 존재하기

살면서 발생한 사건을 다루는 가장 좋은 방법은 당신이 있는 곳에 머무르면서 다루어

* Claudia Zayfert and Carolyn Black Becker(2007). 저작권은 The Guilford Press에 있음. 이 부록의 복사는 이 책을 구입한 사람에 한해 개인적인 목적으로 사용할 경우에만 허용함(자세한 내용은 저작권 페이지 참조).

야 할 것에 적극적으로 대처하는 것입니다. 지금 이 순간을 사는 법을 학습하면 더 나쁜 상황이 될지라도 문제를 해결하고 감정을 다루며 삶에 대처하는 가장 적절한 자세를 취할 수 있습니다. 당신이 처한 곳에 머물러서 발생하는 일을 다루는 것이 가장 유용합니다. 예를 들어, 당신이 부정적인 감정을 강렬하게 느끼게 되면 당신은 후에 발생할 일에 대한 걱정에 초점을 맞추게 될 것입니다. 당신이 미래에 초점을 맞추게 되면, 현재 일어나고 있는 일에 덜 집중하게 되어 효과적인 대처를 하지 못하게 될 것입니다. 마음챙김은 당신이 그 순간에 머무를 수 있는 방법을 가르쳐 주어, 지금 당신의 삶에서 일어나고 있는 일을 효과적으로 다룰 수 있게 해 줍니다.

현명한 마음 갖기

마음챙김 기술은 현명한 마음을 갖는 데 도움을 줄 것입니다. 현명한 마음이란 당신이 자신의 삶에서 일어나는 일에 대해 가장 효과적으로 대처할 수 있게 하는 마음상태를 말합니다. 현명한 마음상태일 때, 당신은 원하는 것을 얻는 데 도움이 되는 결정과 선택을 할 수 있습니다. 정서적인 마음이나 합리적인 마음에서 현명한 마음으로 이동하기 위해서는 감정과 사고를 자각하고 현재에 머무를 필요가 있습니다(감정을 막거나 냉소적인 태도를 취한다면 당신은 현재 합리적인 마음상태에 있는 것입니다). 당신이 감정적이고 논리적으로 경험하고 있을 때, 당신은 목적에 도달하는 가장 최선의 선택을 할 수 있습니다.

어떻게 마음챙김을 연습할 수 있을까?

지금 당장 일어나고 있는 일에 집중하십시오.

과거에 일어난 일 또는 미래에 일어날지도 모르는 일에 집중하고 있다면, 당신은 지금 이 순간에 있는 것이 아닙니다. 객관적으로 당신의 경험을 관찰하고 기술하도록 하십시오. 완전히 지금 이 순간에 머무르고, 일어나고 있는 모든 일에 참여하십시오. 참여는 당신이 지금 하고 있는 일에 머무르면서 해야만 합니다. 지금 당장 무슨 일이 일어나고 있는지 주의를 기울이고 경험하십시오. 이것은 오감을 사용하여 연습하는 것이 가장 쉽습니다. 보고, 듣고, 만지고, 맛보고, 냄새 맡는 감각에 집중하십시오. 감각에 모든 주의를 기울이면서 현재에 참여하십시오.

판단 없이 경험을 받아들이십시오.

보고 있는 것이 아니라 주의를 통제하십시오. 무엇이 일어나든 판단하지 말고 수용하십시오. 현실을 있는 그대로 받아들이십시오. 현재를 변화시키려고 시도하지 마십시오. 수용하는 것은 일어나는 일을 좋아하라는 것과는 다릅니다. 단지 분투하고 있는 현실을 놓아 두라는 말입니다.

부록 9.3 마음의 상태*

    심리학자 Marsha Linehan(1993a, 1993b)는 마음의 상태를 자각하는 것이 중요하다고 강조하고 있습니다. 감정과 이성을 통합할 때, 우리는 '현명한 마음'이라 불리는 상태를 얻을 수 있습니다. 현명한 마음은 합리적인 사고를 무시하는 것도, 감정에 무신경한 것도 아닌 균형 상태를 말합니다. 다시 말해, 당신이 현명한 마음상태라면 당신의 뇌와 가슴이 당신을 이끌 것입니다. 현명한 마음상태에서의 결정은 '옳다고 느껴질' 것이며 당신에게 가장 효과적인 결정일 것입니다.

정서적인 마음

- 감정이 행동과 사고를 지배한다.
- 감정이 운영한다. 감정에 의해 지배된다.
- 분명하게 생각하기 어렵다.
- 감정이 강렬하고(긍정적이든 부정적이든) 압도적이다.
- 사회적으로 나쁜 것으로 인식된다.

합리적인 마음

- 이성이 행동과 사고를 지배한다.
- 감정을 무시한다. 결정과정에서 감정을 고려하지 않는다.
- 차분하고 이성적이며 논리적이다.

---

* Zayfert, Becker, and Gillock(2002). 저작권은 Professional Resource Exchange, Inc.(2002)에 있음. Zayfert와 Becker의 *Cognitive-Behavioral Therapy for PTSD*에서 허락받아 재인쇄됨. 이 부록의 복사는 이 책을 구입한 사람들에 한해 개인적인 목적으로 사용할 경우에만 허용함(자세한 내용은 저작권 페이지 참조).

- '정신차림' — 감정을 단속하고 합리화를 대처 기술로 사용한다.
- 사회적으로 좋은 것으로 인식된다.

현명한 마음

- 감정과 이성이라는 두 측면이 결합되어 있다.
- 감정을 무시하고 벗어나거나 무심하지 않다.
- 감정을 갖고 그것을 인정하지만 분명하게 생각할 수 있다.
- 현명한 마음상태일 때는 '평화로움'을 느끼거나 그 중심에 있다고 느낀다.

정서와 이성의 시소

외상 경험은 당신을 정서적인 마음으로 이끕니다. 자연스럽게 당신은 감정과 이성의 합리적인 마음상태로 빠르게 움직여 강렬하고 불편한 감정에서 벗어나려고 합니다. 그러나 그 결과 감정과 이성 사이를 방황하게 되고, 균형을 유지하는 것은 더욱더 어려워집니다. 외상의 치료는 '현명한 마음'이라고 불리는 시소의 가운데 자리에서 균형을 유지하는 법을 배우는 것입니다.

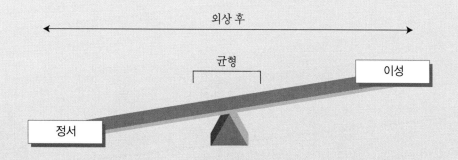

마음상태 인식하기

　마음의 상태를 알려 주는 신호를 인식하는 것이 도움이 됩니다. 그 신호는 신체적인 감각일 수도 있고, 어떤 욕구나 사고, 심상 또는 행동일 수도 있습니다. 다음 주에는 이러한 신호에 주의를 기울이고, 당신의 마음상태를 쉽게 인식할 수 있는 단서가 되는 여러 신호를 기록해 보십시오. 또한 당신을 현명한 마음으로 이끄는 단계를 브레인스토밍해 보십시오. 이것은 당신이 합리적인 마음상태인지 정서적인 마음상태인지에 따라 다를 것입니다. 다음은 현명한 마음상태로 이동하기 위한 신호와 단계의 예입니다. 활동지의 빈칸에 당신에 관한 것을 적어 보십시오.

현명한 마음상태라는 신호	
1. 화가 나 있어도 분명하게 생각하고 집중할 수 있다.	
2. 결정을 하면 내가 맞다고 느낀다.	
3. 나는 불안해도 해야 할 일을 한다.	
정서적인 마음상태라는 신호	**현명한 마음상태**로 옮기기 위한 단계
1. 자살 충동을 느낀다.	1. 양초를 켜고 따뜻한 목욕을 한다.
2. 모든 것으로부터 도망가고 싶다.	2. 걷는다.
3. 남편에게 소리를 지른다.	3. 누군가와 얘기한다.
합리적인 마음상태라는 신호	**현명한 마음상태**로 옮기기 위한 단계
1. 모든 것이 괜찮은 척한다.	1. 감정에 대해 마음챙김을 연습한다.
2. 무심한 척한다.	2. 지지해 줄 수 있는 사람과 통화한다.
3. 합리화한다.	3. 누군가와 얘기한다.

마음상태에 대한 작업기록지

현명한 마음상태라는 신호	
1._____	
2._____	
3._____	
정서적인 마음상태라는 신호	**현명한 마음상태**로 옮기기 위한 단계
1._____	1._____
2._____	2._____
3._____	3._____
합리적인 마음상태라는 신호	**현명한 마음상태**로 옮기기 위한 단계
1._____	1._____
2._____	2._____
3._____	3._____

부록 9.4 문제해결 작업기록지*

1. 문제 인식하기		
2. 달성 가능한 목표 파악하기(달성하고 싶은 것이 무엇인가?)		
3. 브레인스토밍하기(가능한 해결책 생각해 보기)		
4. 해결책 평가하기(각각의 가능한 해결책의 긍정적, 부정적 결과는 무엇인가?)		
해결책	장점	단점
a)		
b)		
c)		
d)		
e)		
f)		

(계속)

5. **해결책 결정하기**(해결책 선택)
6. **해결책 실행을 위한 단계 목록**
a)
b)
c)
d)
e)
7. **평가**(목표에 도달한 정도)

부록 9.5 결정분석 작업기록지 예시

이름: _____

결정분석: 사람에 대한 회피의 결과

날짜: _____

	즉각적인(단기적) 결과		지연된(장기적) 결과	
	긍정적	부정적	긍정적	부정적
내가 회피를 지속한다면: 사람	불안이 덜함 상처를 받지 않을 것임 안정감을 느낌 기대감이 없음 더욱 편안함	우정이나 긍정적인 상호작용을 얻게 될 가능성을 잃게 됨	편안함을 느낄 수 있음	우정을 얻지 못함 고립됨 외로워짐 사람들에 대한 두려움이 지속됨
내가 회피를 멈춘다면: 사람	신뢰감을 증가시킬 수 있는 상호작용의 기회를 얻게 됨	두려움을 느낌 신체적 불편감을 느낌 상처를 받을 수 있음	더 좋은 삶의 기회를 얻게 됨 불안이 줄어듦 외로움이 줄어듦 더 넓은 세상을 경험함 사회적 지지, 신뢰, 신의, 친밀감이 증가됨	친구와의 관계가 손상될 수 있음

(계속)

부록 9.5 결정분석 작업기록지*

이름: _____

결정분석: _____ 에 대한 회피의 결과

날짜: _____

	즉각적인(단기적) 결과		지연된(장기적) 결과	
	긍정적	부정적	긍정적	부정적
내가 회피를 지속한다면:				
내가 회피를 멈춘다면:				

* Zayfert, Becker, and Gillock(2002). 저작권은 Professional Resource Exchange, Inc. (2002)에 있음. Claudia Zayfert & Carolyn Black Becker의 *Cognitive-Behavioral Therapy for PTSD*의 허가를 받아 제인쇄함. 이 부록의 복사는 이 책을 구입한 사람들에 한해 개인적인 목적으로 사용할 경우에만 허용함(자세한 내용은 저작권 페이지 참조).

10 종합하기

이제 여러분은 외상 후 스트레스장애 치료를 위한 인지행동치료의 원리와 목표
는 이해했을 것이다. 또한 외상 후 스트레스장애 환자의 다양한 공존장애를 개선할
수 있는 보조 치료법에도 익숙해졌을 것이다. 이 장에서는 치료가 계획대로 진전되
지 않을 때의 의사결정을 포함해 치료의 장애 요소를 다루는 데 도움이 되는 지침
을 다룬다. 또한 다양한 문제에 목표를 둔 치료 단계에서 종결 시점으로 전환하는
것에 대해 논의하고자 한다.

흔한 걸림돌

낮은 순응도

외상 후 스트레스장애 환자에게 인지행동치료를 시도하는 일은 기본적으로 도전

적이며, 상당한 불안을 유발한다. 따라서 지시에 따르지 못하는 비성실성은 드물지 않다. 어떤 치료사는 이것에 대해 다음과 같이 고백한다. "환자와 치료사가 이 치료를 원하지 않는 이유는 너무나 분명합니다. 이 치료에서는 끔찍한 사건들을 탐색해야 하므로 극도의 불안이 유발됩니다. 저라도 치료를 받고 싶지 않을 겁니다. 이 말은 치료를 받지 않겠다는 뜻이 아니라, 사람들이 치료를 받고 싶어 하지 않는 이유를 이해할 수 있다는 뜻입니다." 환자가 가장 두려워하는 것에 직면해야 한다는 점에서 심리교육이나 인지적 재구조화 또는 노출을 진행할 때 환자의 어려움을 인정해 주는 것이 중요하다. 그런 다음 과제의 성공을 방해하는 어떤 걸림돌이 있는지 탐색하라. 환자가 과제물을 이해하지 못했거나 생활에 적용하는 것을 어려워하는가? 불안을 받아들이기보다는 그것을 극복하겠다고 참아 내거나 혹은 첫 번째 과제를 완수하기 전에 너무 빨리 다음 과제로 넘어간 것은 아닌가? 과제를 완수할 능력이 없거나 의지가 없는 것은 아닌가? 과제를 분명히 하는 것, 과제를 수행할 시간을 계획하는 것, 그리고 장애물에 관한 문제를 해결하는 것은 궁극적으로 지시를 실행하도록 하는 데 도움이 된다. 환자가 단지 스스로 완수할 준비가 되어 있지 못한 것이라면 할당된 과제나 수정된 과제를 회기 내에서 완수하도록 하라. "과제를 실시하는 것이 어려우셨나 봅니다. 이해할 수 있습니다. 그렇다면 지금 우리 함께 이것을 해 보도록 합시다."라고 말하는 것만큼 과제를 진행하는 것이 중요하다는 점을 분명히 하는 방법은 없다. 다음에 과제를 완벽하게 수행하지 못한 두 환자의 사례를 제시하였다.

대화 예시 노출 기록을 마치지 못한 환자

질은 실제 상황에서 첫 노출 과제를 마치긴 했지만 기록을 완수하지는 못했다고 하였다. 다음 대화는 매우 중요한 부분인 노출 과제의 기록을 성공적으로 마치지 못한 질의 어려움에 치료사가 어떻게 반응했는지를 보여 준다. 과제의 기록은 계획대로 노출이 진행되고 있는지에 대한 판단과 평가 자료를 제공한다. 기록하지 못한 것은 환자가 과제의 다른 측면도 완수하지 못했음을 말해 주기도 한다.

치료사: 여동생의 애완견인 토비와 매일 30~45분을 함께 보내면서 불안 수준을 기록하기로 했었지요? 하셨나요?

질: 네. 그런데 몇 분 정도 기록하다가 뒤에는 못 했어요.

치료사: 좋아요. 이해할 수 있습니다. 제가 말했던 것처럼 자세하게 기록하기는 어려웠을 거예요. 당신이 애완견과 함께 시간을 보내기 시작했다는 것만으로도 기뻐요. 시작하는 것 자체를 어려워하는 사람도 있거든요. (빈 기록지를 꺼낸다.) 어떤 일들을 했는지 더 자세히 말씀해 주세요. 토비와 어떻게 지냈나요? 언제 여동생의 집을 방문했었나요?

> **보충 설명** 치료사는 질의 어려움과 노력한 것을 인정했다. 이어서 회기 내에서 기록하는 일을 함께 진행하는 것으로 의사소통을 하였다. 이를 통해 치료사는 기록을 계속 하는 것이 중요한 일임을 전달했고, 기록하는 행동을 질에게 직접 보여 주었다. 그래도 질이 기록하지 못하겠다고 한다면 치료사는 그 이유를 탐색해 봐야 할 것이다.

질: 지난 월요일요.

치료사: 좋아요. 토비를 보기 전에는 얼마나 불안했나요?

질: 동생 집에서요? 아니면 집을 떠나기 전에요?

치료사: 그 둘이 다른가요?

질: 네. 집을 떠날 때는 불안이 40점 정도였다면, 동생 집에 들어설 무렵에는 60점까지 올라갔어요.

치료사: 미리 불안을 느끼는 것은 당연해요. 동생 집에서 토비를 보기 전의 불안 수준을 점수로 매겨 봅시다. 순차적으로 당신이 느낀 불안을 추측해 봅시다. 많은 사람은 이런 과정을 통해 불안이 줄어들어요. 자! 해 보시겠어요? (기록지의 노출 전 불안 칸에 60이라고 적는다.) 좋아요, 다음에 무슨 일이 일어났죠?

질: 제가 문 옆에 서 있는 동안 동생이 토비를 거실 입구 쪽에 있게 했어요. 선생님과 전에 얘기했던 것처럼요.

치료사: 좋아요. 그다음에는요?

질: 심장이 쿵쾅거리기 시작했고, 벌벌 떨었어요. 나가고 싶었죠. 정말 무서웠어요.

치료사: 그렇지만 거기 있었나요?

질: 네. 토비는 토비일 뿐이고 아무도 해치지 않는다는 것을 계속 생각했어요.

치료사: 잘했어요. 불안이 얼마나 높아졌나요?

질: 꽤 많이요. 아마 85점 정도는 된 것 같아요.

치료사: 그래요. 여기다 적어봅시다. (85를 적는다.) 얼마나 그곳에 있었나요?

질: 20분 정도요.

치료사: 좋아요. (20분을 기록지에 적는다.) 그리고, 마지막에 불안 수준은 어땠나요? 당신이 그곳을 떠날 때요.

질: 음, 선생님이 말씀하신대로 불안이 절반 정도로 내려갈 때까지 있다가 40점 정도가 되었을 때 주방으로 들어갔어요.

치료사: 좋아요! 그럼, 토비와 노출치료를 하러 언제 다시 가기로 했나요?

> **보충 설명** 계속된 기록과 과제에 대한 자료 분석은 치료에 대한 결정을 이끌어 가기 위해 자료를 어떻게 사용해야 하는지를 질에게 보여 준다.

대화 예시 노출을 마치지 못한 환자

엘레나는 강간을 당했던 기억에 심상노출 과제를 실행하지 못한 채 치료실을 다시 찾았다. 그녀는 치료실에서는 익숙했던 테이프를 집에서는 집어들 수 없었다고 하였다.

엘레나: 테이프를 자주 쳐다봤어요. 하지만 할 수 없었어요.

치료사: 그럴 수 있어요. 여기에서 지금 해 봅시다. 그리고 끝마친 후에는 과제를 살펴보고 당신에게 도움이 될 만한 다른 방법을 찾아봅시다. 테이프를 다시 들을 시간은 충분하니 한번 시도해 보는 것이 좋겠습니다.

치료사는 엘레나의 어려움을 인정해 주었지만 노출을 회피하는 것에는 동의하지 않는다는 것을 분명히 했다. 회기 중에 노출을 반복하면 회기내에서뿐만 아니라 회기 간에 습관화가 일어나서 집에서 과제를 쉽게 할 수 있다. 또한 회기 내에서 노출에 성 공하면 불안을 참아낼 수 있다는 자신감이 높아져 집에서 노출을 수행하겠다는 의지 도 커질 수 있다.

엘레나: 그러면 지난주에 했던 것을 지금 다시 해 보자는 건가요?

치료사: 네.

엘레나: (큰 한숨을 쉬며) 알겠어요.

엘레나는 30분의 노출치료를 완성했고, SUDS가 90에서 30으로 줄어들었다.

치료사: 오늘 어땠나요?

엘레나: 저번 주보다는 쉬웠어요. 몹시 불편했지만 불안이 빠르게 많이 줄어들었어 요. 계속 이렇게 하다 보면 괜찮아질 거라고 제 자신에게 끊임없이 말했어요.

치료사: 좋아요! 집에서 해야 할 과제에 대해 생각해 봅시다. 집에서 다시 노출 연습을 하면 어떨 것 같은가요?

엘레나: 어렵겠지만, 지난주보다는 쉬울 것 같아요. 할 수 있을 것 같습니다.

치료사: 지난주에는 어디에서 하셨나요?

엘레나: 솔직히 말해서 시도해 보지도 못했어요. 그냥 방에 있는 테이프를 쳐다보기만 했어요.

치료사: 당신이 그것을 하는 데 도움이 될 만한 것에 대해 잠시 생각해 봅시다. 노출 연습을 위한 시간을 따로 정해 두는 것은 어떨까요?

치료사는 집에서 할 과제에 대한 비공식적인 문제 해결을 시도하였다.

엘레나: 네, 가능해요. 지금은 여름방학이라 시간이 좀 있어요.

치료사: 다른 사람과 함께 집에 있으면 노출 연습이 어려울까요?

엘레나: 네, 어려울 것 같아요. 헤드폰을 끼고 있으면 부모님이 내가 무슨 행동을 하는
지 보려고 할지도 모르고 부모님이 방에 들어올지도 몰라요. 여동생과 함께
있으면 좀 쉬울 것 같긴 해요. 2주 전에 내게 일어났던 일과 치료를 받고 있다
는 사실을 동생에게 말했거든요.

치료사: 좋아요. 동생이 집에 있고, 부모님이 안 계신 시간이 있나요?

엘레나: 네. 부모님은 하루에 두 번 45분 정도 산책을 나가세요. 여동생에게 집에 꼭
있으면서 다른 방에 있어 달라고 부탁할 수 있어요. 그것이 저에게 도움이 될
것 같고, 이미 여동생에서 사실을 말했기 때문에 그 방법이 괜찮을 것 같아요.

방해요소: 삶의 문제 그리고 우선순위를 바꾸는 일

치료 매뉴얼에서는 매주 연속해서 치료를 진행할 것을 권한다. 그러나 외상 후
스트레스장애 환자의 현실에는 치료를 방해하는 수많은 장애물이 존재한다. 그러
므로 치료 장애물들의 중요성을 평가할 준비가 되어 있어야 하며, 경우에 따라서는
그에 맞춰 치료를 수정해야 한다.

치료 장애물들은 가족의 죽음과 같은 주요 생활 사건부터 경제적·법적 문제 또
는 부부문제와 같은 삶의 문제까지 광범위하다. 또한 삶의 문제에는 차편을 구하는
것과 아이를 돌보는 일, 바쁜 일정 중에 과제를 해야 하는 것과 같은 현실적인 어려
움도 존재한다. 공존장애가 있는 환자는 약물남용이나 우울증과 같은 증상이 악화
되면 치료에 어려움이 발생할 것이다.

치료 장애물을 관리하는 것은 그 중요성을 인정하면서도 환자의 궁극적인 치료
목표인 외상 후 스트레스장애 증상을 해결하는 것에 대한 방향성을 잃지 않는 것을
말한다. 환자 삶의 문제에 모두 반응하다 보면, 치료에 대한 회피를 쉽게 하게 만들
고, 회피는 삶의 문제마다 자주 등장하게 될 수 있음을 기억하라. 환자 삶의 우선순

위에 대한 균형을 유지하도록 하며 치료사가 환자의 삶의 위기에 대해 얼마나 주의를 기울이고 있는지 신중하게 검토하라. 가능하면 언제든 환자와 함께 논의하라. 어떤 환자는 치료사와 치료 혹은 자기 자신에게 의무감을 느낄 수 있다. 그리고 이것이 가족에 대한 의무나 다른 삶의 욕구와 갈등을 일으킬 수 있다. 솔직한 논의를 통해 관련된 문제를 분명히 할 수 있다.

외상 후 스트레스장애에 초점 맞추기

환자의 삶의 문제는 외상 후 스트레스장애가 아니라면 쉽게 관리될 수 있다. 따라서 치료 과정에서 외상 후 스트레스장애를 해결하는 것이 대부분의 환자에게는 가장 이득이 된다. 외상 후 스트레스장애에 초점을 맞추어 치료하는 것이 환자에게 가장 유익한 것이라는 결론을 내렸다면, 삶의 문제와 관련된 고통을 지지해 주어야 한다는 것을 기억하라. 환자의 고통을 인정하지 못하면 치료 관계가 위태로워질 수 있다. 환자는 치료사가 지지해 주지 않는다고 생각하게 되면 매우 고통스러울 것이다. 그렇지만 적절히 지지받게 되면 대부분의 환자는 외상 후 스트레스장애 치료를 계속하는 것에 동의할 것이다.

대화 예시

치료사: 아들 문제로 몹시 힘들고 괴로워하시는 것을 이해합니다. 그렇지만 우리가 이야기했던 것처럼, 지금은 당신이 아들을 돕기 위해 할 수 있는 것이 많지 않습니다. 치료를 계속 하는 것보다 당신이 다른 문제에 좀 더 신경을 쓰도록 하는 것이 당신에게 도움이 되고 덜 스트레스를 받게 할지에 대한 확신은 없습니다. 외상 후 스트레스장애 증상이 개선된다면 사실상 다른 문제도 훨씬 더 잘 다룰 수 있게 될 것입니다.

치료의 초점을 변경하거나 수정하기

생활사건으로 환자의 주된 관심이 이동했을 때에는 외상 후 스트레스장애 치료에 진전을 보기가 어렵다. 많은 삶의 위기가 갑작스럽게 닥쳐와서 외상 후 스트레스장애 치료를 지속하는 것이 불가능하거나 더 이상 우선순위가 아닐 수 있다. 상황에 따라 초점을 바꾸는 것이 적절할 수 있으며, 이것은 환자의 경험을 치료사가 암묵적으로 정당화하는 것이다. 배우자의 불륜이나 부모의 불치병을 알게 되는 것과 같은 주요 생활 위기를 겪고 있는 환자에게 외상 후 스트레스장애에 초점을 맞춘 치료를 계속 진행하려고 하면 환자는 치료사가 자신의 어려움을 이해하지 못한다고 생각할 수 있다. 이 경우 치료를 지속하려고 하는 것은 효과가 없다.

외상 후 스트레스장애 치료를 더 이상 진행하는 것이 어렵다는 결론이 내려지면 두 가지 선택이 있을 수 있다. 첫 번째 선택은 치료를 중단하는 것이다. 이는 합리적인 조치이며 치료를 쉬는 것이 도움이 되는 환자들도 있다. 이러한 환자는 위기가 끝나면 돌아오기도 한다. 기본적으로 이들은 정기적으로 진행되는 치료를 받기보다 몇 회기씩 불연속적으로 치료를 받게 된다. 환자가 치료를 중단하기를 원한다면 몇 달 안에 추수 약속을 잡는 것이 좋다. 이는 환자가 치료를 받을 마음이 있는지를 확인할 수 있게 한다. 추수 상담을 약속하지 않으면 많은 환자들이 치료를 다시 받겠다고 결정할 힘을 얻기 힘들다.

대화 예시

치료사: 어머니의 병에 대해서 이야기를 나눈 지도 몇 주가 지났네요. 어머니의 상태가 좋아질 때까지 치료를 멈추는 것이 어떨까요?

환자: 글쎄요. 지금 상황에서 제가 치료를 계속하는 것이 무슨 의미가 있을까 싶기도 해요. 병원을 왔다 갔다 하며 시간을 써야 하는 상황에서는 계속 치료를 받을 만한 에너지가 없어요. 그런데 치료를 그만두었다가 다시 돌아오지 못할 것 같아 두려워요.

치료사: 몇 달 뒤로 상담 약속을 잡아두는 것은 어떨까요? 지금 약속을 정하는 것이 좋겠어요. 그래야 당신이 다시 치료를 받으러 올지, 그리고 치료를 받을 만큼 어머니의 상태가 호전되었는지 알 수 있을 테니까요.

두 번째 선택은 치료사(또는 치료 장애물을 원활하게 다룰 수 없다고 생각되면 다른 치료사)가 치료의 초점을 바꾸거나 초점을 분리하는 것이다. 예를 들어, 몇 회기만 다른 문제를 다룬 후 다시 외상 후 스트레스장애를 치료할 수 있다. 주디스는 문서를 잘못 처리하여 더 이상 복지금을 지급받을 수 없게 되었다. 그녀와 치료사는 여러 회기에 걸쳐 이 문제를 다루었고, 그 후 외상 후 스트레스장애 치료로 다시 돌아왔다. 그러나 어떤 문제는 장기적인 변화가 필요하다. 일시적으로 초점을 변화하기로 결정했다면 지속적으로 그 문제가 해결되는 정도를 평가해야 한다. 앞서 말했듯이, 치료 장애물은 흔히 회피행동을 수반한다. 치료 장애물을 다루어도 효과가 없다면, 외상 후 스트레스장애에 초점을 맞춘 치료로 되돌아가거나 초점을 분리하여 치료하는 것이 적절하다. 외상 후 스트레스장애 치료의 목표는 되도록 빨리 외상 후 스트레스장애 증상을 해결할 수 있도록 돕는 것임을 기억하라. 따라서 이런 경우에는 신속히 외상 후 스트레스장애 치료로 돌아와야 한다.

치료의 초점을 분리하기로 결정했다면 두 가지 방법을 사용할 수 있다. 첫 번째는 외상 후 스트레스장애의 치료와 다른 문제를 다루는 것으로 회기를 나누는 것이다. 특히 상담 회기를 길게 잡았다면 이러한 접근이 가장 쉽다. 이 경우 먼저 외상 후 스트레스장애 치료로 회기를 시작하되 생활 사건을 다룰 만한 충분한 시간을 확보하라. 예를 들어, 심상노출을 실시한 직후 제이미는 16세인 딸이 몇 년 전 성폭행을 당했던 것과 그 후 코카인에 중독되었음을 떠올렸다. 제이미와 치료사는 상담 회기를 120분 정도로 길게 잡기로 다시 합의했다. 회기는 항상 노출치료로 시작하였고, 그 후에는 딸과 관련된 문제의 해결법에 초점을 맞추었다.

회기를 길게 계획할 수 없다면 대안적인 방법을 선택할 수 있다. 이는 치료에 자주 참석할 수 있는 환자에게 적절하다. 예를 들어, 루시아의 섭식장애는 실제노출을 시작한 후 악화되었다. 루시아와 치료사는 노출치료의 중단은 적합하지 않다는 데 동의했다. 또한 루시아는 섭식장애 증상을 다룰 수 있도록 도움이 필요했다. 루시아는 일주일에 두 번 정기적으로 치료에 참석할 수는 없었지만 격주로 두 번 참석하는 것은 가능했다. 따라서 매주 외상 후 스트레스장애를 목표로 한 회기를 진행하면서, 한 번 더 참석할 수 있는 격주마다 섭식장애 행동을 다루기로 하였다.

진행 중 발생하는 문제 해결하기

치료 진행 중에 발생하는 문제는 때로는 추가적인 치료가 필요하다는 단서가 된다. 예를 들어, 아드리엔은 6회기를 진행한 후 직장의 스케줄 때문에 더 이상 시간을 낼 수 없다며 다음 약속의 취소를 요청하였다. 차로 한 시간 거리에 살고 있는 아드리엔은 새로운 업무 스케줄 때문에 치료를 지속할 수 없다고 생각하였다. 그녀는 이 문제를 상의하기 위해 쉬는 날에 약속을 잡았다. 이때 치료사는 이 문제를 해결하기 위한 가능한 해결책을 찾아냈다. 그것은 아드리엔이 상사에게 한 주에 하루는 몇 시간 일찍 퇴근할 수 있도록 허락을 받는 것이었다. 문제를 해결하는 과정에서 아드리엔의 자기주장 의사소통 기술이 부족하다는 것이 드러났다. 스케줄을 바꾸어 달라는 말을 하는 짧은 역할극을 진행하면서, 치료사는 무엇을 말해야 할지 모르는 것이 아니라 그것을 말할 수 있는 권리가 있다는 것을 받아들이는 것에 아드리엔의 문제가 있다고 판단했다. 치료사는 아드리엔에게 『자기를 주장하는 방법 The Assertive Option』(Jakubowski & Lange, 1978)의 복사본을 주고 주장적 권리와 주장적인 생각을 다룬 장을 읽도록 하였다. 치료사는 또한 그녀의 의사소통에 대한 어려움이 유년기 학대에서 비롯된 사고 패턴과 관련되어 있다는 것을 발견했다. 이후 회기에서 그녀는 인지적 재구조화를 통해 이러한 사고를 수정하기로 결정했다.

약속 취소, 무단결석, 중도탈락

약속 취소와 무단결석은 모든 치료 실제에서 일어날 수 있는 일이다. 약속을 지키지 못하는 것이 임상적인 것과 자주 관계되는 것은 아니지만, 어떤 사례에서는 삶의 문제나 치료 장애물 또는 회피행동을 반영하기도 한다. 따라서 약속을 지키지 못하는 것은 중도탈락의 전조이기도 하다. 약속을 지키지 않는 것은 치료사의 재정 안전성에도 영향을 줄 수 있으며 이러한 걱정들은 환자의 임상적 요구들과 충돌할 수 있다. 약속을 지키지 않는 것에 대처하기 위한 임상적인 계획을 세우는 것이 중요하다. 그렇게 하는 것에 동의하지 않는다면, 약속을 조정하지 않고 무단결석을 하거나 약속을 취소한 외상 후 스트레스장애 환자에게 전화나 편지를 할 것을 권한다. 특히 진심 어린 걱정을 표현할 수 있고 치료 불참의 이유에 대해 대화를 할 수 있다는 측면에서 전화를 거는 것이 더욱 좋다. 편지는 치료사의 의도를 오해하거나 지지적이지 않아 보이거나 불편감을 유발할 수 있다.

치료 초기나 평가 기간에 약속을 지키지 않는 것은 양가감정의 신호일 수 있다. 따라서 환자가 계속 치료받기 어렵다는 메시지를 남겼더라도 즉시 간단한 전화 통화를 하는 것이 좋다. 이를 치료에 대한 환자의 반응으로 인정하고 오랫동안 묻어 두었던 것에 직면하는 것이 힘들다는 점을 지지하는 기회로 삼아야 한다. 침투 증상이 증가하는 것은 정상적인 것이며, 이러한 반응은 '외상의 상처'로 반복될 수 있다는 점을 말해 주어라. 대부분의 환자는 이러한 관심을 보여 주면 위로를 느끼게 될 것이다. 치료를 받아 좋아지고 싶다는 용기가 생겼을 때 치료를 받으러 돌아올 수 있을 만큼 치료사를 신뢰할 수 있도록 하는 것이 좋다. 이러한 문제들에 대해 좀 더 이야기하기 위해 '한 회기만이라도 더' 참여하라고 하는 것도 유용한 방법이다.

환자가 약속을 자주 취소한다면 치료에 전념할 의도가 있는가와 변화를 할 의도가 있는가에 대해 탐색해야 하며 직접적인 개입이 필요하다. 치료 초기에 약속이 취소된다면 전화를 이용해 대처하는 것이 좋다. 일반적으로 연락을 취할 때에는 끈기 있게 하는 것이 좋다. 예를 들어, 소냐는 심리교육에 적극적으로 참여하더니 이후 여러 번 약속을 지키지 않았다. 또한 통화하기가 매우 어려웠다. 치료사는 좌절감을 느꼈지만 꾸준히 전화를 하여 자동응답기에 메시지를 남겼다. 마침내 소냐는 전화를 걸어 왔고, 그만둘 마음이 있었음을 인정했다. 그리고는 "이렇게 끈질기게 연락하는 분은 없었어요. 정말로 선생님이 저에게 크게 신경을 쓰고 있다고 생각하게 되었어요. 그래서 치료를 계속하기로 결정했습니다."라고 말하였다. 이후 소냐는 전체 회기 중 단 한 번 약속을 지키지 못했다. 그때 그녀는 "걱정하지 마세요. 이번에는 포기하려는 것이 아니에요. 걱정스러운 문제가 있지만 다음 주에는 꼭 참석할 거예요."라고 녹음 메시지를 남겼다. 그러나 소녀의 예와는 달리 치료에 참여하지 않는다면 치료를 종결하거나 뒤로 미루기로 합의하는 것이 좋은 환자도 있다.

치료의 중도탈락에 영향을 주는 요인들에 대한 실증적 이해는 제한적이다. 다른 치료보다 구조화된 외상-초점적 외상 후 스트레스장애 치료에서 중도탈락자가 약간 더 많은 편이다(Hembree, Foa, et al., 2003). 또한 심각한 우울 증상이 있고 회피 수준이 높은 환자가 중도탈락하는 경향이 높은 편인데, 여기에는 경계선 성격 특성과 사회불안 또는 일반적으로 심각한 외상 후 스트레스장애 증상이 포함된다(Zayfert et al., 2005). 심각한 우울과 자살행동을 보이는 환자는 외상 후 스트레스장애의 인지행동치료를 받을 수 있다(Nishith, Hearst, Mueser, & Foa, 1995). 이러한 경우, 치료 중에 BDI나 일일 기분 평정이나 자살충동 평정과 같은 평가 도구를 이용하여 우울증 또는 자살사고를 관찰해야 한다. 이는 특히 환자가 치료에 참석하지 않았을 때, 우울증이나 자살시도가 악화되는 것을 탐색하고 적절히 반응할 수 있도록 도와준다. 예를 들어, 환자가 하루 종일 잠만 자고 치료 시간에도 잠 때문에 회기에 참석하지 못했다면, 외상 후 스트레스장애의 인지행동치료를 시작하기 전 활동 수준을 높이고 기분을 고양시키는 것에 초점을 맞춘 여러 회기가 필요할 것이다.

요약하면, 환자가 불규칙적으로 치료에 참여한다면 이에 영향을 미치는 요인들을 탐색하고 그들이 결국에는 치료를 포기하게 될지라도 환자가 치료 상황으로 돌아올 수 있도록 '설득하는' 데 최선을 다해야 한다. 치료적 관계는 (좋은 문제 해결법과 결합되어) 참석을 지지하는 최고의 도구가 되기도 한다는 것을 기억하라.

다양한 문제를 가진 환자의 치료: 외상 후 스트레스장애에서 다른 문제로 치료를 전환하는 시기 결정하기

환자가 외상 후 스트레스장애에 대한 노출치료를 성공적으로 마쳤다면 이제는 다른 문제를 다룰지 여부와 시기를 결정해야 한다. 무엇보다 가장 먼저 초기 평가를 살펴보아라. 치료의 구조를 유지하고 결정 과정에 집중하는 데 도움이 될 것이다. 귀찮더라도 이 시점에서 재평가를 할 필요가 있다. 경험상, 대부분의 환자는 협조적으로 접근하면 필요한 평가를 다시 하는 것에 동의한다.

대화 예시 재평가와 치료 계획에 대해 논의하기

치료사: 치료를 시작했을 때 나타났던 모든 침투적인 사고와 당신을 괴롭혔던 모든 것에 대한 노출치료를 마쳤습니다. 그리고 또 그날 입었던 셔츠나 그 일이 일어났던 길, 그때 아이패드로 듣고 있던 노래처럼 사건을 생각나게 하여 회피했던 여러 가지에 대한 노출도 마쳤습니다. 이제 당신의 상태를 알아보기 위해 증상을 재평가해야 할 것 같습니다. 이것은 치료가 더 필요한지 결정하는 데 도움이 될 것입니다. 재평가를 하는 것에 대해 어떻게 생각하시나요?

제니: 네. 괜찮습니다.

치료사: (CAPS 실시함). 재평가를 해 보니 증상이 꽤 좋아진 것 같네요. 아직도 이웃집에 가는 것이 약간은 긴장된다고 하셨지만 더 이상 꿈을 꾸거나 공격에 대한 침투적인 기억들을 갖고 있지 않아요. 그리고 공격에 대한 생각이나 상기시키는 것들을 피하지 않고 있고 당신이 해야 할 일에 대한 관심을 되찾기 시작했어요. 이전보다 잠도 잘 자고 짜증도 덜 내고요.

제니: 맞아요. 정말 기분이 많이 좋아졌습니다.

치료사: 처음 평가할 때 함께 도움받기를 원하는 문제로 우울증과 공황장애를 말씀하셨어요. 지금도 그 문제들이 여전히 당신을 괴롭히는지 알아보기 위해 다시

평가해 보는 것은 어떨까요.

제니: 네. 좋습니다.

추가 치료의 필요성을 결정하기 위한 평가 전략

CAPS를 이용해 재평가하는 것은 환자의 외상 후 스트레스장애 증상이 어느 정도 개선되었는지 알아볼 수 있는 가장 좋은 방법이다. 환자가 최상의 개선을 보였다면 CAPS를 실시하는 데는 15분 이하의 시간이 걸린다. 반면 증상이 아직 꽤 남아 있다면 시간이 더 오래 걸릴 것이다. 그러나 CAPS의 평가로 얻을 수 있는 정보는 유용하므로 시간이 아깝지 않을 것이다. 재평가 동안에는 남아 있는 침투 증상(기억, 악몽, 플래시백)의 내용에 대해 특히 상세하게 주목해야 하며, 고통이나 신체적 반응을 유발하는 촉발 요인, 또는 환자들이 계속 피하고자 하는 사고·기억·심상·감정 등에 대해 주목해야 한다. 이는 노출치료의 추가적인 계획을 세우거나 인지적 재구조화 기법이 필요한 목표 영역을 탐색하는 데 도움이 될 것이다. 외상 후 스트레스장애 체크리스트$_{PCL}$와 같은 자기보고식 검사도 사용되지만, 자기보고와 면담 측정치 간의 일치도는 높지 않다는 것에 유의해야 한다.

증상이 안정수준으로 줄어들었다면, DSM-IV의 불안장애 면담 스케줄$_{ADIS-IV}$이나 처음에 공존장애로 진단했을 때 사용했던 다른 진단 도구로 재평가하라. 외상 후 스트레스장애를 치료하면 종종 공존장애가 적정 수준까지 개선되기도 한다. 어떤 환자에게는 지속되기도 하는데, 이 경우에는 그 문제를 직접 다룰 추가적인 인지행동치료를 계획할 필요가 있다.

초기 사례개념화에 기초하여, 기분과 불안에 대한 질문지나 일지를 통해 이미 공존장애를 추적해 왔을 것이다. 이 역시 공존장애를 위해 추가적인 치료가 필요한지 여부를 결정하는 데 도움이 된다. 예를 들면, 조세핀은 첫 평가에서 외상 후 스트레스장애와 함께 일반화된 불안장애와 우울장애 진단을 받았다. 치료사는 첫 평가에서 펜실베니아 걱정증상 질문지와 벡 우울검사를 사용했고, 치료 동안 매달 반복해

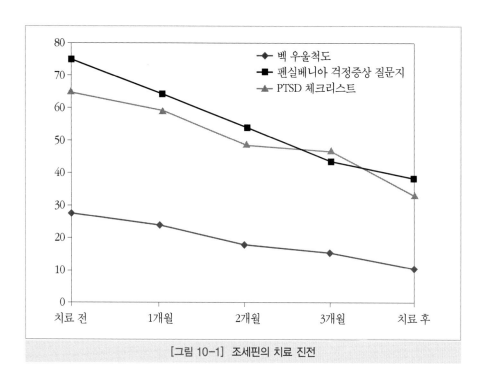

[그림 10-1] 조세핀의 치료 진전

서 평가를 진행했다. 그녀의 점수는 지속적으로 감소하였다([그림 10-1] 참조). 외상 후 스트레스장애 치료 종결 후, 치료사는 ADIS-R의 일반화된 불안장애와 우울증 모듈을 사용하여 평가하였는데, 조세핀은 이러한 진단기준은 더 이상 충족하지 않았다. 그리고 펜실베니아걱정증상 질문지와 벡 우울검사 점수도 정상 범위보다 약간만 높았다. 따라서 치료사는 더 이상 추가적인 치료가 필요하지 않다는 결론을 내렸다.

다른 문제의 치료를 위해 인지행동치료 시작하기

치료사와 환자가 다른 문제에 대한 치료를 추가적으로 실시하기로 결정했다면, 환자의 지식(예: 공포와 불안의 특성, 투쟁-도피 반응)과 치료 전략에 대한 경험을 기반으로 할 수 있다는 것을 기억하라. 그리고 공존장애에 환자가 학습한 전략들을 적용할 수 있도록 유도하라. 이는 치료 과정을 줄여 준다. 예를 들어, 제니는 우울증과 공황장애를 평가한 결과 상당한 호전이 있었고 지난 2주 동안 공황발작이 없었다. 하지만 안전에 대한 염려가 줄었음에도 불안의 신체적 감각에 대한 공포는 여전히 남아 있었고, 공공장소에서 공황발작을 일으킬까 봐 두려워하였다. 따라서 공황장애 진단은 유지되었다. 치료사는 공황발작에 대한 추가 교육을 계획하고(예: 공황발작을 '허위경보'로 개념화하는 것을 배우기) 내부감각 노출치료를 몇 회기에 걸쳐 진행하였다(9장 참조).

　치료의 변경에 앞서, 외상 후 스트레스장애의 치료를 위해 진행 중인 인지행동치료의 모든 치료 구성요소를 항상 완수해야 하는 것은 아니다. 공존장애가 개인의 전반적 고통의 중요한 측면인 사례에서는 되도록 빨리 그 문제로 주의를 옮기는 것이 분별 있는 결정이다. 예를 들어, 아드리엔은 외상 후 스트레스장애, 기분부전장애, 일반화된 불안장애, 사회공포증, 특정공포증, 폭식장애로 진단받았다. 아드리엔에게는 단지 실제노출치료 3회기와 어린시절 성적 학대 기억에 대한 노출치료 2회기만이 진행되었다. 이어서 수치심을 다루기 위해(8장 참조) 인지적 재구조화를 도입하여 3회기 동안 실시하였다. 이 무렵, 아드리엔은 비만 문제로 가정의학병원을 방문했고, 2형 당뇨병이 위험 수준에 가깝다는 진단과 함께 영양사를 방문할 것을 권유받았다. 이것은 비정상적인 섭식 유형의 기저에 있는 낮은 자기가치감에 대한 사고를 인지적으로 재구조화하는 것을 계속적으로 강화하면서 초점을 폭식장애에 맞출 수 있는 이상적인 기회를 제공하였다.

　의사의 권고에 대해 숙지한 후, 치료사는 지금까지 진행해 왔던 외상 후 스트레스장애 증상과 구토에 대한 공포, 낮은 자존감(기분부전)에 대한 치료 작업을 검토해 보았다. 그리고 아직까지 남아 있는 문제들의 흔적을 찾아냈다. 치료사는 아드리엔에게 다음에 다루고 싶은 문제가 무엇인지 물었다. 아드리엔은 폭식장애라고 대답하였다. 치료사는 DSM-IV 구조적 임상 면접Structured Clinical Interview for DSM-IV의 폭식장애 모듈을 사용하여 그녀의 폭식문제를 평가하고, 매일의 음식 소비량과 폭식 양상에 대해서도 질문하였다. 결론적으로 치료사는 그녀의 외상 후 스트레스장애 증상이 더 많은 인지적 재구조화와 실제노출의 실시를 통해 지속적으로 개선될 수 있을 것이라고 확신하고 외상 후 스트레스장애 증상의 재평가 계획을 세웠다.

마크는 외상 후 스트레스장애, 사회공포증, 우울증으로 진단받았으며, 초기 치료 목표는 외상 후 스트레스장애에 대한 호전이었다. 심리교육과 실제노출, 심상노출, 인지적 재구조화, 활동 계획하기로 구성된 18회기를 마친 후 마크는 모든 기억과 구별 가능한 자극에 대한 노출을 진행하였다. 또한 그는 성공적으로 수치심과 낮은 자기가치감과 관련된 사고들에 도전하였고, 자전거를 타고 낚시를 하고 개와 함께 노는 것과 같은 즐거운 활동들에 규칙적으로 참여하였다. 치료사는 CAPS와 ADIS-IV의 우울증, 사회공포증 모듈로 재평가하였다. 마크의 외상 후 스트레스장애 증상은 CAPS의 전체 심각도 점수가 치료 전 74점에서 35점으로 줄었지만, 여전히 학대가 생각나면 화가 치미는 것은 지속되었다. 또한 벡 우울검사 점수가 35점에서 19점으로 줄어들긴 했지만 사회공포증과 주요우울장애 진단기준을 여전히 충족하였다. 치료사는 그가 사회적으로 고립되어 있고, 여가 시간을 혼자서 보내기 때문에 그의 처진 기분이 유지되고 있다고 가정하였다. 치료사는 마크에게 다음 달에 시작하는 사회공포증 치료집단에 참여할 것을 권하였고, 12회기 집단치료가 끝난 뒤 후속 치료가 필요한지 평가하기 위해 마크를 개인적으로 만났다.

종결 계획하기

치료의 종결과 관련된 결정은 다른 결정과 마찬가지로 평가 자료를 기초로 이루어져야 한다. 이러한 자료에는 과정 중에 이루어진 노출치료 동안의 SUDS 점수, 노출 위계에 도달한 정도, 인지적 재구조화 동안의 SUDS 점수 그리고 행동관찰(예: 공포유발 자극들에 접근할 수 있는 능력)이 포함된다. 또한 이에 더해 외상 후 스트레스장애나 관련 차원을 평가한 구조화된 면담이나 심리측정 질문지와 같은 타당도가 확보된 결과 측정치를 참고할 것을 권한다. 결과 측정치에서 주목할 만한 증상의 감소를 보이면, 환자와 종결에 대한 이야기를 시작할 수 있을 것이다.

치료 종결 시점임을 인식했을 때 치료사는 다음을 계획해야 한다. (1) 회기를 점차 줄여 나가는 것, (2) 약물 사용을 지속하는 것에 대한 설명, (3) 재발 예방과 일반화 등이다. 이 세 가지 주제들은 서로 분리되어 있지 않다. 예를 들어, 재발 예방과 일반화에 대한 계획을 세울 때에는 일반적으로 효과를 촉진하기 위한 계획된 간격의 회기와 추수 회기가 포함된다. 약물을 줄여 나가는 것도 추수 회기에서 다루는 것이 적합할 수 있다.

일반화와 유지 계획

간단히 말해, 외상 후 스트레스장애를 위한 인지행동치료는 환자의 회피 대처를 바꾸고 공포스러운 자극들과 고통스러운 기억에 직면할 수 있도록 교육하는 방식으로 이루어진다. 그렇게 함으로써 인지행동치료는 환자가 안전에 대해 다시 학습하고, 자기가치감과 관련하여 외상 사건의 의미가 무엇인지 다시 생각해 보게 하는 기회를 제공한다. 일상생활 중에 어떤 기억이나 상황의 결과로 증상이 다시 나타나고, 그리고 환자가 이에 대해 새롭게 학습한 방법으로 대처하지 못한다면 증상이 재발할 수 있다. 예를 들어, 어떤 환자는 치료 중에 다루지 않았던 고통스러운 사건이 떠오르기도 하고, 때로는 무엇인가가 치료 중 다른 맥락에서 다뤘던 기억을 다시 촉발하기도 한다. '나는 이겨 냈어. 더 이상 공포는 문제가 되지 않아.' 또는 '지금 나는 모든 걸 잊었어. 다시는 그 문제로 괴롭지 않아.'라는 마음상태로 치료를 종결한 환자가 어떤 촉발 요인에 의해 공포를 다시 느끼게 되는 당황스러운 경우도 있다.

새로운 맥락에서 공포가 재발될 가능성이 있으므로 치료가 종결된 이후에 재발되는 고통스러운 사고나 기억, 감정들에 대해 환자들이 준비할 수 있도록 하여 치료 장면에서 배웠던 전략들을 사용할 수 있도록 지도해야 한다. 이러한 '재발 예방'은 원래 중독 행동을 보였던 사람들이 중독 행동의 중단을 유지하는 데 도움을 되도록 고안되었는데(Marlatt & Gordon, 1985), 다른 많은 장애를 가진 환자들에게 도 도움이 된다(Fairburn et al., 1993).

새로운 맥락에서 공포가 다시 재발될 가능성을 환자가 예측할 수 있도록 교육함으로써, 공포스러운 기억이나 상황으로부터 도피하기보다는 직면할 수 있는 노출을 사용할 수 있게 준비시켜야 한다. 강한 죄책감과 수치심, 저하된 자기가치감을 갖고 치료를 시작한 환자 역시 이러한 감정들이 미래에 유발될 수 있다는 것을 이해시켜야 하며, 그 이면에 있는 사고를 탐색하기 위한 인지적 재구조화를 사용할 수 있도록 해야 한다.

예를 들어, 카렌은 여름방학 동안 학교를 떠나 성공적으로 외상 후 스트레스장애 치료를 마칠 수 있었다. 그녀는 시골의 기숙학교 1학년 파티에서 성폭행을 당했다. 지역사회에서는 정신건강을 위한 자원이 거의 없었고, 1학년인 카렌에게는 학교에 차를 갖고 오는 것이 허락되지 않았다. 성폭행이 일어난 장소와 떨어진 곳에서 치료를 했다는 것을 고려하여 치료사는 학교로 돌아갔을 때 공포를 다시 경험할 수 있다는 것을 그녀에게 주지시켰다. 카렌과 치료사는 공포를 다시 경험하게 될 상황을 예측하는 데 2회기를 사용하였다. 또한 이러한 불안을 다룰 수 있는 기술을 논의하고 가을방학 동안에 추수 회기를 갖기로 합의하였다. 추수 회기에서 카렌은 첫 번째 파티에 참석하기 전에 엄청난 불안을 경험했다고 말했다. 카렌은 그녀와 치료사가 세운 계획에 따라, 기숙사에서 심상노출 녹음테이프를 듣고 실제노출을 시도해 볼 수 있는 파티에 참가할 수 있다는 확신이 들도록 인지적 재구조화를 실시하였다. 또한 화장실에 갈 때(여자 동급생들이 자주 사용하는 방식인) 알람 시스템을 이용해서 안전을 확보했다. 치료사는 추수 회기를 통해 카렌이 기술들을 지속적으로 사용할 수 있도록 강화하였다.

외상 후 스트레스장애 치료를 통해 공존장애를 개선한 조세핀의 사례에서도 치료사와 조세핀은 우울증과 회피행동의 재발을 촉발할 수 있는 요인들을 예측해 보는 재발 예방 회기를 가졌고, 치료 중에 배운 기술의 적용에 대해 검토함으로써 재발에 대비하였다.

약물 사용 줄이기

많은 환자는 치료를 시작할 때 이미 약을 복용하고 있지만 치료 도중에 약물 복용을 시작하는 사람도 있다. 특히 서트랄린$_{sertraline}$(Brady et al., 2000; Zohar et al., 2002)과 플루옥세틴$_{fluoxetine}$(Connor, Sutherland, & Tupler, 1999) 같은 세로토닌 재흡수 억제제(SSRIs)는 외상 후 스트레스장애에 효과적인 것으로 알려져 있다. 비전형 항정신성 약물(예: 올란자핀$_{olanzapine}$[Stein, Kline, & Matloff, 2002]과 쿠에티아핀$_{quetiapine}$[Hammer, Deitsch, Broderick, Ulmer, & Lorberbaum, 2003]) 그리고 항아드레날린성 약물(예: 클로니딘$_{clonidine}$[Harmon & Riggs, 1996]과 프라조신$_{prazosin}$[Raskind et al., 2003]) 역시 예비적 치료제로 널리 사용되고 있다. 그러나 외상 후 스트레스장애를 위한 인지행동치료 진행과 함께 약물치료를 병행하는 것에 대한 연구는 적다. 그럼에도 인지행동치료를 성공적으로 마친 많은 환자는 외상 후 스트레스장애 증상과 다른 증상들이 개선되면 약물을 점점 줄이고 싶어 한다. 약물을 줄이는 결정은 약물의 종류, 부작용, 복용 기간, 약물을 줄였던 이전 경험, 약물에 대한 반응, 인지행동치료에 대한 반응, 공존장애의 유형, 치료에 대한 공존장애의 반응, 환자의 선호, 처방하는 사람의 의견이나 기호와 같은 다양한 요인들로부터 영향을 받는다. 외상 후 스트레스장애에 대한 약물 사용의 기간과 약물을 줄이는 것에 대한 결정을 위해 참고할 만한 연구는 부족하다. 결과적으로 대부분의 처방자는 우울증이나 불안장애들의 연구에 근거를 둔 권고를 참고한다.

불안장애 관련 연구를 보면, 약물을 사용하면서 인지행동치료를 받은 환자가 인지행동치료가 끝난 후 약물을 끊으면 재발 위험성이 증가하는 것을 알 수 있다(Otto, Smith, & Reese, 2005; Otto, Smits, & Reese, 2004). 실험실 연구에서는 약물 사용과 관련한 내적인 상태의 변화가 강력한 맥락이 된다는 것을 보여 준다. 앞서 논의했던 것처럼, 약물을 사용하면서 공포가 감소했다면 약물 사용을 중지한 새로운 맥락에서는 공포 감소에 대한 학습이 지속되지 않을 것이다. 만약 환자가 적극적으로 노출치료를 실시하는 동안에 약물을 끊었다면 환자는 약물을 사용하지 않는 맥락에서 안전과의 새로운 연합을 학습할 수 있었을 것이다. 그럼에도 대부분 환자는 인지행동치료를 성공적으로 마치기 전까지는 약물을 줄이려고 하지 않는데 그 이유는 자신이 좋아질 때까지는 약물을 완전히 끊는 것이 두렵기 때문일 수 있다.

많은 치료사들은 외상 후 스트레스장애를 치료하는 것을 매우 어려워하며 증상이 줄어들어도 약물 사용을 줄이는 것은 재발의 위험을 높이기 때문에 최선이 아니라고 느낀다. 이것은 이해할 만한 일이다. 외상 후 스트레스장애 환자를 대상으로 한 약물을 중단할 최적의 시기에 대한 연구들은 없지만, 불안장애에 대한 연구를 외상 후 스트레스장애에 확장시켜 볼 수는 있다. 이 연구들에서는 환자가 계속 약물을 복용하다가 약물을 끊은 동안에 인지행동치료를 종결하면 재발 위험성이 커진다는 것을 보여 준다(Otto, Pollack, & Sabatino, 1996). Otto 등(2005)이 지적한 것처럼 "인지행동치료를 실시하면서 약물로 불안증상을 제어하는 것은 일반화를 위해서는 너무 좁은 학습 맥락을 만들어 향후 삽화적 불안이 발생할 수 있으며, 원래 공포를 학습했던 기억이 두드러질 수 있다."(p. 79)

앞서 언급한 약물에 대한 연구와는 반대로, 벤조디아제핀은 외상 후 스트레스장애 증상의 감소에 효과가 없었다(Braun et al., 1990; Gelpine et al., 1996). 또한 공황장애로 인지행동치료를 받은 환자들 역시 재발 위험 없이 벤조디아제핀을 성공적으로 줄일 수 있었다. 이러한 결과들과 앞의 논의를 종합해 볼 때, 외상 후 스트레스장애를 위한 인지행동치료를 진행하는 동안 벤조디아제핀을 줄이는 것은 큰 문제가 없을 것으로 보인다. 다른 약물에 대한 환자들의 결정은 일반적인 선호와 부작용, 처방자의 의견, 인지행동치료에 대한 환자의 반응에 따라 달라질 것이다. 예를 들어, 성적 학대와 관련된 외상 후 스트레스장애 증상 외에 공존장애가 없는 베린다는 인지행동치료에 강한 긍정적 효과를 보였다. 그녀는 인지행동치료를 시작하기 몇 달 전부터 파록세틴을 복용했고, 성기능에 부작용을 호소했다. 치료를 서서히 종료해 가면서 베린다는 약물에 대한 문제를 제기했고, 파록세틴을 끊고 싶다고 분명히 말했다. 치료사는 치료가 재발 예방 단계로 들어갔기 때문에 약물을 줄이는 것도 괜찮을 것이라고 보고 약물을 처방하는 정신과 의사와 상의해 볼 것을 권유했다. 또한 치료사는 여러 번의 추수 회기를 계획하고, 약물을 줄이는 동안과 그 후에도 베린다가 집에서 심상노출과 실제노출 과제를 수행할 수 있도록 하였다.

사례 예시: 종결과 약물 줄이기

은퇴한 소방관인 마르쿠스는 직업상의 어려움으로 외상 후 스트레스장애와 우울증을 겪고 있었고, 인지행동치료를 시작하기 몇 년 전부터 서트랄린과 클로나제팜clonazepam을 복용하고 있었다. 마르쿠스는 수면장애도 있어서 인지행동치료를 시작한 후에 트라조돈trazodone도 복용하기 시작했다. 마르쿠스의 외상 후 스트레스장애 치료는 심리교육 2회기, 실제노출 2회기, 불(fire)과 사고와 관련된 다섯 가지의 기억에 대한 노출치료 15회기, 그리고 구출하지 못한 사람들에 대한 죄책감을 다루는 인지적 재구조화 3회기로 이루어져 있었다. 5번째 기억에 노출된 후 마르쿠스는 기억에 남아 있는 것이 이제는 문제가 되지 않고, 자신을 덮고 있던 어두운 구름이 걷히기 시작한 것 같은 느낌이 든다고 말하였다. 치료사는 CAPS로 재평가를 하였고, 마르쿠스의 전반적 심각도 점수가 95점에서 42점으로 줄어들었음을 확인하였다([그림 10-2] 참조). 마르쿠스는 지난 몇 주간은 재경험 증상으로 괴롭지 않았고, 더 이상 불과 사고를 연상시키는 것들과 그와 관련된 사고, 감정을 회피하지도 않았다. 그는 여전히 감정적으로 멍해지는 느낌을 받았지만 즐거운 활동에 대한 흥미가 부분적으로 회복되었다. 그러나 여전히 수면과 짜증, 집중의 문제가 남아 있었다. 그의 BDI 점수는 28점으로 높은 상태를 유지하고 있었다([그림 10-2] 참조). 결과적으로, 치료사는 불면증과 활동 계획하기를 위한 5회기의 인지행동치료를 추가적으로 실시하였다. 그 후, 불면심각도 척도Insomnia Severity Index (Basrien, Vallières, & Morin, 2001)와 CAPS의 수면검사로 평가하였고, 수면문제가 개선되었음이 확인

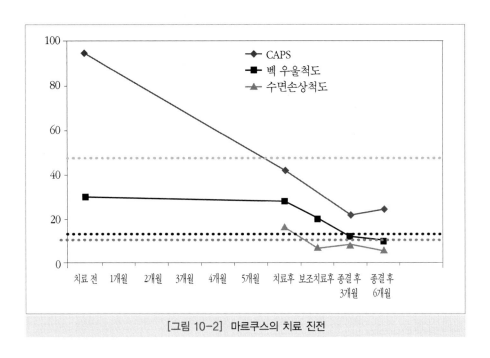

[그림 10-2] 마르쿠스의 치료 진전

되었다. 치료의 종결을 준비하는 시점에서, 치료사는 마르쿠스가 정신과 의사와 클로나제팜의 복용을 점차적으로 줄이는 것을 상의해 보도록 제안했다. 클로나제팜 복용을 3개월에 걸쳐 줄이는 동안, 재발 예방과 기분 개선 그리고 정서적 경험에 대한 폭을 넓히는 데 초점을 맞추어 치료 회기도 줄여 나갔다. 치료사는 치료 중에 사용한 실제 자극에 스스로를 지속적으로 노출시켜 볼 것과 약물을 복용하지 않은 상태에서 새로운 공포를 낮게 유지하기 위해 주기적으로 심상노출을 수행하도록 지시했다. 이 기간 동안 클로나제팜 없이는 대처할 수 없고 잠을 잘 수도 없다는 마르쿠스의 생각을 다루기 위해 인지적 재구조화를 실시하였다. 3개월이 끝났을 때, 마르쿠스는 클로나제팜을 더 이상 복용하지 않았고, 만족스러운 수면 상태를 유지하고 있었으며 기분도 좋아졌다. 이는 벡 우울검사 점수가 30점에서 18점으로 감소한 것으로도 알 수 있었다. 또한 CAPS 재평가에서 그의 전체 점수는 22점으로 더욱 감소했다. 마르쿠스의 수면에 대한 만족을 고려하여, 치료사는 정신과 의사와 트라조돈 복용을 줄이는 것을 상의했으며, 이후 몇 달 동안 약물복용을 줄이는 계획을 세웠고 7개월 후에는 트라조돈을 성공적으로 끊을 수 있었다. 그가 서트랄린을 끊기를 원한다면 유지를 위한 추수 회기를 계획하기로 하였으며, 우울과 불안 증상이 재발되지 않도록 서트랄린을 6개월간 더 복용하기로 하였다.

결론

이 장에서는 외상 후 스트레스장애를 위한 인지행동치료 실시에 있어 최종적으로 고려해야 할 몇 가지를 다루었다. 이 치료를 지지하는 증거는 강력하므로 우리는 치료사가 환자를 위해 이 치료법을 규칙적으로 사용하기를 바란다. 복합적인 증상이 있는 외상 후 스트레스장애 환자에게 인지행동치료를 적용할 때는 특별한 환자의 문제를 위해 어떻게 치료를 개별화할 수 있을지 생각해 보아야 한다. 또한 치료의 장애물들을 다루고 환자가 변화에 직면할 수 있도록 준비시켜야 한다(Zayfert & Becker, 2000). 일반적인 결정 포인트와 치료의 장애물에 익숙해져라. 인지행동치료 원리를 치료사의 로드맵으로, 환자의 다양한 변화를 다루기 위한 도구로, 외상에 되도록 빨리 초점을 맞추기 위한 것으로 적용한다면 어떤 까다로운 외상 후 스트레스장애 환자를 만난다 해도 치료의 방향은 잃지 않을 것이다.

우리는 과거로 돌아가서 새로운 시작을 할 수는 없지만 지금 시작해서 새로운 끝을 만들 수는 있다.

—익명

참고문헌

Aggleton, J. P., & Waskett, L. (1999). The ability of odours to serve as state-dependent cues for real-world memories: Can Viking smells aid the recall of Viking experiences? *British Journal of Psychology, 90*, 1-7.

Ahijevych, K., & Parsley, L. A. (1999). Smoke constituent exposure and stage of change in black and white women's cigarette exposure. *Addictive Behaviors, 24*(1), 115-120.

Alberti, R. E., & Emmons, M. L. (1986). *Your perfect right: A guide to assertive living* (5th ed.). San Luis Obispo, CA: Impact.

American Psychiatric Association. (1994). *Diagnostic and statistical manual of mental disorders* (4th ed.). Washington, DC: Author.

Anderson, D. A. Lundgren, J. D., Shapiro, J. R., & Paulosky, C. A. (2004). Assessment of eating disorders: Review and recommendations for clinical use. *Behavior Modification, 28*(6), 763-782.

Barlow, D. H. (2002). *Anxiety and its disorders: The nature and treatment of anxiety and panic* (2nd ed.). New York: Guilford Press.

Barlow, D. H., & Craske, M. G. (2000). *Mastery of your anxiety and panic* (3rd ed.). New York: Oxford University Press.

Bastien, C. H., Vallieres, A., & Morin, C. M. (2001). Validation of the Insomnia Severity Index as an outcome measure for insomnia research. *Sleep Medicine, 2*, 297-307.

Beck, A. T. (1976). *Cognitive therapy and the emotional disorders.* New York: International Univer-sities Press.

Beck, A. T., Emery, G., & Greenberg, R. L. (1985). *Anxiety disorders and phobias: A cognitive perspective.* New York: Basic Books.

Beck, A. T. Rush, A. J., Shaw, B. F., & Emery, G. (1979). *Cognitive therapy of depression.* New York: Guilford Press.

Beck, A. T., Steer, R. A., & Garbin, M. G. (1988). Psychometric properties of the Beck Depression Inventory: Twenty-five years of evaluation. *Clinical Psychology Review, 8*, 77-100.

Beck, J. S. (1995). *Cognitive therapy: Basics and beyond.* New York: Guilford Press.

Becker, C. B. (2002). Integrated behavioral treatment of comorbid OCD, PTSD, and borderline personality disorder: A case report. *Cognitive and Behavioral Practice, 9*(2), 100-109.

Becker, C. B., DeViva, J. C., & Zayfert, C. (2004). Eating disorder symptoms among female anxiety disorder patients in clinical practice: The importance of anxiety comorbidity assessment. *Journal of Anxiety Disorders, 18*, 255-274.

Becker, C. B., & Zayfert, C. (2001) Integrating DBT-based techniques and concepts to facilitate exposure treatment for PTSD. *Cognitive and Behavioral Practice, 8*, 107-122.

Becker, C B., Zayfert, C., & Anderson, E. (2004). A survey of psychologists' attitudes towards and utilization of exposure therapy for PTSD. *Behaviour Research and Therapy, 42*, 277-292.

Beidel, D. C., & Turner, S. M. (1998). *Shy children, phobic adults: A cognitive perspective.* Washington, DC: American Psychological Association.

Blanchard, E. B., Hickling, E. J., Devineni, T., Veazey, C. H., Galovski, T. E., Mundy, E., et al. (2003). A controlled evaluation of cognitive behavioral therapy for posttraumatic stress in motor vehicle accident survivors. *Behaviour Research and Therapy, 41*(1), 79-96.

Boudewyns, P. A., & Hyer, L.(1990). Physiological response to combat memories and preliminary treatment outcome in Vietnam veteran PTSD patients treated with direct therapeutic exposure. *Behavior Therapy, 21,* 63-87.

Bouton, M. E., & Nelson, J. B. (1998). The role of context in classical conditioning: Some implications for cognitive behavior therapy. In W. T. O'Donohue (Ed.), *Learning and behavior therapy* (pp. 59-84), Needham Heights, MA: Allyn & Bacon.

Bouton, M. E., & Swartzentruber, D. (1991). Sources of relapse after extinction in Pavlovian and instrumental learning. *Clinical Psychology Review, 11,* 123-140.

Brady, K., Pearlstein, T., Asnis, G. M., Baker, D., Rothbaum, B. O., Sikes, C. R., et al. (2000). Efficacy and safety of sertraline treatment of posttraumatic stress disorder: A randomized controlled trial. *Journal of the American Medical Association, 283*(14), 1837-1844.

Braun, P., Greenberg, D., Dasberg, H., & Lerer, B. (1990). Core symptoms of posttraumatic stress disorder unimproved by alprozolam treatment. *Journal of Clinical Psychiatry, 51*(6), 236-238.

Brewerton, T. D. (2005). Psychological trauma and eating disorders. In S. Wonderlich, J. Mitchell, M. de Zwann, & H. Steiger (Eds.), *Eating Disorders Review, Part 1* (pp. 137-154). Oxford, UK: Radcliffe.

Brewin, C. R., & Dalgleish, T. Y., & Joseph, S. (1996). A dual representation theory of post traumatic stress disorder. *Psychological Review, 103,* 670-686.

Brewin, C. R., & Holmes, E. A. (2003). Psychological theories of posttraumatic stress disorder. *Clinical*

Psychology Review, 23, 339-376.

Brown, T. A., DiNardo, P. A., & Barlow, D. H. (1994). *Anxiety Disorders Interview Schedule for DSM-IV (ADIS-IV)*. San, Antonio, TX: Psychological Corporation.

Bryant, R. A., Moulds, M. L., Guthrie, R., Dang, S. T., & Nixon, R. D. V.(2003). Imaginal exposure alone and imaginal exposure with cognitive restructuring in treatment of posttraumatic stress disorder. *Journal of Consulting and Clinical Psychology, 71*(4), 706-712.

Burns, D. (1980). *The new mood therapy*. New York: Avon Books.

Chemtob, C., Roitblat, H. L., Hamada, R. S., Carlson, J. G., & Twentyman, C. T. (1988). A cognitive action theory of post traumatic stress disorder. *Journal of Anxiety Disorders 2*, 253-275.

Chemtob, C., Tolin, D. F., van der Kolk, B. A., & Pitman, R. K. (2000). Eye movement desensitization and reprocessing. In E. B. Foa, T. M. Keane, & M. J. Friedman (Eds.), *Effective treatments for PTSD* (pp.139-154). New York: Guilford Press.

Chu, J. A. (1998). *Rebuilding shattered lives: The responsible treatment of complex post-traumatic and dissociative disorders*. New York: Wiley.

Clark, D. M. (1999). Anxiety disorders: Why they persist and how to treat them. *Behaviour Re-search and Therapy, 37*, S5-S27.

Clark, M. A., Rakowski, W., Ehrich, B., Pearlman, D. N., Goldstein, M., & Dubé, C. E. (1998). Stages of adopting regular screen mammography. *Journal of Health Psychology, 3*(4), 491-506.

Cloitre, M., Koenen, K. C., Cohen, L. R., & Han, H. (2002). Skills training in affective and interpersonal regulation followed by exposure: A phase-based treatment for PTSD related to childhood abuse. *Journal of Consulting and Clinical Psychology, 70*(5), 1067-1074.

Connor, K. M., Sutherland, S. M., & Tupler, L. A. (1999). Fluoxetine in post traumatic stress disorder: Randomized, double-blind study. *British Journal of Psychiatry, 175*, 17-22.

Cooper, N. A., & Clum, G. A. (1989). Imaginal flooding supplementary treatment for PTSD in combat veterans: A controlled study. *Behavior Therapy, 20*, 381-391.

Dansky, B. S., Brewerton, T. D., Kilpatrick, D. G., & O'Neil, P. M. (1997). The national women's study: Relationship of victimization and posttraumatic stress disorder to bulimia nervosa. *International Journal of Eating Disorders, 21*, 213-228.

Devilly, G. J., & Foa, E. B. (2001). The investigation of exposure and cognitive therapy: Comment on Tarrier et al. (1999). *Journal of Consulting and Clinical Psychology, 69*(1), 114-116.

Devilly, G. J., & Spence, S. H. (1999). The relative efficacy and treatment distress of EMDR and a cognitive-behavior trauma treatment protocol in the amelioration of post traumatic stress disorder. *Journal of*

Anxiety Disorders, 13(1-2), 131-157.

DeViva, J. C., Zayfert, C., Pigeon, W. R., & Mellman, T. A. (2005). Treatment of residual insomnia after CBT for PTSD: Case studies. *Journal of Traumatic Stress, 18*(2), 155-159.

Ehlers, A., & Clark, D. (2000). A cognitive model of posttraumatic stress disorder. *Behaviour Research and Therapy*, 319-345.

Ehlers, A., Clark, D. M., Hackmann, A., McManus, F., Fennell, M., Herbert, C., et al. (2003). A randomized controlled trial of cognitive therapy, a self-help booklet, and repeated assessments as early interventions for posttraumatic stress disorder. *Archives of General Psychiatry, 60*, 1024-1032.

Ehlers, A., & steil, R. (1995). Maintenance of intrusive memories in posttraumatic stress disorder: A cognitive approach. *Behavioural and Cognitive Psychotherapy, 23*, 217-249.

Emmelkamp, P. M., & Kraanen, J. (1977). Therapist-controlled exposure in vivo versus self-controlled exposure in vivo: A comparison with obsessive-compulsive patients. *Behaviour Research and Therapy, 15*(6), 491-495.

Epperson, D. L., Bushway, D. J., & Warman, R. E. (1983). Client self-terminations after one counseling session: Effects of problem recognition, counselor gender, and counselor experience. *Journal of Counseling Psychology, 30*, 307-315.

Everill, J. T., & Waller, G. (1995). Disclosure of sexual abuse and psychological adjustment in female undergraduates. *Child Abuse and Neglect, 19*(1), 93-100.

Fairburn, C. G., Bohn, K. S., & Hutt, M. (2004, April-May). *EDNOS (eating disorder not otherwise specified): Why is it important and how to treat it using cognitive behavior therapy.* Workshop, Paper presented at the International Conference on Eating Disorders, Orlando, FL.

Fairburn, C. G., Cooper, Z., Doll, H. A., & Welch, S. L. (1999). Risk factors for anorexia nervosa: Three integrated case-control comparisons. *Archives of General Psychiatry. 56*, 468-476.

Fairburn, C. G., Cooper, Z., & Shafran, R. (2003). Cognitive behaviour therapy for eating disorders: A "transdiagnostic" theory and treatment. *Behaviour Research and Therapy, 41*, 509-528.

Fairburn, C. G., Marcus, M. D., & Wilson, G. T. (1993). *Cognitive-behavioral therapy for binge eating and bulimia nervosa: A comprehensive treatment manual.* New York: Guilford Press.

Foa, E. B., Dancu, C. V., Hembree, E. A., Jaycox, L. H., Meadows, E. A., & Street, G. P. (1999). A comparison of exposure therapy, stress inoculation training, and their combination for reducing post traumatic stress disorder in female assault victims. *Journal of Consulting and Clinical psychology, 67*(2), 194-200.

Foa, E. B., & Kozak, M. J. (1986). Emotional processing of fear: Exposure to corrective information. *Psychological Bulletin, 99*(1), 20-35.

Foa, E. B., Riggs, D. S., Massie, E. D., & Yarczower, M. (1995). The impact of fear activation and anger on the efficacy of exposure treatment for post traumatic stress disorder. *Behavior Therapy 26*(3), 487-499.

Foa, E. B., & Rothbaum, B. O. (1998). *Treating the trauma of rape: Cognitive-behavioral therapy for PTSD.* New York: Guilford Press.

Foa, E. B., & Rothbaum, B. O., & Furr, J. M. (2003). Augmenting exposure therapy with other CBT procedures. *Psychiatric Annals, 33*(1), 47-53.

Foa, E. B., Rothbaum, B. O., Riggs, D. S., & Murdock, T. B. (1991). Treatment of posttraumatic stress disorder in rape victims: A comparison between cognitive- behavioral procedures and counseling. *Journal of Consulting and Clinical Psychology, 59*(5), 715-723.

Foa, E. B., Steketee, G., & Rothbaum, B. O. (1989). Behavioral/cognitive conceptualizations of post-traumatic stress disorder. *Behavior Therapy, 20,* 155-176.

Foa, E. B., Zoellner, L. A., Feeny, N. C., Hembree, E., & Alvarez-Conrad, J. (2002). Does imaginal exposure exacerbate PTSD symptoms? *Journal of Consulting and Clinical Psychology, 70*(4). 1022-1028.

Frueh, B. C., Mirabella, R. F., & Turner, S. M. (1995). Exposure therapy for combat-related PTSD: Some practical considerations regarding patient exclusion. Behavior Therapist, e, 190-191.

Garner, D. M., Olmsted, M. P., Bohr, Y., & Garfinkel, P. E. (1982). The Eating Attitudes Test: Psychometric features and clinical correlates. *Psychological Medicine, 12,* 871-878.

Gelpin, E., Bonne, O., Brandes, D., & Shalev, A. Y. (1996). Treatment of recent trauma survivors with benzodiazepines: A prospective study. *Journal of Clinical Psychiatry, 57*(9), 390-394.

Green, B. L. (1993). Disasters and posttraumatic stress disorder. In J. R. Davidson & E. B. Foa (Eds.), *Post traumatic stress disorder: DSM-IV and beyond* (pp.75-97). Washington, DC: American Psychiatric Press.

Hammer, M. B., Deitsch, S. E., Broderick, P. S., Ulmer, H. G., & Lorberbaum, J. P. (2003). Quetiapine treatment in patients with posttraumatic stress disorder: An open trial of adjunctive therapy. *Journal of Clinical Psychopharmacology, 23*(1), 15-20.

Harmon, R. J., & Riggs, P. D. (1996). Clonidine for posttraumatic stress disorder in preschool children. *Journal of the American Academy of Child and Adolescent Psychiatry, 35*(9), 1247-1249.

Hayes, S. C., Barlow, D. H., & Nelson-Gray, R. O. (1999). *The scientist practitioner: Research and ac countability in the age of managed care* (2nd ed.). Needham Heights, MA: Allyn & Bacon.

Haynes, S. N., & O'Brien, W. H.(1990). Functional analysis in behavior therapy. *Clinical Psychology Review, 10*(6), 649-668.

Hembree, E. A., Cahill, S. P, & Foa, E. B. (2003). Response to "Comment on Hembree and Foa". *Journal of Traumatic Stress, 16*(6), 575-577.

Hembree, E. A., & Foa, E. B. (2003). Interventions for trauma-related emotional disturbances in adult victims of crime. *Journal of Traumatic Stress, 16*(2), 187-199.

Hembree, E. A., Foa, E. B., Dorfan, N. M., Street, G. P, Kowalski, J., & Tu, X. (2003). Do patients drop out prematurely from exposure therapy for PTSD? *Journal of Traumatic Stress, 16*(6), 555-562.

Hepner, A., & Cauthen, N. R. (1975). Effect of subject control and graduated exposure on snake phobias. *Journal of Consulting and Clinical Psychology, 43*(3), 297-304.

Herz, R. S. (2004), A naturalistic analysis of autobiographical memories triggered by olfactory, visual and auditory stimuli. *Chemical Senses, 29*, 217-224.

Hoberman, H. M., & Lewinsohn, P. M. (1985). The behavioral treatment of depression. In E. E. Beckham & W. R. Leber (Eds.), *Handbook of depression: Treatment, assessment, and research* (pp.39-81). Homewood, IL: Dorsey Press.

Holmes, E. A., Grey, N., & Young, K. A. D. (2005). Intrusive images and "hotspots" of trauma memories in post traumatic stress disorder: An exploratory investigation of emotions and cognitive themes. *Journal of Behavior Therapy and Experimental Psychiatry, 36*(1), 3-17.

Ironson, G., Freud, B., Strauss, J. L., & Williams, J. (2002). Comparison for two treatments for traumatic stress: A community-based study of EMDR and prolonged exposure. *Journal of Clinical Psychology, 58*(1), 113-128.

Jacobson, N. S., Dobson, K. S., Truax, P. A., Addis, M. E., Koerner, K., Gollan, J. K., et al. (1996). A component analysis of cognitive-behavioral treatment for depression. *Journal of Consulting and Clinical Psychology, 64*, 295-304.

Jakubowski, P., & Lange, A. (1978). *The assertive option: Your rights and responsibilities.* Champaign, IL: Research Press.

Janis, I. L., & Mann, L. (1977). *Decision-making: A psychological analysis of conflict, choice, and commitment.* New York: Free Press.

Jaycox, L. H., & Foa, E. B. (1996). Obstacles in implementing exposure therapy for PTSD: Case discussions and practical solutions. *Clinical Psychology and Psychotherapy, 3*(3), 176-184.

Jaycox, L. H., Foa, E. B., & Morral, A. R. (1998). Influence of emotional engagement and habituation on exposure therapy for PTSD. *Journal of Consulting and Clinical Psychology, 66*(1), 185-192.

Jaycox, L. H., Zoellner, L. A., & Foa, E. B. (2002). Cognitive-behavior therapy for PTSD in rape survivors. *Journal of Clinical Psychology, 58*(8), 891-906.

Johnson, D. R., Lubin, H., Rosenheck, R., Fontana, A., Southwick, S., & Charney, D. S. (1997). The impact of the homecoming reception on the development of posttraumatic stress disorder: The West Haven Homecoming Stress Scale (WHHSS). *Journal of Traumatic Stress, 10*(2), 259-277.

Kabat-Zinn, J. (1994). *Wherever you go there you are: Mindfulness meditation in everyday life*. New York: Hyperion.

Kamphuis, J. H., & Telch, M. J. (2000). Effects of distraction and guided threat reappraisal on fear reduction during exposure-based treatments for specific fears. *Behaviour Research and Therapy, 38*(12), 1163-1181.

Keane, T. M., & Barlow, D. H. (2002). Posttraumatic stress disorder. In D. H. Barlow, *Anxiety and its disorders: The nature and treatment of anxiety and panic* (2nd ed., pp. 418-453). New York: Guilford Press.

Keane, T. M., Fairbank, J. A., Caddell, J. M., & Zimering, R. T. (1989). Implosive (flooding) therapy reduces symptoms of PTSD in Vietnam combat veterans. *Behavior Therapy, 20,* 245-260.

Keane, T. M., Fairbank, J. A., Caddell, J. M., Zimering, R. T., & Bender, M. E. (1985). A behavioral approach to assessing and treating post-traumatic stress disorder in Vietnam veterans. In C. R. Figley (Ed.), *Trauma and its wake, Vol. I: The study and treatment of post-traumatic stress disorder* (pp. 257-294). New York: Brunner/ Mazel.

Kilpatrick, D. G. (2005). A special section on complex trauma and a few thoughts about the need for more rigorous research on treatment efficacy, effectiveness, and safety. *Journal of Traumatic Stress, 18*(3), 379-384.

Kim, E.-J. (2005). The effect of the decreased safety behaviors on anxiety and negative thoughts in social phobics. *Journal of Anxiety Disorders, 19*(1), 69-86.

Koch, E. I., Spates, C. R., & Himle, J. A. (2004). Comparison of behavioral and cognitive-behavioral one-session exposure treatments for small animal phobias. *Behaviour Research and Therapy, 42,* 1483-1504.

Kubany, E. S., Haynes, S. N., Abueg, F. R., Manke, F. P. Brennan, J. M., & Stahura, C. (1996). Development and validation of the Trauma-Related Guilt Inventory (TRGI). *Psychological As sessment, 8*(4), 428-444.

Kubany, E. S., Hill, E. E., Owens, J. A., Iannce-Spencer, C., McCaig, M. A., Tremayne, K. J., et al. (2004). Cognitive trauma therapy for battered women with PTSD (CTT-BW). *Journal of Con-sulting and Clinical Psychology, 72*(1), 3-18.

Kubany, E. S., & Watson, S. B. (2002). Cognitive trauma therapy for formerly battered women with PTSD: Conceptual bases and treatment outlines. *Cognitive and Behavioral Practice, 9*(2), 111-127.

Kubany, E. S., & Watson, S. B. (2003). Guilt: Elaboration of a multidimensional model. *Psychologi-cal Record, 53*(1), 51-90.

Lambert, M. J., Hansen, N. B., & Finch, A. E. (2001). Patient-focused research: Using patient out-come data to enhance treatment effects. *Journal of Consulting and Clinical Psychology, 69,* 159-172.

Lang, P. J., Levin, D. N., Miller, G. A., & Kozak, M. J. (1983). Fear behavior, fear imagery, and the psychophysiology of emotion: The problem of affective response integration. *Journal of Abnormal psychology 92*, 276-306.

Lee, C., Gavriel, H., Drummond, P., Richards, J., & Greenwald, R.(2002). Treatment of PTSD: Stress inoculation training with prolonged exposure compared to EMDR. *Journal of Clinical Psychology, 58*(9), 1071-1089.

Linehan, M. M. (1993a). *Cognitive-behavioral treatment of borderline personality disorder.* New York: Guilford Press.

Linehan, M. M (1993b) *Skills training manual for treating borderline personality disorder.* New York: Guilford Press.

Litz, B. T., Blake, D. D., Gerardi, R. G., & Keane, T. M. (1990). Decision making guidelines for the use of direct therapeutic exposure in the treatment of post-traumatic stress disorder. *Behavior Therapist, 13*(4), 91-93.

Mackintosh, N. J. (1987). Neurobiology, psychology and habituation. *Behaviour Research and Therapy, 25*(2), 81-97

Marks, I. N. (1987). *Fears, Phobias, and rituals: The nature of anxiety and panic disorders.* New York: Oxford University Press.

Marks, I., Lovell, K., Noshirvani, H., Livanou, M., & Thrasher, S. (1998). Treatment of post traumatic stress disorder by exposure and/or cognitive restructuring: A controlled study. *Archives of General Psychiatry, 55*, 317-325.

Marlatt, G. A., & Gordon, J. R. (Eds.). (1985). *Relapse prevention: Maintenance strategies in the treatment of addictive behaviors.* New York: Guilford Press.

McCutcheon, B. A., & Adams, H. E. (1975). The physiological basis of implosive therapy. *Behaviour Research and Therapy, 13*, 93-100.

McDonagh, A., Friedman, M. J., McHugo, G., Ford, J., Sengupta, A., Mueser, K., et al. (2005). Randomized trial of cognitive-behavioral therapy for chronic posttraumatic stress disorder in adult female survivors of childhood sexual abuse. *Journal of Consulting and Clinical Psychol-ogy, 73*(3), 515-524.

Meichenbaum, D. H. (1985). *Stress inoculation training.* New York: Pergamon.

Mineka, S., & Thomas, C. (1999). Mechanisms of change in exposure therapy for anxiety disorders. In T. Dalgleish & M. Power (Eds.), *Handbook of cognition and emotion* (pp.747-764). New York: Wiley.

Morin, C. M. (1993). *Insomnia: Psychological assessment and management.* New York: Guilford Press.

Mowrer, O. H. (1947). On the dual nature of learning: a reinterpretation of "conditioning" and "problem solving." *Harvard Educational Review, 17*, 102-148.

Nezu, A. M. (1986). Efficacy of social problem-solving therapy for unipolar depression. *Journal of Consulting and Clinical Psychology, 54*, 196-202.

Nishith, P., Hearst, D. E., Mueser, K. T., & Foa, E. B. (1995). PTSD and major depression: Methodological and treatment considerations in a single case design. *Behavior Therapy, 26*(2), 319-335.

North, C. S., Smith, E. M., McCool, R. E., & Lightcap, P. E. (1989). Acute postdisaster coping and adjustment. *Journal of Traumatic Stress, 2*, 353-360.

Ohayon, M., & Shapiro, C. M. (2000). Sleep disturbances and psychiatric disorders associated with posttraumatic stress disorder in the general population. *Comprehensive Psychiatry, 41*(6), 469-478.

O'Leary, K. D., & Wilson, G. T. (1987). *Behavior therapy: Application and outcome* (2nd ed.). Engelwood Cliffs, NJ: Prentice-Hall.

Otto, M. W., Pollack, M. H., & Sabatino, S. A. (1996). Maintenance of remission following cognitive behavior therapy for panic disorder: Possible deleterious effects of concurrent medication treatment. *Behavior Therapy, 27*(3), 473-482.

Otto, M, W., Smith, C., & Reese, H. E. (2005). Combined psychotherapy and pharmacotherapy for mood and anxiety disorders in adults: Review and analysis. *Clinical Psychology: Scence and practice, 12*(1), 72-86.

Otto, M. W., Smit, J. A. J., & Reese, H. E. (2004). Cognitive-behavioral therapy for the treatment of anxiety disorders. *Journal of Clinical Psychiatry, 65*(5), 34-41.

Outward Bound International. (2004). *Inspirational readings.* wheung Wan, Hong Kong: Red Publish.

Ozer, E. J., Best, S. R., Lipsey, T. L., & Weiss, D. S. (2003). Predictors of posttraumatic stress disorder and symptoms in adults: A meta-analysis. *Psychological Bulletin, 129*(1), 52-73.

Paunovic, N., & Ost, L.-G. (2001). Cognitive-behavior therapy vs exposure therapy in the treatment of PTSD in refugees. *Behaviour Research and Therapy, 39*, 1183-1197.

Pekarik, G., & Stephenson, L. A. (1988). Adult and child client differences in therapy dropout research. *Journal of Child Clinical Psychology, 17*, 316-321.

Persons, J. B. (1991). Psychotherapy outcome studies do not accurately represent current models of psychotherapy. *American Psychologist, 46*(2), 99-106.

Persons, J. B. (2005). Empiricism, mechanism, and the practice of cognitive-behavior therapy. *Behavior Therapy, 36*(2), 107-118.

Persons, J. B., Davidson, J., & Tompkins, M. A. (2001). *Essential components of cognitie-behavior therapy for depression.* Washington, DC: American Psychological Association.

Rachman, S. J. (1977). The conditioning theory of fear acquisition: A critical examination. *Behaviour Research and Therapy, 15*, 375-387.

Raskind, M. A., Peskind, E. R., Kanter, E. D., Petrie, E. C., Radant, A., Thompson, C. E., et al. (2003). Reduction of nightmares and other PTSD symptoms in combat veterans by prazosin: A placebo-controlled study. *American Journal of Psychiatry, 160*(2), 371-373.

Resick, P. A., Nishith, P., Weaver, T. L., Astin, M. C., & Feuer, C. A. (2002). A comparison of cognitive-processing therapy with prolonged exposure and a waiting condition for the treatment of chronic posttraumatic stress disorder in female rape victims. *Journal of Consulting and Clinical Psychology, 70*(4), 867-879.

Resick, P. A., & Schnicke, M. K. (1992). Cognitive processing therapy for sexual assault victims. *Journal of Consulting and Clinical Psychology, 60,* 748-756.

Resick, P. A., & Schnicke, M. K. (1993). *Cognitive reprocessing therapy for rape victims.* Newbury Park, CA: Sage.

Riggs, D. S., Rothbaum, B. O., & Foa, E. B. (1995). A prospective examination of symptoms of post-traumatic stress disorder in victims of non-sexual assault. *Journal of Interpersonal Violence, 2,* 201-214.

Roemer, L., Orsillo, S. M., & Barlow, D. H. (2002). Generalized anxiety disorder. In D. H. Barlow, *Anxiety and its disorders* (2nd ed., pp.477-515). New York: Guilford Press.

Rosen, C. S., Chow, H. S., Finney, J. F., Greenbaum, M. A., Moos, R. H., Javaid, I. S., et al. (2004). VA practice patterns and practice guidelines for treating posttraumatic stress disorder. Journal of Traumatic Stress, e, 213-222.

Rothbaum, B. O., & Foa, E. B. (1999). *Reclaiming your life after rape.* San Antonio, TX: Psychological Corporation.

Rothbaum, B. O., Foa, E. B., Riggs, D. S., Murdock, T., & Walsh, W. (1992) A prospective examnation of post traumatic stress disorder in rape victims. *Journal of Traumatic Stress, 5,* 455-475.

Salkovskis, P. M., Clark, D.M., Hackmann, A., Wells, A., & Gelder, M. G. (1999). An experimental investigation of the role of safety-seeking behaviours in the maintenance of panic disorder with agoraphobia. *Behaviour Research and Therapy, 37,* 559-574.

Shapiro, F. (1995). *Eye movement desensitization and reprocessing: Basic principles, protocols, and procedures.* New York: Guilford Press.

Shearin, E. N., & Line, M. M. (1994). Dialectical behavior therapy for borderline personality disorder: Theoretical and empirical foundations. *Acta Psychiatrica Scandinavica, 89*(379), 61-68.

Smucker, M. Grunert, B. K., & Weis, J. M. (2003). Post traumatic stress disorder: A new algorithm treatment model. In R. L. Leahy (Ed.), Roadblocks in cognitive behavioral therapy (pp. 175-194). New York: Guilford Press.

Stein, M. B., Kline, N. A., & Matloff, J. L. (2002). Adjunctive olanzapine for SSRI-resistant combat-related PTSD: A double-blind, placebo-controlled study. *American Journal of Psychiatry, 159*(10), 1777-1779.

Strosahl, K. (1998). The dissemination of manual-based psychotherapies in managed care: Promises, problems, and prospects. *Clinical psychology: Science and Practice, 5,* 382-386.

Tarrier, N., Pilgrim, H., Sommerfield, C., Faragher, B., Reynolds, M., Graham, E., et al. (1999). A randomized trial of cognitive therapy and imaginal exposure in the treatment of chronic post traumatic stress disorder. *Journal of Consulting and Clinical Psychology, 67*(1), 13-18.

Taylor, S., Thordarson, D. S., Maxfield, L., Fedoroff, I. C., Lovell, K., & Ogrodniczuk, J. (2003). Comparative efficacy, speed, and adverse effects of three PTSD treatments: Exposure therapy, EMDR, and relaxation training. *Journal of Consulting and Clinical Psychology, 71*(2), 330-338.

Telch, M. J. Valentiner, D. P. Ilai, D., Young, P. R., Powers, M. B., & smits, J. A. J. (2004). Fear activation and distraction during the emotional processing of claustrophobic fear. *Journal of Behavior Therapy and Experimental Psychiatry, 35,* 219-232.

Ullman, S. E. (1996). Correlates and consequences of adult sexual assault disclosure. Journal of Interpersonal Violence, e(4), 554-571.

Weathers, F. W., & Litz, B. T. (1994). Psychometric properties of the Clinician-Administered PTSD Scale, CAPS-1. *PTSD Research Quarterly, 5*(2), 2-6

Wilson, G. T. (1997). Treatment manuals in clinical practice. *Behavior research and Therapy, 35*(3), 205-210.

Zayfert, C., & Becker, C. B. (2000). Implementation of empirically supported treatment for PTSD: Obstacles and innovations. *Behavior Therapist, 23*(8), 161-168.

Zayfert, C., Becker, C. B., & Gillock, K. L. (2002). Managing obstacles to the utilization of exposure therapy with PTSD patients. In L. Vandecreek & T. L. Jackson (Eds.), *Innovations in clinical practice: A sourcebook*(Vol. 20, pp. 201-222). Sarasota, FL: Professional Resource Press.

Zayfert, C., Becker, C. B., Unger, D. L., & Shearer, D. K. (2002). Comorbid anxiety disorders in civilians seeking treatment for PTSD. *Journal of Traumatic Stress, 15*(1), 31-38.

Zayfert, C., & Deviva, J. C. (2004). Residual insomnia following cognitive behavioral therapy for PTSD. *Journal of Traumatic Stress, 17*(1), 69-73.

Zayfert, C., DeViva, J. C., Becker, C. B., Pike, J. L., Gillock, K. L., & Hayes, S. A. (2005). Exposure utilization and completion of CBT for PTSD in a "real world" clinical practice. *Journal of Traumatic Stress, 18*(6), 637-645.

Zayfert, C., DeViva, J. C., & Hofmann, S. G. (2005). Comorbid PTSD and social phobia in a treatment-seeking population: An exploratory study. *Journal of Nervous and Mental Disease*, 193(2), 93-101.

Zohar, J., Amital, D., Miodownik, C., kotler, M., Bleich, A., Lane, R. M., et al. (2002). Double blind placebo-controlled pilot study of sertraline in military veterans with post traumatic stress disorder. *Journal of Clinical Psychopharmacology, 22*(2), 4 190-195.

찾아보기

내용

저자 소개

Claudia Zayfert 박사는 외상 후 스트레스장애에 대한 치료와 연구, 교육을 15년 이상 지속하고 있는 임상심리학자로 Dartmouth Medical School의 정신의학과 부교수다. 또한 Dartmouth Hitchcock Medical Center의 정신의학부에서 불안장애 서비스와 외상 후 스트레스장애 치료 프로그램의 책임자를 맡고 있다. West Virginia University에서 박사학위를 받았으며 외상 후 스트레스장애를 위한 국립센터에서 연구원으로 일하였다. 주요 관심 분야는 공존장애가 있는 외상 후 스트레스장애에 대한 치료로 현재는 외상 후 불면증 치료 연구에 집중하고 있다. Zayfert 박사는 복합 외상 후 스트레스장애의 인지행동치료에 관한 정기적인 훈련과 자문, 그리고 활발한 저술활동을 하고 있으며, 관련된 여러 국내와 국제 학회에 참석하고 있다.

Carolyn Black Becker 박사는 샌 안토니오에 있는 Trinity University의 심리학과 부교수다. Rutgers University에서 훈련받았고 외상 후 스트레스장애와 불안장애, 섭식장애 치료를 전문으로 하는 임상심리학자로 이와 관련한 인지행동치료를 14년 이상 하고 있다. Becker 박사의 교육, 연구, 임상적 작업에서의 주요 관심은 임상 실제에서 과학적으로 지지된 예방과 치료적 개입을 실행하는 것이다. 이를 주제로 많은 책을 출판하였고, 정기적으로 국내와 국제 학회에 참석하고 있으며 임상가를 위한 훈련과 자문을 하고 있다.

역자 소개

김민경(Kim Minkyoung)

중앙대학교 심리학 박사(임상심리학)

임상심리전문가, 정신보건 임상심리사(1급), 상담심리전문가

현) 라포심리연구센터 소장

전) 중앙대학교병원 임상심리실 연구교수

중앙대학교 학생생활상담센터 전문연구원

군의문사진상규명위원회 민원상담실장

한국자살예방협회 교육위원

저서 및 역서

건강상담: 이론과 실제(공역, 박학사, 2005)

현명호(Hyun Myoungho)

중앙대학교 심리학 박사(임상심리학)

임상심리전문가, 정신보건 임상심리사(1급), 건강심리전문가

현) 중앙대학교 교수

전) 우석대학교 교수

폴란드 바르샤바대학교 방문교수

한국임상심리학회장, 한국건강심리학회장 역임

중앙대학교 학생생활상담센터장, 사회교육처장

저서 및 역서

건강상담: 이론과 실제(공역, 박학사, 2005)

통합적 상담: 사례중심적 접근(공역, 시그마프레스, 2006)

우리아이가 섭식장애라면(학지사, 2009)

임상심리학(공저, 박영사, 2012)

외상 후 스트레스장애 인지행동치료:
사례공식화 접근
Cognitive-Behavioral Therapy for PTSD: a Case Formulation Approach

2016년 12월 15일 1판 1쇄 발행
2023년 1월 20일 1판 3쇄 발행

지은이 • Claudia Zayfert · Carolyn Black Becker
옮긴이 • 김민경 · 현명호
펴낸이 • 김 진 환
펴낸곳 • (주) **학지사**

　　　　04031 서울특별시 마포구 양화로 15길 20 마인드월드빌딩 5층
대표전화 • 02) 330-5114　　　팩스 • 02) 324-2345
등록번호 • 제313-2006-000265호

홈페이지 • http://www.hakjisa.co.kr
페이스북 • https://www.facebook.com/hakjisabook

ISBN 978-89-997-1106-0 93180

정가 **19,000원**

┃ 출판미디어기업 **학지사**

간호보건의학출판 **학지사메디컬** www.hakjisamd.co.kr
심리검사연구소 **인싸이트** www.inpsyt.co.kr
학술논문서비스 **뉴논문** www.newnonmun.com
원격교육연수원 **카운피아** www.counpia.com